791.430944
SAD

CRPYK

LE CINÉMA FRANÇAIS

(1890-1962)

DU MÊME AUTEUR

Chez le même éditeur

HISTOIRE DU CINÉMA MONDIAL.

Éditions Champ Libre

DZIGA VERTOV.

Éditions Denoël

HISTOIRE GÉNÉRALE DU CINÉMA. 6 volumes.
RENCONTRES (CHRONIQUES ET ENTRETIENS) (sous presse).

Éditions de la Farandole

DE L'AUTRE CÔTÉ DES CAMÉRAS.

Éditeurs Français Réunis

LES MERVEILLES DU CINÉMA (retirage : Éditions d'Aujourd'hui, collection
« Les Introuvables »).
JOURNAL DE GUERRE.

Éditions du Seuil

DICTIONNAIRE DES CINÉASTES.
DICTIONNAIRE DES FILMS.

Gallimard

JACQUES CALLOT MIROIR DE SON TEMPS.

Lherminier

VIE DE CHARLOT.
GÉRARD PHILIPE.

Seghers

GEORGES MÉLIÈS (collection « Cinéma d'aujourd'hui »).
LOUIS LUMIÈRE (collection « Cinéma d'aujourd'hui »).
ARAGON (collection « Poètes d'aujourd'hui »).

Union Générale d'Éditions — 10-18

CHRONIQUES DU CINÉMA FRANÇAIS.

GEORGES SADOUL

LE CINÉMA FRANÇAIS

(1890-1962)

FLAMMARION, ÉDITEUR
26, rue Racine, Paris

Pour recevoir régulièrement, sans aucun engagement de votre part, l'Actualité Littéraire Flammarion, il vous suffit d'envoyer vos nom et adresse à :

Flammarion, Service ALF, 26, rue Racine, 75278 PARIS Cedex 06.

Pour le CANADA à :

Flammarion Ltée, 163 Est, rue Saint-Paul, Montréal PQ H2Y 1G8

Vous y trouverez présentées toutes les nouveautés mises en vente chez votre libraire : romans, essais, sciences humaines, documents, mémoires, biographies, aventures vécues, livres d'art, livres pour la jeunesse, ouvrages d'utilité pratique...

ISBN : 2-08-060214-4

CHAPITRE PREMIER

LES PIONNIERS
(Lumière, Méliès, Zecca, 1890-1908)

En octobre 1888, le physiologiste français Jules Marey présentait à l'Académie des Sciences, à Paris, une bande souple d'images photographiques décomposant un mouvement. Ce film, il venait de l'obtenir à l'aide de son *chronophotographe*. Dans les années qui suivirent, il enregistra sur papier, puis sur celluloïd, ainsi que son assistant Demeny, de nombreuses bandes de cette espèce. En 1892, Demeny projetait en public un portrait animé en gros plan qui prononçait ces courtes phrases : *Je vous aime* et *Vive la France !*...

De son côté, un artisan de génie, Émile Reynaud construisait et faisait breveter son *Théâtre optique*, qui figura à l'*Exposition universelle* de 1889. Cet appareil utilisait des bandes souples perforées, mais non la photographie, et servait à projeter des dessins animés. Le Théâtre optique fonctionnait parfaitement en 1890, et Reynaud avait pour lui dessiné ses premiers « films » : *Clown et ses chiens* et *Un bon bock* dont les représentations publiques commencèrent en octobre 1892 au *Musée Grévin*, le fameux cabinet de figures de cire. Reynaud mit en scène une étonnante série de dessins animés, pleins d'invention et de couleur (*Pauvre Pierrot, Autour d'une cabine, Rêve au coin du feu*). Il fut, semble-t-il, le premier au monde à donner en spectacle une série de représentations de vues animées qui ait eu une vogue durable, puisqu'elle ne se termina qu'avec le XIXe siècle.

Grâce à Jules Marey, inventeur du *chronophotographe* et à Émile Reynaud, inventeur du *Théâtre optique*, le cinéma français aurait pu célébrer en 1960 son soixante-dixième anniversaire. Il lui fallut pourtant attendre cinq ans, pour que Louis Lumière, avec son *Cinématographe*, donnât son véritable essor industriel et commercial à un nouveau spectacle : la projection de photographies animées.

Parmi les spectateurs de la première représentation du *Cinématographe Lumière*, se trouvait le directeur du *Théâtre Robert Houdin*, Georges Méliès. Il y a une sorte de symbole dans cette rencontre des films de Louis Lumière et du futur inventeur de la mise en scène. Les deux hommes furent à l'origine de deux tendances, qui n'ont cessé depuis de s'affronter et de se compléter, dans le cinéma français comme dans le cinéma mondial.

Selon la formule que l'on répétait souvent en 1896, Louis Lumière avait *saisi la nature sur le vif*. Il était avec son frère Auguste directeur de la plus importante fabrique française de produits photographiques, et ils avaient fondé leur fortune sur le développement de la photographie d'amateurs. Les films de Louis Lumière furent, par leurs sujets comme par leur technique, des photographies d'amateurs animées. L'appareil qu'il avait inventé et qu'avait construit l'ingénieur Carpentier, le premier réalisateur français le braqua sur les spectacles les plus familiers et les plus directs : les rues de Lyon, une plage, un régiment qui passait, une gare, un jardin... Il appliqua à ces photographies animées une très grande science d'opérateur. Usant avec beaucoup d'art des ressources du cadrage et du choix du point de vue, il utilisa parfois les effets de contre-jour.

Le caractère direct des films de Louis Lumière assura le succès de ces courtes bandes de 17 mètres que l'inventeur-opérateur avait développées lui-même dans un seau hygiénique : *la Sortie des Usines*, le *Déjeuner de Bébé*, *la Sortie du Port*, *la Démolition d'un Mur*, *l'Arrivée du Train en gare*, *la Partie d'écarté* (1895). Les spectateurs reconnaissaient sur l'écran leurs semblables, leurs frères. Ils comprenaient, grâce à Louis Lumière, que le cinéma pouvait être une *machine à refaire la vie* et non pas seulement, comme au temps du kinétoscope Edison, un appareil à fabriquer le mouvement.

Louis Lumière s'était surtout essayé dans les « scènes de genre ». L'ensemble des quelque cinquante films qu'il photographia se trouva former, sans intention préconçue, un tableau pittoresque et révélateur de la vie, des plaisirs et des loisirs de la bourgeoisie, à la veille de 1900.

Ces films minutes ouvraient la voie à divers genres. Les vues du *Congrès de la Société française de Photographie* inauguraient les actualités; son fameux *Arroseur arrosé* contenait en germe le gag et le film comique; la série des quatre bandes consacrées aux *Pompiers de Lyon* (*sortie de la pompe, mise en batterie, l'attaque du feu, le sauvetage*) fut

le premier *documentaire*. Il constitua un « montage » d'une série de
« plans » pris de différents points et dans différents lieux. Ainsi, confusément, le récit cinématographique commençait à s'esquisser.

Louis Lumière forma, en 1896, plusieurs dizaines d'opérateurs
qu'il envoya à travers le monde montrer ses films et prendre des vues
nouvelles. Le succès du *cinématographe* avait été considérable. Dans de
nombreux pays les entreprises Lumière précédèrent leurs rivaux :
l'Américain Edison, l'Anglais William Paul, l'Allemand Skladanowski,
etc., dans les premières projections publiques de vues animées. Après
ces succès, beaucoup de pays adoptèrent le mot *cinématographe* ou ses
dérivés *(ciné, cinéma, kinéma, kino,* etc.*)* pour désigner le nouveau
spectacle. Pendant deux années, les foules se ruèrent aux séances organisées par la firme Lumière sur cinq continents, d'Espagne en Afrique,
de Suède aux États-Unis, du Mexique au Japon.

Les opérateurs qui parcoururent alors le monde étaient à la fois
projectionnistes et photographes. La pratique leur fit inventer de nouvelles techniques. Promio, par exemple, découvrit le *travelling*, à Venise,
au printemps 1896, en prenant des vues du grand canal avec un appareil
placé sur une gondole en marche. Perrigot et Doublier, à la même
époque, dirigeaient le premier grand reportage en sept vues du
couronnement du tzar Nicolas II à Moscou. Peu après, des inconnus
réalisaient un film de 400 mètres consacré à l'École militaire de cavalerie de Saumur... Enfin, pour le compte de Lumière et Clément Maurice,
Georges Hatot dirigeait, en 1897, de courtes saynètes comiques, mises
en scène dans des décors rudimentaires, puis une *Passion de Notre-
Seigneur Jésus-Christ*. Bien que mis en scène à Paris, ce film assez maladroit fut présenté aux États-Unis comme ayant été réalisé en Bohême,
dans la ville d'Horitz, alors concurrente d'Oberammergau pour ses
représentations de la *Passion*.

Louis Lumière se refusa pourtant à laisser évoluer son école vers
la mise en scène. Il était ennemi de ce procédé qui l'aurait contraint,
lui, fabricant de produits photographiques, à devenir directeur de
théâtres d'un nouveau genre. Stoppant ainsi le courant qui se créait
chez ses employés et disciples, il se contenta d'être le créateur des actualités et du documentaire, le cinéma scientifique français ayant été,
avant lui, créé par le physiologiste Jules Marey...

* *
*

Georges Méliès a lancé le cinéma dans la voie théâtrale spectaculaire et inauguré les grandes pièces à costume et mise en scène importante, les reconstitutions historiques, drames, comédies, opéras, etc. Georges Méliès, qui écrivit lui-même ces lignes, avançait d'autre part dans ses notes personnelles : *Mon rôle en cinématographie me met au-dessus de Lumière. Le succès industriel de l'invention est surtout dû à ceux qui ont utilisé le cinéma comme enregistreur de leurs productions personnelles... Mon rôle a été précisément d'ouvrir cette voie à l'industrie et d'en créer une grande partie des procédés techniques...*

Avec Méliès, en effet, le cinéma cesse d'être *la machine à refaire la vie.* Il devient un art. Ce fils de riches fabricants parisiens était devenu, par goût, dessinateur, puis prestidigitateur. Quand le *Cinématographe Lumière* lui fut révélé, il dirigeait depuis dix ans un petit théâtre consacré à l'illusionisme et fondé par Robert Houdin.

Les premiers films de cet homme de théâtre furent des scènes de plein air. Leurs sujets étaient directement repris chez Louis Lumière qui, à la fin de sa vie, parlait encore des « plagiats » de Méliès. Les succès de la marque Star-Film permirent, en 1897, au metteur en scène de construire dans sa propriété de Montreuil, près de Paris, un *atelier de poses,* prototype des futurs studios. Il s'agissait d'une halle de verre, vaste atelier de photographe, qui comportait une scène machinée où l'on dressait les décors. Ce type établi par Méliès resta en usage dans le monde entier durant trente ans, et ne disparut, pratiquement, qu'avec le cinéma sonore.

Le genre où excella Méliès fut la *féerie.* Il s'inspira des grands spectacles que donnaient alors à Paris des théâtres comme le Châtelet, et de diverses traditions littéraires : *les Contes de Perrault, les Nursery Rimes,* les romans de Jules Verne et de H.G. Wells. Rapidement, les meilleurs clients de Méliès furent les music-halls anglais, puis américains : une influence du folklore anglo-saxon sera sensible sur toute une partie de son oeuvre.

Parmi ses principales féeries à succès, il faut citer : *Cendrillon* (1899), *le Rêve de Noël* (1900), *le Petit Chaperon rouge* et *Barbe-Bleue* (1901), *le Voyage dans la Lune* (1902), *le Royaume des Fées, la Damnation de Faust* (1903), *Un Voyage à travers l'Impossible, Les Mille et Une Nuits* (1904), *les Quatre Cents Coups du Diable* et *la Fée Carabosse* (1906),

20 000 lieues sous les mers (1907), *A la conquête du Pôle* (1912). Pour tous ces films, dont la longueur moyenne fut de 300 mètres, Georges Méliès dirigea les acteurs et une figuration qui atteignit parfois une centaine de personnes. Il fut aussi la principale vedette de ces productions, dont il avait écrit le scénario, dessiné les décors et choisi les costumes, inventé et mis au point enfin tous les *trucs*.

Le *truc* pouvait être chez Méliès l'emploi d'une technique théâtrale depuis longtemps usitée (trappes, changements à vue, effets de vols, etc.), mais son principal apport au cinéma moderne fut l'adaptation au cinéma de nombreux effets spéciaux photographiques : surimpression, la double ou multiple exposition, les fondus enchaînés, l'utilisation des caches et des fonds noirs, etc. Son ingéniosité et son habileté technique furent immenses. Ces *trucs* constituèrent les premiers éléments de la technique cinématographique moderne.

Sous d'autres rapports, sa technique marqua un recul sur celle de Louis Lumière. Les opérateurs de celui-ci opérant en plein air, sans aucun souci des conventions, avaient créé, par la pratique, certains éléments fondamentaux de la syntaxe cinématographique moderne (montage, mouvements d'appareil, etc.). A Montreuil, claquemuré dans son studio, le metteur en scène bannit ces procédés ou les transforma en « trucs ».

Georges Méliès avait divisé ses films en *tableaux*. Chacun était strictement semblable à ce que pouvait voir le spectateur d'un théâtre assis à un fauteuil de l'orchestre. Méliès assimilait l'écran de cinéma à une scène : dans toutes ses photographies, les acteurs sont en pied devant des décors dont on voit en entier les portants, les frises, les toiles de fond peintes en trompe-l'œil. Parfois, pour compléter l'illusion, le titre du film se lève comme un rideau. Et souvent, les acteurs reviennent en scène à la fin du film, pour saluer le public et le remercier d'applaudissements supposés.

Le génie de Georges Méliès avait été d'adapter au cinéma les ressources théâtrales de son temps, mais il était devenu le prisonnier de cette esthétique à laquelle il resta fidèle jusqu'à la fin de sa carrière. La technique qu'il adopta lui permit de tout créer, d'inventer un monde fantastique : une intense poésie monte souvent des produits foisonnants de sa charmante imagination. Le monde de Méliès, composé, volontaire, annonce dans sa malicieuse bonne humeur le noir univers expressionniste allemand.

S'il se refusait à enregistrer « la nature sur le vif », on aurait pourtant tort de juger que Georges Méliès prétendait systématiquement s'éloigner de la réalité. Le genre principal qu'il créa, avec la féerie, fut les *actualités reconstituées,* mettant en scène, avec des décors et des acteurs, les événements historiques récents *(l'Explosion du Cuirassé Maine* [1898], *la Guerre gréco-turque, l'Affaire Dreyfus* [1899], *les Incendiaires, le Couronnement du Roi Édouard VII* [1902]*).* Pour ces scènes, Georges Méliès se documente minutieusement et cherche même à imiter le style des actualités « prises sur le vif ». Il a recours à des photographies authentiques ou à des conseillers techniques. Un maître des cérémonies, venu de Londres, dirigea *le Couronnement d'Édouard VII.* Dans ses écrits, Méliès insiste sur le « réalisme » de ses mises en scène, qui se retrouve aussi dans certaines parties de ses féeries *(Conte de Noël, 20 000 lieues sous les mers,* etc.*).* Par ces naïves reconstitutions, il ouvre la voie, sans s'en douter, à l'école documentaire qui, elle aussi, reconstituera des événements réels. Mais hors du studio et en se passant d'acteurs...

Georges Méliès, qui disposait d'une fortune personnelle, fut surtout un artisan. Cet individualiste était son propre producteur, son propre distributeur et, dans une certaine mesure, son propre exploitant. Cet individualiste ne forma guère de disciples directs. Mais il eut, après 1900, d'innombrables imitateurs, en France comme dans tous les pays où le cinéma s'éveillait (Allemagne, Angleterre, États-Unis). Le début du siècle fut pour Méliès l'époque de son apogée. Il avait imposé partout la mise en scène et le film de fiction. Grâce à lui, le spectacle du cinéma commence à attirer des foules immenses dans les baraques de toile des foires.

Ce fut au public forain que s'adressa, après 1901, la firme *Pathé Frères.* Charles Pathé était le fondateur de cette société par actions, que soutenaient la haute finance, l'industrie lourde et les grandes banques françaises. La firme avait d'abord fabriqué et vendu en masse les phonographes et les cylindres enregistrés. Le cinéma était alors pour elle une activité accessoire. Elle produisait chaque année quelques douzaines de films criminels ou érotiques : bien avant Hollywood, elle avait compris que le revolver et le sex-appeal sont les piliers du « Box-Office »... Cette production était restée sporadique jusqu'en 1901, où

Charles Pathé confia à un ancien chanteur de café-concert : Ferdinand Zecca, la direction du grand studio qu'il venait de construire à Vincennes.

Comme jadis Méliès, Ferdinand Zecca commença par plagier. Il s'inspira surtout des Anglais Williamson, G.A. Smith, William Paul. Il apprit, à leur exemple, à assouplir la technique rigide dont les règles avaient été fixées par Méliès (qu'il plagiait aussi). Les Britanniques et spécialement ceux de l'« École de Brighton » avaient, en partant de Louis Lumière, créé une technique nouvelle qui comportait pour la première fois, et bien avant Griffith, l'emploi conscient du montage, du gros plan, des actions parallèles, etc. Ferdinand Zecca les copia, les imita et développa enfin leur enseignement. Il contribua à dégager le cinéma de la théâtrale prison de verre où Georges Méliès l'avait enfermé.

L'apport de Ferdinand Zecca fut moins grand dans la technique que dans les sujets. Il était attentif aux demandes de sa vaste clientèle foraine et aux rapports des représentants envoyés par Pathé Frères dans le monde entier, où se multipliaient les succursales. La firme compta ses bénéfices par millions de francs-or, ses actionnaires reçurent, certaines années, des dividendes plusieurs fois supérieurs au capital social. Ceci parce que Zecca avait su comprendre certaines aspirations du public populaire et les goûts qu'avaient répandus, dans les masses, les publications à gros tirages, les journaux à scandales, les faits divers, etc.

Les Victimes de l'Alcool et l'*Histoire d'un Crime* (1901-1902) furent les premiers grands succès de Ferdinand Zecca. Ils introduisaient à l'écran la vie des « basses classes » : prolétariat et criminels. Ils ouvraient, dans le catalogue des films Pathé, la série des *films dramatiques et réalistes*, où Zecca inscrira bientôt *Au Pays Noir* et *La Grève*. A travers ces mélodrames faubouriens, on retrouve une influence directe du naturalisme littéraire à la Zola, de *Germinal* et de l'*Assommoir* en particulier. Un autre succès de Zecca fut une *Passion de Notre-Seigneur Jésus-Christ*, dont les tableaux furent réalisés entre 1902 et 1905. Le style de ce film (qui mesura au total plus de 700 m) était directement inspiré par Saint-Sulpice et les chromos en vente dans les magasins d'objets de piété.

La technique rudimentaire était, à certains égards, plus évoluée que celle de Méliès; elle utilisait par exemple les mouvements d'appareil en studio (panoramiques). D'autres sujets nobles *(Guillaume Tell,*

Don Quichotte, Samson, etc.*)* furent traités chez Pathé, soit par Zecca, soit par des metteurs en scène qu'il avait formés, soit par les chefs de figuration qu'il avait engagés pour manœuvrer les foules. Georges Hatot, Lucien Nonguet, Lépine, Gaston Velle, Louis Gasnier, André Heuzé, Georges Monca, Albert Capellani, etc., formèrent l'École de Vincennes. Ils y dirigèrent des féeries moins imitées de Méliès que du *Châtelet (la Poule aux œufs d'or, Voyage autour d'une Étoile, l'Amant de la Lune*, etc.). Gaston Velle était le meilleur spécialiste de ce genre. Mais le plus grand succès de la firme Pathé fut les films comiques, dont les principaux ressorts furent le gag, le truquage et enfin la poursuite, importée d'Angleterre.

Chez Pathé, l'anonymat était la règle. Décorateurs, acteurs, scénaristes restaient inconnus du public. Ils étaient des employés permanents ou occasionnels des studios, fort médiocrement rétribués. Les acteurs venus du théâtre étaient honteux de paraître dans les films. Pourtant certains comiques furent connus sous un sobriquet et eurent rapidement une vraie gloire dans le public populaire. Le premier fut André Deed, surnommé *Boireau*, puis lorsqu'il s'établit en Italie *Gribouille* et *Cretinetti*. Max Linder et Prince Rigadin lui succédèrent et ne tardèrent pas à le supplanter.

Les drames, les comédies et les scènes réalistes de Pathé dominent le marché mondial durant la première décennie du siècle. Les films n'étaient pas loués, mais vendus et chaque film Pathé était tiré par centaines et parfois milliers de copies, assurant des bénéfices cinquante ou cent fois supérieurs au coût de la production. La firme qui avait des agences dans tous les pays du monde ne tarda pas à entreprendre la production en Italie, en Grande-Bretagne, aux États-Unis, en Russie, en Allemagne, au Japon, etc. En 1908, Pathé vendait aux États-Unis deux fois plus de films que toutes les sociétés productrices américaines réunies.

CHAPITRE II

FILMS D'ART, COMIQUES
ET SÉRIALS POLICIERS
(1908-1914)

Cependant les conditions de l'exploitation se transformaient. Les théâtres des faubourgs ou des boulevards remplaçaient les baraques foraines. Suivant l'exemple anglais, Charles Pathé encouragea la constitution de chaînes de « palaces ». D'autre part, après avoir brusquement cessé la vente de ses films, il établit le système de la location en exclusivité (1907). Il ne visa plus désormais le seul public populaire, mais aussi « l'élite » qui fréquente les théâtres. Six ans avant l'Amérique, le cinéma français comprit qu'il devait faire appel aux acteurs célèbres et aux pièces célèbres, à l'Académie et à la Comédie-Française. Ce fut le *film d'art*, formule dont *l'Assassinat du duc de Guise* (1908) assura le succès.

Ce fut une production de la Société *Le Film d'Art*, fondée par le financier Laffitte, mais contrôlée en partie par Pathé. *Le duc de Guise* fut mis en scène par Le Bargy, illustre acteur de la Comédie-Française, assisté par un autre acteur, André Calmettes. Le Bargy tenait le rôle principal, entouré d'autres comédiens français : Albert Lambert, Huguette Duflos, Berthe Bovy, etc. Le scénario avait été écrit par l'académicien Henri Lavedan. Une partition spéciale avait été composée par Camille Saint-Saëns.

Jusqu'au *Duc de Guise*, les films français avaient été une succession de tableaux vivants, d'effets de truquages, de poursuites où les acteurs étaient seulement des silhouettes agitées, des figurants dans un ballet silencieux. Le Bargy essaya, pour la première fois à l'écran, de composer un caractère psychologiquement valable et d'exprimer des sentiments complexes. Nouveauté considérable que, vingt ans plus tard,

D.W. Griffith ou Carl Dreyer considéraient encore comme neuve, hardie, révolutionnaire.

Les hommes du *Film d'Art*, venus de la scène, adoptèrent trop naturellement la technique de Méliès : le théâtre photographié. Ils traitèrent leurs scènes en plans généraux, sans utiliser le montage dans leurs tableaux successifs.

Si la tentative du *Film d'Art* eut une profonde influence en Italie, en Grande-Bretagne, au Danemark, en Allemagne et aux États-Unis enfin, la France se contenta trop souvent d'exploiter cette formule avec des acteurs de second plan, interprétant des pièces du répertoire où des scénarios bâclés par des écrivains médiocres. De gros succès furent pourtant alors obtenus. Tels *Notre-Dame de Paris, les Mystères de Paris, les Misérables,* etc. (films d'Albert Capellani pour Pathé), *Madame Sans-Gêne,* avec la grande actrice Réjane, et surtout, *la Reine Élisabeth,* réalisé dans un studio londonien par Desfontaines et Mercanton, dirigeant l'illustre Sarah Bernhardt, qui parut aussi dans *la Dame aux Camélias.*

La médiocrité resta pourtant la règle. Après l'apogée de 1908, le cinéma français, solidement assis par ses positions industrielles, ne faisait plus l'effort de renouvellement artistique nécessaire. Il avait atteint un palier, et bientôt le début d'une décadence que la guerre de 1914 allait précipiter. La stagnation entraînait une décomposition. Hors dans les deux genres qui furent alors une spécialité parisienne : le comique et le film policier à épisodes.

Avec André Deed, le comique français suivait la tradition du cirque et plus lointainement de la *Commedia dell arte.* Gribouille, le héros qu'il créa, était un jocrisse au visage barbouillé de farine, un frère de Pierrot et de Paillasse, tout de sottise et de maladresse.

Max Linder introduisit un comique plus raffiné, venu des vaudevilles et des pièces boulevardières, où ce jeune acteur bordelais avait fait ses débuts. Le type qu'il créa fut typique de la France d'avant 1914. *Max* fut un brave jeune rentier, délivré du souci vulgaire de gagner sa vie, préoccupé seulement de ses amours et de ses plaisirs. L'acteur, qui souvent écrivit et dirigea ses propres films, usa peu des « gags » grossiers ou de la poursuite. Il préféra aux moyens des clowns une observation psychologique assez fine. Ses meilleurs films furent de véritables nouvelles, développant, avec beaucoup de qualité d'expression et de style, une trame choisie à dessein assez mince.

Max Linder, qui fut long à apprendre son métier, fut bientôt un très grand acteur. Il était sobre dans son expression et savait, d'un geste, suggérer un sentiment ou une idée assez complexe; ses touches étaient toujours légères et justes. Ses meilleurs films *(Max victime du Quinquina, Max toréador,* etc.) annoncent par leur perfection les premiers chefs-d'œuvre de « Charlot ». Il le reconnut comme son maître, lui dédicaçant ainsi par exemple, en 1917, sa photographie : *Au seul, à l'unique Max, à mon professeur, son disciple, Charles Chaplin.*

La gloire du grand comique fut bientôt universelle, et Pathé dut lui assurer plusieurs centaines de milliers de francs-or par an. Peu avant 1914, à Barcelone, à Berlin ou Saint-Petersbourg, Linder fut accueilli par des foules enthousiastes, qui le portèrent en triomphe. Avec lui, le cinéma trouvait sa première grande vedette internationale. Le règne des stars allait commencer.

Max Linder eut en France de nombreux rivaux ou imitateurs. Le plus connu fut l'acteur de théâtre Prince, qui prit, pour l'écran, le sobriquet de *Rigadin.* Avec son faciès hébété et son nez retroussé, il joua les ahuris de vaudeville. Son pantalon rayé, sa redingote, son chapeau melon, son gilet fantaisie, tout son costume était celui du petit bourgeois français. Ses films, dirigés par Georges Monca, d'après des scénarios fournis par d'innombrables et médiocres auteurs, ont mal résisté à l'épreuve du temps. Ils manquent de nerf, de rythme et de sens de l'observation.

Ils ne furent pas excellents les films comiques que dirigea, pour la Société Gaumont, Louis Feuillade, et qui eurent pour vedettes des enfants : *Bébé,* puis *Bout de Zan.* Louis Feuillade avait pourtant débuté en 1905, en renouvelant avec bonheur le genre comique. Il avait allié à l'utilisation systématique des trucs dans des décors de plein air (selon l'enseignement britannique), une observation bonhomme et assez juste. Il sut partir d'une situation absurde pour en déduire, avec une logique rigoureuse, mille conséquences loufoques. Dans un de ses meilleurs films d'alors, *l'Homme aimanté,* le héros achète une cotte de mailles pour se préserver des attaques nocturnes. Deux galopins aimantent ce gilet : les cafetières, les plateaux, les guéridons de fer, les enseignes, les plaques d'égout viennent se coller contre le malheureux. Il est conduit au poste, et les épées des sergents de ville saluent l'homme aimanté par une agitation burlesque.

Une frénésie logique, un véritable cartésianisme de l'absurde fu la marque du très grand talent de Jean Durand, formé par Feuillade, dans sa série des *Onésime* et des *Calino*. Durand était plus exigeant que Feuillade ou même que Max Linder. Il fut assez largement imité par Mack Sennett à ses débuts. Dans certains de ces films, il fit preuve d'une rigueur dans le montage qui fut plus tard une leçon pour le jeune René Clair. Durand tourna aussi, dans le midi de la France, des films de fauves et de cavaliers partiellement inspirés par les westerns américains, et dont les vedettes furent Gaston Modot, Berthe Dagmar, Joé Hamman, etc.

Louis Feuillade fut le Français qui réussit le mieux dans une nouvelle formule : le roman policier à épisodes.

Le genre avait été créé, en 1908, par Victorin Jasset. Cet ancien sculpteur s'était formé en dirigeant des cavalcades ou des pantomimes à très grand spectacle, dont il dessinait les décors et les costumes. Il fut appelé par Gaumont à collaborer avec Alice Guy pour diverses mises en scène. Une nouvelle version de la Passion utilisa des mises en scène à grand effet, en s'inspirant directement d'une série d'aquarelles publiées au début du siècle par le peintre académique James Tissot. Cette *Vie de Notre-Seigneur Jésus-Christ*, soignée et un peu officielle, fut moins originale que la série des *Nick Carter*, où Jasset adapta pour la firme Éclair une série de romans populaires américains, publiés alors en France par un éditeur allemand. Jasset conserva le nom des héros, mais situa dans la région parisienne des aventures que sa grande imagination lui permettait d'improviser. Les premiers *Nick Carter* (1908-1910) eurent un succès considérable, provoquant d'autres séries policières chez d'autres éditeurs, tels *Nat Pinkerton*. Jasset répliqua par des adaptations de romans feuilletons publiés par les grands quotidiens : le *Balao* de Gaston Leroux, le *Zigomar* de Léon Sazie. Puis il entreprit, avec *Protéa*, une série qui fut poursuivie après sa mort prématurée.

Tandis que Denola dirigeait pour Pathé un *Rocambole*, version moderne du roman célèbre de Ponson du Terrail, Louis Feuillade entreprenait pour Gaumont la mémorable série de ses *Fantômas*.

Le personnage de ce bandit en cagoule noire avait été inventé par deux jeunes romanciers populaires, Pierre Souvestre et Marcel Alain, qui avaient publié trente-deux volumes consacrés aux exploits fantastiques de *l'Empereur du Crime*. Ils y avaient adapté, avec une verve facile, les méthodes utilisées par Émile Zola dans ses *Rougon Macquart*, et placé le bandit Fantômas, sa maîtresse Lady Beltham, le policier Juve, le journaliste Fandor dans des milieux sociaux divers.

Les scénarios que lui fournissaient les romans de Souvestre et Alain furent adaptés avec exactitude et ironie par Louis Feuillade. Celui qui avait jadis transposé les *trucs* les plus extravagants de Méliès dans la rue, mit en scène les aventures fantastiques de *Fantômas*, dans le décor véritable de Paris ou de sa banlieue, et dans des reconstitutions de studios meublés par les grands magasins Dufayel. De cette opposition entre un naturalisme minutieux et des aventures extraordinaires, une étrange poésie naquit.

Dans une villa abandonnée de Neuilly, une noble femme tordait ses beaux bras dans le désespoir, parce qu'un serpent boa, instrument de nouveaux crimes, parcourait les tuyaux du chauffage central. Le détective Juve et le journaliste Fandor survenaient, miraculeusement échappés à l'incendie de barriques sur les quais de Bercy. Mais Fantômas, en maillot noir, une cagoule sur le visage, s'engloutissait dans la citerne souterraine, respirant par le goulot d'une bouteille cassée. « Le maître de l'effroi » leur échappait encore...

Ce fut alors, sur tous les écrans du monde, un foisonnement de bandits masqués, de criminels invincibles et compliqués, poursuivant vainement des victimes aussi innocentes qu'invulnérables. Durant les années 1910, Jasset et Feuillade firent partout école. Tels furent, en Italie *Tigris* et *Za la Mort*, en Allemagne *Homunculus*, au Danemark *le Docteur Gar el Hama*, en Autriche *les Invisibles*, en Grande-Bretagne *le Lieutenant Daring* ou *Ultus*, aux États-Unis enfin, *The Perils of Pauline*, mis en scène avec Pearl White, pour Pathé, par le Français Gasnier. La déclaration de la guerre de 1914 n'avait pas ici entravé l'essor de l'influence française. Mais, dans le domaine industriel, elle précipita l'effondrement de sa puissance.

Vers 1910, l'hégémonie du cinéma français était peut-être plus totale que l'hégémonie d'Hollywood vers 1950. On peut estimer que 60 à 70 % des films exportés dans le monde entier provenaient des studios parisiens, et principalement des trois grandes firmes *Pathé*, *Gaumont* et *Éclair*. En Grande-Bretagne, d'après Miss Rachael Low, Pathé éditait en 1909 plus de films que toutes les firmes anglaises réunies. Il en était de même alors aux États-Unis. Les trois grandes sociétés françaises avaient fondé, à l'étranger, des sociétés de production importantes

(Gaumont-British, Pathé-Exchange aux U.S.A.; *Decla* [Deutsches Eclair] en Allemagne, etc.).

Mais bientôt les concurrences italienne, danoise, britannique et surtout américaine s'affirmèrent sur les marchés internationaux. Les positions françaises étaient déjà compromises en 1914. Les grandes sociétés françaises s'étaient entêtées dans des méthodes de production périmées. Elles jugeaient que leur monopole international pouvait se maintenir avec des films réalisés à bas prix et susceptibles de s'amortir sur le seul marché intérieur, où l'exploitation était fort réduite (1 000 ou 1 500 salles en 1914 contre environ 5 500 en Grande-Bretagne).

CHAPITRE III

LE CINÉMA FRANÇAIS PENDANT LA GUERRE

(1914-1919)

Le 2 août 1914 interdit aux films français toute l'Europe centrale et leur ferma pratiquement l'important marché russe. La très forte production des U.S.A., qui satisfaisait désormais parfaitement les goûts du public américain, élimina rapidement dans ce pays les films français « immoraux » parce que les adultères tenaient trop de place. Hollywood naissante, monopolisant bientôt 90 % des programmes britanniques, conquit des positions clefs sur les marchés où la France avait encore accès. A Paris même, le triomphe des *Mystères de New York (Perils of Pauline, The clutching Hand)*, de *Forfaiture (The Cheat)*, des westerns de Thomas Ince, des comiques de Mack Sennett et de Charles Chaplin, assurèrent aux films américains une place dominante sur les écrans. Les grandes firmes françaises accélèrent cette évolution en imposant des films produits par elles aux États-Unis, en important, pour leurs circuits, de nombreuses bandes américaines, tout en réduisant considérablement leur production française. Le centre mondial du cinéma abandonnait les rives de la Seine pour s'établir sur celles du Pacifique.

En août 1914, la mobilisation des acteurs et du personnel des studios avait interrompu la production dans un Paris que menaçait l'invasion allemande. Après 1915, *Pathé* et *Gaumont* reprirent leur activité. Ils éditèrent d'abord des films de propagande, dite « patriotique » *(Chantecoq, Cœur de Française,* etc.), qui n'eurent pas longtemps les faveurs du public.

On revint donc aux formules d'avant 1914. Feuillade remporta des succès triomphaux avec ses films à épisodes : *les Vampires, Judex, la Nouvelle Mission de Judex.* Chez Pathé, les films étaient peu nombreux et l'on continuait surtout l'insipide série des comiques de Rigadin. Dans son ensemble, la production de guerre fut médiocre. Mis à part cependant le *Monte-Cristo* de Pouctal, qui devait ensuite entreprendre une généreuse adaptation du *Travail* d'Émile Zola.

Pourtant, durant la dure période des hostilités, une nouvelle formule du cinéma français s'élabora. Dans un Paris où les théâtres avaient été longtemps fermés, pour que les plaisirs de l'arrière ne scandalisent pas les combattants, les salles obscures étaient devenues le refuge d'un nouveau public. De très jeunes gens, qui attendaient l'heure de la mobilisation, Louis Aragon, Philippe Soupault, Paul Éluard, André Breton, s'enthousiasmaient devant Musidora moulée dans le maillot noir des *Vampires*, ou devant les exploits de la blonde Pearl White. Comme leurs aînés : Max Jacob, Guillaume Apollinaire, Fernand Léger, Pablo Picasso, fanatiques du cinéma dès avant 1914, ils virent dans les films d'aventures l'expression la plus pure de la poésie moderne. Philippe Soupault publia dans les revues d'avant-garde des ciné-poèmes. Le premier texte publié par Louis Aragon, grâce à Louis Delluc, fut une longue et remarquable étude sur le *Décor du cinéma*.

De leur côté, les amateurs des Ballets russes, de Paul Claudel ou d'Henry Bataille, se réunissaient désormais au *Colisée* (le premier cinéma ouvert aux Champs-Élysées), pour y applaudir le dernier Thomas Ince ou le dernier Chaplin. Louis Delluc, journaliste, romancier, auteur dramatique, devint le guide et le théoricien de ce public, en publiant dans le journal *Paris-Midi* une série d'articles qui inaugurèrent la première rubrique de critique cinématographique indépendante. Jusque-là, les « critiques » de films avaient été des agents de publicité payés à tant la ligne par des producteurs.

Louis Delluc, en entreprenant cette nouvelle rubrique, tint à énumérer les réalisateurs qu'il considérait comme pouvant former une école française, capable de s'opposer à la triomphante école américaine, alors à l'apogée de sa gloire. Il citait alors : Georges Lacroix, André Antoine, Léon Poirier, Jacques de Baroncelli, Le Somptier, Mercanton, Hervil, Germaine Dulac, Abel Gance.

Georges Lacroix mourut prématurément après *Les Écrits restent* (1918), que Delluc jugeait remarquable. André Antoine, fondateur du *Théâtre Libre*, s'enthousiasmait alors pour le cinéma, qui lui permettait l'emploi systématique du décor naturel selon des théories qui lui étaient chères. Mais il eut le tort de se contenter de scénarios médiocres, encore que tirés d'œuvres célèbres *(les Frères corses, les Travailleurs de la Mer, la Terre, l'Arlésienne)*. Ces films, tournés hors des studios, continrent d'admirables images. *Le Coupable,* d'après François Coppée, fut réalisé entièrement dans les rues de Paris ou des intérieurs naturels, selon des procédés plus tard repris par les néo-réalistes italiens. Les exigences des producteurs découragèrent les audaces d'André Antoine. Ce grand homme de théâtre ne tarda pas à abandonner le cinéma, où il n'avait pas eu la possibilité d'imposer des scénarios originaux, avec l'*Alouette et la Mésange,* qui resta inédit.

Avant 1920, Léon Poirier et Jacques de Baroncelli tous deux hommes cultivés, ne purent guère s'élever au-dessus d'un honnête travail artisanal. Baroncelli, ancien journaliste, apprit son métier pendant la guerre en tournant les films à la douzaine, et devait s'affirmer après l'Armistice. Léon Poirier était le neveu du peintre Berthe Morizot, et il avait été secrétaire du *Théâtre des Champs-Élysées,* édifié pour les Ballets russes. Il débuta, avant 1914, dans des films commerciaux; après sa démobilisation, il donna un *Penseur* au scénario trop ingénieusement intellectuel, puis une série de films inspirés par les *Mille et Une Nuits (le Coffret de jade, les Trois Sultanes, Ames d'Orient,* etc.) poursuivant un genre créé en France par le succès certain de *la Sultane de l'Amour,* histoire persane à grande mise en scène de Le Somptier et Burguet.

Mercanton et Hervil avaient été formés par *le Film d'Art.* Mercanton (après *la Reine Elisabeth)* avait dirigé, pendant la guerre, un grand film de propagande avec Sarah Bernhardt : *Mères françaises.* Plus tard, sous l'influence d'Antoine, il dirige avec Hervel des films réalisés entièrement hors du studio, suivant des théories proches du néo-réalisme. Leurs films péchèrent presque toujours par des scénarios médiocres. Le meilleur fut sans doute *Miarka, la fille à l'ourse,* adaptation d'un roman de Jean Richepin où la grande comédienne Réjane fit sa dernière apparition à l'écran. Ils avaient eu le jeune Marcel L'Herbier pour scénariste pour *Bouclette* et *le Torrent.*

Mme Germaine Dulac, qui débuta au cinéma en 1916 avec *Sœurs ennemies,* était une femme d'une grande culture et d'une intelligence aiguë. Raffinée, inquiète, elle dut se plier à certaines nécessités commerciales. Ses films de guerre *(Vénus Victrix, Ames de fous, Géo le Mystérieux,* etc.), se contentèrent de médiocres scénarios, mais lui permirent d'exprimer pleinement, dans certaines images, sa sensibilité passionnée.

Abel Gance domina par sa forte personnalité le cinéma français pendant la guerre finissante. Au cours d'une jeunesse difficile, il était venu au cinéma comme acteur et scénariste. Il y cherchait un gagne-pain

qui lui permît d'étudier, d'autre part, avec toute l'ardeur d'un auto-
didacte, ses auteurs favoris : Héraclite, Spinoza, Lao Tseu, Socrate,
Confucius, Bergson, etc. Bien qu'il eût dirigé, dès 1912, *le Masque
d'horreur*, avec le grand tragédien de Max, il fit ses vrais débuts de
metteur en scène après 1914 avec *Un Drame au château d'Acre, le Fou
de la Falaise, Ce que les flots racontent, la Fleur des Ruines*, et un film à
épisodes, *Barberousse*. Après *les Gaz mortels, la Zone de la Mort, l'Héroïsme de Paddy*, il s'affirma avec *Mater Dolorosa, la Dixième Symphonie*
et surtout *J'accuse*, film dont le retentissement fut considérable.

Abel Gance, dans les œuvres dont il était le scénariste, avait subi
une influence certaine de l'École américaine, en premier lieu de Thomas
Ince et de Cecil B. de Mille de *Forfaiture*, D.W. Griffith étant alors
presque inconnu en Europe continentale.

Rompant avec la technique très claire du récit et du découpage,
avec le style mesuré et sobre, avec la photographie nette et bien cadrée,
avec toute la manière dont Feuillade avait été en France le meilleur
artisan, Abel Gance, romantique, au tempérament bouillant, s'engagea
dans des intrigues compliquées et grandiloquentes, ne se laissa jamais
arrêter par la peur du ridicule et se servit de la lumière artificielle comme
d'un moyen d'expression, usant et abusant des clairs-obscurs ou des
contre-jours « à la Rembrandt ».

J'accuse avait été produit avec le concours du service cinématographique de l'armée, mais la propagande de guerre se mêla à un pacifisme
qui fit accuser son auteur d'antimilitarisme. La guerre se terminait
alors dans les troubles sociaux; Gance en subit l'influence comme Pouctal
ou Georges Lacroix. Il voulait, écrivit-il, être à la fois le Victor Hugo
et l'Henri Barbusse de la grande guerre. Son héros, devenu fou parce que
les Allemands avaient violé sa femme, était un barde des tranchées qui
prétendait se nommer *J'accuse*. A son appel, le soir venu, les morts se
levaient pour combattre, conduits par Vercingétorix... Ces extravagances
n'empêchèrent pas une puissance, une sincérité, un sens du film qui,
dans ses meilleurs jours, rapprochaient Abel Gance de Griffith. Dans
un pays qui revendique le sens de la mesure, il fut une force de la nature,
sans logique et sans discipline, mais d'une puissance certaine.

Quand les cloches de l'Armistice se furent tues, et que la France
put reprendre une production industrielle normale, les esprits clair-
voyants dont était Louis Delluc purent faire le bilan de son cinéma
et manifester quelque pessimisme.

Beaucoup des meilleurs techniciens français travaillaient à l'étranger (tels les réalisateurs Léonce Perret, Albert Capellani, Maurice Tourneur (1), aux États-Unis; Georges Lacroix, Henry Krauss, en Italie; Mercanton, Denizot, René Plaisesty, en Grande-Bretagne; etc.). Les studios étaient vieillis et démodés, leur équipement demeurait au-dessous du médiocre. La concurrence étrangère grandissait. L'Amérique, l'Allemagne, la Suède elle-même surclassaient la France dans beaucoup de domaines. Le niveau de l'exploitation était très inférieur à celui des États-Unis, de la Grande-Bretagne ou de l'Allemagne. Il paraissait condamné à un piètre développement, dans un pays où les localités de moins de mille cinq cents habitants groupaient plus de la moitié de la population.

Charles Pathé donnait l'exemple. Il avait déclaré avec éclat, en 1918, que les marchés anglo-saxons étant d'importance vitale, la production française devait se soumettre à leur goût, ou s'interrompre. Si les auteurs de films ne comprenaient pas, à bref délai, cette nécessité, Pathé renonçait à les soutenir. Pour devenir leur éditeur, dans le sens qu'a ce mot en librairie, il accepterait seulement désormais de tirer et de diffuser un négatif déjà terminé, mais il refuserait d'accepter le risque financier de la production.

Les auteurs de films n'ayant pas répondu à son ultimatum, Charles Pathé tint parole. Sa Société continua d'assurer de gros dividendes à ses actionnaires en vendant aux plus offrants, par pièces détachées, son immense appareil industriel et commercial : firmes de production américaine, anglaise, italienne, allemande, etc., circuits de salles, studios et enfin usine de pellicule vierge établie à Vincennes. Hors quelques rares exceptions, Pathé abandonna le risque financier de la production aux petits producteurs vassaux de son gros système de distribution. Cette politique était commandée par les financiers qui contrôlaient la Société. Estimant que la France victorieuse était devenue une puissance de second ordre, sans perspectives, ni espoirs, ils freinaient consciemment le développement industriel de leur pays.

Le Cinéma français, jadis maître du monde, tombait de très haut. Louis Delluc, qui savait tout cela et qui l'écrivait avec une amertume non déguisée, rêva pourtant de créer une école française et sacrifia sa vie à cet idéal.

---

(1) L'apport de Maurice Tourneur fut capital entre 1916 et 1925 où certains l'égalèrent à Ince et Griffith. Mais réalisés à Hollywood, ces films appartiennent à l'histoire du Cinéma américain.

CHAPITRE IV

L'ÉCOLE IMPRESSIONNISTE

(1920-1927)

L'école, qui groupa autour de Delluc, Germaine Dulac, Marcel L'Herbier, Abel Gance et bientôt Jean Epstein, peut être appelée *École impressionniste*. Le terme d'*impressionnisme* a été fréquemment employé dans un sens cinématographique par Louis Delluc et il a l'avantage de se rapprocher, en s'y opposant de l'*expressionnisme* allemand.

« Que le Cinéma français soit du cinéma, que le Cinéma français soit français... » Louis Delluc inscrivit ce mot d'ordre en tête de sa revue *Cinéa* et le défendit inlassablement. « Ça c'est du cinéma! » disait-il encore; cette formule affirmait que le film était un art possédant ses lois propres, et qui devait se détourner des autres arts : la littérature et le théâtre surtout. En réaction contre l'abus des adaptations dont *le Film d'Art* portait la responsabilité, il demandait des scénarios spécialement écrits pour l'écran et donnait l'exemple.

Pour Delluc les traditions cinématographiques françaises étaient inexistantes ou presque. Il considérait la production d'avant 1914 comme une fabrication sans intérêt ni valeur. Il ne se reconnaissait d'autres aînés, en France, que Louis Lumière et Max Linder et il ignora vraisemblablement jusqu'au nom de Méliès. Feuillade, à qui il reconnaissait certaines qualités, l'irritait; il n'avait pas tort. La paix revenue, les metteurs en scène d'avant 1914, dépassés par l'évolution rapide du cinéma, étaient tombés dans une rapide décadence, Feuillade tout le premier...

Un art national, à défaut de traditions, a besoin d'exemples. Négligeant ou critiquant vivement l'Italie (en décadence elle aussi), Delluc se tournait vers l'Amérique, vers Thomas Ince et vers Chaplin surtout, puis vers D.W. Griffith après *le Lys brisé*, car *Naissance d'une Nation* et *Intolérance*, connus en France après 1920 seulement, y exercèrent peu d'influence.

Delluc avait d'autres admirations : l'École suédoise, qu'il contribua à révéler en France après 1920, avec son ami Moussinac, et l'expressionnisme allemand, qu'il fit connaître à Paris en présentant le fameux *Cabinet du docteur Caligari*...

S'il préconisait l'étude des Écoles américaine, suédoise, allemande, Delluc était loin de les donner comme des modèles à imiter. Il voulait, qu'on y cherchât, sans plus, un enseignement qui soit transposé selon les nécessités nationales françaises. Son premier scénario, qui fut réalisé par Germaine Dulac, *la Fête espagnole* (1919), donne un assez bon exemple de ses méthodes de création. Il a pris comme thème la rivalité de deux hommes affolés par une femme et qui s'entretuent pour elle, dans un cadre exotique. Sujet proche des scénarios qu'écrivait alors Gardner Sullivan, pour Thomas Ince. Le Français trouva son exotisme en Espagne, non au Far-West. Ses personnages typiquement latins, par leurs passions et leur comportement, n'ont guère de traits communs avec les cow-boys qu'incarnait alors W.S. Hart.

Dans *Fièvre*, qui est le meilleur film de Louis Delluc, il s'agit moins de développer une intrigue que de peindre une « atmosphère ». Un bouge marseillais y est l'équivalent français d'un *saloon* de Thomas Ince. Il n'y a pas un héros, mais cinquante. Le décor est peut-être le principal personnage du drame, et cette construction de studio prend, grâce à Delluc, une vie intense.

La photographie, très sobre, use de la profondeur du champ pour lier sans cesse les premiers plans au fond volontairement flou du cabaret marseillais. Si le film est « impressionniste », c'est par la brièveté de ses touches, son « pointillisme » qui observe, tour à tour, les types des bas-fonds, fort bien caractérisés. Le « populisme » du sujet, la création d'une « atmosphère », la recherche des unités de lieu et de temps rapprochent *Fièvre* de l'École allemande que suscite alors Carl Mayer avec *Le Rail (Scherben)* et *L'Escalier de Service (Hintertreppe)*. Il y a là coïncidence dans les préoccupations, non influences réciproques.

La Femme de nulle part s'inspira peut-être de l'École suédoise, en donnant un rôle important au paysage : une belle villa ombragée, près de Gênes, un jardin à l'italienne, une route couverte de poussière et de cailloux. Le sujet se rattache au théâtre français de cette époque. Une femme, qui quitta jadis une vie bourgeoise pour l'aventure, revient, longtemps après, dans la maison de son passé, constate qu'elle ne peut redevenir ce qu'elle fut et part à nouveau. Ici aussi la règle des trois unités régna, les monologues des anciennes tragédies étant remplacés par des « retours en arrière » (flash back), procédé dont Delluc avait usé (presque aussi systématiquement qu'Orson Welles dans *Citizen Kane*) dans un de ses premiers films *le Silence*, soliloque d'un homme qui va se suicider.

La recherche d'une psychologie fouillée est une des préoccupations de Delluc, poursuivant *le Lys brisé* et certains films suédois. Elle fut fort bien servie par l'actrice Ève Francis, femme du réalisateur et principale actrice de l'École impressionniste, après avoir été au théâtre l'interprète de Paul Claudel. On n'oublie pas, dans *la Femme de nulle part*, la belle image qui la montre, au dénouement, marchant dans le crépuscule sur une longue route. Delluc était là peintre et poète, comme lorsqu'il montrait, dans sa première image, un ballon d'enfant roulant vers le spectateur...

**

Marcel L'Herbier fut peut-être le représentant le plus typique de l'École impressionniste; il avait été salué comme tel, avec enthousiasme, par Delluc et Moussinac. A l'époque où il écrivait des scénarios pour Mercanton et Hervil, ce poète symboliste, cet auteur dramatique inspiré par Maurice Mæterlinck, avait dirigé un petit film quasi expérimental, *Phantasmes*, qui comportait un emploi systématique du *flou*, utilisé depuis 1900 par les photographes d'art, mais dont le cinéma n'avait pas encore fait usage.

Phantasmes resta inédit; L'Herbier débuta dans la mise en scène avec *Rose France*, dont il avait écrit lui-même le scénario, et *le Bercail*, une adaptation d'une pièce de Bernstein, qu'il désavoua comme commerciale. *Rose France*, film de guerre, financé par les services de propagande français, s'ouvrait par une image symbolique, une main mutilée saisissait une rose. On trouva son raffinement assez baroque.

Marcel L'Herbier affirma sa personnalité dans *l'Homme du large* et surtout dans *Eldorado*, qui marqua son apogée. *L'Homme du large*, adaptation assez libre d'une nouvelle de Balzac, était l'histoire d'un fils de pêcheur, devenu mauvais garçon et qui désespérait son père et sa fiancée. La présence constante de la mer et des landes granitiques, l'emploi ingénieux des costumes folkloriques bretons attestaient l'influence suédoise.

Si Delluc avait porté son effort sur le scénario, L'Herbier s'attacha surtout à la « photogénie ». Le dédain dans lequel il tenait « l'anecdote » se manifeste quand il désigna *Eldorado* comme un « mélodrame ». *Eldorado* peint un bouge espagnol, *saloon* européen comme le *saloon* marseillais de Delluc dans *Fièvre*. Certaines parties, la procession de la Semaine Sainte à Séville, par exemple, sont quasi documentaires et, hors du décor de la Maison de Danses, presque tout le film est tourné dans de brûlants paysages espagnols, qui donnent à beaucoup d'images un réalisme apparent.

Chez L'Herbier, le fond, ou même la description, importent moins que la forme. Son impressionnisme fort typique tend à donner une vision subjective des choses. Lorsque son héros, un jeune peintre suédois, incarné par Jaque Catelain, étudie un « motif », nous en avons soudain une vue floue, déformée, comparable à la vision que pourrait en avoir un disciple de Claude Monet. L'Herbier donnait le « point de vue du peintre ». Il donnait ailleurs « le point de vue de l'ivrogne »... Et dans ses meilleurs passages, la photographie, le cadrage, le flou imposaient « le point de vue du réalisateur ». Telle cette tragique perspective d'une muraille dominant comme la fatalité le désespoir d'Ève Francis, ou cette toile où dansent de dramatiques ombres noires, tandis que meurt la danseuse poignardée.

La muraille évoque une image célèbre de *Caligari*. Les ombres annoncent *Scherben* de Robinson. Il n'y a pas, là aussi, influences réciproques de l'expressionnisme allemand et de l'impressionnisme français, mais coïncidence des préoccupations. L'Herbier ignorait encore *Caligari*, comme Robinson ignora *Eldorado*...

La révélation par Delluc de l'expressionnisme allemand fut pour L'Herbier un choc brutal et qui le fit chanceler. Il entreprit un *Don Juan et Faust* fort ambitieux, plus obscur que profond. Certaines images furent composées comme un tableau cubiste et les acteurs, le visage recouvert d'un maquillage bariolé, furent immobilisés dans des cartonnages peints. Le souci du *caligarisme* risquait de tranformer le cinéma en une lanterne magique projetant une série de tableaux modernes.

Malgré l'ingéniosité de ses images et la bizarrerie des costumes dessinés par le jeune Claude Autant-Lara, *Don Juan et Faust* fut un échec. Le caligarisme avait exagéré les défauts de L'Herbier, sans lui donner de la flamme ou simplement de la chaleur.

L'Inhumaine fut un film ambitieux. Le scénario avait été écrit par Pierre Mac Orlan, rendu illustre par le succès de *Cavalière Elsa*, un roman où une belle « révolutionnaire » conquérait Paris à la tête de « hordes asiatiques ». *L'Inhumaine* (qu'interpréta Georgette Leblanc, ancienne muse de Maurice Mæterlinck) fut une sorte de super-vamp, entourée d'une cour d'adorateurs : un prince hindou, un mystérieux agitateur politique, un jeune industriel... Ce scénario s'inscrivait dans la tradition des anciens films italiens et danois. L'échec, auprès des artistes et du grand public, fut presque total, malgré la collaboration de l'architecte moderne Mallet Stevens, du jeune décorateur Alberto Cavalcanti, du compositeur Darius Milhaud et du peintre cubiste Fernand Léger. Par certains côtés, les erreurs et les outrances de ce film marquèrent la fin de l'École impressionniste.

*
* *

Abel Gance, par sa forte personnalité, se maintint un peu en marge de l'École. A côté de la distinction glacée de Marcel L'Herbier, *la Roue* fut un bouillonnement plein de style, mais sans « bon goût », un volcan couronné de flammes, mais encombré de laves et de scories. La réalisation de ce film, où l'influence de Griffith est certaine, nécessita trois années de travail, beaucoup d'efforts et de capitaux. Le scénario, plein d'outrances, visait à l'éternité épique. Son héros, un mécanicien de locomotive, était une réincarnation moderne d'Œdipe et de Sisyphe. Euripide, Zola, Victor Hugo et les feuilletons populaires s'amalgamèrent tant bien que mal dans les extravagants épisodes d'un film de 5 ou 6 000 mètres, d'un romantisme exaspéré et souvent exaspérant.

Par cette œuvre, Abel Gance, reprenant les théories d'Antoine et de Mercanton, avait réalisé son film dans les Alpes et dans les voies de triages de la gare de Nice. Quand il le fallut, il dressa des décors sur les lieux mêmes de l'action, il construisit par exemple, entre les rails, la maison du héros, tout empanachée de fleurs artificielles. Les décors construits en studio furent peu nombreux.

Le véritable héros de *la Roue* fut, plus que l'invraisemblable mécanicien, le chemin de fer. Le clou du film fut *la Chanson du Rail*, un morceau de bravoure qui inspira le compositeur Arthur Honegger quand il écrivit sa célèbre *Pacific 231*. Gance avait pris à *Intolérance* la formule du montage accéléré et la peinture moderne, le goût plastique des mécaniques en mouvement. Il réussit ainsi à créer des moments d'une grande beauté. La puissance, la sincérité, la personnalité emportèrent en définitive, dans *la Roue*, les puérilités, les naïvetés, les outrances. Certains détails de la « cathédrale cinématographique » qu'il prétendait édifier n'ont pas résisté à la dure épreuve du temps, mais le monument garde une saisissante grandeur. Dans certains morceaux, dignes des anthologies, Gance fut bien près d'atteindre une de ses ambitions : devenir le Victor Hugo de l'écran.

Tandis que Gance terminait le montage de sa *Roue*, Jean Epstein, un jeune nouveau venu, parut apporter un sang nouveau à l'École impressionniste. Théoricien, philosophe, essayiste hardi et brillant, Jean Epstein s'était d'abord intéressé au cinéma en publiant des écrits de style futuriste, poèmes et manifestes à la fois, hymnes aux gloires d'Hollywood, Charles Chaplin, Nazimoua, Fairbanks, Charles Ray, W.S. Hart... Louis Delluc et Léon Moussinac avaient encouragé ses essais, et Jean Epstein fit ses débuts avec Jean-Benoît Lévy dans un film documentaire officiel, consacré à l'œuvre scientifique de *Pasteur*, et qui contenait des images d'une grande beauté. Après une adaptation de Balzac, *l'Auberge rouge*, *Cœur fidèle* fit sensation, et devait rester sa meilleure œuvre.

Le scénario racontait la rivalité amoureuse de deux hommes, comme jadis *la Fête espagnole*. Le film fut admiré pour son morceau de bravoure, une fête foraine, traitée en « montage accéléré », avec manèges tournants, vues prises de balançoires en marche, automates, foules, gros plans de visages... Ce morceau reste typique de l'esthétique à la mode en 1923, comme *la Chanson du Rail*, mais il possède moins de puissance.

Aujourd'hui, nous sommes surtout frappés par le « populisme » de *Cœur fidèle*. Ce populisme se trouve être, assez paradoxalement, et par delà l'impressionnisme de la forme, un apport important de l'École. On le retrouve à la fois dans ses œuvres clefs : *Fièvre*, *Eldorado*, *l'Homme du Large*, *la Roue*... Durant une période où Hollywood tend déjà à s'enfermer dans les luxueux décors de studios peuplés de millionnaires et de femmes fatales, le cinéma français — fidèle en cela aux films anciens de Ince et Griffith — reste largement ouvert vers le plein air et, dans une petite mesure, vers certaines réalités sociales. Certes, il peint plus volontiers les bas-fonds que les travailleurs. Mais ses réalisateurs sont sensibles aux aspects divers d'un grand port, d'une fête foraine, d'un faubourg, d'un bistrot, d'un bouge. Ils savent, suivant les traditions des grands romanciers français et des peintres impressionnistes, leur conférer instinctivement une poésie, une signification, une valeur plastique. Lorsqu'ils veulent se priver du support de la réalité quotidienne, ils s'égarent, se perdent, ennuient. Le principal défaut de *l'Inhumaine* fut d'être une absurde construction intellectuelle. Et *Cœur fidèle* nous touche encore par sa fidélité au quotidien. Quand le XXᵉ siècle se terminera, nos fils auront sans doute peine à distinguer entre certaines images de Delluc et Feuillade, Gance et Jasset, Epstein et Zecca... Une même sensibilité très française les unit dans la vision d'un univers populaire et familier...

Après *Cœur fidèle*, Jean Epstein sut, dans *la Belle Nivernaise*, d'après Alphonse Daudet, peindre la vie des mariniers qui, sur leurs péniches, parcourent les canaux français. Un thème que reprendra Vigo.

*
* *

Germaine Dulac, intelligente, fine, sensible et qui savait dans ses images et son montage manifester toutes ses qualités, accepta souvent des intrigues grandiloquentes et peu vraisemblables. *La Mort du Soleil*, par exemple, est gâchée par un savant génial, surpassant Pasteur et Curie, mais vivant des aventures insignifiantes et puériles. La réelle beauté des images ne rachète plus aujourd'hui les médiocrités du récit que peut-être Mᵐᵉ Dulac considérait alors comme des concessions nécessaires au goût (supposé) du grand public et (réel) des distributeurs.

Ses meilleures œuvres furent celles qui eurent de bons scénaristes, Louis Delluc pour *la Fête espagnole*, André Obey pour *la Souriante Mᵐᵉ Beudet*. Du premier de ces films, il reste seulement un fragment trop court pour qu'on puisse juger l'œuvre. Le second, qui a été conservé, est une œuvre importante et significative. Il adaptait une pièce de théâtre où André Obey avait mis en pratique cette théorie que les silences devaient avoir plus d'importance que les paroles. Le film peignait un ménage de commerçants provinciaux. La femme, une Bovary éprise de poésie et de musique, était si choquée par la débordante vulgarité de son mari qu'elle essayait de tuer. Cet « accident » évité, le couple retombait dans sa monotone ornière provinciale.

ABRÉVIATIONS

C.F. : Document Cinémathèque Française. — C.D. : Cinémathèque Danoise.
Pg. : Photogramme, image prise directement dans un film.

LA PLACE DE LA CONCORDE vue par *Marey* vers 1890 sur pellicule large et LE VOL DU HÉRON (*Marey*, 1884) surimpressions sur plaque fixe.

LA PARTIE D'ÉCARTÉ (1895), ou l'univers familier de *Lumière*.　　　C.F.Pg.

LES COOLIES DE SAIGON (vers 1897). Document pris sur le vif par un opérateur *Lumière,* avec un exceptionnel sens social.

LE FILS DU DIABLE (*Lépine,* 1905). Le montage différencie les plans et le téléphone sert à passer de la terre aux enfers dans un libre style. C.F.Pg.

Cette tragédie bourgeoise à deux personnages avait le ton et le contenu mince, mais tendu, d'une nouvelle de Maupassant. La psychologie y était juste et plus développée qu'il n'était d'usage à l'époque du muet. Cette peinture en demi-teinte est proche d'un film allemand exactement contemporain, *La Nuit de la Saint-Sylvestre*. Mais l'intimisme de Mme Dulac et le « Kammerspiel » de Lupu Pick et Carl Mayer ne s'influencèrent pas.

Ni la présence obsédante de la fatalité, ni le paroxisme des passions, ni l'outrance allemande n'ont leur équivalent chez la réalisatrice française. Les traits du mari sont un peu fortement accusés, mais non outranciers ou exaspérés ; certains détails de la mise en scène — un vase déplacé successivement par les deux époux — restent des notations psychologiques, individuelles, sans prétendre au symbole chargé de significations métaphysiques cher aux réalisateurs germaniques.

*
* *

En 1924, Louis Delluc, épuisé par son combat pour la création d'une école française, meurt à trente-trois ans, après avoir terminé un film mineur, *l'Inondation*. L'École impressionniste ne lui survivra guère. Mme Dulac va la quitter pour aborder l'avant-garde. Jean Epstein, après divers échecs, se tourne vers de nouveaux films d'avant-garde, influencés par l'expressionnisme et destinés au public d'élite qui fréquentait les salles spécialisées *(Six et demi, onze, la Chute de la Maison Usher, la Glace à trois faces)*. L'Herbier et Gance, selon leurs tempéraments propres, poussèrent à l'extrême les défauts de l'impressionnisme et achèvent, par là, de le liquider.

Abel Gance, dont la débordante activité savait faire surgir de terre les capitaux, entreprit en 1923 un *Napoléon* dont la réalisation dura quatre années. On impressionna les pellicules par centaines de milliers de mètres. Gance mobilisa les meilleurs acteurs, opérateurs, réalisateurs, décorateurs et les galvanisa par des proclamations inspirées par celles du Premier Consul. Malgré le temps passé et la longueur du film, le réalisateur réussit tout juste à faire passer les Alpes à Bonaparte, pour sa première campagne d'Italie. L'œuvre se borna à l'éducation au collège de Brienne, à quelques journées révolutionnaires, à un épisode corse, au siège de Toulon. Mais la présence permanente d'un aigle sur l'épaule du jeune capitaine, ou les mots « Sainte-Hélène » répétés sur les cahiers de l'écolier prophétisaient (à posteriori) le destin du héros.

Historiquement et psychologiquement, le récit fut médiocre, qui caricatura, involontairement, Napoléon et la Révolution française. Ces criantes insuffisances furent à nouveau emportées par le tonitruant tempérament du réalisateur. Bonaparte poursuivi en Corse par les séides de Paoli, dans une chevauchée inspirée du western, puis fuyant sur une barque dont la voile était un drapeau tricolore, *la Marseillaise* apprise par Danton à la Convention transportée, tandis qu'en surimpression apparaissait une incarnation du bas-relief de Rude, l'entrée des armées de l'an II en Italie par le col du Grand-Saint-Bernard, tous ces morceaux, presque épiques, développèrent une exceptionnelle maestria technique.

Le *montage accéléré* avait été la principale innovation de *la Roue*. Dans *Napoléon*, ce procédé fut relégué au second plan, mais Gance y fit un large usage du triple écran et de la « caméra à la première personne ».

Le « triple écran » consistait à placer, de part et d'autre d'un écran ordinaire, deux écrans de dimension égale. Les spectateurs découvraient ainsi un large horizon et les projections de ce type, pourtant limitées à quelques salles, produisirent une impression profonde. Utilisé en panoramique, le triple écran produisait un effet semblable au futur Cinérama. Gance en usa surtout comme d'un tryptique, en mariant trois sujets différents pour former une symphonie visuelle, comportant parfois vingt ou trente éléments, grâce aux surimpressions et à des caches compartimentant l'image.

La « caméra à la première personne » fut une amplification de l'emploi systématique des travellings, récemment introduit par Murnau dans *le Dernier des Hommes*. Ce procédé avait été rendu possible par la fabrication, en France, d'appareils portatifs, caméras ultra-légères, libérées de la servitude de la manivelle tournée à la main, par un mécanisme d'horlogerie ou par un moteur à air comprimé. Dans *Eldorado*, L'Herbier s'était contenté de donner un point de vue immobile, celui du peintre. Dans *Napoléon*, Gance, grâce à la caméra portative, donna le point de vue de personnages animés de mouvements violents et complexes. Dans la poursuite en Corse, une caméra fut placée sur un cheval au galop, pour obtenir le point de vue de Bonaparte fuyant. On prit ensuite un autre appareil automatique, enfermé dans un caisson étanche, et on le précipita du haut des falaises, dans la Méditerranée, pour enregistrer le point de vue de Bonaparte plongeant. Quand on en vint au siège de Toulon, un portatif miniature fut enveloppé dans un ballon de football qu'on envoya violemment en l'air : on eut ainsi le point de vue d'un soldat projeté par un boulet...

De son côté, L'Herbier s'enivrait des possibilités du portatif avec *l'Argent*, une adaptation de Zola, qu'il faisait succéder à une fort bonne transcription du roman de Pirandello *Feu Mathias Pascal* et à un assez médiocre *Diable au cœur*, d'après un roman de Lucie Delarue-Mardrus.

L'Argent, luxueuse coproduction franco-allemande, transposait le roman dans la période contemporaine. Ce que reprocha avec véhémence à L'Herbier André Antoine : l'animateur du Théâtre Libre prétendait que le roman de Zola était inséparable de la Bourse, telle qu'elle fut entre 1860 et 1880, au temps de Manet, Auguste Renoir ou Degas.

A vrai dire, le roman n'était pour L'Herbier qu'un prétexte. Les combinaisons financières passèrent au second plan, et pour donner un rôle à Brigitte Helm, le personnage de la baronne Sandorf, accessoire dans le roman, monopolisa l'écran. Comme *l'Inhumaine*, *l'Argent* fut une intrigue amoureuse, dans de luxueux décors modernes, où les caméras portatives se livrèrent à une véritable danse sacrée, s'éloignant, s'approchant, tombant du plafond, surgissant du plancher, tournant en rond comme les chevaux d'un manège. La Bourse, véritable héros de Zola, se réduisit à un décor pittoresque. L'impressionnisme subjectif, subordonnant tout à une vision nouvelle, à la découverte d'un angle rare, aboutissait à nier l'homme et la société. Il conservait seulement leurs apparences, leurs formes, leurs fantômes, ordonnés dans une géométrie abstraite.

Le mépris du sujet et le mépris du public, qui caractérisaient l'impressionnisme en décadence, aboutissaient à des échecs d'autant plus sensibles que les moyens employés avaient été considérables.

On aurait tort de rejeter toute la responsabilité de ces échecs sur les excès de tempérament, le goût des tours d'ivoire, l'individualisme. L'Herbier ou Epstein acceptèrent des films commerciaux dont ils méprisent le sujet, et essayèrent de légitimer des besognes en portant tous leurs efforts sur les recherches formelles, parce que les conditions de la production française les empêchaient, en fait, d'aborder d'autres thèmes.

De 1920 à la fin de la période muette, la décadence industrielle du cinéma français s'est précipitée; les marchés étrangers se sont presque tous fermés et les recherches *impressionnistes*, systématiquement découragées après 1923 par les grandes firmes, n'auront presque pas d'influence internationale. Si l'École se décomposa si vite, ce fut pour avoir été malgré elle enfermée en vase clos.

En 1929. la production française — quinze ans plus tôt la première du monde — est tombée à cinquante grands films par an. Et presque tous ces films sont médiocres. Même en France, un film français jouit d'un préjugé défavorable. On leur préfère, en général, dans toutes les couches de la Société, les productions américaines, allemandes ou russes... La dégénérescence des grandes firmes, qui s'accentue, les pousse à rabâcher des sujets rebattus, à accorder plus d'attention aux vedettes qu'à la réalisation, à rechercher des combinaisons financières internationales (avec l'Allemagne en particulier). Le formalisme et le cosmopolitisme où paraissent sombrer les derniers représentants de l'École impressionniste sont dus pour une large part à des circonstances économiques et sociales.

Pourtant l'effort de Delluc et de ses amis fut loin d'avoir été stérile. Les premiers en Europe, ils avaient réussi à faire reconnaître le cinéma comme un art égal (et peut-être supérieur) au théâtre, à la musique ou à la littérature. Ils avaient imposé cette vérité en créant une critique indépendante, dont Léon Moussinac fut le plus éminent représentant. Après ses chroniques dans la célèbre publication littéraire du *Mercure de France*, les grandes revues, et d'autre part les quotidiens et les hebdomadaires ouvrirent, à côté de leur rubrique du théâtre, une rubrique des films. Le public, désormais, discuta du cinéma comme il le faisait déjà des pièces ou des romans. Une « élite intellectuelle » férue de cinéma se forma.

Pour grouper et développer ce public, Delluc avait participé à la fondation d'un *Ciné-Club* qu'il voulait être une sorte de vaste ligue des spectateurs, aussi vaste que le *Touring-Club*. Il n'atteignit pas ce but, mais organisa, avec Canudo et Moussinac, les premières séances de cinéma, où le public se rendit avec le même intérêt qu'à un concert ou à une exposition de peinture. Grâce à lui naissait ainsi le mouvement des *Ciné-Clubs*, rapidement vivant et proliférant à Paris et dans diverses grandes villes de province. Une de ses branches se commercialisant créa les *salles spécialisées (*le *Vieux Colombier*, le *Studio des Ursulines*, le *Studio 28)*, où un public fidèle vint applaudir les œuvres hors série. Grâce à ces salles et aux Ciné-Clubs, l'avant-garde allait pouvoir trouver un public.

CHAPITRE V

L'AVANT-GARDE

(1923-1933)

L'École impressionniste a été parfois appelée la « première avant-garde ». Mais Delluc et ses amis, formés par le symbolisme, les ballets russes, les théories de Gordon Craig et le courant le plus « avancé » de la peinture académique, avaient peu de points communs avec l'avant-garde artistique et littéraire qui, partie du cubisme et du futurisme, se poursuivait, après 1920, dans le dadaïsme et le surréalisme...

Dès 1918, dans les petites revues dadaïstes publiées à Paris ou à Zurich, certains théoriciens avaient réclamé des films « sans sujet ». En 1923, le premier en France, le photographe américain Man Ray mettait ces propositions à exécution dans un film qui fut intitulé, par antiphrase, *le Retour à la raison*. Il fut présenté au cours de la grande manifestation dite du *Cœur à Barbe*, où de violentes batailles entraînèrent la scission du dadaïsme en deux groupes rivaux. Cette courte bande ressemblait aux images indistinctes d'un kaléidoscope. On n'y distinguait guère qu'un mécanisme de montre portant le mot « Danger » et la photographie renversée d'un torse de femme nue sous une zébrure mouvante d'ombres et de lumière. Le rythme était faible. Le film était dominé par le goût de surprendre et de scandaliser. Il constituait un album animant les photographies abstraites que Man Ray publiait alors dans les revues dadaïstes; le style de l'œuvre était pourtant éloigné des formes géométriques mouvantes, dessins animés, que créaient en Allemagne, à l'exemple du dadaïste Vikking Eggeling, Hanz Richter et Walter Rustman.

Le Ballet mécanique de Fernand Léger et Dudley Murphy fut une variation animant les thèmes plastiques favoris du peintre cubiste :

fragments de machines, membres de mannequins, articles de bazar, pacotille des fêtes foraines, affiches, titres de journaux. Ce fut vraiment un ballet de mécanique, où de temps à autre apparut une blanchisseuse montant un escalier...

Le plus célèbre film dadaïste, *Entr'acte*, fut réalisé par le jeune René Clair, d'après un scénario de Francis Picabia. Ce curieux homme, dont la gloire égalait alors presque celle de Picasso, était essayiste, peintre et poète. Il poussait, plus qu'aucun dadaïste, le goût de l'extravagance et des manifestations « gratuites ». Il intitula *Relâche* le ballet que lui commanda, en 1925, Rolf de Maré, pour ses *Ballets suédois* et dont *Entr'acte* fut l'intermède cinématographique.

Son réalisateur, René Clair, n'avait encore vu aucun de ses films présenté au public. Ce jeune Parisien, fils d'un commerçant, rêvait de devenir romancier et était devenu journaliste, en attendant un éditeur. Il se résigna à devenir acteur dans des films de Loïe Fuller *(le Lys de la vie)* de Protozanov *(le Sens de la Mort)*, de Louis Feuillade *(les Deux Gamines, Parisette)* : gagne-pain plutôt qu'ambition. Réservant pour la littérature son véritable nom Chomette, il se fit appeler René Clair à l'écran. Peut-être avait-il partagé le goût des jeunes dadaïstes, ses contemporains, pour *Fantômas* et *les Vampires*. Il ne méprisait pas, à coup sûr, le cinéma d'avant-guerre, les comiques à la Jean Durand, et ne trouvait pas déshonorant de jouer dans un film à épisodes, un *cinéroman*, comme on disait alors. Il prophétisa, lorsqu'il eut terminé *Entr'acte*, que ces cinéromans seraient mieux appréciés par la postérité que des films à prétentions artistiques. Il se réclamait aussi de Chaplin et de Mack Sennett.

Entr'acte fut une synthèse de l'avant-guerre (dont Feuillade avait transmis les traditions à René Clair) et de l'avant-garde (telle que la comprenait Picabia et les dadaïstes). Le film recourt systématiquement à l'incohérence, au désir de scandaliser, il « ne respecte rien, si ce n'est le désir d'éclater de rire ». On aurait tort de vouloir chercher au scénario une explication cohérente, relevant de la logique traditionnelle. Alors que Clair et Picabia se réfèrent à une conception dadaïste de la poésie, qui vise surtout aux effets de surprise baroque. Le tutu d'une danseuse vu au ralenti s'ouvre et se ferme comme les fleurs des films scientifiques utilisant l'accéléré. Sa danse alterne avec des cheminées, des toits, des jets d'eau. Peu à peu se révèle le visage de la ballerine qui porte une épaisse barbe noire et des pince-nez de fer. Emploi dadaïste des métaphores explosives, de l'attraction-surprise et de la mystification. Le désir de se moquer des snobs n'est pas absent d'*Entr'acte*, qui leur fut projeté sur un écran gigantesque et qui les écrasait, tandis que l'orchestre exécutait la partition ironique et rythmée d'Éric Satie.

Éric Satie tenait un rôle dans le film, avec les dadaïstes Marcel Duchamp, Man Ray et le danseur Jean Borlin, étoile des Ballets Suédois qu'on voyait abattre par Picabia à coups de carabine, comme une pipe en terre dans un tir forain.

Puis de solennels gentlemen, en chapeau haut de forme et en habit noir, gambadaient avec une lenteur écœurante derrière un corbillard attelé d'un chameau. Dans la banlieue de Paris, une folle poursuite s'organisait. Surimpression ou montage accéléré, mis alors à la mode par l'École impressionniste, étaient employés, mais sans distraire de l'action, du sujet qui est la poursuite du cercueil par les personnages classiques dans les anciens films. Au dénouement, le mort ressuscitait pour escamoter tout un chacun et lui-même...

Le montage d'*Entr'acte* était minutieux comme un travail d'horlogerie. Ce goût de la précision et d'un sujet assez tenu caractérisa René Clair durant toute sa carrière. *Paris qui dort*, son premier film, qui fut édité après *Entr'acte*, reposait aussi sur un postulat simplet : que se passerait-il si un savant, à l'aide d'un rayon magique, immobilisait Paris? Une telle idée aurait pu être celle d'un scénario comique de Jean Durand. A la loufoquerie de cet ancien maître, René Clair substitue un humour discret et le jeune réalisateur développe consciemment une des qualités instinctives chez les primitifs du cinéma français, le sens de la poésie qui se dégage de Paris.

La grande bagarre du *Cœur à Barbe*, avait scindé le dadaïsme en deux groupes. Tandis que les orthodoxes, partisans de Picabia et de Tristan Tzara, se dispersaient, les dissidents, conduits par Breton, Aragon, Paul Éluard, décrétèrent la fin du dadaïsme et se proclamèrent surréalistes. Le cinéma dadaïste, sitôt après avoir atteint son point de perfection avec *Entr'acte*, disparut en France. En Allemagne, il était devenu le *cinéma abstrait* ou *cinéma pur*, sous l'influence des théories de Van Daesbeurg, de Moholly Nagy ou de Mondrian. La tendance abstraite ne s'acclimata jamais vraiment en France, malgré les efforts du comte de Beaumont, un mécène qui voulait, avec ses *Soirées à Paris*, concurrencer les *Ballets Suédois*. Son film, qu'on appela *Reflets de Lumière et de Vitesse* et aussi *A quoi rêvent les jeunes films*, fut réalisé par le frère de René Clair, Henri Chomette, moins doué que son aîné. Ce défilé de branches mortes vu en négatif, alternant avec la photographie de porte-couteaux en cristal, était plus ennuyeuse qu'abstraite, et n'eut guère d'influence.

Le surréalisme fit une bruyante apparition au *Studio des Ursulines* avec *la Coquille et le Clergyman*, de Germaine Dulac, réalisé d'après un scénario d'Antonin Artaud. Ce poète était aussi acteur et il avait interprété, en particulier, Marat dans le *Napoléon* d'Abel Gance. Il se jugea trahi parce qu'il n'avait pas tenu le rôle principal dans son film, et troubla la première par une retentissante manifestation des surréalistes.

A la vérité, la simplicité directe de Germaine Dulac s'accordait mal avec l'esprit compliqué d'Antonin Artaud. La mythologie psychanalytique encombrait cette poursuite onirique d'une femme idéale par un pasteur impuissant et refoulé, luttant contre un rival, successivement travesti en prêtre, en général, en gardien de prison... Dans un caveau souterrain, le héros brisait des centaines de ballons de verre, après y avoir versé du vin rouge, ou bien, vêtu d'une redingote longue, il cheminait à quatre pattes dans les rues de Paris. La noirceur prédominait sur l'humour. Il reste peu aujourd'hui de cette première tentative surréaliste. *Un Chien andalou*, par contre, n'a pas perdu de sa virulence.

Pas plus qu'à *Entr'acte*, il ne faut chercher une trame logique au scénario de Luis Bunuel et Salvador Dali. L'univers du film, qui est poétique, transpose les sentiments ou les états d'âme, à l'aide de métaphores, qui cherchent surtout à surprendre et à choquer. L'œil d'une jeune femme tranché en deux d'un coup de rasoir, deux pianos à queue encombrés d'ânes pourris, une androgyne contemplant une main coupée dans une rue de Paris, le héros abattu à coups de revolver par son double, une fourmilière installée dans la paume d'une main crispée furent quelques-unes des violentes « attractions » d'un film brutal et tragique. Le style du réalisateur Bunuel était dépouillé, objectif, proche de celui de Feuillade, jadis. Ce qui renforçait la violence abasourdissante d'un film, directement inspiré par la poésie surréaliste, et où l'on aurait tort de proposer une explication fondée sur la raison ou quelque spéculation psychanalytique.

Une absurdité concertée avait présidé au déroulement des épisodes, à la juxtaposition arbitraire d'objets disparates, mais le film fut significatif de l'état d'âme d'une génération. *Entr'acte* avait été une folle cavalcade, dans un monde sans souci. Après 1925, les problèmes sociaux s'étaient, avec une confuse acuité, imposés aux jeunes intellectuels, surtout s'ils étaient nés, comme les scénaristes, dans une Espagne à demi féodale, enceinte d'une proche révolution. Le *Chien andalou*, selon Bunuel, était « un désespéré, un passionné appel au meurtre ». Avec André Breton, ses auteurs professaient que « l'acte surréaliste le plus simple consiste à descendre dans la rue et à tirer au hasard dans la foule ». Par delà cette anarchique vue de l'esprit, se manifestait la révolte spasmodique, violente, ambivalente de jeunes intellectuels, contre le monde d'où ils étaient issus et dont ils ne s'étaient pas encore dégagés.

Un Chien andalou ne fit guère école. Le singulier *Sang d'un poète* que dirigea, peu après, Jean Cocteau, en fut par certains côtés le pastiche : le héros contemple dans la paume de sa main une bouche parlante qui remplace la fourmilière de Bunuel. Le film fut surtout un « blason », facile à déchiffrer. Chambres d'hôtel où flottent les vapeurs de l'opium, femmes de plâtre bonnes à conduire les trop beaux jeunes hommes au suicide, poètes au torse nu couronnés et drapés à l'antique, amours compliquées des hermaphrodites, anges nègres amoureusement dévêtus. Tout ce bric-à-brac autobiographique dégageait, dans son raffinement extrême, une odeur de décomposition; sa sincérité se limitait aux mœurs. « *Le Sang d'un poète* s'opposait au surréalisme alors en pleine vogue » (Jean Cocteau, 1960) et fut une statue de sel dressée en face des ruines d'une autre avant-garde.

L'Age d'or date, comme *le Sang d'un poète*, du début du parlant. Dans son deuxième film, Bunuel recourut sciemment aux symboles et aux apologues. « Mon amour, mon amour, mon amour... », disait la voix de Paul Éluard, alors que les amants, les yeux crevés, les mains rongées, se roulaient sur le gravier d'une allée. Une idée de l'Amour Fou, transfigurateur et presque rédempteur, dominait une œuvre sacrilège, qui entendait fouler aux pieds la charité, la religion, la pudeur, les convenances, l'ordre établi. Des scorpions dévorateurs, les laves du Vésuve en éruption et d'autres images documentaires alternaient avec certains effets de mise en scène : une vache installée dans un lit de jeune fille, le Christ transformé en personnage du marquis de Sade, une girafe et un sapin enflammés précipités du haut d'un balcon, un aveugle foulé aux pieds, un fils abattu à coups de fusil par son père. Ailleurs, ces métaphores en images avaient un sens plus direct. Telle cette grande soirée dont les invités ont le visage couvert de mouches, sans souci des incendies et des explosions qui tuent les femmes de chambre, ni d'un tombereau qui traverse le grand salon. A travers l'extravagance surréaliste et le scandale anarchique, s'affirmait une critique orientée dans un sens social...

Man Ray était, comme Luis Bunuel, surréaliste, mais ses films furent très différents de *l'Age d'or* ou du *Chien andalou*. Pour ce photographe, qui est aussi peintre, les recherches plastiques sont plus importantes que le scénario. Par certains côtés, ses ingénieux truquages picturaux ne sont pas éloignés de l'impressionnisme à la L'Herbier : les flous excessifs qui noient les personnages de *l'Étoile de mer* sont proches de l'Alhambra vu par le peintre d'Eldorado. Ailleurs, Man Ray s'essayait à des empilements d'objets géométriques, à des combinaisons de joueur d'échecs *(Emak Bakia)*, comme un autre surréaliste, le peintre et poète Marcel Duchamp, combinant la révolution de courbes géométriques soigneusement calculées avec les étranges calembours de Rose Selavy... Le poète Robert Desnos avait écrit les scénarios de *l'Étoile de mer* et d'*Emak Bakia*. Mais la correction intelligente, distinguée, acide de Duchamp et Man Ray fut loin de violenter le public comme la sincérité de Bunuel...

Le dadaïsme ou le surréalisme orthodoxe ne furent pas les seules tendances de l'avant-garde française. En marge des écoles, les réalisateurs débutants lui apportèrent une note personnelle. Jean Grémillon, après avoir réalisé des documentaires avec de petits moyens, en compagnie de l'opérateur Périnal, sélectionna leurs meilleurs passages pour son film de montage *Photogénie mécanique*. Plus tard, les deux hommes réalisèrent, à bord d'un thonnier breton, *Tour au large*, vision stylisée de la Bretagne et de l'Océan, suite de belles images, organisée comme une symphonie.

Alberto Cavalcanti, après avoir dessiné de remarquables décors, pour le *Feu Mathias Pascal* de L'Herbier, où, bien avant Orson Welles, il utilisait largement les plafonds, abandonna sa profession de décorateur pour réaliser des films d'avant-garde. Il débuta par une réussite certaine, *Rien que des heures*, sorte de chronique des rues parisiennes, de l'aube à minuit. Dans *la P'tite Lilie*, qui transposait burlesquement une chanson populaire, Cavalcanti essayait de créer un comique français, imitant l'avant-guerre, comme Mack Sennett et l'École américaine. Jean Renoir et sa femme, l'actrice Catherine Hessling, tinrent avec leurs amis les rôles de *la P'tite Lilie* comme, plus tard, ceux du *Petit Chaperon Rouge*, un autre film de Cavalcanti. De son côté, Jean Renoir, après son essai plein de sensibilité de *la Fille de l'eau*, s'essayait au burlesque avec *Charleston*... Ni Cavalcanti, ni Jean Renoir n'étaient doués pour le comique. Leurs films ne dépassèrent guère le domaine des « private jokes ».

La fantaisie ne réussissait pas non plus toujours à René Clair. Son *Voyage imaginaire*, sorte d'hommage à Méliès, dont on redécouvrait alors les films, manqua de rythme et d'invention. Jean Renoir fut plus heureux dans la fantaisie poétique avec sa *Petite Marchande d'allumettes*, variation sur le conte célèbre d'Andersen, ballet fantastique où il utilisa mille prouesses techniques.

La fantaisie, comique ou poétique, n'arriva pas en tout cas à tirer l'avant-garde française de l'impasse où elle butait, alors que se terminaient les années 20 et la prospérité économique. L'abstraction convenait mal au tempérament français. Quand l'obscur André Sevry fit évoluer devant sa caméra des formes géométriques découpées dans du bristol, il ne retint l'intérêt de personne, encore qu'il fût le précurseur d'essais poursuivis toujours vers 1960, de bien plus morne façon, par certaine « avant-garde ». Le film « symphonique », qui triomphait à Berlin avec Walter Ruttmann et Fischinger *(Opus IV, Symphonie d'une grande ville, Composition en Bleu*, etc.), eut peu de vogue à Paris, bien que Germaine Dulac ait su ordonner, sur des airs de Chopin ou de Debussy, d'intelligentes suites d'images *(Disque 357, Thème et variations*, etc.).

Un nouveau courant apparut alors dans l'avant-garde française. Cette tendance toute spontanée manqua d'un théoricien pour se cristalliser. Mais elle annonça, dès 1927, l'École documentaire anglaise, qui allait s'épanouir plus tard, à Londres, grâce à John Grierson.

La projection, dans les ciné-clubs, des œuvres interdites de Poudovkine, Eisenstein et surtout de Dziga Vertov, joua un rôle déterminant. *La Mère* où *Potemkine* démontraient aux jeunes gens qu'il y avait plus de poésie dans un visage humain, pris dans la rue, que dans les mécaniques ou les formes géométriques des films abstraits, plus d'art dans le montage que dans une recherche laborieuse des accessoires poétiques.

Il est significatif que Georges Lacombe, longtemps assistant et collaborateur de René Clair, ait débuté en 1928 par un documentaire,

la Zone, consacré au labeur des chiffonniers parisiens, montrant avec
une précision émouvante la fouille des poubelles et l'incinération des
ordures ménagères.

L'homme et la société reprenaient place dans les préoccupations
de l'avant-garde. Les laboratoires expérimentaux des jeunes réalisateurs
indépendants ouvraient — ou entr'ouvraient — leurs fenêtres sur la
vie et cherchaient, dans la découverte de la réalité, une étude sociale
plutôt qu'un exotisme. A la tendance qu'ouvre cette réussite de Lacombe,
on peut rattacher le premier film de Marcel Carné, *Nogent, Eldorado
du dimanche*, tableau de la « plage » des bords de la Marne que fré-
quentent les ouvriers parisiens, et *Vendanges*, où le typographe langue-
docien, Georges Rouquier, préluda à sa réussite de *Farrebique*. Ce
courant fut si fort que même ceux qui avaient débuté par des films
du style *Ballet mécanique*, tel Deslaw avec sa *Marche des machines*,
au lieu d'évoluer vers l'abstraction, s'orientèrent presque vers le reportage parisien *(la Nuit électrique* et *Parnasse)*.

Le chef-d'œuvre de l'avant-garde documentaire française fut *A
propos de Nice*, de Jean Vigo. Dans cette satire sociale, violente et acide,
se mêlent l'influence du surréalisme bunuélien et des théories de Dziga
Vertov, dont le frère et disciple, Boris Kaufman, fut l'opérateur de
Jean Vigo.

La folie du Carnaval, les ridicules d'un cimetière à l'italienne, les
cariatides des grands hôtels, les élégantes, les mendiants, les chiens
de luxe, vus d'un œil impitoyable, contrastèrent avec une symphonie
d'images d'autant plus émouvante qu'elle eut un sens direct et profond :
les linges séchant aux fenêtres, les façades délabrées, les taudis, les
enfants malades et pauvres des rues étroites du Vieux Nice.

Bunuel, de son côté, évoluait brusquement. Quittant l'univers de
la poésie surréaliste, il se plongeait lui aussi dans la plus directe réalité
sociale. Au lendemain de l'avènement de la République espagnole,
il décrivit dans *Terre sans pain* la contrée demi-sauvage des Hurdes,
peuplée par les modèles de Velasquez et de Goya, mendiants et infirmes.
Un cercueil d'enfant descendu dans les ravins et traversant les torrents,
un ruisseau où se lavent les teigneux, où l'on vide les ordures et dont
on boit l'eau, des masures de pierre, au comble du dénuement, des
chèvres faméliques nourries de feuillage, des enfants sans autres aliments
que des cerises, des stropiats, des crétins, des goitreux, des monstres

à quatorze orteils furent décrits avec une tendresse cruelle, leur misère étant commentée par la voix neutre et fleurie d'un speaker...

L'avant-garde française se muait donc en École documentaire... Auprès de Vigo et de Bunuel, des jeunes : Carné, Rouquier, Grémillon, Lacombe, se révélaient d'autres talents, dont ceux de Jean Lods filmant, après une chronique familière des Champs-Élysées, le coureur Ladoumègue battant le record du mille. Et, dans le domaine scientifique, Jean Painlevé savait transformer en œuvres d'art ses études du monde aquatique.

Painlevé, fils du mathématicien et homme politique, commença par consacrer ses premiers films à la *pieuvre*, aux *oursins*, à la *daphnie*, au *hyas*. Ces premiers films sont encore sous l'influence de l'avant-garde abstraite. Ils traduisent l'émerveillement devant les splendeurs découvertes dans une mare ou une goutte d'eau; ils insistent sur les surprenantes dentelles géométriques qui apparentent ces tableaux aquatiques à l'art de Kandinski ou de Picasso. Après 1930, l'art de Painlevé s'humanise. Ses animalcules ne sont plus seulement des formes surprenantes, mais des héros. Il leur donne une vie, il devient un peu un Flaherty subaquatique, décrivant la férocité du *bernard-l'hermite*, ou la gracieuseté et les étranges amours de l'*hippocampe*.

L'avant-garde ne put complètement s'épanouir dans un documentarisme humain et social. Le parlant enlevait presque toutes possibilités à ses laboratoires expérimentaux. La production d'un court métrage nécessitait des capitaux relativement importants, si l'on voulait qu'il fût sonore. Pour un court métrage, il fallait désormais bien davantage que les 5 000 francs avec lesquels Marcel Carné avait réalisé son *Nogent*. Les salles spécialisées se spécialisaient dans les grands films étrangers artistiques ou curieux. L'avant-garde avait pu survivre quelque temps à l'avènement du parlant, grâce à des mécènes (tel le vicomte de Noailles finançant l'*Age d'or* et le *Sang du poète)* ou par un retour à un artisanat médiocrement subventionné, comme le fit Jean Painlevé. La crise économique mit bientôt fin à l'avant-garde française. Sa déroute était surtout apparente. Dans ses laboratoires, des hommes avaient été formés, qui allaient diriger de grands films, pour le grand public, et former les cadres de la renaissance du cinéma français.

CHAPITRE VI

JACQUES FEYDER, RENÉ CLAIR, ET LE PASSAGE DU MUET AU PARLANT

(1920-1931)

L'École impressionniste, les recherches confidentielles de l'avant-garde ne résument pas à elles seules tout le cinéma français entre 1918 et 1930. Malgré le ralentissement constant de la production, un millier de films furent, durant cette période, édités en France.

L'une des sociétés de production les plus actives fut alors les *ciné-romans*, fondés sous le patronage du journal *Le Matin*, par son directeur Sapène, qui rêvait de devenir le W. Randolf Hearst français. Ce *Citizen Kane* au petit pied essaya d'imposer vainement au public sa Suzanne Alexander, l'actrice Claudia Victrix. Il spécialisa sa firme dans les *Serials*, mais ce fut en vain qu'il tenta de retrouver les triomphes anciens des *Mystères de New York*. Le genre avait évolué. Plus de bandits encagoulés évoluant dans le monde contemporain : le succès commercial des *Trois Mousquetaires* de Diamant-Berger avait orienté le ciné-roman vers les rétrospectives, l'histoire, les costumes...

L'adaptation restait, pour le cinéma ouvertement commercial, une règle d'or. Les succès anciens et présents de la littérature française formèrent la mine où l'on puisa. Poirier et Baroncelli, par exemple, ne sortirent guère de ce genre.

Une bonne réussite de Baroncelli fut un *Père Goriot* qui, sans transporter à l'écran le bouillonnement puissant de Balzac, sut honnêtement reconstituer la mesquine pension Vauquier. Le réalisateur dirigea aussi *Nêne*, d'après un roman de Pérochon qui venait d'obtenir le prix Goncourt, *Pêcheurs d'Islande* et *Ramuntcho*, d'après Pierre Loti. Il sut parfois, dans ses œuvres, traduire avec bonheur le pittoresque de la vie des paysans ou des marins français, et plut par son sens du paysage. Léon Poirier, après ses films inspirés des *Mille et Une Nuits*, adapta le *Jocelyn* de Lamartine, puis transposant un prix Goncourt dans *la Brière*, il réussit son meilleur film en décrivant une région marécageuse, aux confins de la Bretagne, et en sachant dégager de ce décor naturel, grandeur et poésie. Peut-être se souvenait-il des leçons suédoises. Ce succès orienta Poirier vers le documentaire. Il accompagna à travers l'Afrique une expédition financée, pour sa publicité, par le constructeur d'automobiles Citroën. Il en rapporta les belles images de sa *Croisière noire*, carnet de route d'un touriste, frappé par le pittoresque, l'exotisme, la beauté des forêts, des architectures ou des « indigènes ». Un peu plus tard, avec moins de moyens, le jeune Marc Allégret rapportait un carnet de charmants croquis africains d'un *Voyage au Congo*, où il avait été le compagnon d'André Gide.

Après le succès de la *Croisière noire*, Poirier tenta, au début du parlant, de réaliser à Madagascar, avec un acteur professionnel francais et des indigènes, un *Caïn* qui fut un échec. Le style documentaire influença aussi son *Verdun, vision d'histoire*, reconstitution historique de la célèbre bataille de 1916, prêchant un pacifisme à la Briand et le rapprochement franco-allemand, caractéristique alors de la politique extérieure française.

Henri Roussel, avec ses *Violettes impériales*, se tourna vers les films historiques, comme Raymond Bernard, qui avait débuté en adaptant diverses pièces à succès de son père, Tristan Bernard. En 1924, son *Miracle des Loups*, chronique du règne de Louis XI, mobilisa des armées de figurants, sous les murailles féodales de Carcassonne. Cette réalisation soignée et spectaculaire connut une belle carrière en France et à l'étranger. Il lui fit succéder un *Joueur d'échecs*, dont le succès fut moindre.

L'un des meilleurs adaptateurs fut, durant cette période, Henri Fescourt, qui avait débuté avant la guerre chez Gaumont, sous Louis Feuillade et qui était un réalisateur intelligent, sensible, cultivé, désintéressé. Ses *Misérables* furent une des meilleures versions de l'œuvre de Victor Hugo, dix fois filmée depuis les origines du cinéma : il y manifestait du goût, de la sensibilité, un sens très vif des belles images et de la discrétion. Trop de discrétion, peut-être, pour imposer son nom. Son *Monte-Cristo*, sans valoir ses *Misérables*, valut par l'ingéniosité

des décors, où l'on fit un large usage des « effets Schuftan », ces truquages par maquettes alors peu connus et employés.

Dans les dernières années de la prospérité, les productions françaises évoluaient vers la très grande mise en scène à costumes et décors
fastueux et voulait concurrencer Hollywood. On recourut, pour cela,
aux combinaisons internationales.

Au temps de Delluc, si l'on avait accepté les enseignements venus
de l'étranger, le cinéma français, en retraite sur tous les marchés étrangers, était encore resté national. Après 1918, s'était pourtant établie à
Paris une colonie étrangère homogène, celle des Russes émigrés, avec
les acteurs Mosjoukine, Nathalie Kovanko, Nathalie Lissenko, Nicolas
Koline..., les réalisateurs Starevitch, Volkov, Protazanov, Tourjanski,
les producteurs Ermolieff et Alexandre Kamenka.

Ces émigrés, louant des studios et travaillant avec leurs propres
capitaux, commencèrent à produire sur le sol français des films presque
identiques à ceux qu'ils avaient dirigés autrefois à Moscou ou en Crimée.
Leur production, privée de ses racines, se dénationalisa vite. Mosjoukine,
qui domina ce cinéma par sa personnalité extravagante, se spécialisa
dans des films fantastiques, d'un romantisme acerbe, reprenant les
étranges recherches du cinéma russe de 1914-1916, décadent, exaspéré,
enfermé dans une serre chaude par la guerre et la censure tzariste. Tels
furent *Kean*, d'après Alexandre Dumas, *le Lion des Mongols* dirigé par
Epstein, et surtout *le Brasier ardent...* Mosjoukine atteignit le sommet
de sa gloire — sinon de son art — dans un luxueux *Casanova*, dirigé
par Volkov et financé par une combinaison franco-allemande.

La collaboration entre Berlin et Paris se développait considérablement. A cette époque, l'Amérique colonisait en partie le cinéma
germanique, mais les financiers allemands tentaient de conquérir le
marché français et toute l'Europe, en produisant des films où se coudoyaient des vedettes venues de Berlin, Paris, Rome, Vienne, Londres
ou Stockholm... On parlait alors beaucoup de l'Europe et d'un cinéma
européen... La plupart des combinaisons cosmopolites furent, sur le
plan de l'art, stériles. Hors celles auxquelles participa Jacques Feyder,
la plus forte personnalité, avec Abel Gance, du cinéma français
d'avant 1930.

* *

Né à Bruxelles, Jacques Feyder, rêvant de devenir acteur, s'était

LE VOYAGE DANS LA LUNE (*Georges Méliès, 1902*). La verve fantaisiste de ce film de science-fiction imposa au monde le film de mise en scène.   C.F.Pg.

BARBE BLEUE (*Georges Méliès, 1900*). Dans cette féerie dont les tableaux refusaient gros plan et montage, la clef, pour devenir visible, a dû prendre d'énormes dimensions.   C.F.

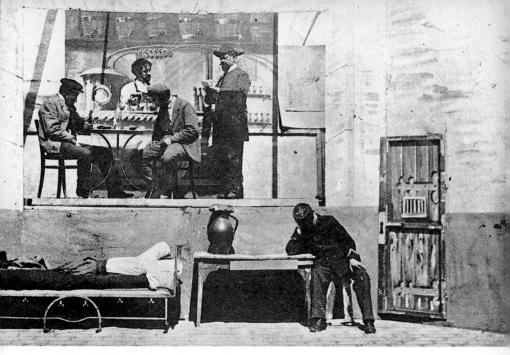

L'HISTOIRE D'UN CRIME (*Zecca*, 1901). Ce fut le début d'une profitable série de fims destinés aux baraques des forains. C.F.

JEANNE D'ARC, film d'art; LA PARISIENNE, folle poursuite; LA VENGEANCE DU FILS, mélodrame; DESSINATEURS VAILLANTS, films à trucs. Diversité des genres *Pathé* vers 1907 C.F.Pg.

établi à Paris avant 1914. Après avoir tenu de petits rôles, il devint, pendant la guerre, metteur en scène chez Gaumont. Ses débuts furent médiocres. Il connut brusquement un énorme succès avec *l'Atlantide*. Son film adaptait un roman célèbre de Pierre Benoît, par la suite souvent porté à l'écran. L'intrigue se situait au Sahara. Le long séjour de Feyder et de sa troupe dans le désert conféra une grande authenticité aux scènes de son film qui se déroulaient en extérieurs. Par contre, les décors édifiés dans la banlieue d'Alger par le décorateur Orazzi se souvinrent trop, avec leur lourde somptuosité, des succès italiens d'avant-guerre : *Cabiria* ou *Quo Vadis*. Quelles que fussent les imperfections de *l'Atlantide*, cette œuvre eut le mérite d'être l'un des rares films français qui, après 1920, firent une belle carrière à l'étranger.

Sur le plan de l'art, le premier film important de Jacques Feyder fut *Crainquebille*, adaptation d'une nouvelle célèbre d'Anatole France. Son héros, un marchand des quatre-saisons, injustement accusé d'avoir insulté un agent, est mis en prison et perd avec sa clientèle l'estime du quartier. Cette nouvelle cinématographique, apparemment moins ambitieuse que *l'Atlantide*, serait passée inaperçue auprès de la critique d'avant-garde si, dans la scène du jugement, Jacques Feyder n'avait usé à des fins « impressionnistes » de quelques ingénieux truquages, inspirés à la fois par Méliès et par l'expressionnisme allemand, montrant, par exemple, un minuscule Crainquebille subjectivement accablé par un flic géant. Mais on reprocha à Feyder d'avoir adapté la nouvelle d'un académicien en la faisant interpréter par un acteur de la Comédie-Française. On y vit en somme un « film d'art ».

Crainquebille n'en est pas moins devenu une des œuvres clefs du cinéma français, parce qu'il ménage une transition entre le réalisme naïf d'avant 1914, celui de Zecca, Jasset et Feuillade, et le « réalisme poétique » de 1935-1945, dont Carné, formé par Feyder, sera l'une des plus remarquables figures. Griffith ne se trompait pas, quand il déclarait à un journaliste, à propos de *Crainquebille* : « J'ai vu un film qui pour moi symbolise Paris. Cet homme qui pousse une charrette à bras, chargée de légumes, quelle vision forte, saisissante! Et de Féraudy, le grand, le puissant acteur. Quelle œuvre, belle forte, hardie! »

Féraudy, qui avait interprété ou dirigé de nombreux *films d'art*, fut en effet puissant dans sa création de *Crainquebille*. Dans une rue populaire et commerçante, devant son étal de légumes, il parut émaner directement du pavé de Paris. Ces tableaux populaires gardent une authenticité et une force qui rejoignent parfois certaines réalisations soviétiques. Le film annonce, comme Renoir, l'École néo-réaliste italienne. Le naturalisme littéraire à la Zola, trouvait ici une expression consciente et valable. Parfois la sincérité de son étude, atteignait le véritable réalisme, grâce à la générosité d'Anatole France. Sa portée dépassait la description pittoresque ou l'impressionnisme de la scène du jugement.

Feyder savait naturellement, en transcrivant la réalité, créer la poésie. Il chercha cette dernière avec un moindre bonheur dans les scénarios raffinés et parfois trop littéraires. Celui qu'il préféra toujours fut *l'Image*, écrit par Jules Romain; trois hommes tombaient amoureux d'une inconnue, dont ils avaient vu la photographie dans une vitrine. Ils se retrouvaient, au fond de la Hongrie, près du château où vivait recluse cette femme idéale. Ils renonçaient à la rencontrer, après avoir constaté que chacun s'était formé d'elle une image fort différente et très éloignée de la réalité.

La peinture de la femme, dans une grande propriété féodale, était émouvante. Mais le pirandellisme un peu primaire du postulat était développé avec une rigidité scholastique, qui rend aujourd'hui factice ce scénario jadis loué par son ingéniosité. S'il plut tant à Feyder, c'est qu'il contenait des thèmes constants dans toute son œuvre : l'amour éperdu pour une femme mystérieuse ou inconnue *(l'Atlantide, Carmen, le Grand Jeu, la Loi du Nord)*, et le hiatus qui sépare la réalité et sa vision par un individu *(Crainquebille, Gribiche, les Nouveaux Messieurs, la Kermesse héroïque, le Grand Jeu...)*. Un autre thème favori de Feyder (qui n'apparut pas dans *l'Image)* fut celui de l'amour maternel, exprimé à cette époque dans *Gribiche*, et surtout dans *Visages d'enfants*. Il y revint plus tard ultérieurement dans *Pension Mimosas*.

Feyder n'eut pas toujours assez de mesure dans le dosage du mélodrame et de la sensiblerie. Elle submerge *Gribiche*; elle n'est pas absente de *Visages d'enfants*, un de ses meilleurs films, réalisé en Suisse, dans les paysages et les costumes pittoresques du Valais.

Jacques Feyder avait le goût de la précision et de la minutie. Ces qualités de bon artisan n'allaient pas sans une certaine froideur. Elle n'excluait pas un amour réel de la vie et des hommes, observés d'un œil aigu, amer parfois. Le réalisateur fut vite sensible aux entraves que la production mettait à son métier. Il se sentait bridé, ligoté. Après une *Carmen*, où il avait senti la dure et stupide tutelle d'une vedette imposée, Raquel Meller, il répondait à une question que lui posait son ami Moussinac, pour une enquête de *l'Humanité, qu'il ne croyait pas que le cinéma puisse être un art, dans les conditions économiques présentes...* Il cherchait à échapper aux contraintes financières en passant d'un pays à l'autre. *L'Image* avait été réalisée en Hongrie, *Visages d'enfants* en Suisse, *Thérèse Raquin* fut mise en scène à Berlin. Le roman de Zola est l'histoire d'un crime passionnel. Mal mariée à un petit commerçant malingre, la sensuelle Thérèse le fait noyer par son amant. Elle l'installe dans l'arrière-boutique, où vit aussi la mère de leur victime, paralysée et muette. Ce remords vivant finit par tuer les deux amants.

Bien qu'il eût été réalisé avec une participation importante d'acteurs et de techniciens berlinois, le film de Feyder, profondément français, fut fidèle à Zola comme *Crainquebille* l'avait été à Anatole France. Bien que les éléments sexuels y tinssent plus de place encore que dans le roman, le plus fort accent fut mis sur la critique sociale. Surtout dans la première partie, où, selon Moussinac, Feyder sut *créer l'atmosphère, ressusciter* en l'accusant (souligné par L. M.) *le milieu où l'héroïne s'est formée, évoquer la vie quotidienne où s'exprimait le plus complètement l'esprit petit bourgeois contre lequel Thérèse est en continuelle révolte. Médiocrité, lâcheté se révèlent dans les détails de la mise en scène, auxquels alternativement participent le décor, les accessoires, les acteurs et surtout la lumière, éminemment créatrice.* »

Ce film évoquait un peu « une atroce moisissure au fond d'un placard », pour reprendre l'expression par laquelle Gustave Flaubert avait, jadis, défini sa *Madame Bovary.* Pour « changer d'air », après *Thérèse Raquin*, Jacques Feyder, avec *les Nouveaux Messieurs* aborda le vaudeville boulevardier. De Flers et de Croisset — fournisseurs de succès parisiens durant les trente premières années du siècle — y avaient montré un ex-militant ouvrier qui devenait ministre et rivalisait avec un député royaliste pour les faveurs d'une danseuse étoile. Depuis 1900, nombreux avaient été les politiciens socialistes réformistes qui avaient connu une carrière analogue à celle qu'évoquait cette satire. La comédie, comme le dit justement Feyder dans ses souvenirs « se moquait agréablement de nos mœurs politiques, mais à la vérité sans méchanceté, sans âcreté. La pièce, du reste, n'avait pas suscité de polémiques ni de batailles. Hé bien il a suffi qu'on l'imprime sur pellicule pour que l'orage gronde. Ces ironies aimables, enregistrées par la caméra, faisaient figure de bombes incendiaires, de sarcasmes, d'insultes aux institutions parlementaires (...), mettaient en péril le régime (...). Cette bande (...) m'a révélé brusquement des difficultés que je ne soupçonnais pas et des horizons imprévus sur l'importance sociale du cinéma. »

Laissant ce film explosif aux prises avec la censure qui imposa plusieurs coupures, Feyder partit pour Hollywood, avec les plus grandes espérances. Le prologue des *Nouveaux Messieurs*, qui est une satire de l'Opéra, de ses perruques et de ses chanteuses obèses, annonce *le Million* de René Clair, et plus lointainement *les Enfants du Paradis*, qui confronteront sur un ton sérieux, théâtre et cinéma. Le meilleur morceau des *Nouveaux Messieurs* est l'inauguration de la cité ouvrière, avec ses officiels en jaquette qui, parce qu'à Paris le ministère est menacé, précipitent leurs mouvements à la façon d'une vue d'actualités passée à l'accéléré. Les scènes du Parlement, reconstituées dans un beau décor édifié par Lazare Meerson, eurent de la grandeur et de l'authenticité.

*
* *

René Clair, après sa réussite d'*Entr'acte*, son demi-échec du *Voyage imaginaire* et son discutable documentaire *la Tour*, avait abandonné l'avant-garde pour le grand public. Il suivait ainsi ce mot d'ordre de Louis Delluc : « Les maîtres de l'écran sont ceux qui parlent à toute la foule... »

Dans ce domaine, le jeune réalisateur parut hésiter à trouver sa voie. Le *Fantôme du Moulin rouge* reprenait la formule de *Paris qui dort* : une aventure fantastique dans le Paris de tous les jours. Ce fut un échec. Comme *la Proie du vent*, où René Clair aborda l'aventure dramatique pour laquelle il était peu doué. L'ingénieuse mise en scène d'un accident d'avion, un rêve, un épisode à la « première personne », les mouvements de la caméra mettant les spectateurs dans la peau du héros ne sauvèrent pas un sujet conventionnel.

René Clair, qui avait choisi le sujet de *la Proie du vent*, accepta sans enthousiasme d'adapter *Un chapeau de paille d'Italie*, vaudeville célèbre écrit par Labiche et Michel à la fin du règne de Louis-Philippe. Il régnait alors dans les milieux cinématographiques intelligents une grande prévention contre l'adaptation à l'écran du théâtre. La rencontre du vaudeville français traditionnel acheva pourtant de révéler René Clair à lui-même, et lui fit atteindre, pour la première fois, un vaste public.

La pièce de Labiche était la poursuite, par une noce grotesque, d'*Un chapeau de paille d'Italie*. Ces fantoches et l'entrain avec lequel ils étaient agités et menés convenaient au réalisateur d'*Entr'acte*. Il sut caractériser ces types falots par quelques traits amusants et sûrs, et remplaça si bien les jeux de mots originels par des gags visuels qu'il sut presque se passer de sous-titres.

D'autre part, il situa l'action non en 1851 (date où la pièce fut créée), mais en pleine « Belle Époque ». Suivant Moussinac, il caricatura la pièce et ses héros par « le rappel discret, ridicule, le décor et les costumes de 1895, le jeu périmé des personnages qui rappelle parfois celui du cinéma d'avant-guerre ». Ce sont toutes les manies, toutes les outrances de la petite bourgeoisie « fin de siècle », que René Clair a transposé à l'écran, en dépassant ainsi largement le but poursuivi par les auteurs originaux, en réalisant une parodie d'une œuvre qui connut un succès particulier dans une époque médiocre, par conséquent en exécutant une caricature de cette époque et de son esprit.

Comme un film de Méliès ou de Chaplin, *Un chapeau de paille* fut un ballet précis, ironique, élégant, brodant sur une intrigue ingénieuse, accumulant les rebondissements comiques. Le grand morceau, un *Quadrille des Lanciers*, modèle de rythme et de montage, surpassa par sa réussite la poursuite fameuse d'*Entr'acte*. Les comparses étaient typés par quelque détail grotesque comme ceux de *Charlot fait une cure* ou de *The Adventurer*.

Le film était profondément français — plus, parisien. René Clair et son producteur Alexandre Kamenka voulurent renouveler ce grand succès en adaptant une autre pièce de Labiche, *les Deux Timides*. Les fantoches petits bourgeois y furent analogues à ceux du *Chapeau de paille* : la fille à marier, le prétendant timide, le rival coléreux, le beau-père..., mais la réussite fut moins grande. Le scénario manquait de rigueur et était alourdi par une parodie, un peu lourde, du film policier.

René Clair se trouva brusquement placé, par l'évolution économique et technique, devant les problèmes du cinéma parlant. Il travaillait alors au scénario d'un nouveau film *Prix de beauté*. Il le remania, puis, découragé, en abandonna la réalisation à l'Italien Genina. Il prit violemment position contre le parlant, dangereux et inutile pour celui à qui Feuillade et Chaplin avaient appris à tout dire sans dialogue.

La critique indépendante et le public le plus évolué suivirent René Clair dans sa condamnation du parlant. Ce mouvement de l'opinion intellectuelle fut impuissant à arrêter ce progrès. Désespéré, René Clair songea à abandonner le cinéma et si le roman qu'il venait de publier,

Adams, avait eu plus de succès, il aurait pu réaliser une ambition de jeunesse et se consacrer à la littérature.

*
* *

Cette révolte des meilleurs amis du cinéma surprend aujourd'hui. Elle s'explique quand on sait la médiocrité des premières productions cent pour cent parlantes. Les caméras, immobilisées dans des cabines insonorisées, se bornaient à photographier le théâtre : vaudevilles, opérettes, chansons, opéras, music-halls, tout ou presque était médiocre. Si les premiers films parlants français : *l'Eau du Nil*, *La nuit est à nous*, *La route est belle*, *Les Trois Masques* (réalisés parfois à Londres, les studios français n'étant pas encore équipés), obtinrent de gros succès d'argent, leur qualité artistique était encore inférieure à celle du *Chanteur de Jazz*, qui leur servait de modèle.

Sur le plan esthétique, l'absence de son et de paroles devenait pourtant gênante, maintenant que le cinéma exprimait des sentiments et des situations plus complexes. Le réalisateur danois, Carl Dreyer, arrivant à Paris, pour y tourner sa *Passion de Jeanne d'Arc*, scandalisa les adversaires de la nouvelle technique en déclarant que, pour ce film, il aurait voulu employer le parlant.

Bien que le metteur en scène fût étranger, *Jeanne d'Arc*, par son sujet, ses interprètes, ses techniciens, fut un film français, son esthétique et son style étant trop « hors série » pour qu'on puisse les classer dans une autre école nationale. Le scénario transcrivait les dialogues de Jeanne et de ses juges, tels que nous les ont conservés les documents historiques. Ils avaient été abrégés et condensés pour accroître la tension dramatique. La plus belle partie de cette œuvre admirable fut le duel oratoire de Jeanne (Falconetti) et des inquisiteurs dirigés par l'évêque Cauchon (Sylvain). La parole enregistrée aurait mieux valu là qu'une série de sous-titres, et l'on pourrait presque souhaiter que ce chef-d'œuvre fût un jour sonorisé, en suivant un dialogue qui peut se lire sur les lèvres des acteurs.

La Passion de Jeanne d'Arc ne fut pas un film historique au sens habituel de ce terme. Les grands décors et une importante figuration y tinrent moins de place que les gros plans des visages humains, de quelques objets ou de parties du corps. Dreyer avait refusé tout maquillage, tout postiche et persuadé ses interprètes qu'ils vivaient véritablement leur rôle. Chaque mouvement de cils, chaque larme (toutes furent véridiques), chaque gerçure des lèvres, chaque grain de beauté ou verrue et presque chaque pore tinrent leur rôle dans cette bouleversante exploration des sentiments exprimés par les visages humains. Mis face à face avec les acteurs, les spectateurs furent ainsi jetés en plein drame, mieux que par aucun travelling ou emploi de la caméra « à la première personne ». Par delà le XVᵉ siècle et Jeanne la patriote, Dreyer atteignit l'universalité et l'humanité. Il avait été aidé, en cela, par les expériences allemandes du *Kammerspiel*, mais aussi par les chefs-d'œuvre soviétiques. « Lorsque j'entrepris mon film, j'étais hanté par le *Potemkine* que l'on m'avait montré dès mon arrivée à Paris », déclara-t-il en 1955 à Venise, avant d'y présenter *Ordet*.

Jeanne d'Arc fut gravement mutilé par la censure, sur l'intervention de l'archevêché de Paris. Le second film de Dreyer, réalisé en France, *Vampyr*, moins français, plus hybride, fut un demi-échec, en dépit de plusieurs grandes réussites.

***

Cependant le gros succès des premiers films français parlant français stimulait les hommes d'affaires. Les financiers qui avaient jadis soutenu l'essor de Pathé et Gaumont rêvaient de reconstituer leur monopole autour du nom glorieux des anciennes firmes. Charles Pathé, se retirant après fortune faite, abandonnait la société qui portait son nom. Reprise par un aventurier, nommé Nathan, elle forma, pour le compte de la banque d'affaires Bauer et Marchal, le cartel *Pathé-Nathan-Cinéromans*. En face, s'édifia le groupe *Gaumont-Aubert-Franco-Films*, soutenu par le *Crédit industriel et commercial* et par l'industrie électrique suisse. Ces deux trusts possédaient des circuits de salles, des agences de distribution, des laboratoires et leurs studios furent les premiers équipés pour le parlant.

Mais la politique de liquidation du cinéma français menée par les financiers parisiens durant l'après-guerre rendait difficile l'affermissement de ces nouvelles combinaisons. La France ne possédait plus d'usine de pellicule vierge appartenant à des Français, et pas davantage de brevets sonores. Les nombreux et ingénieux inventeurs (Lauste, Baron Joly et d'autres), n'ayant trouvé dans leur pays ni encouragements, ni capitaux, avaient vendu leurs brevets à l'étranger ou abandonné leurs recherches. Tous les procédés sonores, prêts pour une exploitation commerciale, se trouvaient en possession de deux grands trusts internationaux : le groupe américain Western et le groupe allemand Tobis, tous les deux liés à la grosse industrie électrique. Pour équiper ses salles, la France dut donc payer à l'étranger une énorme dîme. L'équipement Western, qui fut le plus souvent adopté, coûtait la somme alors considérable de 800 000 francs (soit environ 500 000 NF ou $ 100 000 1960). Par centaines, les salles acceptèrent ces conditions draconiennes. Hollywood draina en France des millions de dollars.

En même temps, l'Amérique et l'Allemagne s'installaient à Paris, avec la *Paramount* et la *Tobis*. Établie dans la banlieue, à Joinville-le-Pont, la *Paramount* entendait créer une Hollywood européenne. Sous la férule de directeurs de productions fraîchement débarqués de Californie, on établit une gigantesque usine d'images, véritable Babel. Certains films parlants y furent tournés en quatorze ou quinze versions. Les plans d'ensemble, où la parole n'avait pas d'importance, servaient pour la totalité de ces productions en série. Les scènes dialoguées étaient successivement jouées dans les mêmes décors par des acteurs français, hollandais, suédois, danois, espagnols, portugais, tchèques, polonais, roumains, hongrois, allemands, serbes, grecs, égyptiens, lituaniens, etc., dirigés ou non par des réalisateurs de leur nationalité. Les scénarios étaient choisis pour leur cosmopolitisme et se déroulaient, de préférence, dans des salons ou des boîtes de nuit, décors aisés à rendre, en apparence, luxueux à peu de frais.

Un rythme de travail accéléré était imposé à ces productions en série. On arrivait à terminer un « grand film » en deux ou trois semaines, souvent moins... La *Paramount* draina d'abord d'importantes recettes sur tous les marchés d'Europe, d'Afrique, d'Amérique Latine. Mais rien ne fut plus médiocre que ces films, fabriqués comme des boîtes de conserves, encore que la *Paramount* eût engagé des hommes de talent, comme Marcel Pagnol, Marcel Achard, Alexandre Korda, Alberto Cavalcanti. Certains se brisèrent à ce métier et durent, par exemple, émigrer à Londres pour y reprendre — fort brillamment — une carrière compromise à Paris.

La *Tobis* eut une politique plus prudente que la *Paramount*. Berlin était assez près de Paris pour qu'on pût y attirer, par un contrat de quelques semaines, les acteurs, techniciens et réalisateurs nécessaires pour la réalisation à Neuebabelsberg, d'une version française ou étrangère. La *Tobis* produisit un nombre relativement restreint de films, avec un certain souci de la qualité, soit dans l'attrait commercial, soit même dans la valeur artistique. La version française de *Drei Groschen Opera* de Pabst, *l'Opéra de Quat'Sous*, avec Albert Préjean, Florelle et Margo Lion, ne fut, par exemple, pas loin de valoir la version originale allemande.

En même temps, la *Tobis* ouvrait à Épinay, près de Paris, un grand studio où elle produisit, avec un réel souci de qualité, des films entièrement français (hors leurs capitaux). Elle débuta par une rare réussite : *Sous les toits de Paris*, de René Clair.

S'il s'était résigné au parlant, le réalisateur n'avait pas abandonné ses objections contre le procédé, et son film fut par certains côtés une satire du cinéma sonore. La porte vitrée qu'il refermait sur certains acteurs pour leur couper la parole eut la valeur d'un symbole. Le réalisateur fut parfois fidèle aux conventions du muet. Quand minuit sonnait, au lieu de nous faire entendre douze coups, il préférait montrer un cadran en surimpression sur le décor. Par contre, il avait suivi les théories de Poudovkine et Eisenstein dans d'audacieuses et naïves recherches de contrepoint sonore. Ces insuffisances, inévitables dans un premier film parlant, étaient mineures.

Le film fut emporté par son charme directement parisien. L'anecdote (les amours d'un chanteur des rues) était peu de chose. Mais Clair, aidé par les grands décors construits par Lazare Meerson, réalistes et poétiques tout à la fois, sut transposer, avec beaucoup de charme, l'atmosphère des faubourgs parisiens : les chambres d'hôtels meublés, les enfants joueurs, les concierges hargneuses, les pots de fleurs sur les fenêtres, les badauds, les petits commerçants, les bons et les mauvais garçons, les chansons répétées en chœur au son d'un accordéon, à chaque carrefour...

Parce qu'il était l'essence de Paris, le film passa d'abord inaperçu, dans la capitale française. Mais ce fut à Berlin un indescriptible triomphe, qui gagna toute l'Europe, l'Amérique et jusqu'au lointain Japon, où son succès n'était pas encore épuisé en 1960 plus qu'en U.R.S.S. Ainsi la veine populaire, partie de Zecca et de Jasset, transmise par Feuillade à son ancien acteur, conduisait-elle à un énorme succès international. A Yokohama, à Buenos Aires ou à Hambourg, on applaudissait à la fois l'exotisme qu'y représentait un chanteur parisien des faubourgs et l'humanité populaire, la gentillesse, l'optimisme qui imprégnaient le film. Delluc avait eu raison. Un film s'il était à la fois « du cinéma » et « français » atteignait par ces qualités techniques et nationales le grand public international.

Il s'agissait malheureusement d'une exception, dans une production où la Paramount, Pathé-Nathan, Gaumont-Aubert et quelques indépendants multipliaient les médiocrités commerciales. Cette hirondelle annonçait pourtant, dans un avenir proche, un nouveau printemps.

CHAPITRE VII

LE CINÉMA FRANÇAIS
S'ENFONCE DANS LA CRISE
(1930-1935)

L'engouement du public pour les films parlants français avait stimulé la production parisienne. De 52 grands films en 1928, elle passa à 94 en 1930, 139 en 1931, 142 en 1933... Cette prospérité matérielle fut brève. La crise économique, plus tardive qu'en Allemagne ou dans les pays anglo-saxons, s'abattit sur le pays. La France venait de goûter les années dorées de la victoire. Elle se vantait de son luxe, de son élégance, de son raffinement, de sa bonne chère, de la haute qualité de son art et de sa littérature, de l'importance de son stock d'or, de ses armements et de sa production automobile. Le chômage, plus oublié que les plaies d'Égypte, installa soudain les hommes en haillons devant les terrasses des grands cafés, désertées par les touristes étrangers. La misère naissait de l'abondance. Le désarroi s'installait dans les cœurs.

Le Million de René Clair clôtura la prospérité en fanfares, cavalcades et joyeuses cabrioles. Le film adaptait, comme *le Chapeau de paille*, un vaudeville. Son héros est un bohème impécunieux, que la chance atteint soudain, puis fuit avec un billet de loterie gagnant, caché dans un vieux veston. René Clair ne refusa cette fois ni les ressources du dialogue, ni même les couplets chantés et dansés, venus de Labiche.

De tous les films de René Clair, *le Million* est peut-être le plus parfait. Autour d'un épisode central (une poursuite dans un théâtre), toutes les séquences s'ordonnent avec une symétrie rigoureuse, comme celle des architectures françaises classiques. Le ténor obèse, l'énorme chanteuse légère, le brocanteur, l'huissier, le chauffeur de taxi, le chœur des fournisseurs, le régisseur nain, les admiratrices ridicules, le fou en caleçon et chapeau melon, tous ces fantoches caractérisés avec une ironique sûreté s'unissent dans un ballet, rythmé avec précision et rigueur.

La joyeuse insouciance de la prospérité n'est plus qu'apparente dans *A nous la Liberté*, film ambitieux qui vise à la profondeur. La crise et le chômage ont posé brusquement à la génération de René Clair des problèmes nouveaux. Comme dans l'histoire véritable de Charles Pathé, le film montrait un vagabond fabuleusement enrichi par le commerce et la fabrication des phonographes. La situation initiale put être aussi suggérée par *la Ruée vers l'or* à ce grand admirateur de Chaplin. Les problèmes du machinisme, du travail à la chaîne et de la rationalisation furent posés de façon ironique et précise. La charmante utopie qui termine le film montra les ouvriers dansant et pêchant à la ligne pendant que les machines travaillent pour eux et que leur patron a repris, joyeusement, sa carrière de vagabond.

Si insuffisant qu'il fût dans ses solutions, le film n'en fut pas moins une sorte de « signe des temps ». On a souvent remarqué qu'il annonçait, de fort près, *les Temps modernes*. Dans un but de vengeance politique, le Dr Gœbbels, devenu maître de la *Tobis* (productrice d'*A nous la liberté*), fit engager par un employé un procès en contrefaçon à Charles Chaplin. Le génial comique connaissait le film qui l'avait en partie inspiré, mais son art était aussi une source d'*A nous la Liberté*. Appelé à témoigner, René Clair rendit un si complet hommage à Charles Chaplin que la *Tobis* perdit son procès (comme le désirait le Français).

A Paris, dans chaque faubourg..., la chanson entraînante écrite par Jaubert pour Jaubert *Quatorze Juillet* donna sa couleur à un film qui peignait l'allégresse populaire installée à chaque carrefour, avec les danses, les lampions et les accordéons, le jour de la Fête Nationale.

Le Dernier Milliardaire eut des ambitions plus grandes peut-être que *A nous la Liberté*. A travers « Casinario », royaume d'opérette, qui avait certains traits de Monte-Carlo, Clair peignit une crise économique conduisant à la dictature. Le troc ayant remplacé l'argent, on rendait en œufs la monnaie d'un coq, les navires allaient jeter à la mer les chapeaux de paille, pour en résorber la production excédentaire. Le dictateur fou, ayant exigé que ses ministres coupent les jambes de leur pantalon, inspectait leurs genoux à quatre pattes. Quelques réussites comiques furent dignes du futur *Dictateur* de Chaplin. La *Tobis* avait entrepris la production du *Dernier Milliardaire*, mais abandonna ce film jugé injurieux pour le Führer, sitôt que le Dr Gœbbels prit en main la société.

Le film fut présenté en 1934, à Paris, peu après l'émeute d'extrême droite. La circonstance contribua à l'échec complet du film, dont on ignora les réelles qualités. René Clair, découragé, accepta les propositions d'Alexandre Korda. *The Ghost goes west* (Fantôme à vendre), qu'il réalisa en Angleterre, appartient plus au cinéma britannique qu'au cinéma français. L'exil du réalisateur devait, hélas! durer une douzaine d'années. Ce départ fut ressenti d'autant plus douloureusement par le cinéma français qu'il fut suivi par la mort d'un de ses meilleurs réalisateurs, Jean Vigo.

Vigo était le fils de l'anarchiste Almereyda, arrêté et exécuté par la police, à la fin de la guerre, pour avoir participé à des « menées défaitistes ». Une enfance passée dans de sordides collèges provinciaux inspira au jeune documentariste sa première mise en scène, *Zéro de conduite*. Le film, qui devait être interdit douze ans durant par la censure, était beaucoup un journal intime, une confidence, un « portrait de l'artiste enfant ». L'on reconnaissait l'influence directe de Chaplin dans le personnage du répétiteur sympathique, incarné par l'acteur Jean Dasté. La description de la vie quotidienne des collégiens ne reculait pas devant un réalisme assez cru. Ailleurs, la poésie de Vigo devenait lyrique, en particulier dans une révolte des enfants contre les adultes, symphonie en blanc majeur de draps, de chemises et de plumes volant au ralenti, sur une musique où Jaubert avait utilisé certaines techniques d'avant-garde, comme une musique exécutée à l'envers, mais remise à l'endroit en inversant la bande sonore.

Après ce premier film, resté inconnu hors des Ciné-Clubs, Vigo aborda avec *l'Atalante* un sujet dont l'intérêt fut plus général. Non que l'anecdote qui lui avait été imposée fût toujours excellente. Sa fantaisie fut un peu encombrée par la poétique surréaliste alors à la mode et son lyrisme fut moins prenant que la grande envolée terminant *Zéro de conduite*.

Les parties les plus baroques se déroulèrent dans la disparate cabine où vivait un matelot excentrique, incarné avec une verve déchaînée par Michel Simon. On n'oublie pas ce décor singulier, ce fouillis de foire aux puces, la présence obsédante des chats et la brusque découverte de deux mains coupées dans un bocal d'alcool.

L'Atalante s'inscrivit dans une tradition populaire et réaliste (poursuivie sur un tout autre ton par René Clair). Vigo faisait surgir une poésie bouleversante d'un monde en apparence quotidien et médiocre. Le centre du film fut la vie d'un homme et d'une femme sur une péniche.

Les écluses leur ouvrent soudain les portes de Paris. Alors la drame se noue, se déploie. l'ampleur dramatique des terrains vagues et des voies de triage, dans la banlieue industrielle, dominée par la ferraille des pylônes électriques. Pour reprendre une image que Carlyle applique à l'Angleterre, parlant d'un film de couleur au centre de chaque cordage de la Marine royale, Vigo avait ici suivi « le fil rouge » d'une certaine tradition française. Il devenait avec René Clair maître et fondateur du « réalisme poétique », qui s'épanouit avec lui et après lui.

Vigo était loin d'avoir donné son œuvre maîtresse quand il mourut de leucémie, à vingt-neuf ans, épuisé comme Delluc par la lutte qu'il avait soutenue pour que naisse une École française.

Cette école paraissait encore alors une chimère. L'augmentation quantitative de la production avait surtout donné leur chance aux médiocres. Les vedettes les plus recherchées durant cette période furent Milton, clown venu du music-hall, possédant une robuste verve populacière, ou le fade Henri Garat, vrai mannequin pour magasins de nouveautés, sachant bien porter l'habit de soirée et pousser d'entraînants couplets, le plus souvent venus de Berlin...

Le film français, même commercial, cherchait en vain sa voie. La production en masse de divertissements absurdes finissait par lasser le public. Les premières, au Cinéma Paramount, des fabrications en série de cette firme finirent par provoquer des protestations et presque des bagarres. La société américaine s'entêta d'autant moins qu'à New York la crise la mettait en face d'une liquidation. Renonçant à ses versions en langues multiples, la *Paramount*, rappela aux États-Unis ses chefs de service, liquida son personnel et ses contrats.

La concurrence d'Hollywood n'en demeura pas moins dangereuse pour le cinéma français : les studios de Joinville avaient été transformés en ateliers de « Dubbing » (comme on disait alors), où des spécialistes prêtèrent leur voix à Greta Garbo, Shirley Temple ou Clarck Gable, dans des productions américaines. La technique du doublage, d'abord médiocre, se perfectionna vite, tandis qu'une partie de l'élite parisienne prenait le goût des versions originales sous-titrées.

On réclama contre ces nouveaux périls une protection de l'industrie. Le Gouvernement préféra au système du *quota* britannique (fixation d'un pourcentage de films nationaux dans les programmes) un *contingentement* inspiré des mesures prises jadis en Allemagne. L'introduction en France des films *doublés* fut limitée à cent quatre-vingts — dont cent vingts films américains. La carrière des films sous-titrés ne put dépasser quinze salles. Dans le contingent des films nationaux furent comprises les productions étrangères en France et les versions françaises tournées à l'étranger. Les États-Unis dédaignèrent ces facilités qu'utilisa largement l'Allemagne et, dans une moindre mesure, l'Italie. Les gouvernements fascistes utilisèrent ainsi l'attrait des vedettes françaises pour se procurer les devises nécessaires au financement de la guerre.

*
* *

René Clair et Jean Vigo dominèrent de haut l'abondante production française des premières années du cinéma parlant français.

La nouvelle technique avait réduit à la retraite ou provisoirement disqualifié certains espoirs du documentaire, de l'impressionnisme ou de l'avant-garde : Marcel Carné, Jean Rouquier, Claude Autant-Lara, Luis Bunuel, Cavalcanti, Germaine Dulac, Jean Epstein, Marcel L'Herbier... Les réussites apparaissent comme le fait d'un hasard sans lendemain et sans prolongements sensibles.

Tel fut, par exemple, le *Jean de la Lune* de Jean Choux, charmante pièce boulevardière de Marcel Achard, parfaitement interprétée par Michel Simon, René Lefebvre, Madeleine Renaud. Coïncidant avec le succès des permiers parlants de René Clair, le succès de ce film aurait pu permettre à la France de devancer Hollywood, Lubitsch et Capra, dans une série de comédies légères. Marc Allégret aurait pu, par exemple, exercer son goût et son intelligence dans ce genre, après la réussite de son vaudeville en costume désuets : *Mam'zelle Nitouche*, et sa ravissante comédie dramatique : *Lac aux dames*, qui avait révélé Simone Simon et Jean-Pierre Aumont. Sur un tout autre plan, Pierre et Jacques Prévert montraient le chemin d'un nouveau comique, avec leur excellent court métrage d'avant-garde *l'Affaire est dans le sac*, interprété par leurs amis, fondateurs du « groupe Octobre », théâtre ouvrier qui participait aux manifestations du Front Populaire.

Mais le désarroi de la crise économique inclinait davantage à la tristesse. Après quelques essais comiques médiocres, Georges Lacombe, par exemple, donna avec *Jeunesse* un tableau désespéré, sombre, sans issue, de la vie des jeunes employés parisiens, dans un film par ailleurs plein de qualités dans l'observation.

Sous l'influence directe de l'École allemande préhitlérienne, un

autre nouveau venu, Pierre Chenal, se complut dans la peinture fortement poussée au noir des déclassés et des déchets humains, dans sa *Rue
sans nom*, avant d'aborder une adaptation de *Crime et Châtiment*, avec
Harry Baur et Pierre Blanchar, dans un style quasi expressionniste.

Certaines traditions venues du naturalisme littéraire influencèrent
l'un des meilleurs premiers films parlants, *la Petite Lise*.

Son réalisateur Jean Grémillon avait, après *Tour au large*, abordé
le grand public avec *Maldone*. Sa mise en scène se caractérisa par sa
rigueur, son sens de l'atmosphère, des paysages, des types humains.
Mais de malencontreuses coupures, exigées par le distributeur, déséqui-
librèrent et rendirent un peu mélodramatique le scénario écrit par
Alexandre Arnoux pour l'acteur Charles Dullin. Grémillon fit preuve
de plus de talent encore dans *Gardien de phares*, drame entre deux
hommes solitaires, dans une atmosphère extrêmement prenante, due
pour une large part aux belles images de Perinal et Matras.

La Petite Lise, drame imaginé par Charles Spaak, scénariste découvert et formé par son compatriote Feyder, avait pour principaux héros
un forçat et une prostituée. Avec ce film, particulièrement intéressant
par ses recherchés de contrepoint sonore, Grémillon s'affirma comme
l'un des meilleurs espoirs de l'École française. Mais un échec commercial
complet provoqué par son producteur le renvoya à de piètres besognes.
Pour continuer son métier, il dut, pendant quelques années, s'exiler.

Rapt, de Kirsanov, fut à la même époque une œuvre intelligente
et curieuse, poursuivant elle aussi des recherches de contrepoint sonore.
Kirsanov, en marge de l'avant-garde, avait réalisé avec *Ménilmontant*
une œuvre presque parfaite. Ce Russe avait su, peut-être mieux qu'aucun
Français à cette époque (Clair excepté), traduire le charme et la poésie
des faubourgs parisiens. *Rapt* échoua, comme *la Petite Lise*. Kirsanov
n'eut pas de nouveau film à tourner, sinon commerciaux. Ce sort faillit
être celui de Jean Renoir.

Le fils du grand peintre impressionniste avait débuté dans le cinéma
avec toutes les facilités d'un riche amateur. Il fonda sa société de production et finança lui-même une *Nana* qu'il voulut être une luxueuse
production internationale, où les célèbres acteurs allemands Werner,
Krauss et Valenska Gert entouraient son ami Jean Angélo et sa femme
Catherine Hessling. Tout imprégnée des souvenirs picturaux de l'impressionnisme, pleine aussi de la tradition naturaliste d'Émile Zola, inspirée
enfin par les réussites de Stroheim et de l'École allemande, *Nana* fut

L'ASSASSINAT DU DUC DE GUISE (*Lavedan, Le Bargy et Calmettes,* 1908) (Quatre photogrammes) imposa la formule du film d'art : acteurs fameux et sujets nobles. C.F.Pg.

LA PASSION, film Gaumont (*Alice Guy et V. Jasset,* 1906). On remarque que ce Golgotha, reconstitué à Fontainebleau, était sonorisé par un phonographe. C.F.

PATOUILLARD (*Servas*, 1909). Évolution du comique. Cette scène loufoque à la Jean Durand se déroule dans une cabine de projection (avec Berthon).

LE PETIT CAFÉ (*Diamant Berger*, 1920). Max Linder écoutant ici une tzigane fut par son observation psychologique un maître pour Chaplin.

C.F.

l'un des meilleurs films français de la fin de l'année 20, et le public lui fit un excellent accueil.

Renoir n'était pas un homme d'affaires. Son succès le ruina presque. Il se laissa renvoyer à des films commerciaux *(la Petite Marchande d'allumettes* mise à part), par nécessité sans doute, mais aussi parce qu'il voulait, par ces moyens méprisés, apprendre comment toucher le grand public *(le Tournoi dans la cité, le Bled)*.... Le parlant le réduisit en chômage.

Un succès de hasard *(On purge Bébé)* lui permit d'entreprendre un film qui marqua un tournant dans son œuvre : *la Chienne*, d'après un roman de La Fouchardière, plus tard adapté par Fritz Lang dans *Scarlett Street*. L'intrigue, qui ne valait pas grand'chose, amenait à grand renfort de vieilles ficelles dramatiques (erreur judiciaire, reconnaissances subites, retours de morts supposés) une situation qu'avait déjà traitée souvent l'École allemande : la déchéance d'un honnête employé quinquagénaire, parce que sa mauvaise chance lui avait fait rencontrer une prostituée.

Par delà cette intrigue, Jean Renoir sut peindre, avec une rare sûreté de vision, Montmartre où vivent côte à côte les petits bourgeois et les mauvais garçons. Il caractérisait les personnages par leur milieu. Son héros, le caissier de banque, qu'interprétait Michel Simon, était ainsi décrit, selon la méthode balzacienne, par son appartement médiocre, mesquin, où l'on entendait à la cantonade une petite fille répéter maladroitement des gammes sur son piano. La création de Michel Simon fut exceptionnelle et la prostituée stupide, interprétée avec talent par Junie Marèze, que la mort devait presque aussitôt frapper.

Renoir était déjà un grand directeur d'acteurs, mais seulement pour les personnages qu'il *sentait* vraiment. D'autres rôles de *la Chienne* furent médiocres. Michel Simon, parce que Renoir l'avait laissé trop charger son personnage, fut discutable dans *Boudu sauvé des . eaux*, adaptation d'une pièce de René Fauchois, où un misérable clochard, sauvé et recueilli par un libraire des quais parisiens, abuse de son bienfaiteur. Le film, d'esprit anarchiste, était assez inégal dans sa réalisation. Son échec commercial fut complet. Le succès financier de *la Chienne* avait été limité. Jean Renoir fut encore renvoyé à des travaux de commande et même à des besognes comme *Chotard et compagnie*. Sa *Madame Bovary* se trouva mutilée, puis injustement critiquée. Il semblait que rien ne pourrait le sortir de l'ornière. Pour les amis du cinéma, il parut s'y enfoncer encore, lorsqu'on annonça qu'il tournerait son prochain film, *Toni*, pour Marcel Pagnol.

Marcel Pagnol, auteur dramatique à succès, avait brusquement atteint la fortune et la gloire par son *Topaze*, figure d'un conseiller municipal corrompu, dessinée à gros traits, mais qui sut créer un *type*, chance exceptionnelle dans le théâtre et la littérature. Quand le cinéma parlant s'établit, Marcel Pagnol s'enthousiasma, déclarant qu'il allait enfin permettre aux auteurs dramatiques de « mettre le théâtre en conserves ». La formule provoqua une violente et générale protestation des critiques indépendants, à qui les fâcheuses expériences des premiers films parlants avaient fait considérer le théâtre comme le pire ennemi du cinéma. Leur indignation les empêcha de voir, qu'à côté de quelques provoquantes sottises, Marcel Pagnol formulait des réflexions intelligentes et qui eussent permis de mettre le cinéma au service du théâtre de la façon valable, bien avant *Henri V* ou *les Parents terribles*. Ces propositions, Pagnol lui-même se garda de les appliquer et la critique accueillit par un concert indigné ses deux premiers films, *Marius* et *Fanny*.

Ces deux pièces célèbres avaient été « mises en conserve », non par leur auteur, mais par Alexandre Korda pour *Marius* et par Marc Allégret pour *Fanny*. Pagnol avait pourtant influencé leur mise en scène. La technique, plate et médiocre, ne servit pas entièrement le talent des acteurs (Orane Demazis, Raimu, Pierre Fresnay, Charpin, Maupi...). Mais on dut à l'influence de Pagnol l'exécution de décors minutieusement exacts et vrais, tandis qu'un assez large emploi du plein air imposait aux spectateurs la présence d'une Marseille, pittoresque et juste. Le succès public fut immense, et donna au cinéma français un de ses meilleurs acteurs : Raimu. Après vingt années, ces deux films poursuivaient encore leur carrière en France et à l'étranger. En 1949, *Marius* eut un si gros succès à New York qu'il fit transformer la pièce en opérette (dont Josua Logan en 1960 un film).

Cette introduction à l'écran d'une tradition théâtrale française présentait, quoi qu'on ait dit alors, un certain intérêt. *Marius* faisait passer au cinéma le thème qui dominait toute une part de la littérature française depuis la fin de la guerre : l'évasion, le départ, l'appel des terres inconnues, l'aventure... A une époque où de vagues intrigues cosmopolites encombraient les films commerciaux, ces deux films prouvèrent que la peinture exacte, bien venue, d'un milieu national, provincial même, pouvait être un facteur de succès international. Ils insistaient aussi sur l'importance d'un dialogue bien écrit, alors que Clair lui-même, dans *Sous les toits de Paris*, avait recouru à des textes improvisés par les acteurs. Ces qualités firent méconnaître d'évidents défauts de Marcel Pagnol : le goût de la facilité, du pittoresque, des situations dramatiques rebattues (la fille-mère). Son sens un peu trop aigu des affaires lui fit pousser au pire sa formule de « théâtre en conserve ». Quand la *Paramount*, productrice de ses premiers films, eut liquidé sa société française, il s'établit à son compte, installant avec ses capitaux un petit studio, dans la banlieue de Marseille. Il parut alors se limiter à filmer d'abord le répertoire dramatique français (*le Voyage de M. Perrichon, le Gendre de M. Poirier*, etc.).

Pagnol, devenu metteur en scène, apprenait pourtant son métier et y prenait goût. Avec des scénarios originaux qu'il écrivit, il approcha la réussite. *Merlusse* fut un bon tableau de la vie d'un petit professeur de province, métier qui avait été jadis celui de l'auteur. *Jofroy* s'inscrivit directement dans l'ancienne tradition des fabliaux; un vieux paysan, qui a vendu son champ, voulait garder à la fois la terre et l'argent malgré l'émotion et les protestations du village. La verve méridionale, le pittoresque des types, la beauté du paysage provençal firent approcher cette nouvelle de la complète réussite. Ce que fut, à peu de chose près, *Angèle*, adaptant un roman de Jean Giono.

La fille séduite d'un fermier provençal était sauvée de la prostitution par un ouvrier agricole un peu simplet. L'anecdote était mince. Tout fut dans l'interprétation et la qualité de l'observation. Le paysage, les décors et les accessoires, selon la tradition du roman balzacien, aidèrent la caractérisation sociale. Orane Demazis, qui avait été une remarquable *Fanny*, fut une *Angèle* bouleversante.

Elle eut pour partenaire Fernandel, comique venu du music-hall marseillais (comme Raimu et tout une partie de la troupe Pagnol). Après avoir fait ses débuts à l'écran avec Jean Renoir *(Tire au flanc)*, il s'était imposé au grand public avec *Adémaï aviateur*. Il y avait eu pour partenaire Noël-Noël, un comique nuancé et charmant qui, venu des cabarets montmartrois, avait créé un nouveau genre de « comique troupier » avec *Adémaï*. Son type s'imposa au public et fut une des rares réussites du cinéma comique français durant les années 1930. Après ce film, Fernandel était tombé dans les grosses farces commerciales, où il abusait de ses dons et de son physique chevalin. Ce fut une surprise, dans *Angèle*, de découvrir qu'il pouvait, par un jeu dépouillé, interpréter le drame et presque la tragédie... *Angèle* resta le meilleur film de Marcel Pagnol.

* *
*

Après la mort de Vigo et le départ de René Clair, la violence de la crise économique parut administrer son coup de grâce au cinéma français. En 1934, la production tombait à 120 films contre 160 les années précédentes. Dans un grand fracas s'écoulèrent les deux piliers de l'industrie, *Pathé* et *Gaumont*.

L'entreprenant homme d'affaires Bernard Natan, avant de devenir le maître du groupe Pathé, avait commencé sa carrière cinématographique comme réalisateur et acteur de films pornographiques. Son activité lui avait valu quelques mois de prison.

Lorsque Natan parvint au sommet de sa gloire, l'un des plus éminents hommes politiques de la IIIe République le décora de la Légion d'honneur au cours d'un banquet, et ses nombreux adversaires le menacèrent d'exhumer ce compromettant passé. L'affairiste, dit-on, prit ses précautions : il prévint le Préfet de Police Chiappe, qu'en cas de campagne contre lui, *Pathé-Journal*, l'hebdomadaire filmé dont il était le maître, publierait dans toutes ses éditions un reportage sur les taudis de Paris. On affirme que la menace de dévoiler une obscénité sociale le préserva du scandale.

Ce ne fut pas le passé de Bernard Natan, mais son présent, qui le perdit. Usant et abusant de toutes les facilités des *Holdings*, il avait, par des tours de passe-passe comptables, escroqué plusieurs millions. Il n'encaissa peut-être pas tous les bénéfices de ces opérations, mais il en porta toute la responsabilité. Il fut mis en prison. L'énorme société *Pathé-Natan* fut déclarée en faillite. Sa production, jadis abondante, fut interrompue. La fable d'*A nous la Liberté* trouva, dans la réalité de la crise, un dénouement moins optimiste que n'avait imaginé René Clair, d'autant que la prison fut, pour le malheureux Natan, l'antichambre du four crématoire, pendant l'occupation nazie.

De son côté, Gaumont chancelait. Ses difficultés financières s'accroissaient, et mille intrigues s'élaboraient autour d'un effondrement prochain. La *Tobis*, dit-on, songeait à inclure dans son orbite cette grosse société. Elle était toujours fort importante en France, si ses filiales à l'étranger (*Gaumont-British* en particulier) n'avaient, depuis la guerre, plus rien de commun avec elle. Les luttes d'intérêts prirent des formes brutales et conduisirent, dit-on, à un suicide retentissant. Au dénouement, la société fut sauvée de la faillite par l'intervention d'une grande banque, la B.N.C.I., agissant pour le compte de l'État.

Un vent de panique soufflait sur la production française. Paris était pourtant apparu, quelques années plus tôt, comme un refuge économique ou politique à des réfugiés étrangers. Avec de gros capitaux, on avait tenté diverses combinaisons financières pour entreprendre *la Dame de chez Maxim's*, *le Roi Pausole*, du Russe émigré Granowski; *Liliom*, de Fritz Lang; *Don Quichotte*, de Pabst. Ces productions, menées avec faste et excès, ne furent pas des succès d'argent. Pabst, Lang, Erich Pommer, après un court stage à Paris, partirent pour Hollywood, tandis qu'Alexandre Korda commençait à Londres une fructueuse carrière. Restaient à Paris quelques réalisateurs ou hommes d'affaires étrangers sans beaucoup d'envergure.

On se mit à dénoncer les « métèques », qui réduisaient au chômage les cinéastes français, et Paul Morand, dans un pamphlet quasi fasciste (le roman *France la Doulce*), caricatura le monde du cinéma et appela au progrom contre ceux qui transformaient la France en « camp de concentration du Bon Dieu ».

Le règne des « margoulins » (quelle que fût leur nationalité) s'affirma dans la production française, après l'effondrement des grosses firmes. Avec quelques milliers de francs, les « margoulins » créaient une société à la responsabilité très limitée (10 ou 20 000 f), s'installaient aux Champs-Élysées dans un petit local, et publiaient quelques pages de publicité dans les hebdomadaires corporatifs, pour annoncer une production sensationnelle. Ils vendaient aux distributeurs un film qui n'était pas encore entrepris, et se servaient de l'argent recueilli pour engager les vedettes et les metteurs en scène de leur production. Bien souvent de telles affaires se terminèrent par des faillites avant que le film fût achevé. On stigmatisa ces pratiques; on affirma qu'elles achevaient de ruiner la production et que le cinéma français allait disparaître. Ce ne fut pourtant pas ce qui se produisit après 1934.

CHAPITRE VIII

RENAISSANCE DU CINÉMA FRANÇAIS

(Feyder, Renoir, Duvivier, Carné, 1934-1940)

A la fin de 1933, Jacques Feyder quittait définitivement les États-Unis. Il était, cinq ans plus tôt, parti pour Hollywood, rêvant aux possibilités techniques et financières immenses qu'il allait trouver là-bas. On lui fit la part belle en lui confiant, pour son premier film, la grande Greta Garbo. Mais un « toucher d'or », pareil à celui du roi Midas, stérilisa tout son art. La forte personnalité de cet Européen fut réduite à rien par la mécanique baptisée par Stroheim « machine à faire les saucisses ». Feyder livra à la consommation internationale des marchandises appétissantes et bien conditionnées, mais sans saveur et sans vitamines *(Olympia, le Spectre vert*, etc.). Ces cinq années furent, en définitive, perdues pour son art. A son retour en France, après quelques projets et pourparlers, il put diriger *le Grand Jeu*. Il partit avec sa femme, Françoise Rosay, son assistant, Marcel Carné, et toute une troupe d'acteurs et de techniciens, pour cette Afrique du Nord où il avait réalisé son premier grand succès, *l'Atlantide*.

Charles Spaak avait écrit le scénario de ce nouveau film. Avec le parlant et le développement plus nourri des sujets, les scénaristes prenaient en France une importance considérable. Hors Delluc, les Français avaient jusque-là trop négligé leurs scénarios, et l'on peut se demander si l'échec de l'École impressionniste, sur le plan de l'influence artistique internationale, n'est pas dû, pour une part, à l'absence d'un auteur de talent, d'un Carl Mayer français (1).

---

(1) Carl Mayer fut le scénariste de *Caligari, la Nuit de la Saint-Sylvestre, le Dernier des Hommes, Berlin symphonie d'une grande ville* et de nombreux grands succès du cinéma allemand de 1920 à 1930.

Charles Spaak avait débuté comme auteur de films, grâce à Feyder, en adaptant pour lui *les Nouveaux Messieurs*. Il devint, avec Prévert, le plus important scénariste français des années 30, collaborant aux meilleurs films de Feyder, Renoir et Duvivier. Jacques Prévert, poète, venu du surréalisme, était plus dialoguiste que scénariste. Son style et sa conception du monde devaient marquer profondément les films de Carné, dont il fut toujours alors le collaborateur, à une exception près.

Spaak et Feyder (qui collabora à ce scénario comme à celui de tous ses films européens) surent transformer en une œuvre forte une histoire conventionnelle, qui avait pour cadre la Légion étrangère. Ils lui donnèrent un arrière-plan psychologique, en reprenant la thèse pirandellienne chère à l'auteur de *l'Image* : sait-on jamais qui l'on aime? Pour exprimer l'incertitude du héros, la même actrice, Marie Bell, joua deux femmes, le doublage lui prêtant une autre voix dans le rôle d'une prostituée, en qui le légionnaire croyait reconnaître celle qu'il avait quittée.

Pas plus que la valeur de *Crainquebille* ne fut dans l'emploi d'un truquage, l'importance du *Grand Jeu* ne fut dans une utilisation artistique d'un procédé décrié. Malgré l'outrance de sa situation mélodramatique, il contint une bonne peinture des milieux coloniaux. Plus que le couple interprété par Pierre-Richard Wilm et Marie Bell, le film fut dominé par Françoise Rosay et Charles Vanel, un ménage de cabaretiers vieillissants établi aux confins du désert. La nostalgie, la déchéance dominaient les meilleures scènes du film, dans une étouffante arrière-boutique où Françoise Rosay tirait la bonne aventure à des légionnaires cafardeux. Dès son retour en France, Feyder renouait avec une certaine tradition issue de Zola et de Maupassant, tout en ayant consenti à traiter un mélodrame qui se déprécia vite.

Pension Mimosas surpassa *le Grand Jeu*. Françoise Rosay y fut une femme mûre aimant trop son fils adoptif et qui, pour l'arracher à sa jeune rivale, le conduisait au suicide. Le scénario de Charles Spaak avait pour vrai sujet le monde du jeu : à Monte-Carlo, dans les cercles parisiens, chez les mauvais garçons de la banlieue. Les décors de Lazare Meerson prirent, une importance obsédante. La médiocre « pension de famille », qui donne son titre au film, est l'un des héros du drame, comme la salle de roulette et une guinguette des bords de la Seine, où Françoise Rosay retrouve son fils adoptif dans le milieu des mauvais garçons. Le film est devenu la source d'un courant du cinéma français, où s'inscrivit bientôt Marcel Carné.

Le succès du *Grand Jeu* entraîna Charles Spaak à prendre à nouveau un légionnaire comme héros de *la Bandera*. Son réalisateur, Julien Duvivier, n'était pas un nouveau venu au cinéma. Il avait débuté dans l'immédiate après-guerre, et dirigé une ou deux douzaines de films muets, adaptations de Pierre Frondaie, mélodrames, films d'aventures ou de propagande religieuse, etc. Avec le parlant, cet artisan, qui connaissait déjà tous les procédés de son métier, sortit brusquement de la médiocrité. Après un *David Golder*, où l'acteur Harry Baur avait incarné un reflet affaibli du *Père Goriot* de Balzac, *Poil de Carotte*, d'après Jules Renard, fut remarqué par son goût de la belle photographie et un sens attendri de l'enfance. Cette dernière qualité se retrouva dans un film contemporain de Jean Benoît-Lévy, *la Maternelle*, qui surpassa *Poil de Carotte*. Il apportait, dans la meilleure tradition française, une peinture valable des faubourgs parisiens, tandis que Duvivier avait affadi l'œuvre âpre et drue de Jules Renard par diverses concessions commerciales.

La Bandera fut dédiée au général Franco, qui avait facilité la réalisation du film au Maroc espagnol. L'intrigue amoureuse y tenait peu de place. L'acteur Jean Gabin, remarqué pour la première fois, y fut un criminel cherchant l'oubli dans la Légion espagnole. Les clous du film y furent la mort des soldats dans un fortin assiégé et une bagarre à l'américaine, où Duvivier abusait de certains artifices techniques tels que les cadrages obliques.

La Bandera fut un gros succès commercial. Mais non la même année, 1935, *Toni* de Jean Renoir. Ce film discret, longtemps méconnu, marqua un tournant dans l'œuvre du réalisateur et devint la source d'un courant qui se poursuivit dans le néo-réalisme italien (encore que Rossellini et De Sica, quand ils réalisèrent leurs premiers succès, ignoraient jusqu'à l'existence de *Toni*).

Renoir, qui tourna ce film dans le Midi, pour Marcel Pagnol, prit son sujet dans un fait divers trouvé dans les journaux. L'incident criminel resta, dans son film, une sorte d'accident. Son véritable sujet fut l'étude d'un phénomène social précis : la condition faite aux ouvriers espagnols et italiens établis dans les régions agricoles de la Provence. Le dialogue et le jeu des acteurs furent dépouillés à l'extrême. Le style photographique fut celui des actualités. L'œuvre aiguë, forte, prenante, si elle ne dépassait guère la description, ouvrait pourtant la voie à un réalisme véritable et prenait parti, le parti de ces travailleurs étrangers contre lesquels s'était déchaînée, dans le cinéma comme dans la presse, une campagne xénophobe.

La crise économique entraînait des troubles profonds dans la politique française. 1934 ne fut pas seulement l'année de *l'Atalante*, du *Grand Jeu*, du *Dernier Milliardaire*, d'*Angèle* et de la réalisation de *Toni*, mais celle où, place de la Concorde, les émeutiers se lancèrent à l'assaut du Palais Bourbon. Par la suite, les contre-manifestations populaires répondirent à ce coup de force. Pendant ces deux journées, la police tira. Il y eut des morts. En février 1934, la France entra ainsi dans une nouvelle avant-guerre. Les hostilités déchaînées en Abyssinie, puis en Espagne, précisèrent vite le sens de l'évolution historique.

Les forces antifascistes furent rapides à s'organiser. Des millions de Français se groupèrent pour barrer la route à un mouvement analogue à celui qui venait de porter Hitler au pouvoir. Le Front Populaire se constitua et son enthousiasme conquérant influença les réalisateurs et leurs films. Un peu plus tard, Bardèche et Brasillach devaient noter avec quelque dépit : « *La Belle Équipe* est un curieux film de style « Front Populaire »... *Le Crime de M. Lange* est une œuvre bizarre, qui porte bien la marque de l'année où elle parut (1936), avec ses capitalistes exploiteurs, sa coopérative d'ouvriers, sa fille du peuple violentée par un méchant patron. »

Ils caricaturaient le sujet imaginé par Jacques Prévert pour Jean Renoir. A vrai dire, les dialogues qu'écrivit le poète pour *le Crime de M. Lange* ne sont pas toujours très intelligibles, par la faute d'un système sonore peu coûteux mais très défectueux. Le film avait été réalisé avec de très petits moyens financiers par un producteur indépendant. Le règne des « margoulins » se trouvait avoir, en définitive, de moindres inconvénients que le monopole jadis exercé par de grandes sociétés décadentes. En acceptant de travailler pour des commanditaires sans surface — et parfois sans honnêteté — les réalisateurs et leurs collaborateurs couraient le risque de n'être pas payés ou de ne pas pouvoir terminer leurs films. Ainsi Renoir ne put-il achever complètement sa *Nuit du Carrefour*, d'après Simenon. Le film fut pourtant présenté, malgré l'absence de scènes qui rendait son intrigue peu compréhensible, et retint par son atmosphère noyée de mystère et de pluies torrentielles.

Mais ces risques assuraient une liberté relative dans le choix des sujets. L'ascendant personnel d'un réalisateur pouvait convaincre un producteur artisan, alors que les sujets non standard étaient impitoya-

blement éliminés par le conseil des grandes sociétés. De la pauvreté du
cinéma français naissait sa richesse, grâce au rétablissement d'une
(relative) libre concurrence.

Le Crime de M. Lange était l'histoire d'une petite imprimerie dans
un faubourg parisien. Son patron, proche parent des « margoulins »
du cinéma, mangeait la grenouille et s'enfuyait. Les ouvriers s'asso-
ciaient pour imprimer les romans populaires d'un écrivain, leur voisin,
M. Lange (fort bien interprété par la vedette du *Million*, René Lefebvre).
Gérée par les travailleurs, l'entreprise prospérait. Le mauvais patron,
qui l'apprenait, prétendait reprendre possession de son entreprise.
Indigné, M. Lange le tuait accidentellement.

Bardèche et Brasillach n'avaient pas tort : par rapport à son époque,
le film constituait une parabole d'une clarté exemplaire. Il ne s'agissait
pourtant, ni dans la conception, ni dans la réalisation, d'un « film de
propagande ». Prévert et Renoir étaient devenus les échos de sentiments
alors partout répandus en France. Ils avaient su aussi peindre, dans un
style différent de celui de René Clair, le Paris des concierges, des blanchisseuses ou des typographes, tels que les avaient déjà vus Émile Zola
ou Auguste Renoir, le père.

Jean Renoir avait à peine terminé son *Crime de M. Lange* qu'il lut
le scénario de *la Belle Équipe*, qu'avait écrit Charles Spaak, et qui
paraissait être la suite de son premier film. Il l'aurait réalisé, si Julien
Duvivier, acquéreur du sujet, n'avait refusé de céder ses droits.

La situation est, au départ, celle du *Million*. Un groupe d'hommes,
sans argent, gagne un gros lot à la loterie. Mais les rapins, impécunieux,
de René Clair, personnages du temps de la prospérité, étaient ici remplacés par un groupe de chômeurs, vivant dans un hôtel taudis. Duvivier
les montra traînant les rues, à la vaine recherche du travail, stationnant
devant des affiches qui insultaient leur misère, puis dans leur chambre
meublée où, passé 9 heures, le patron coupait l'électricité. Dans cette
obscurité, alors que leur rage se déchaînait, la nouvelle du gros lot
parvenait tout à coup...

La somme gagnée n'était pas assez considérable pour pouvoir les
délivrer de tous soucis. Le véritable film commençait où finissait l'œuvre
de René Clair. Il était dominé par le sentiment de la solidarité populaire. Les amis *(la Belle Équipe)* s'unissaient pour essayer de construire,
en marge de la société, leur bonheur collectif. Ils achetaient et entre-
prenaient de restaurer, en commun, une guinguette ruinée.

Par certains côtés, le film dépassait *le Crime de M. Lange*, en démontrant qu'un petit groupe d'hommes de bonne volonté ne peut, par la seule coopération, trouver une solution aux problèmes sociaux. *La Belle Équipe* — l'histoire d'un échec — critiquait, sans pessimisme, cette notion fort répandue en France, qu'une petite maison blanche, aux contrevents verts, suffit à assurer le bonheur... La conclusion restait pourtant ambiguë, parce que tout le malheur semblait, en définitive, amené par une femme fatale.

Quoi qu'il en fût, avec *Toni, le Crime de M. Lange* et *la Belle Équipe*, s'introduisait dans le répertoire cinématographique français un nouveau personnage, rarement présent alors dans les films d'Europe occidentale ou d'Amérique : l'ouvrier. Dans le film de Spaak et Duvivier, Jean Gabin imposa, pour la première fois, le type du gars en casquette, sympathique, courageux, tendre, coléreux, un peu brutal, qui devait lui assurer rapidement une gloire internationale. Parce qu'il correspondait à un type français, très significatif de cette époque.

Jean Renoir, faute de pouvoir réaliser *la Belle Équipe*, dirigea avec Jouvet et Jean Gabin une adaptation du livre célèbre de Maxime Gorki : *les Bas-Fonds*, une œuvre hybride et inégale. Mais *la Grande Illusion* fut, sur tous les plans, un succès qui couronna la tendance réaliste inaugurée par *Toni*. Le sujet, moins délimité, s'attaquait au problème de la guerre.

La conviction s'établissait, en Europe, qu'un nouveau conflit mondial n'allait pas tarder à éclater et les hommes s'interrogeaient sur l'attitude qu'ils devraient prendre demain.

Renoir, dans le scénario qu'il écrivit avec Charles Spaak pour *la Grande Illusion*, chercha une solution en évoquant l'époque où, jeune officier, il avait passé plusieurs années de captivité dans les camps allemands. Le film tendit à démontrer que, parfois, les conditions sociales ont plus d'importance que les conflits entre nationalités. Dans le château-prison, les nobles officiers allemands et français (Eric von Stroheim et Pierre Fresnay) sympathisaient en évoquant leurs relations communes et leurs souvenirs de joueurs de polo. Tandis qu'entre les soldats issus des classes populaires s'esquissait une fraternisation d'une tout autre sorte. *La Grande Illusion* signifiait qu'une guerre n'abolit pas les distinctions sociales, mais ne niait cependant pas les facteurs nationaux. Les Français prisonniers, en apprenant la victoire de Verdun, chantent *la Marseillaise* pour narguer les Allemands, sous les oripeaux dont ils sont affublés pour une représentation théâtrale. Et le junker abat à coups de revolver son « ami » l'officier français, quitte à fleurir son cercueil d'un brin de géranium, avec une sensibilité qui n'est pas feinte.

Dans un certain sens, *la Grande Illusion* fut un dernier appel, sincère mais sans espoir déjà, à l'Allemagne, pour que, retrouvant l'esprit de fraternisation qui avait marqué la fin de la première guerre, elle ne laisse pas les maîtres, qu'elle acceptait ou subissait, déchaîner un nouveau conflit mondial.

Le film fut couronné au Festival de Venise, et triompha dans l'Amérique de Roosevelt, mais interdit en Italie comme en Allemagne. Les dictateurs fascistes ne s'étaient pas trompés sur le sens de son message.

Charles Spaak, scénariste de *la Grande Illusion*, avait été aussi celui de *la Kermesse héroïque* de Jacques Feyder, un film qui, peu auparavant, s'était attaqué au problème de la guerre et lui avait donné une autre solution.

A vrai dire, il n'était pas pleinement apparu aux auteurs de ce film qu'ils abordaient un cas de conscience crucial pour l'Europe 1935-1940. Jacques Feyder avait voulu, au sortir de son assez noir *Pension Mimosas*, diriger un film gai qui lui permît en même temps de vulgariser et de diffuser, à travers le monde, l'art prestigieux des grands peintres de son pays natal, la Flandre. Une nouvelle, jadis écrite par Charles Spaak, lui en fournit un prétexte, qui fut mis en œuvre par l'auteur dramatique Bernard Zimmer. Jean Murat, Françoise Rosay, Louis Jouvet, Alerme furent les protagonistes principaux de cette farce en costumes historiques. Lazare Meerson, qui devait mourir peu après, construisit un somptueux décor de village flamand, au XVIIᵉ siècle, où les scènes furent ordonnées comme d'admirables tableaux. Le sens plastique de Feyder rénovait le cinéma historique et l'on eût pu comparer cette œuvre importante, d'une exceptionnelle beauté, à une cavalcade ou à un ballet, si l'anecdote, qu'on avait cru un prétexte, ne s'était trouvée prendre, par le fait de la politique mondiale, une actualité violente.

Au XVIIᵉ siècle, les troupes du féroce gouverneur espagnol des Flandres, le duc d'Albe, s'approchaient d'une petite ville et le souvenir de récents massacres remplissait les bourgeois de terreur.

Devant la panique de leurs maris, les femmes décidaient de recevoir fastueusement les armées ennemies et d'obtenir ainsi leur clémence. Après une kermesse, héroïque par antiphrase, les beaux militaires s'éloignaient et les femmes flamandes regardaient partir, attendries, les hommes qui avaient apporté un peu d'aventure dans la monotonie de leur vie quotidienne.

On put estimer, après 1940, que *la Kermesse héroïque* avait traité de chimère l'oppression d'une nation, ridiculisé la possibilité de sa résistance à l'envahisseur, préconisé une idylle où les vaincus sauvegardent leur bonheur en pourvoyant la table et le lit de leurs vainqueurs. Cette interprétation à posteriori est bien éloignée des intentions vraies des auteurs et du sens que le grand public de 1935 donna à leur film. S'il provoqua des manifestations, ce furent celles des « nationalistes » flamands. Peu après, ceux-ci devinrent les collaborateurs de l'occupant nazi, peu après, alors que la Gestapo traquait Feyder, Françoise Rosay et Charles Spaak, et que le D^r Gœbbels faisait interdire, en Allemagne et en Europe occupée, un film produit pourtant par la *Tobis*... S'il avait une signification politique, ce somptueux spectacle, il se rattachait non à la « collaboration » mais à certaines formes du pacifisme 1925.

Le problème de la guerre et la paix fut aussi le sujet de *la Marseillaise*. Jean Renoir était devenu un actif militant du Front Populaire. Il présidait *Ciné-Liberté*, organisation issue de l'A.E.A.R. (Association des Écrivains et Artistes révolutionnaires), fondée en 1931 par Vaillant-Couturier, Léon Moussinac et Louis Aragon. Il avait dirigé, au printemps de 1936, *la Vie est à nous*, long métrage semi-documentaire pour la propagande du Parti Communiste aux élections qui menèrent le Front Populaire au pouvoir. Ce long métrage comportait plusieurs épisodes mis en scène, qu'il est intéressant de revoir aujourd'hui : leur style, typiquement Renoir, développait les acquisitions de *Toni* et conduisait le réalisateur à la réussite de sa *Grande Illusion*. Par delà le témoignage apporté sur la force (et les illusions) du Front Populaire. *La Vie est à nous* fut une œuvre d'art, une étape importante chez un réalisateur parvenant à son apogée.

La Marseillaise fut financée par une souscription que patronnaient les syndicats de la C.G.T. A la veille du cent cinquantième anniversaire de la Révolution française, le film devait montrer « l'union de la Nation française contre une poignée d'exploiteurs ». Une des meilleures scènes du film décrivit les émigrés complotant à Coblentz, avec l'Allemagne, pour lancer sur Paris les armées de Brunswick. Mais le réalisateur ne chargeait pas outre mesure les aristocrates. Le Louis XVI qu'il fit incarner par son frère ne fut pas, selon les traditions des films « historiques », un pauvre imbécile, mais un homme intelligent et bon, digne incarnation de la monarchie absolue. L'action culmina avec l'assaut donné aux Tuileries par les Marseillais, les combats dans les grands escaliers et les cours du château royal, la fuite et la déchéance de la famille royale. La première partie, qui se déroulait surtout dans les milieux populaires de Marseille, puis montrait leurs bataillons marchant vers Paris, avait été vive et colorée.

On trouva plus faible le dénouement, où les Marseillais s'enfonçaient dans le brouillard, au matin de la Bataille de Valmy. Mais dans la mesure (assez large) où le film s'inspirait autant de la France d'avant-guerre que de la Révolution jacobine, le créateur pouvait-il affirmer que bientôt l'Union des Français allait vaincre les Fascistes (étrangers ou non)? *La Marseillaise* fut présentée à Paris en 1937, quelques mois avant Munich. Le canon tonnait sur les Pyrénées et les républicains espagnols ne remportaient pas que des victoires. Toute une partie de l'opinion était persuadée qu'aucune force humaine ou sociale ne pourrait empêcher la guerre et l'oppression.

Au thème de « l'évasion », hier encore à la mode, se substituaient dans beaucoup de films les motifs de la fatalité, des hommes traqués, de la réclusion. Un nouveau mythe allait se cristalliser, avec *Pépé le Moko*, par delà la volonté consciente de ses auteurs : Julien Duvivier, le « détective Ashelbé » (auteur du sujet), le brillant dialoguiste Henri Jeanson, l'acteur Jean Gabin.

Le *Pépé* qu'il incarnait avait certes rêvé à « l'évasion », mais son grand départ avait conduit ce gangster parisien dans la Casbah d'Alger. La police, qui n'osait pénétrer pour l'arrêter dans ce labyrinthe, l'y tenait pourtant enfermé plus sûrement que dans aucune prison. Pépé a le mal du pays. Il rêve de fuir avec une femme aimée sur le navire symbolique qui, chez Pagnol, emportait Marius. Mais dans un dénouement dont s'est souvenu Carol Reed dans *Old Man Out*, une grille fatidique sépare du navire en partance le héros que la police abat à coups de revolver.

Carnet de bal fut une série de sketches réunissant les meilleurs acteurs français de cette époque (Fernandel, Raimu, Harry Baur, Louis Jouvet, Pierre Blanchar, Françoise Rosay, etc.). Son message n'eut pas un sens fort différent de *Pépé le Moko*. L'homme est voué à l'échec, les espoirs de la jeunesse sont folie, toute lutte est inutile, la dégradation, la sottise, la vieillesse sont les plus fortes.

Le dernier film de Duvivier avant-guerre, *la Fin du Jour*, fut la vaine agitation de vieux comédiens déchus et reclus dans une maison de retraite. Le réalisateur était loin de son *Golem*, réalisé à Prague, qui avait pour leitmotiv « la révolte et la loi de l'esclave ».

La puissance du destin fut aussi l'un des thèmes directeurs de l'œuvre de Marcel Carné et de Jacques Prévert. Le premier travail d'équipe du poète et de l'ancien journaliste fut *Jenny*. Un petit producteur, sur les instances de Jacques Feyder et sur l'assurance que Françoise Rosay accepterait le rôle principal, avait consenti à donner sa chance à l'assistant du *Grand Jeu* et de *Pension Mimosas*. *Jenny* fournit à la grande actrice un rôle de mère souffrante presque identique à celui de ce dernier film.

L'intrigue fut mélodramatique. Mais au dénouement, une belle image de Françoise Rosay, sur un pont de chemin de fer, dans un quartier extérieur de Paris, démontrait qu'après Jasset, Feuillade, Clair, Renoir, Marcel Carné saurait être un poète lyrique des faubourgs de la capitale, sur un ton qui lui était propre.

Un Londres, même de fantaisie, une Angleterre, même caricaturale, étaient pour Prévert et Carné des cadres difficiles à reconstituer pour *Drôle de drame*. Chez Carné, comme chez son maître Jacques Feyder, l'ambiance est un facteur de réussite. Dans ce film, les personnages, pures vues de l'esprit, évoluèrent dans des décors schématiques. Cette recherche d'un burlesque français, amalgamant Mack Sennett, *l'Opéra de Quat' Sous* et certains enseignements du surréalisme, fut une tentative inégale et glacée. Carné n'était pas l'homme qu'il fallait pour amplifier, par l'humour et la fantaisie, la première réussite de Jacques Prévert, *L'Affaire est dans le sac*.

Après ce demi-échec, *Quai des Brumes* triompha sur tous les plans et devint un des films les plus significatifs de l'avant-guerre. Le livre de Pierre Mac-Orlan, qui donna son titre au film, se déroulait avant 1914 dans le Montmartre de Picasso, Francis Carco, Apollinaire et Max Jacob. Jacques Prévert transposa assez librement ce roman dans l'époque contemporaine et installa les bohèmes, les artistes et les mauvais garçons dans un grand port. Un déserteur (Jean Gabin) arrivait au Havre pour y fuir la police. Avant de s'embarquer il rencontrait l'amour, avec le nostalgique visage de Michèle Morgan. Pour l'emmener vers le bonheur, il lui aurait fallu vaincre les ennemis de leur amour : un tuteur crapuleux (Michel Simon), une bande de mauvais garçons. Il tuait le parent, mais était abattu par l'homme du milieu (Pierre Brasseur). La fatalité et la mort empêchaient le bonheur.

Prévert et Carné, à l'époque de leur formation, avaient passionnément admiré Murnau et Sternberg. Pendant un temps, le gangster
(avec *les Nuits de Chicago* par exemple) leur était apparu comme le
véritable héros des temps modernes, avec sa mitraillette défiant le monde
et les injustices sociales. Après 1930, ce surhomme se trouva posséder
plus d'un trait commun avec le S.S. hitlérien : l'homme du milieu ne
fut plus dans *Quai des Brumes* représenté comme un héros, mais comme
un lâche.

Le révolté Jean Gabin n'était pas un criminel de profession mais
d'occasion, poussé, par des injustices sociales mal définies, au meurtre
qui était pour lui non une solution mais une forme du malheur. Il désirait
surtout pouvoir vivre en paix, loin du monde, avec la femme qu'il
aimait.

Mais autour du lit de ces amants, comme les fées près des berceaux
des anciens contes, luttent les forces du bien et du mal : les braves gens
(un clochard, un peintre, un cabaretier) contre les canailles (un bouti-
quier marron et les mauvais garçons). La canaille a toujours le dessus.
Le bonheur n'est pas de ce monde; le destin de l'homme est que les
braves gens et les amoureux soient éternellement vaincus : la lutte, qui
n'est pas inutile, reste toujours un « beau geste »; la défaite est au bout.

Avec *Hôtel du Nord*, qui adaptait assez librement un livre d'Eugène
Dabit, le chef-d'œuvre du roman populiste, Marcel Carné se souvint,
dans un de ses épisodes au moins, de *City Streets* de Rouben Mamoulian. Au couple d'amants, il ne restait d'autre issue que le suicide. Ce
film n'eut pas l'homogénéité de *Quai des Brumes* parce que Jacques
Prévert n'y collabora pas.

Quelques mois avant la guerre, *Un jour se lève* fut le chef-d'œuvre
de Carné, *Pépé le Moko* pouvait rester sauf, s'il ne quittait pas la
Casbah où il avait des amis et des femmes. Le mécanicien qu'incarne
Jean Gabin dans *le Jour se lève* se trouva, dès les premières images,
irrémédiablement seul, dans une étroite chambre et ses heures étaient
comptées. Au fond du désespoir, il tend de toutes ses forces à l'anni-
hilation finale.

Cette impasse était pourtant pour Carné et Prévert la recherche
d'une solution. Leur héros aimait une petite fleuriste. Il s'engageait
dans la voie qui le conduisait au crime et à la mort pour avoir fréquenté
des déclassés : un dresseur de chiens (Jules Berry), sa maîtresse (Arletty).
Les caractères étaient mieux définis par le décor ou les costumes que par

BALAO (*Jasset,* 1912) FANTOMAS (*Feuillade,* 1913). Insolite beauté des films à épisodes. Pour ces maîtres et créateurs du genre, les décors naturels d'un funiculaire ou des barriques de Bercy s'allient à des situations extravagantes pour créer une étrange et bizarre poésie.   C.F.Pg.

Comédies mondaines. Mistinguett et Maurice Chevalier firent leurs débuts vers 1911 dans des vaudeville
boulevardiers.

MAUDITE SOIT LA GUERRE (1913). *Alfred Machin,* le réalisateur, fut le seul pionnier à aborder dans se
films une polémique sociale.   C.F

les dialogues. Le dresseur de chiens était une somme de toutes les corruptions et de tous les vices, le « mal en soi ». La fleuriste (Jacqueline Laurent) ambiguë, ingénue, perverse, était un « éternel féminin ». L'ouvrier, sous son chandail et sa casquette, dissertait en intellectuel de Saint-Germain-des-Prés et choisit ses métaphores pour caractériser le drame de la condition humaine et l'inéluctabilité du destin.

Le Jour se lève, œuvre de crise, de tourment, de recherches, d'incertitude, fut une réussite artistique. Jean Gabin atteignit le sommet de son art, dans un rôle à sa mesure. Arletty, acide, provoquante, désabusée, bonne au fond, fut la partenaire d'un Jules Berry débridé, veule, ignoble, écoutant aux portes, séduisant les filles, torturant les chiens, mentant comme il respirait. Son personnage unissait les concepts métaphysiques du mal et de la fatalité, principes impérissables, puisque l'immolation de leur incarnation humaine renforce leur puissance.

A la veille de la guerre, la noirceur, le fatalisme envahissaient l'École française. Carné était possédé par une inquiétude quasi métaphysique. L'amertume de son maître Feyder, fruit d'une dure expérience, était encore tempérée par une tendresse profonde, mais désabusée pour la faiblesse humaine.

**

Après la Kermesse héroïque, Feyder avait accepté les propositions d'Alexandre Korda et dirigea à Londres Knight without armour, avec Marlène Dietrich et Robert Donat, une erreur aussi évidente que ses films d'Hollywood. Les Gens du Voyage qu'il mit en scène à Munich, en versions française et allemande, présente l'intérêt d'une excellente description d'un grand cirque ambulant. Mais l'intrigue, mélodramatique et puérile, gâchait les qualités habituelles de Feyder : une bonne direction des acteurs, le sens de l'ambiance, la clarté du récit, la précision et le sens plastique des images. Durant cet « âge d'or » du cinéma français, on peut regretter que son meilleur initiateur ait vécu surtout à l'étranger et préféré, à des sujets nettement caractérisés, un pittoresque facile. Son dernier grand film français, la Loi du Nord (qui fut présenté et mutilé pendant l'occupation allemande) souffrit de se dérouler dans une Amérique synthétique, reconstituée tant bien que mal dans les studios français et dans le petit port norvégien (alors inconnu) de Narvick. Le dénouement était tragique : l'amour de trois hommes pour une même femme les conduisait tous à la mort...

Chez Jean Renoir, l'optimisme conquérant du *Crime de M. Lange* se transformait en amertume. *La Bête humaine* adapta l'un des plus noirs romans d'Émile Zola. Malgré la fidélité réelle du réalisateur à son modèle, le film transforma le livre. Chez Zola, le mécanicien Lantier était victime de la fatalité physiologique qui pesait sur la famille Rougon-Macquart, forme pseudo-scientifique de la vengeance des dieux poursuivant les Atrides, dans les anciennes tragédies grecques. Chez Renoir, comme chez Carné, Lantier-Gabin fut poussé au crime par « la vacherie de la vie ».

Dans une autre époque (celle où Feyder dirigeait *Thérèse Raquin)*, le film eut sans doute mis l'accent sur la sensualité insatisfaite de l'héroïne, qui la faisait haïr les hommes jusqu'au crime. Dans l'œuvre de Renoir, où le drame passionnel eut sa place, l'essentiel fut pourtant l'homme à son travail. Le film vaut par la rigueur documentaire de deux voyages de Paris au Havre, vus d'une locomotive, vrais chefs-d'œuvre de montage, et par ce que l'on y apprend de la vie quotidienne d'un chauffeur de rapide.

Reprenant sous une nouvelle forme une préoccupation qui le hantait depuis *la Chienne*, Renoir, réagissant contre les habitudes de son époque, employa dans son film des objectifs à grande profondeur de champ, pour lier constamment les héros à leur milieu, les fonds ayant la même netteté que les premiers plans. Technique alors décriée, que trois ans plus tard Gregg Toland allait imposer aux États-Unis. Chez Renoir, d'ailleurs, cette forme de style n'était pas employée avec un aveugle esprit de système. Comme jadis dans *les Proscrits* de Sjöström, le paysage disparaît lorsque le drame individuel prend le dessus. Dans la scène du meurtre (assez voisine de celle de *la Chienne)*, l'homme et la femme sont seuls dans un décor presque neutre... Dans les deux films, le contrepoint sonore d'une chanson les relie pourtant au reste du monde.

La Règle du Jeu, dernier film français de Jean Renoir, fut une de ses œuvres les plus riches. Quittant les milieux populaires et le drame, le réalisateur entreprit une comédie se déroulant dans la luxueuse propriété d'un riche représentant, de ce que le romancier Paul Bourget avait, un peu avant 1900, baptisé Cosmopolis. Une fête manquée fut une grande scène de ce film (comme dans *les Bas-Fonds, la Grande Illusion, la Bête humaine...)*

Renoir écrivit son scénario et ses dialogues, tint lui-même un des rôles principaux, improvisa toute une partie de cette œuvre qui, par une exception peu fréquente, peut être dirigée scène après scène, dans l'ordre exact où les séquences se succèdent à l'écran. Le réalisateur, au sommet de sa gloire, maître de tous ses moyens et de son art, connut avec *la Règle du Jeu* un échec total. Le film quitta l'affiche après quelques jours et n'atteignit pas le grand public. La guerre éclata quelques semaines plus tard et le film, retiré de la circulation par la censure, n'eut alors de carrière ni en France ni à l'étranger.

La Règle du Jeu fut pourtant la seule œuvre qui, en France, traduisit le désarroi qui suivit les accords de Munich et se poursuivit durant les premiers mois de la deuxième guerre mondiale. Par certains côtés, Jean Renoir remplit l'ambitieux dessein qu'indiquait l'épigraphe de son œuvre : donner à la France, à la veille d'un conflit dont personne ne niait l'imminence, l'équivalent de ce qu'avait été, à la veille de la Révolution, *le Mariage de Figaro*, de Beaumarchais.

Les circonstances contemporaines lui avaient commandé de mêler la tragédie à la farce, sur un ton grinçant où Renoir ne put éviter les ruptures. Au dénouement, quand une série de quiproquos vaudevilesques entraîne la mort tragique du héros le plus sympathique, la dissonance provoqua les ricanements et non l'émotion. Ce disparate aurait été moins accusé si le réalisateur, occupé à interpréter un de ses héros avec toute la bonne volonté d'un amateur, n'avait pas souvent abandonné ses interprètes à leur seule initiative.

Comme jadis *le Million*, *la Règle du Jeu* avait été dans sa partie centrale un film poursuite. Dans les grands salons du château, le garde-chasse jaloux poursuit à coups de revolver le braconnier qui courtisait son épouse, la soubrette. Sur la scène du petit théâtre improvisé, des invités vêtus en paysans bavarois ont chanté l'hymne militariste *En revenant de la revue* qui, lors de la jeunesse de Méliès, avait servi de ralliement aux partisans du général Boulanger. Le châtelain, collectionneur d'automates, a exhibé avec fierté son orgue mécanique pour forains. Au son de sa puérile musique, la poursuite des domestiques s'accélère, tandis que les maîtres et les invités se battent, comme des portefaix, au milieu des livres, des bibelots et des oiseaux empaillés. Sur la scène, des fantômes et des squelettes miment une danse macabre. Cette brillante séquence et une chasse documentaire d'une froide férocité furent des métaphores traduisant, avec une puissance imaginative peu commune, la trouble atmosphère de 1939. Pendant que Renoir dirigeait ces épisodes, la radio commentait l'entrée d'Adolf Hitler à

Prague. La Sologne, région de châteaux, de chasses, de forêts et de marécages dont Renoir sut traduire remarquablement la poésie naturelle, fut, un an plus tard, le champ des dernières batailles de 1940... Par son style, et plus encore par ses thèmes, *la Règle du Jeu* était le film d'une époque.

L'échec d'une œuvre à laquelle il avait profondément cru plongea Renoir dans une tel désarroi qu'il quitta la France, pour aller entreprendre à Rome une adaptation de *la Tosca*. René Clair, venu tourner à Paris *Air pur* (dont les enfants étaient les héros), vit son travail définitivement interrompu par la déclaration de guerre. Les mobilisations partielles successives, l'inquiétude grandissante avaient désorganisé l'activité des studios parisiens. La production française, qui s'était maintenue longtemps à une moyenne de 120 films, tombait à 75 films en 1939.

Si Renoir, Feyder, Marcel Carné, René Clair avaient dominé, durant les années 1930, le cinéma français, celui-ci ne se réduisit pourtant pas à leurs seules œuvres.

Abel Gance, après son *Napoléon*, avait entrepris une gigantesque et grandiloquente *Fin du Monde*, qui fut présentée en version sonore et fut un échec total. Il fut contraint de diriger ou de superviser de médiocres films commerciaux *(le Roman d'un Jeune Homme pauvre, Lucrèce Borgia, Jérôme Perrau, le Maître de Forges*, etc.) et recommença ses anciens chefs-d'œuvre *(Mater Dolorosa, J'accuse)*. Son meilleur film fut *Un grand amour de Beethoven*, qui comporta d'intéressantes recherches sonores, mais fut gâché par l'interprétation emphatique d'Harry Baur. Son mélancolique *Paradis perdu* eut parfois du charme et de l'accent.

Marcel L'Herbier tourna de nombreux films *(le Mystère de la Chambre Jaune, le Bonheur, le Scandale, les Hommes nouveaux, la Porte du Ciel, Veille d'armes, la Citadelle du Silence, Forfaiture, Nuits de Feu*, etc.) et se spécialisa dans les reconstitutions historiques *(la Tragédie impériale, Adrienne Lecouvreur, Entente cordiale*, etc.). Baroncelli poursuivit ses adaptations de pièces, de romans à succès *(l'Ami Fritz, l'Arlésienne, le Père Goriot)* ou ses récits coloniaux *(S.O.S. Sahara, l'Homme du Niger)* ou enfin des mélodrames patriotiques qui, visant le sublime, furent parfois grotesques *(Nitchevo, Feu)*. Léon Poirier suivit un chemin presque identique : *Sœurs d'armes, Brazza, l'Appel du Silence*... se souviennent parfois, pourtant, de ses tentatives pour atteindre la probité documentaire. Raymond Bernard réalisa son meilleur film parlant avec une adaptation, en plusieurs épisodes, des *Misérables*, mais il faut mieux ne rien dire d'*Anne-Marie*, du *Coupable*, de *Cavalcade d'amour* ou même des *Otages*, beau sujet que gâchèrent les fautes de goût et la faiblesse du scénario.

Le bilan des hommes qui, sitôt après 1930, avaient paru constituer l'espoir du cinéma français ne fut guère meilleur. Marc Allégret fut le plus brillant d'entre eux. Après avoir voulu retrouver son succès de *Lac aux Dames* avec *les Beaux Jours*, il manqua de puissance pour que *Sous les yeux d'Occident* (où débuta Jean-Louis Barrault) fut un grand film. *Gribouille*, sur un scénario de Marcel Achard, fort bien interprété par Raimu, et *Orage* d'après Bernstein, avec Charles Boyer, révélèrent l'attachant talent de Michèle Morgan. *Entrée des Artistes* fut une réussite intelligente, où la recherche d'une ambiance documentaire — le Conservatoire de Paris — ne s'accorda pas toujours avec le trop brillant dialogue d'Henri Jeanson.

Pierre Chenal, après ses médiocres *Mutinés de l'Elseneur*, versa dans le mélodrame et un manque total de goût avec *l'Alibi* et *la Maison du Maltais*. Son *Affaire Lafarge*, reconstitution d'une cause célèbre, et *le Dernier Tournant*, d'après le roman de James Caïn *Le Facteur sonne toujours deux fois*, valurent un peu mieux.

Jean Benoît-Lévy, après le réel succès de sa *Maternelle*, échoua dans *Itto*, *Hélène* d'après Vicky Baum et *Altitude 3 200*, mais sa *Mort du Cygne* contint une bonne étude documentaire des milieux de la danse. Dimitri Kirsanoff, après l'injuste échec de *Rapt*, accepta des sujets commerciaux où il ne renonça pas à introduire certaines recherches : *Franco de Port*, *la Plus Belle Fille du monde*, *l'Avion de minuit*. *Quartier sans soleil*, qui dépeignait la vie dans les taudis, fut généreux, mais maladroit et mélodramatique. Claude Autant-Lara, après *Ciboulette*, opérette à laquelle collabora le scénariste débutant Jacques Prévert, dirigea d'assez médiocres films, que signa Maurice Lehmann *(le Ruisseau, Fric-Frac)*.

L'apport des réalisateurs étrangers, établis en France, demeura mineur. Léonide Moguy, d'origine russe, débuta par un entraînant vaudeville, *le Mioche*, et parut atteindre une certaine puissance dans *Prison sans barreaux*, où débutèrent deux nouvelles actrices, Corinne Luchaire et Ginette Leclerc.

G.W. Pabst, après *Don Quichotte*, bel album de photographies dont tout cœur était absent, et son échec à Hollywood, ne produisit que des œuvres de décadence avec *le Drame de Shanghaï*, *De haut en bas*, *Jeunes*

Filles en détresse et *Mademoiselle docteur*, où l'on ne retrouve guère de l'ancien *Opéra de Quat' Sous* que le goût des mauvais lieux.

Anatole Litvak, après avoir refait un film muet de Maurice Tourneur, *l'Équipage*, obtint un succès commercial considérable avec *Mayerling* qui conduisit à Hollywood son réalisateur comme ses interprètes, Charles Boyer et Danièle Darrieux. Cette habile réussite n'apportait rien, sur le plan de l'art, au cinéma français; pas plus que l'entraînante opérette de Kurt Bernhardt, *le Vagabond bien-aimé;* le pastiche du fameux *Trouble in Paradise* de Lubitsch que fut *Mister Flow* de Robert Siodmak; le piteux *Ultimatum*, dernier film de Robert Wiene, réalisateur de *Caligari*, qui mourut peu après à Paris; la pompeuse *Dame de Pique* de Fédor Ozep; la médiocre *Bataille* de Farkas, ou *le Mensonge de Nina Petrovna* de Tourjansky.

La critique française comprit assez mal le succès qui accueillit, dans certains pays étrangers, les pièces filmées de Sacha Guitry. L'apport de cet auteur-acteur avait pu paraître original, lors de ses débuts à la scène, un peu après 1900. Mais, entre les deux guerres, ses comédies mondaines se rabâchaient. Il les mit en film *(le Mot de Cambronne, Désiré, Quadrille)*. Écrasant les autres interprètes par le débordement de sa fatuité satisfaite, il comprit que le cinéma pouvait lui fournir le moyen de monologuer une soirée durant, à condition d'utiliser les ressources du truquage et du maquillage. Cette préoccupation le conduisit à sa réussite la plus habile, *le Roman d'un Tricheur*, sorte de retour aux films muets, commenté par un bonimenteur comme au temps de Méliès. Procédé, truc, mais qui fut fécond. Par contre, *les Perles de la Couronne* et *Remontons les Champs-Élysées*, fastueuse série de sketches, ne dépassèrent pas les revues des Folies-Bergère (à travers les âges, elles aussi).

Le monde de Sacha Guitry ne dépasse pas l'esprit boulevardier. Celui de Pagnol, autre homme de théâtre, puisait, nous l'avons dit, son suc dans le terroir. Le producteur-auteur voulut retrouver sa réussite presque parfaite d'*Angèle*, avec *Regain*, adaptation d'un roman de Giono qui dépeignait un village abandonné de haute Provence, et préconisait le « retour à la terre » comme un remède universel à la guerre, au chômage, à la corruption des mœurs, au machinisme et à tous les maux de l'humanité. Cette idéologie, aggravée par une ou deux erreurs de distribution, gâcha un sujet qui eut pu être plein de poésie et de vérité, à condition d'étudier réellement les causes de l'abandon des villages provençaux.

Marcel Pagnol fut plus à son aise dans *la Femme du Boulanger*, un sujet de Giono, mais sans prétentions philosophiques. C'était tout bonnement un fabliau, une grosse farce, dans la tradition de certaines pièces de Molière : la femme du boulanger d'un petit village se faisait enlever par un beau berger, et le boulanger, désespéré, refusait de cuire son pain. Tout le village, après l'avoir supplié, lui ramenait sa femme et tout rentrait dans l'ordre. Grâce au talent de Raimu, à la sensualité de Ginette Leclerc, aux types pittoresques provençaux (le curé, l'instituteur, le maire, le châtelain, les joueurs de boules), *la Femme du Boulanger* fut une des meilleures réussites de Marcel Pagnol, derrière *Angèle*. Et l'on comprend bien le succès qui l'accueillit à Londres, et plus encore à New York.

Si les « espoirs » du début du parlant avaient généralement déçu, quelques personnalités se manifestèrent durant l'immédiate avant-guerre.

Jean Grémillon en premier lieu. L'injustice-débâcle de *la Petite Lise* l'avait chassé des studios français. Il travailla en Espagne *(la Dolorosa)*, puis tourna des films français à Berlin. Ceux-ci furent d'abord médiocres, mais *Gueule d'Amour*, sur un bon scénario de Charles Spaak, d'après un roman d'André Beucler, démontra des qualités que confirma *l'Étrange M. Victor*, l'un des meilleurs rôles de Raimu, dans l'ambiance du port de Toulon.

Remorques qu'il entreprit ensuite (avec Jean Gabin et Michèle Morgan) contient de belles scènes, tel ce mariage, un peu mélancolique, dans une guinguette construite au bord de la mer, et que vient interrompre l'annonce qu'un bateau est en détresse et qu'il faut le sauver. L'adaptation et le dialogue de Jacques Prévert avaient de l'accent, et Grémillon démontra partout son don pour caractériser socialement ses personnages.

Jacques Prévert fut aussi l'un des artisans d'une réussite émouvante, *les Disparus de Saint-Agyl*, d'après un roman policier de Pierre Véry, se déroulant, à la veille de 1914, dans un collège de garçons. Le réalisateur, Christian-Jacque, avait dirigé de nombreux films commerciaux, mais, comme jadis Duvivier, cet artisan avait du goût pour son métier et il finit par s'y perfectionner. L'adaptation de Jacques Prévert — qu'il ne signa pas — fut tout imprégnée de la poésie de l'enfance que Christian-Jacque ne sut pas retrouver quand il dirigea un peu plus tard *l'Enfer des Anges*. Il faut aussi noter parmi les réussites occasionnelles de l'avant-

guerre, le *Puritain* de Jef Musso, qui adapta, dans le goût expressionniste, un roman de Liam O Flaherty, avec Jean-Louis Barrault et Viviane
Romance.

A la veille de la déclaration de guerre, le romancier André Malraux
terminait et présentait (pour une seule fois) *Espoir*, qu'il avait dirigé en
Espagne pendant les derniers mois de la guerre civile. Ce film adaptait
quelques chapitres du roman qu'il avait publié sous ce titre. Le réalisateur s'inspirait assez largement du cinéma soviétique muet et, dans
quelques épisodes, des films américains. Les circonstances empêchèrent
l'œuvre d'être terminée, et son exploitation commença seulement après
la fin des hostilités. Pour être resté longtemps inconnu, *Espoir* ne put
avoir d'influence sur le néo-réalisme italien, avec lequel il paraît avoir
divers traits communs. Cette ressemblance est surtout apparente. Dans
certaines scènes collectives, l'auteur, porté par l'élan populaire espagnol,
est profondément émouvant et grand. Les épisodes, où ses héros soli-
loquent sur la « condition humaine », sonnent faux et sont médiocrement
interprétés. Cet essai cinématographique d'un écrivain devait rester sans
lendemain et eut peu d'influence.

En 1939, malgré *la Règle du Jeu* et *le Jour se lève*, la nouvelle École
française fléchissait. Et l'on pouvait se demander si elle allait pouvoir
poursuivre sa renaissance, quand éclata une guerre redoutée.

CHAPITRE IX

LE CINÉMA FRANÇAIS PENDANT L'OCCUPATION...

En septembre 1939, la guerre interrompit totalement l'activité du cinéma français. Acteurs, réalisateurs, techniciens étaient allés rejoindre leur poste aux armées; les studios avaient été réquisitionnés par les autorités militaires et transformés en caserne ou en entrepôt.

La période qui s'ouvrait fut appelée en France « drôle de guerre », parce que pendant plusieurs mois, sur le front de l'Est, un coup de fusil fut une exception et presque une incongruité. Le cinéma fut utilisé, comme le football ou les tournois de belotte, à la distraction de troupes inoccupées. Les autorités militaires mirent en sursis ou envoyèrent en mission certains techniciens ou acteurs, pour que le cinéma français pût reprendre un peu d'activité. Parmi les quelques films alors entrepris, il convient seulement de noter *Un Tel Père et Fils*, de Julien Duvivier, produit à Paris par une firme américaine, d'après un scénario de Marcel Achard et Charles Spaak. La production disposa de moyens matériels considérables et utilisa quelques-uns des meilleurs acteurs français (Raimu, Michèle Morgan, Louis Jouvet, etc.). Son scénario contait l'histoire d'une famille française entre 1870 et 1940. Le film rappela *Carnet de Bal*, parce qu'il fut composé de sketches, et surtout parce que le destin de presque tous ses héros fut la défaite. Le montage de ce film de propagande officielle était à peine terminé que Julien Duvivier quittait Paris, peu de jours avant que les Allemands n'y fassent leur entrée. Il ne tarda pas à s'embarquer à Bordeaux pour Hollywood, avec une copie de son œuvre. Le film, qui fut projeté aux États-Unis sous le titre *la France immortelle*, avait été augmenté et une courte scène montrait Michèle Morgan dans Paris occupé. Conclusion, hélas logique, d'épisodes dont les personnages les plus marquants avaient été un rentier bambocheur et un colonial alcoolique. Ce film médiocre, mais caractéristique, s'inscrivait dans la tradition d'une certaine avant-guerre, mais traduisait encore plus la démoralisation latente d'une propagande officielle, dirigée en 1939-1940 (symboliquement) par l'auteur délicat de *la Guerre de Troie n'aura pas lieu* : Jean Giraudoux.

La vraie guerre se déchaîna pourtant sur le front occidental, et les services du D^r Gœbbels se mirent à contrôler le cinéma de la France gouvernée par le maréchal Pétain. Les films subirent désormais deux censures : l'allemande, celle de la *Propagandastaffel*, et la vichyste, limitée à la zone dite *libre*. Ces deux censures s'exerçaient non seulement sur les films terminés, mais sur les scénarios. Aucune production ne pouvait être entreprise sans leur assentiment.

D'importants capitaux germaniques avaient été, depuis 1925, investis dans l'industrie française du cinéma. Dans les dix années qui avaient précédé la guerre, les productions allemandes, avouées ou camouflées, avaient occupé, derrière Hollywood, le premier rang sur les écrans français. En juillet 1939, 30 % environ des films étrangers projetés à Paris étaient allemands. Ils furent interdits pendant la « drôle de guerre », mais, sitôt Paris occupé, les services du D^r Gœbbels avaient repris et élargi les positions de l'*U.F.A.* et de la *Tobis*. Ils constituèrent un cartel, s'intéressèrent à toutes les branches de l'industrie : laboratoires de tirage, studios, presse filmée, production, distribution, circuit de salles enfin, composé de théâtres clefs ayant appartenu à des « non Aryens ». Un tiers environ de l'industrie française du cinéma devint ainsi propriété allemande.

La société allemande à Paris, la *Continental*, fut plus importante, par sa production, qu'aucune autre firme pendant l'occupation. L'*U.F.A.*-Tobis y poursuivit, comme avant-guerre, la production de films français à Paris, la réalisation à Berlin des films en version française étant abandonnée.

Les films allemands furent, pendant quatre ans — avec quelques rares films italiens — les seuls films étrangers nouveaux projetés sur les écrans français. En zone dite libre, la projection des films américains et anglais resta autorisée jusqu'au début de 1942.

La monopolisation des écrans français par les films allemands se heurta à certaines difficultés. Paris, encore tout étourdi par la défaite, consentit à siffloter des airs de *Bel ami*, fade opérette viennoise de Willy Forst, mais le cinéma hitlérien rebuta bien vite le public français. Le

D^r Gœbbels avait pourtant réservé à Paris la crème des films les plus ambitieux, produits depuis qu'il avait pris en main les destinées du cinéma allemand. Il ne présenta guère en France une propagande avouée, réservée aux surhommes hitlériens.

La majorité des films allemands projetés en France furent d'insignifiantes comédies, de vagues reconstitutions historiques, des spectacles de music-hall ou des intrigues policières. Leur rupture apparente avec l'actualité était un point commun avec Hollywood, dont s'inspirait la production allemande. Sous une apparence qui se voulait légère, la propagande hitlérienne était souvent cachée. De temps à autre, elle apparaissait au grand jour, comme dans *le Juif Suss* ou *l'Oncle Krüger*. Propagande ouverte ou non, le public français boycotta spontanément les programmes allemands. Las de passer leurs films devant des salles vides, les exploitants refusèrent leur location. La part des recettes allant à des films produits en France était, avant 1938, évaluée à 60 ou 70 %. Par l'effet de ce boycott spontané, la proportion atteignit 85 % pendant l'occupation. Une si sensible augmentation de ses recettes explique la prospérité relative et très paradoxale de l'industrie française, durant une époque où toute exportation lui fut interdite. Elle fut d'autant plus sensible que, en France comme dans tous les autres pays en guerre, le public afflua dans les salles pour y oublier les soucis de l'heure.

Deux cent vingt films furent réalisés en France, pendant les quatre années que dura l'occupation. Quasi unanimement, les réalisateurs et les auteurs de films français surent éviter les pièges de la collaboration; et dans leur majorité, ils résistèrent. Leur organisation clandestine fut le Comité de Libération du Cinéma français, dirigé par Pierre Blanchar, Jean Grémillon, Louis Daquin, Jean Painlevé, Jacques Becker, etc.

L'occupation avait posé aux créateurs des problèmes touchant la conception et la réalisation de leurs œuvres. Consciemment ou non, ils comprirent presque tous qu'il n'était pas possible de poursuivre, sans les modifier, les thèmes de l'avant-guerre. Professer par exemple que l'homme ne pouvait résister à son destin devenait quasi dégradant à une époque où la fatalité qui pesait sur la France avait pour nom Adolf Hitler.

Jean Renoir et René Clair avaient rejoint Julien Duvivier à Hollywood, où ils avaient retrouvé le « couple idéal » de l'avant-guerre :

Jean Gabin et Michèle Morgan. Jacques Feyder et sa femme, Françoise Rosay, avaient dû se réfugier en Suisse. Marcel Carné restait à Paris, seul « grand » des années 30. Son premier projet, au début de l'occupation, fut les Évadés de l'An 4000. Pour échapper au présent, le mieux n'était-il pas de rêver à d'autres temps, passés ou futurs, ou de chercher d'autres climats?

La Continental ne décourageait pas cette tendance. Hitler voulant faire de Paris le Luna Park de l'Europe National-Socialiste, le mieux n'était-il pas de spécialiser le cinéma français dans les divertissements comiques ou dramatiques, destinés à remplacer les productions d'Hollywood?

Les premiers films de la Continental furent Premier Rendez-vous de Henry Decoin, succédané des comédies légères américaines, et le Dernier des Six, un film policier, un « thriller » parisien, réalisé avec habileté par Georges Lacombe, d'après un scénario de H.-G. Clouzot. La Continental n'exclut pourtant pas toujours la propagande, même dans les romans policiers; ainsi fit-elle adapter, par le scénariste H.-G. Clouzot, les Inconnus dans la Maison, un roman publié en 1939 par Georges Simenon. Dans le film, réalisé par Henri Decoin, on vit un jeune « non aryen » détourner de ses devoirs la bourgeoisie provinciale, et un avocat, incarné par Raimu, reprendre dans son plaidoyer quelques-uns des thèmes favoris de la presse vichyste. Les auteurs du film avaient pu penser poursuivre la critique des mœurs du cinéma d'avant-guerre, mais leurs Inconnus dans la Maison servaient en fait la propagande du maréchal.

Un tel film fut une exception dans la production Continental. Christian-Jacque réalisa par exemple pour la firme un roman policier fantastique l'Assassinat du Père Noël, avant de diriger en Italie une Carmen à grand spectacle — présentée à Paris au début d'août, peu de jours avant les combats de la Libération. C'était aussi pour la Continental qu'il avait réalisé la Symphonie fantastique (1942), dont le héros était le musicien Hector Berlioz, incarné par Jean-Louis Barrault. Soutenu par la musique romantique et une mise en scène assez dispendieuse, le film eut un vif succès à Paris, et le directeur de la Continental, Greven, s'empressa d'envoyer une copie à son patron Gœbbels. Il fut convoqué à Berlin et s'attendait à y être complimenté. Ce fut tout le contraire qui se produisit.

Le Ministre de la Propagande nota avec colère dans son journal intime : Greven a une technique tout à fait erronée. Il considère qu'il *est de son devoir d'élever le niveau du cinéma français. Ce n'est pas à nous de fournir de bons films aux Français, et surtout ce n'est pas à nous qu'il incombe de leur donner des films à tendances nationalistes. Les Français doivent se contenter de films légers, vides, même un peu stupides, et c'est notre affaire de leur donner de pareils films. Ce serait de la folie pure si nous entrions en concurrence avec nous-mêmes. Notre politique doit être identique à celle des Américains à l'égard du continent américain. Nous devons devenir le pouvoir dominant du continent européen. Nous devons empêcher la création de toute industrie nationale du cinéma...*

On voit que Gœbbels s'irritait contre toute production française qui possédât quelque qualité, et reprenait à certains maîtres d'Hollywood la formule du cinéma opium. Il définissait aussi fort bien la collaboration entre les cinémas français et allemand; celle du cochon et du charcutier, hachant l'animal pour en faire des saucisses... A quelques rares exceptions, les productions *Continental* ne passèrent pas les frontières, et ne furent distribuées ni en Allemagne, ni en Italie, ni surtout dans les pays d'Europe occupée.

Dans beaucoup de cas, pour éviter qu'une critique des mœurs ne servît la propagande ennemie, ou pour ne pas subir les tracasseries des censures hitlérienne et vichyste, bien des auteurs de films français suivirent une voie analogue à celle préconisée par Giraudoux au début des années 30 : *Notre époque ne demande plus à l'homme de lettres des œuvres (...), elle lui réclame un langage. Ce qu'elle attend ce n'est plus que l'écrivain, comme le bouffon au roi heureux, lui dise ses vérités, mais (...) qu'il lui confie ce secret dont il est le seul dépositaire : le style* (1).

L'écrivain diplomate n'avait pas suivi cette ligne de conduite en annonçant la drôle de guerre dans son ironique tragédie *la Guerre de Troie n'aura pas lieu*. Mais il y était revenu en devenant, après la défaite de 1940, un auteur de film avec une brillante et vaine adaptation de Balzac, *la Duchesse de Langeais*, que mit en scène Baroncelli. Pendant l'occupation, de nombreux réalisateurs, empêchés par la *Propaganda Staffel* de dire des vérités, se réfugièrent eux aussi dans les recherches de style, dans les exercices brillants hors de la contemporanéité, qui avait joué un rôle essentiel avant-guerre. Les grands succès parisiens du cinéma français pendant l'occupation, furent *la Nuit fantastique, les Visiteurs du Soir, l'Éternel Retour*.

---

(1) Cité par Roger Régent dans *Cinéma de France* (Paris, 1948).

Marcel L'Herbier, réalisateur de *la Nuit fantastique* avait voulu intituler son œuvre *le Tombeau de Georges Méliès*, en hommage non à l'auteur de *l'Affaire Dreyfus* ou de *la Civilisation à travers les âges*, mais au prestidigitateur du théâtre Robert Houdin et aux « trucs » du charmant *Voyage dans la Lune*. Avec ce film, le meilleur qu'il eût réalisé depuis vingt ans, Marcel L'Herbier réalisait certains rêves de jeunesse et ceux de l'École impressionniste. Il y apporta un goût de la belle photographie, des prouesses techniques, du travail soigné, tandis que son scénariste Chavance y introduisait un certain surréalisme.

Les Visiteurs du Soir furent accueillis avec enthousiasme par le plus large public. Marcel Carné avait d'abord voulu situer sa féerie dramatique dans l'époque contemporaine. Puis, par prudence, il la situa à la fin du Moyen Age, au temps du diable et des sortilèges. Le scénario de Pierre Laroche et de Jacques Prévert introduisait les spectateurs dans un grand manoir neuf, au XVᵉ siècle. Une grande fête s'y donnait et le diable mêlait ses créatures aux bateleurs. Dans cette introduction d'une réelle beauté, Carné déployait ses dons plastiques. Costumiers, acteurs, musiciens, tous pénétrés des traditions françaises, surent animer des figures venues des miniatures anciennes avec une sûreté de goût parfaite. A la différence de l'*Henry V* de Laurence Olivier, la transposition fut assez adroite pour ne paraître jamais un décalque du document original.

Après cette exposition, l'intérêt fléchissait vite. Sous un costume moyenâgeux, l'univers de Carné et Prévert demeurait inchangé. Mais non leur thèse. D'un côté les êtres bons, ceux que l'amour sanctifie — le couple du troubadour et de la jeune châtelaine (Marie Déa et Alain Cuny). De l'autre les méchants, conduits par le diable lui-même (Jules Berry), qui se confond ici avec le destin, comme dans *le Jour se lève* où il tenait un rôle identique.

Dans l'esprit des scénaristes, le diable devait être un portrait d'Adolf Hitler. Dans le film, cette allusion fut peu compréhensible. Hormis peut-être la dernière scène : le diable a pétrifié le couple des amants au bord de la fontaine qui refléta les tournois guerriers et le triomphe du mal. Les amants enchaînés et torturés ont été finalement et malgré tout réunis : sous la pierre du groupe enlacé, et malgré le diable, à l'unisson leur cœur bat, bat, bat... On pouvait y voir une image de la France captive. Pour la première fois dans l'œuvre de Carné et Prévert, le destin et le mal se trouvaient incapables de vaincre l'amour et le bien.

L'extraordinaire fortune des *Visiteurs du Soir* détermina la production de *l'Éternel Retour*, par Cocteau et Delannoy. La carrière de Jean Delannoy n'est pas sans ressemblances avec celle de Julien Duvivier. D'abord acteur et monteur, il avait dirigé avant-guerre plusieurs films commerciaux médiocres. En 1939, il réussit, dans un assez bon mélodrame en style américain, *Macao ou l'Enfer du Jeu*. Puis il attira l'attention, pendant l'occupation, avec son *Pontcarral*, à la mise en scène habile. En 1942, cette enluminure aux couleurs trop vives, cette « image d'Épinal » passionna le public. Le film se déroulait sous Louis XVIII, monarque amené « dans les fourgons de l'étranger » et le scénariste, Bernard Zimmer, avait malicieusement souligné ce que la Restauration pouvait avoir de traits communs avec le gouvernement de Vichy. Incomprises par la censure, ces allusions furent applaudies : le spectateur tendait l'oreille à chaque allusion. Le héros, un colonel de l'Empire barricadé dans sa maison et se battant avec les sbires de Louis XVIII, devint un symbole qu'on acclama. Un chef militaire de la Résistance française devait, quelques mois plus tard, prendre le pseudonyme de Pontcarral.

L'Éternel Retour, présenté à Londres après 1945, y fut considéré, par une partie de la critique anglaise, comme le type du film « collaborateur »; Jean Marais y incarnant le « grand Aryen blond » dans un sujet cher à Richard Wagner. Les Anglais oubliaient qu'en France, la vieille légende bretonne de Tristan et Iseut est moins connue par l'Opéra que par la version célèbre qu'en écrivit Chrestien de Troyes, et que popularisa, en langage moderne, Charles Bedier. Le public français, pour qui ce thème est surtout un trésor de sa culture, ne put voir dans ce sujet une « collaboration » à laquelle le réalisateur de *Pontcarral* n'eût pas consenti. La modernisation d'un thème « éternel » était depuis longtemps l'un des procédés favoris à Cocteau, l'auteur d'un *Œdipe*, des *Chevaliers de la Table Ronde*, d'un *Roméo et Juliette*, etc.

L'Éternel Retour fut par ailleurs assez peu défendable. La vieille légende, transposée dans une époque vaguement contemporaine, fut alourdie par des épisodes baroques et gratuits. Le grand amour qui dominait la légende retient peu, en dépit de quelques belles images du « couple idéal » (Madeleine Sologne, Jean Marais). Mais on fut obsédé par la hideur d'un nain salace et la vulgarité de certains détails. Au dénouement, quand moururent les deux amants, le bruit sourd d'une barque à moteur fut une réminiscence, d'ailleurs habile et réussie, du cœur battant sous la pierre des *Visiteurs du Soir*.

Un autre scénario de Cocteau, *le Baron Fantôme*, réalisé par le médiocre Serge de Poligny, se souvint de l'expressionnisme allemand et fut accueilli avec indifférence. Il était d'autres refuges que le fantastique.

L'heureux temps des avant-guerres — celles de 1914 ou même de 1870 — le charme des époques désuètes servirent à Claude Autant-Lara et à ses collaborateurs, les scénaristes Pierre Bost et Jean Aurenche, à trouver leur manière... Autant-Lara venait de l'avant-garde, mais, durant l'avant-guerre (hors *Ciboulette*), il n'avait pas eu la possibilité de réaliser un film où il lui fût donné assez de liberté pour affirmer sa personnalité.

Dans *le Mariage de Chiffon*, dans *Lettres d'Amour* et surtout dans *Douce*, il fut un excellent directeur d'acteurs, et démontra dans ses mises en scène tout son goût, déjà prouvé lorsqu'il avait été le décorateur et costumier de Marcel L'Herbier. *Douce*, son meilleur film au temps de l'occupation, laissa percer l'amertume et une certaine puissance, sous le déploiement de grâces et de fanfreluches qui avaient caractérisé ses deux films précédents. Odette Joyeux y fut une remarquable ingénue perverse, auprès de Marguerite Moréno et de Robert Pigault. La conclusion rappelait celle de *la Règle du Jeu*, de Jean Renoir ; la critique sociale y apparut clairement sous la critique des mœurs. La polémique eut été plus nette sans un dénouement assez conformiste, qui gâcha l'œuvre.

Les Anges du Péché, de Robert Bresson, se situèrent dans l'époque contemporaine, mais à l'intérieur d'un ordre cloîtré de religieuses, presque coupées du siècle. Le dialogue de Jean Giraudoux, le plus parfait qu'il écrivit pour l'écran, fut, selon le programme que son auteur avait tracé, un parfait exercice de style. La réalisation de Robert Bresson — qui avait été quelque temps photographe et peintre — fut une sorte de symphonie en blanc majeur, aux facettes brillantes, une sorte d'échafaudage de cristaux aux angles nets, aigus, coupants. On peut employer pour caractériser cette œuvre un langage qui aurait pu convenir aux films de l'ancienne avant-garde, parce que chez Bresson le souci des qualités plastiques, le goût d'une universalité quasi métaphysique, une rigueur plus intellectuelle que formelle, paraissaient parfois conduire son auteur vers l'abstraction, en visant le dépouillement. *Les Anges du Péché* furent préservés de cet absolu par le caractère de l'héroïne, une religieuse dévorée d'autoritarisme et d'orgueil, sous son humilité et sa soumission

LES TRAVAILLEURS DE LA MER (1918) et TRAVAIL (1919). *André Antoine,* trop méconnu, apporta l'esprit du Théâtre Libre dans « Les Travailleurs de la Mer » et fut un précurseur du néo-réalisme comme son disciple *Pouctal* dans « Travail », adaptant Zola dans le décor naturel des rues et des usines. C.F.Pg.

J'ACCUSE (1919) et LA ROUE (1923). Lyrisme d'*Abel Gance,* qui exprima la révolte violente et confuse des soldats alors que se terminait la guerre (« J'accuse »). Il découvrit la poésie des « photogénies mécaniques » et sa vision passionnée ouvrit la voie à certains courants de l'avant-garde (« La Roue »). C.F.-C.F.Pg.

apparentes. Dans ce monde clos du cloître, la tension dramatique naissait d'une rivalité de femmes, à coups d'épingles.

La tension dramatique fut différente dans le second film de Robert Bresson, réalisé dans sa majeure partie pendant l'occupation et présenté au lendemain de la Libération. *Les Dames du Bois de Boulogne* devait primitivement être intitulé *les Dames de Port-Royal*, et l'œuvre fut dominée par un souci de cette rigueur janséniste qui influença tant Jean Racine. Le sujet appartenait au XVIIIe siècle et transposait au milieu du XXe un épisode de *Jacques le Fataliste*, de Diderot.

Une marquise abandonnée par son noble amant, se vengeait en lui présentant comme une femme bien née une prostituée qu'elle lui faisait épouser. Dans l'adaptation de Bresson et de Jean Cocteau, les héros furent une femme du monde, un homme d'affaires, une danseuse de cabaret, mais ces personnages furent abstraits de leur milieu social et placés, comme les héros d'une tragédie racinienne, dans un décor noble et nu. Pour qu'on crût vraiment à ce drame, il eut fallu que son ressort fonctionnât parfaitement — mais, au milieu du XXe siècle, une mésalliance n'avait plus le caractère dramatique du XVIIIe siècle. De nos jours, personne n'est plus scandalisé de voir un millionnaire épouser une danseuse. Et le producteur imposa à Bresson, pour interpréter un héros ingénu, Paul Bernard, excellent interprète, mais pour les traîtres et les roués. Le film fut dominé par le personnage aigu et méchant de Maria Casarès, araignée tissant une toile cristalline et mortelle, et par les qualités propres à Bresson, la symphonie brillante de ses images, le goût du détail et de l'objet, la perfection formelle, une chaleur ardente brûlant sous la blanche finesse de la cendre.

La tendance « stylistique » de l'occupation fut couronnée par un chef-d'œuvre : *les Enfants du Paradis*, le film le plus riche et le plus parfait de Carné et Prévert, en même temps qu'un véritable « traité de style ».

On y retrouva, bien entendu, les thèmes favoris des auteurs : l'impossibilité du bonheur et d'un grand amour dans un monde mal fait. Le film, qui durait trois heures, avait le souffle, l'ampleur des grands romans; Prévert y montra des personnages qui n'étaient pas d'une pièce, mais que le temps passé fit évoluer et transforma. Le Mal prit la figure d'un noble richissime et balzacien (Louis Salou); le Bien fut Debureau (Jean-Louis Barrault), mime génial, préoccupé de créer un grand art pour le peuple.

Entre le Bien et le Mal, la frontière fut plus mouvante qu'à l'ordinaire. Lacenaire (Marcel Herrand), romantique anarchiste, assassin intellectuel par goût de l'acte gratuit, fut plus sympathique qu'antipathique à ses auteurs. L'épouse dévouée, Maria Casarès, cacha sous ses apparentes vertus une férocité métallique de mante religieuse. Et la courtisane (Arletty), dans ses splendeurs et ses misères, sut aimer, mais aussi sacrifier sa passion à l'argent. Au dénouement, le héros à la poursuite de la femme aimée se noyait dans la foule joyeuse du Carnaval où abondaient les Pierrots, donc autant de lui-même.

Comme dans *les Visiteurs du Soir*, les héros furent placés sur une sorte de tréteau qui les détachait de leur milieu. Les personnages épisodiques restaient d'autant plus indistincts que, dans les images de Roger Hubert, le flou noyait toujours les arrière-plans.

Cette œuvre magnifique et somptueuse fut un apologue philosophique et un soliloque esthétique sur les rapports entre l'art et la vie, la comparaison des différentes formes de l'art entre elles. Tour à tour apparaissaient les principaux genres de l'époque romantique : la parade foraine, le mélodrame, la parodie bouffe, la grande pantomime dramatique, la tragédie shakespearienne. La description de chacun de ces genres correspondait au climat dramatique où parvient alors l'action proprement dite. Sous l'angle esthétique, le dénouement peut être interprété comme une fusion de l'homme dans une sorte de spectacle universel, où le créateur et le public se confondent dans une même comédie humaine. A toutes ces formes de l'art du spectacle, s'ajoutait, en arrière-plan, une comparaison entre le film et le théâtre, le cinéma muet et le cinéma parlant... Ces considérations subtiles et pertinentes importèrent moins au public que les prétextes pris par Prévert et Carné pour développer leurs métaphores : les splendeurs du romantisme dans un Paris venu de Balzac et d'Eugène Sue.

Les Enfants du Paradis fut, pour le cinéma français, un parfait accomplissement bien plus qu'une étape. Alors que les œuvres d'avant-guerre de Carné et Prévert ont eu, dans les studios du monde entier, une résonnance qui n'est pas encore éteinte, l'influence des *Enfants du Paradis* fut presque nulle ; ce film, bien plus encore que jadis *la Kermesse héroïque*, reste un splendide monument isolé dans un cinéma où les superproductions à gros budget ne sont pas fréquentes, et visent plus souvent la réussite commerciale que l'art.

La recherche d'un style ne fut pas la seule préoccupation des réalisateurs français pendant cette période. Malgré les nécessités de l'occupation qui l'obligèrent à se transformer, le courant réaliste d'avant-guerre, celui dont Jean Renoir avait été le meilleur représentant, trouva le moyen de se poursuivre. Un de ses tenants fut Jacques Becker. Il était devenu réalisateur pendant la guerre, après avoir été pendant dix ans l'assistant de Jean Renoir. Son début, *le Dernier Atout*, fut un simple divertissement policier brillamment mené, un succédané avoué des films américains dont un certain public était sevré.

Ce succès commercial conféra un certain crédit à Jacques Becker. Son second film, *Goupi mains rouges*, adapta un roman de Pierre Véry et aurait pu ne pas dépasser les conventions du genre policier. Son intrigue fut surtout prétexte, soit à des envolées fantaisistes, (qui ne furent pas le meilleur du film), soit surtout à des descriptions minutieuses, presque tatillonnes, mais fort justes et bien venues, de la vie de différents types paysans, tels qu'ils existent dans le centre de la France. Le titre américain *It happened in the Inn* est meilleur que le titre français *Goupi mains rouges*, car l'auberge est un des personnages les plus vivants et les mieux caractérisés de l'œuvre. Sans qu'il faille négliger pour autant le personnage du paysan braconnier, renfermé et réfléchi qu'a campé Fernand Ledoux.

Dans *Falbalas*, présenté après la Libération, mais conçu et presque terminé sous l'occupation, Becker a entrepris la description de la vie quotidienne d'une grande maison de couture parisienne. La banalité de l'intrigue prétexte, l'échec des tentatives d'envolées « surréalistes » dissimulèrent à certains les qualités de l'œuvre, qui sont réelles et profondes. A l'inverse de Carné, dans ces deux films de Becker, le fond et même l'arrière-fond importent plus que les héros eux-mêmes, leurs drames et leurs intrigues. La préparation et la présentation d'une « collection », la vie d'une famille de la haute bourgeoisie pendant l'occupation furent les meilleurs centres d'intérêt de cette œuvre inégale. Le réalisateur, en s'affirmant, se différenciait fortement de son maître Renoir. Il était subtil, ferme, volontaire. A l'analyse critique et satirique, il préférait une description minutieuse, souvent teintée d'ironie. Bien plus qu'à la plénitude populaire d'un Renoir-le-père, donnant vie à la foule du *Moulin de la Galette*, Becker peut se comparer à un Degas, analysant d'un œil minutieux et aigu les coulisses de l'Opéra ou l'atelier des blanchisseuses. Chez le réalisateur, une tendresse amusée remplaçait la dissection cruelle du peintre.

A nous les Gosses, de Louis Daquin, eut le mérite d'être l'un des premiers films réalisés sous l'occupation, qui ne se dissimula pas sous divers prétextes pour échapper à la réalité. Le scénario avait été conçu avant-guerre. Rien n'y rappelait la période de l'occupation. Une troupe d'enfants de la pauvre banlieue parisienne s'unissait pour réparer et payer un méfait involontaire. Le film valait par son honnêteté, sa droiture, sa robustesse; il mettait l'accent sur les inégalités sociales; il vantait, pour les classes les plus pauvres, la nécessité de la solidarité. *A nous les Gosses* mérita pleinement le franc succès qui l'accueillit. On put beaucoup espérer de Daquin, quand il entreprit, avec une rigueur qui ne transigeait pas dans la réalisation, un film de montagne : *Premier de Cordée*. Le film ne fut malheureusement qu'une demi-réussite, en raison de son scénario discutable et Louis Daquin dut attendre l'après-guerre pour prendre sa revanche.

Grémillon, dont Daquin avait été l'assistant, atteignit, pendant la guerre, toute la plénitude d'un talent qui fit de lui le meilleur représentant du courant réaliste, le pair, durant la période 1930-1945, des meilleurs, de René Clair, Feyder, Renoir ou Marcel Carné.

Dans *Lumière d'Été*, le scénario de Prévert et Laroche opposa une fois de plus le Bien au Mal. Le Bien était un barrage en construction, ses ingénieurs et ses ouvriers. Le Mal un château et ses hôtes, un aristocrate corrompu et criminel, sa maîtresse — une danseuse devenue patronne d'un petit hôtel de montagne — un peintre déchu par l'alcoolisme et la veulerie. Entre les deux, l'héroïne choisissait au dénouement le bien, tandis que les ouvriers du barrage poussaient à l'abîme le châtelain en proie à une ivresse luxurieuse et criminelle. Conclusion bien différente des scénarios de Prévert avant-guerre; le Destin malfaisant n'avait pas le dessus, le Bien triomphait et avec lui la majorité des hommes.

Le film, admirablement photographié par Louis Page, contint des morceaux parfaits : un bal masqué où une farandole frénétique couronne les aveux et les malédictions d'un Hamlet alcoolique (Pierre Brasseur), les troubles confidences d'un criminel sadique (Paul Bernard) et d'une amante complice et complaisante (Madeleine Renaud). Au dénouement, dans le décor de la montagne et du barrage, par un petit jour d'exécution capitale, errent, au sortir du bal masqué, les « méchants » travestis en personnages littéraires, qui sont la clef de leurs caractères, un caricatural Guillaume Tell, un lamentable Hamlet, une équivoque Manon Lescaut, une nouvelle incarnation du Marquis de Sade... La faiblesse du film fut le manque de relief de tous les personnages du

barrage. Le château, par contre, fut décrit avec tant de vigueur qu'il se
trouva symboliser les éléments corrompus qui soutenaient alors Vichy.

Le Ciel est à vous chanta le bien et sut trouver pour cela un accent
remarquable. L'extrême retenue de cette œuvre importante a souvent
rendu son sens peu compréhensible à ceux qui l'ont vue après la Libération, donc privée de la résonnance que lui donnaient les conditions
particulières à l'occupation. Comme la photographie de Louis Page,
le récit, à l'inverse de Lumière d'Été, est dépouillé, dans son ton « la vie
telle qu'elle est »; le scénario peut être tenu pour banal par un observateur peu attentif. Dans une petite ville de province, un garagiste et
sa femme (Charles Vanel et Madeleine Renaud) se passionnent pour
l'aviation et finissent par remporter un record du monde. Ce que réus-
sirent en effet, dans la réalité, ceux qui accomplirent cet exploit vers 1935 et
servirent de modèles aux scénaristes Charles Spaak et Albert Valentin.

Dans cette histoire, le quotidien n'était jamais banal. Ces artisans
prêts à sacrifier, pour atteindre leur idéal, leur mobilier, leur piano,
leur commerce, leurs parents, leurs enfants, leur vie, se trouvèrent être
pour les spectateurs, à la veille de la Libération, le symbole de ces
« Français moyens » considérés souvent comme de petits rentiers
pusillanimes, mais qui risquaient alors leur vie pour soutenir la résistance
armée à l'intérieur du pays. On allait bientôt les voir à Paris porter
leurs buffets Henri II sur les barricades. Cette peinture réaliste d'un
certain aspect de l'héroïsme français sonna comme un appel aux armes
pour ceux qui comprirent le message.

Dans la presse clandestine, la réussite parfaite à tous égards de
Le Ciel est à vous fut opposée au sens qu'avait pris le dernier grand
film produit par la Continental : le Corbeau.

Le scénario de René Chavance, conçu et écrit bien avant la guerre,
avait été inspiré par un fait divers célèbre en France : les lettres anonymes
de Tulle. G.-H. Clouzot, spécialiste des films policiers, vit surtout dans
ce manuscrit un thriller bien agencé. Le Corbeau, mystérieux auteur de
lettres anonymes, terrorisait une petite ville, et chaque personnage,
sans exception, pouvait être soupçonné. Au suspense du scénario s'ajoutait une excellente réalisation : Clouzot y démontra qu'il connaissait
admirablement son métier et ses classiques. Dans certains épisodes,
l'influence des maîtres de l'écran fut un peu trop évidente.

Le Corbeau poursuivait par bien des côtés l'avant-guerre, avec un
pessimisme approfondi. Chez Duvivier même, si le destin mauvais

avait toujours le dessus, il existait des hommes de bonne volonté. Chavance et Clouzot entendirent démontrer qu'une canaille sommeillait dans le cœur de chaque individu. Dans une scène clef (où l'influence de l'expressionnisme allemand fut évidente), une lampe se balance, fait passer le visage des héros de la lumière à l'ombre, du bien au mal. L'œuvre se situait évidemment dans la province française. La *Continental* songea à l'employer pour sa propagande, et montra *le Corbeau* dans divers pays occupés où la France gardait son prestige. Les buts poursuivis par le D^r Gœbbels ne furent pourtant pas atteints. Les Suisses ou les Tchèques se réjouirent de voir un film français dont la qualité artistique contrastait avec la décadente médiocrité du cinéma hitlérien. Ils ne paraissaient pas avoir trouvé dans ce drame policier des raisons de juger la France corrompue et méprisable.

Après la Libération, la censure militaire interdit *le Corbeau;* son scénariste et son metteur en scène furent temporairement exclus de la profession par un Comité d'épuration. Ces sanctions, rapidement levées, servirent une campagne qui présenta le film interdit comme le sommet de l'art français. Il y a pourtant loin d'une remarquable réussite au génie. Par la suite, le réalisateur devait souffrir davantage de ces dithyrambes, que de l'interdiction vite levée du *Corbeau.*

Dès la fin de 1943, les bombardements alliés et plus encore l'action des maquis paralysèrent graduellement transports et électricité, ce qui interrompit finalement toute activité cinématographique. A Paris, les théâtres ne jouèrent plus qu'à la lumière du jour, et les cinémas fermèrent.

La Libération trouve l'industrie du cinéma dans un état complet de désorganisation et de délabrement. Le film le plus marquant durant la période des combats fut celui que les opérateurs mobilisés par le *Comité de Libération du Cinéma* réalisèrent sur les barricades par lesquelles Paris se délivra. Ce saisissant documentaire d'actualité eut un immense succès international, tandis que la production reprenait difficilement, pendant les rares heures où l'on pouvait fournir de l'électricité à des studios sans chauffage. Les productions du dernier hiver de la guerre se reconnaissent aux nuages qui y matérialisaient l'haleine des acteurs, à moins que les metteurs en scène n'aient pris alors la précaution de leur faire sucer de la glace avant chaque scène... La pellicule n'était pas moins rare que l'électricité. Chacun savait ces difficultés temporaires. Ce fut, gonflé d'espoir, que le cinéma français, conscient de n'avoir pas trahi pendant l'occupation, entra dans l'après-guerre.

CHAPITRE X

L'APRÈS-GUERRE
(1945-1950)

Au début de 1946, la production avait à peu près repris son cours normal. On produisit, cette année-là, 96 films et l'on s'accorda à trouver les studios français trop peu nombreux. Fort mal installés et équipés, ils ne donnent pas tort à la légende selon laquelle les cuirassés se fabriquent, en France, dans une cuisine, avec de vieux bouts de ficelle. La haute qualification de la main-d'œuvre suppléait pourtant à ce très médiocre équipement.

En France comme dans les autres pays, le temps de réalisation des films s'était notablement augmenté depuis 1935. Aussi la Presse conjurait-elle, en 1945, le Gouvernement de financer la construction, sur la Côte d'Azur, d'un Hollywood français qui pût satisfaire les producteurs, incapables de trouver des plateaux libres.

Dix-huit mois plus tard, les journaux tenaient un autre langage. Les studios étaient obligés de fermer leurs portes, les uns après les autres, faute de producteurs. Dans certaines branches, le chômage atteignait 75 % de la main-d'œuvre.

Telles étaient les conséquences des accords commerciaux signés en mai 1946, à Washington, par l'ancien Président du Conseil Léon Blum et le Ministre américain Mr. Byrnes. Les « accords Blum-Byrnes » annulaient le contingentement établi avant-guerre, qui limitait à 120 le nombre des films américains « doublés ».

Les accords adoptaient un « quota à l'écran » fort différent du quota britannique qui, jusque-là, avait été progressif et fixé en dessous des capacités de l'industrie. Le quota français était dégressif et fixé au-dessous des possibilités réelles de la production. Avant-guerre, la part des films français dans les programmes atteignait environ 70 % (proportion largement dépassée pendant la guerre). Les États-Unis exigèrent un taux de protection très bas. Et Léon Blum déclarait à ce sujet, dans une conférence de presse, le 22 juin 1946 : « Toute discussion fut impossible. Nos amis américains (...) ont admis que nous conservions 30 % de notre exploitation nationale, alors que l'Italie n'a obtenu que 17 %... Et je vous avoue que s'il avait fallu, dans l'intérêt supérieur de la France, sacrifier la corporation cinématographique française, je l'aurais fait bien volontiers. »

Ces accords, qui préludaient au plan Marshall, menacèrent en effet de sacrifier la « corporation cinématographique ». Durant le premier trimestre 1946, la part américaine dans les recettes s'éleva à 51 %, tandis que la part française tombait à 39 %... 400 films américains doublés avaient été lancés en une année sur le marché, et le public, longtemps privé des productions d'Hollywood, leur réservait sa préférence.

Une panique s'empara du cinéma français, dont l'assiette commerciale restreinte se limitait alors au marché national et à quelques pays limitrophes : Belgique, Suisse, zone d'occupation française en Allemagne. Le public de langue anglaise ignorait le cinéma français — mis à part les spectateurs de quelques salles spécialisées à Londres et New York. En 1947, selon l'hebdomadaire *l'Écran français*, un étudiant d'Édimbourg demandait à son professeur d'Université si l'on produisait ou non des films à Paris...

La France ne possédait alors que 4 000 salles en ordre de marche. Beaucoup avaient été détruites ou rendues inutilisables par la guerre et, dans un pays qui restait encore pour une large part agricole, la plupart des cinémas ne dépassaient pas 3 ou 400 places et ne donnaient pas plus de 5 séances par semaine.

Avec la restauration des salles endommagées et le retour des démobilisés, la fréquentation passa de 316 millions de billets vendus en 1945 à 420 en 1946 et 1947. Le prix moyen des billets restait peu élevé ; quand il passa en 1948 au-dessus de 50 francs, cette augmentation des tarifs fit descendre la fréquentation au-dessous de 400 millions. Le niveau de vie restant bas dans le pays, le cinéma était un luxe. On estimait que l'augmentation avait entraîné une baisse de 25 % des spectateurs dans les salles populaires, contre 10 % dans les salles d'exclusivité.

En raison de l'étroitesse du marché, le coût moyen de la production restait bas. Son prix moyen de 1948, 30 millions de francs, était 3 fois inférieur à celui de l'Angleterre, 7 ou 8 fois à celui des États-Unis. On comprend donc l'inquiétude qui s'empara du cinéma après les accords Blum-Byrnes. Des *comités de défense du Cinéma français* se constituèrent. Des vedettes manifestèrent sur les grands boulevards ou prirent la parole dans les salles. Le Parlement s'émut. A la fin de 1948, les accords furent abrogés, le taux du quota relevé et le contingent de 120 films américains doublés fut rétabli. Enfin et surtout, une surtaxe perçue dans les salles alimenta un *fonds d'aide* à l'industrie, dont le montant total atteignit, en 1950, 2 milliards. Ces mesures, que certains jugèrent insuffisantes, sauvèrent et stimulèrent le cinéma français.

La production, tombée à 74 films en 1947 (contre 120 moyenne d'avant-guerre), dépassa 100 films en 1949. Mais certains des meilleurs réalisateurs restèrent éloignés des studios, où sévissait, en fait, le malthusianisme artistique. Jacques Feyder, retour de Suisse, mourut sans avoir pu, quatre années durant, participer à un seul film, sinon comme « conseiller artistique ». Entre la fin de la guerre et le début de 1950, Robert Bresson ne trouva pas de producteur qui lui fît confiance. Quant à Jean Grémillon, Jacques Becker, Claude Autant-Lara ou Marcel Carné, ils ne purent, durant cette période, présenter chacun plus d'une seule œuvre produite en France. Ce manque à gagner n'empêcha pas le cinéma français de se maintenir, durant les cinq années de l'après-guerre, à un niveau qui lui valut les premières places dans de nombreux festivals internationaux. De nouveaux marchés étrangers s'ouvrirent peu à peu, tandis que, sur le marché intérieur, l'engouement pour Hollywood ayant diminué, la part des recettes américaines tomba au-dessous de 40 %, la part française tendait à dépasser 50 %, taux supérieur au quota officiel.

*
* *

Les mois qui suivirent la Libération virent se révéler René Clément et *la Bataille du Rail*. Le réalisateur, qui venait de dépasser sa trentième année, avait réalisé, depuis 1937, quelques documentaires. Son premier long métrage eut une ampleur véritablement épique, dans plusieurs de ses épisodes, comme le déraillement d'un train militaire allemand, ou l'exécution d'otages français. Le film était composé de plusieurs nouvelles cinématographiques — comme plus tard le *Paĩsa* de Roberto Rossellini. Il n'égala pas ce chef-d'œuvre, mais on peut le préférer à *Rome ville ouverte*.

René Clément avait su très bien diriger ses acteurs, non professionnels ou très peu connus. Il possédait le sens du montage et des détails saisissants, tels l'araignée que regardait avant de mourir un fusillé, ou l'accordéon qui s'écrasait après le déraillement du train. Dans ce dernier trait, on pouvait trouver une réminiscence de l'*Arsenal* de Dovjenko. La leçon des chefs-d'œuvre soviétiques avait servi à ce film comme auparavant à *Toni* et à quelques autres films des années 30. Les scènes finales, hautes en couleurs et pleines d'humour, marquaient pourtant une baisse de ton. Le film valut aussi son authenticité. Il avait reconstitué des événements récents, son scénario avait été directement dicté à la romancière Colette Audry par les exploits de la Résistance. *La Bataille du Rail* n'eut pas à l'étranger la fortune commerciale de *Païsa, Sciuscia* ou *Riz Amer*. Sa carrière se limita aux marchés traditionnels français, à la Tchécoslavaquie, à la Pologne et à l'U.R.S.S. Le film resta inconnu aux États-Unis et même en Italie (où il ne fut mis en distribution qu'après 1952).

Les autres films inspirés par la Résistance furent sans grand intérêt. Il y a peu à dire du *Jéricho* de Calef ou des *Bataillons du Ciel* d'Alexandre Esway, sinon qu'ils furent supérieurs à des mélodrames comme *Un ami viendra ce soir* ou *les Clandestins*. Pendant ce temps, Grémillon, après avoir dit le martyre de la Normandie, dans son documentaire-oratorio *le 6 Juin à l'aube*, cherchait en vain un producteur qui s'intéressât au *Massacre des Innocents*, tableau épique de la France pendant sept années de guerres européennes.

Le meilleur film de la Résistance fut, loin derrière *la Bataille du Rail*, *le Père Tranquille*. Cette peinture amusante, mais facile, des clandestins en pantoufles appartint davantage à l'acteur-auteur Noël-Noël qu'au metteur en scène René Clément. Plus tard, *la Bataille de l'Eau lourde*, fut plus une réussite semi-documentaire norvégienne que française. Jean Dréville y collabora, mais son principal réalisateur Titus Vibe Muller et ses acteurs (non professionnels) avaient été Scandinaves.

Les producteurs, la guerre à peine terminée, prétendirent que « leur » public était las de la Résistance et voulait penser à autre chose. Certains théoriciens soutinrent alors qu'un certain recul était indispensable à l'artiste pour traiter un sujet historique. Ainsi le cinéma français laissa-t-il passer la chance que saisit le néo-réalisme italien, abordant avec courage les problèmes contemporains les plus immédiats, et devenant ainsi le mouvement le plus important de l'après-guerre.

Certains réalisateurs français eurent recours à des thèmes anciens, « faisant image » avec la récente actualité. Tel Christian-Jacque adaptant avec Henri Jeanson *Boule de Suif,* nouvelle de Maupassant se déroulant pendant l'occupation allemande en 1870. Tel aussi Louis Daquin, qui dut se résigner à reprendre un vieux drame de Victorien Sardou pour montrer, dans un sens tout opposé à *la Kermesse héroïque,* la résistance des Flamands contre les occupants espagnols, à la fin du XVIᵉ siècle.

Bravant cette campagne contre l'actualité, René Clément donna une sorte de suite à sa *Bataille du Rail* avec *les Maudits.* Le scénario imaginait qu'un sous-marin, chargé de nazis et de « collaborateurs » français et italiens, errait après la chute de Berlin à travers l'océan Atlantique pour chercher un refuge à ces criminels de guerre. Dans l'étroit espace du submersible, les rivalités entre les vaincus s'exaspéraient et le voyage se terminait par un carnage plein de folie et de fureur, transposition de ce qu'avait été la fin des chefs nazis dans Berlin en flammes. Le film avait certains défauts. Il fut surtout attaqué pour ses grandes qualités et son réel courage. Son échec commercial contribua d'autant plus à éloigner de l'actualité que l'échec des *Portes de la Nuit* avait été plus lourd encore.

Après le triomphe international des *Enfants du Paradis,* le crédit de Marcel Carné et Jacques Prévert leur avait permis de choisir un sujet presque sans entraves. Le début du film emportait la conviction. Dans de vastes décors de studio, les détails étaient vrais et les traits justes. On voyait les escaliers du métro Barbès-Rochechouart remplis de travailleurs et de petits marchands à la sauvette, les étroits logements ouvriers où saignait encore la douleur des otages exécutés, un collaborateur économique moins inquiet que son fils milicien, un restaurant du marché noir où se coudoyaient les officiers aux uniformes fraîchement sortis de la naphtaline et les hommes d'affaires qui avaient suivi les armées alliées. Le public pouvait ainsi reconnaître sur l'écran *Paris, durant le dur hiver qui suivit la Libération.* Elle était authentique, cette transposition dans un style bien éloigné du néo-réalisme.

Les scènes suivantes n'avaient plus ce ton. Un messager du Destin (personnifié par un vagabond), un enfant entraînait le héros (Yves Montand) dans un chantier de démolitions où il rencontrait le grand amour, avec « la plus belle femme du monde ». L'homme se mettait à parler des îles Sous-le-Vent, des mers du Sud, des départs, des ailleurs. Il paraissait se tromper de film — et d'après-guerre. La dissonance était gênante entre les thèmes poétiques démodés et une réalité très actuelle.

Le public élégant trouva déplaisant de voir exalter les sacrifices ouvriers ou condamner les collaborateurs et les profiteurs des deux camps... L'échec commercial fut d'autant plus rude que la production avait été dispendieuse. D'autres circonstances vinrent interrompre la réalisation de *la Fleur de l'âge* (d'après un remarquable scénario de Jacques Prévert). Carné ne put réaliser un nouveau film avant 1950, tandis que les producteurs boycottaient pour toujours Jacques Prévert.

L'École française d'après-guerre n'eut pas l'homogénéite et la vigueur conquérante du néo-réalisme italien, mais elle valut par sa diversité et sa haute qualité. L'éventail de ses genres fut ouvert très largement, depuis les fictions poétiques (Cocteau) ou les films d'époque (René Clair, Autant-Lara), jusqu'aux documentaires (Rouquier, Nicole Vedrès) ou aux descriptions sociales réalistes (Becker, Daquin).

La tendance fantastique ne survécut guère aux circonstances de l'occupation. Cocteau fut son principal représentant. Sa meilleure réussite, *la Belle et la Bête*, transposa un conte du XVIIᵉ siècle, en s'inspirant des peintres de cette époque. Pour ce ballet féerique, le poète sut réunir d'excellents collaborateurs : le « conseiller technique » René Clément, le maître opérateur Henri Alekan, le maquilleur Arakelian, qui donna au visage de Jean Marais le mufle saisissant de la *Bête*, enfin et surtout le grand peintre et décorateur Christian Bérard. Cocteau fut sensiblement moins heureux en « rajeunissant » Victor Hugo dans un *Ruy Blas*, que réalisa Pierre Billon, et dans un mélodramatique *Aigle à deux têtes*, qui adaptait une de ses pièces. Il revint en fantastique poétique avec *Orphée* qui transposait la légende grecque dans une ville moderne, et fut moins une adaptation d'une pièce de l'auteur qu'une reprise des thèmes de son premier film *le Sang d'un poète*. Un échec commercial complet devait tenir Cocteau éloigné des studios pour dix années. Durant l'après-guerre, son meilleur film avait été *les Parents terribles*, qui n'appartient pas à sa série fantastique et qui portait à l'écran une de ses pièces à succès. Ce fut une réussite du « cinéma-théâtre ». Le décor de Christian Bérard y contribua à une claustration plus grande encore qu'à la scène, pour un « vaudeville tragique » où se décomposaient les liens familiaux.

Après un trop long exil, René Clair quitta en 1946 Hollywood, où il n'avait pas dirigé un seul film qui valût sa production française *(The Flame of New Orleans*, 1941; *I Married a Witch*, 1942; *It Happened to morrow*, 1944; *And Then They Were None*, 1945). *Le silence est d'or*

marqua son retour dans les studios parisiens. On y trouva un attendris-
sement, un sérieux, une mélancolie, une profondeur qui n'avaient pas
été les traits dominants de René Clair à l'époque du *Million*. Parvenu
à sa maturité, le réalisateur soliloquait sur la venue de la vieillesse,
avec un sujet inspiré par *l'École des Femmes* de Molière. Un barbon
(Maurice Chevalier) apprenait malgré lui à son rival (François Périer)
comment conquérir la femme qu'ils aimaient tous les deux (Marcelle
Derrien).

Le titre proverbial, *Le Silence est d'or*, était aussi une allusion à
l'époque où Méliès et Pathé avaient découvert la mine d'or du cinéma
muet. En hommage aux souvenirs de son enfance et à ses premiers
maîtres, René Clair situa son action dans le Paris de 1906, qu'il décrit
avec une ironie attendrie.

Peut-être le succès du *Silence est d'or* accentua-t-il le goût pour
les films de la belle époque. Les producteurs se tournèrent, en 1949-1950,
vers l'adaptation des anciens vaudevilles de de Flers et Cavaillet, ou de
Feydeau. Clouzot échoua en transposant une pièce des premiers :
Miquette et sa Mère, le comique n'était pas son fort. Claude Autant-
Lara réussit pleinement *Occupe-toi d'Amélie*, en jouant le jeu du cinéma-
théâtre. Il ne se contenta pas seulement de reprendre l'ingénieuse mécanique de Feydeau, il la démonta et en affola le mouvement. Les fantoches
1900, la « grande cocotte », son entreteneur, ses riches amants étrangers,
devinrent des caricatures désarticulées. Le parti avait été analogue
dans *Un chapeau de paille d'Italie*, mais le tempérament d'Autant-Lara
était bien différent de René Clair, dans son âpreté corrosive et ricanante.

A la fin de la guerre, Autant-Lara avait échoué dans le fantastique
avec *Sylvie et le Fantôme*, mais il avait ensuite réalisé son chef-d'œuvre
avec *le Diable au Corps*. Le scénario de Bost et Aurenche (ses collaborateurs habituels depuis *Douce)* adaptait un roman autobiographique
publié en 1922 par Raymond Radiguet, qui devait peu après mourir
en pleine jeunesse. Il racontait les amours désespérées d'un très jeune
homme (Gérard Philipe) et d'une femme dont le mari était au front
(Micheline Presle), pendant la dernière année de la première guerre
mondiale. La banlieue, un collège, les bars et les restaurants de Paris,
la mesquinerie des villas et des familles petites-bourgeoises étaient
le cadre de cette aventure tragique : la jeune femme mourait. Le
11 novembre 1918, au milieu de l'allégresse, le jeune héros se trouvait
seul, désespéré, enlisé dans son chagrin.

On put estimer qu'un tel « mal du siècle » appartenait à la première guerre mondiale, mais non à la seconde, où les adolescents étaient devenus hommes avec la Résistance (ou les trafics du marché noir). Ces critiques eurent tort : la jeunesse de 1947 assura le succès du *Diable au Corps*, en lui trouvant une correspondance avec ses problèmes. Le film n'avait pas pour sujet le désespoir, mais l'amour et une condamnation rageuse de la guerre. Sa résonance s'accrut quand commencèrent à se faire entendre les premiers bruits de la guerre froide.

Le film était supérieurement interprété par Micheline Presle et Gérard Philipe. La première partit pour Hollywood (et y ruina pour dix ans sa carrière). Gérard Philipe alla de succès en succès, jusqu'à sa mort prématurée. Depuis ses origines, le cinéma français n'avait pas possédé un comédien (et un tragédien) qui valût celui-là. Il avait débuté au cinéma, sitôt la Libération, dans *le Pays sans Étoiles*, de Georges Lacombe, et avait prouvé ses dons exceptionnels dans une adaptation par Georges Lampin de *l'Idiot* de Dostoïevski. Il fut d'autant plus émouvant dans *le Diable au Corps* qu'il avait eu l'âge de son héros, à l'époque où commença la deuxième guerre. Il sut ainsi aider le réalisateur à traiter « un problème social et sentimental difficile », à montrer un « jeune homme cruel par inconscience, cynique sans le savoir, comme les jeunes gens de dix-sept ans l'étaient dans l'étouffant climat de la guerre (1) ».

Gérard Philipe fut Fabrice del Dongo, et Maria Casarès Sanseverina dans *la Chartreuse de Parme*. Son réalisateur, Christian-Jacque, poursuivait dans cette coproduction franco-italienne (une des premières combinaisons de ce genre) une carrière abondante et inégale. Son adaptation eut le mérite d'une fidélité au jacobinisme de Stendhal. Delannoy lui aussi trouva ses meilleurs succès dans des adaptations, telle *la Symphonie pastorale*, d'après André Gide, et surtout *Dieu a besoin des hommes*, d'après un excellent scénario inspiré à Bost et Aurenche par un roman de Queffelec, *le Recteur de l'île de Sein*.

Tandis que Christian-Jacque ou Delannoy dirigeaient un ou deux films par an, Jean Grémillon voyait échouer un de ses meilleurs projets, *le Printemps de la Liberté*, épisode de la révolution de 1848, et dut alors accepter de diriger *Pattes blanches*, sur un scénario original de Jean

---

(1) Déclaration de Claude Autant-Lara, citée par Pierre Leprohon dans *Présences Françaises* (Paris, 1957).

Anouilh. L'univers de cet auteur dramatique étant fort différent du sien, l'œuvre en souffrit.

Faute de « néo-réalisme français », tout un courant poursuivit les recherches de l'avant-guerre. Prenant ses sujets dans la vie quotidienne, il tendit parfois au documentaire comme *Farrebique* de Jean Rouquier. Cet ancien typographe, après avoir réalisé pendant la guerre des courts métrages consacrés à l'artisanat rural *(le Charron, le Tonnelier)*, s'inspira de Flaherty en prenant comme protagonistes de son film sa propre famille, vivant dans une ferme solitaire du Massif Central...

Farrebique contint des passages d'un violent lyrisme : l'enterrement de grand-père, avec les ronces qui s'accrochaient au corbillard, ou l'éveil printanier de la nature et des sens se mêlant à des vues microscopiques de la germination universelle.

Le monde de *Farrebique* se limita à l'enceinte de la ferme. Les rapports de la cellule familiale avec l'extérieur furent réduits au minium. Un souci d'éternité bucolique enleva un peu de sa résonance à cette réussite exceptionnelle. Elle était pour Rouquier le début d'une série. Il voulait montrer, dans un nouveau long métrage, les transformations apportées à la ferme de *Farrebique* par l'installation de l'électricité, puis consacrer d'autres longs métrages à un ouvrier parisien et à un Nord-Africain. Mais le ton inusuel de *Farrebique* avait fait scandale; il ne put, dix ans durant, réaliser ni ses projets, ni aucun autre long métrage.

Depuis *la Fille du Puisatier* (réalisé au début de l'occupation), Marcel Pagnol ne dirigea plus que des films médiocres *(Nais, la Manon des Sources, Lettres de mon Moulin)* et il put un instant sembler qu'après *Farrebique* le Languedoc prenait la relève de la Provence. Roger Leenhardt situa dans la région de Montpellier *les Dernières Vacances*, journal d'enfance, description sincère et véridique de ce que représentait vers 1925, pour une riche famille méridionale, la vente d'un grand domaine déchu. Dans les Cévennes proches, René Gehret devait ensuite adapter deux romans d'André Chamson : *Tabusse* et *le Crime des Justes*, où il mit le sens robuste de l'observation qu'il avait déjà manifesté dans *Café du Cadran*, tableau de la vie quotidienne dans un bistrot parisien.

Utilisant comme matière de son film de montage les actualités d'avant 1914, Nicole Védrès fut aidée par la monteuse Myriam et son jeune assistant Alain Resnais. Avec malice, ironie, sagacité, intelligence, la réalisatrice montra, par delà le pittoresque désuet de la belle époque et la vie du « beau monde », ses mécanismes profonds et les courants qui conduisirent à la guerre de 1914. Nicole Védrès put ensuite évoquer, dans *la Vie commence demain*, les débuts de l'âge atomique et leurs périls. Empêchée de continuer sa carrière de cinéaste, elle dut se consacrer au roman et à la télévision.

Jacques Becker parut disposé à poursuivre, avec un tout autre tempérament, le tableau social entrepris jadis par son maître Jean Renoir, quand il aborda les travailleurs parisiens avec *Antoine et Antoinette*. Le film fut moins lié que *le Crime de M. Lange* à la vie contemporaine. Il s'y rattacha surtout par certains détails exacts : les difficultés de ravitaillement, la crise du logement. Il fut un tableau familier du petit peuple parisien, charmant dans sa « gentillesse » au sens le plus noble de ce mot.

Son vrai sujet fut la tendresse amoureuse d'un ouvrier typographe (Roger Pigault) et d'une vendeuse d'Uniprix (Claire Maffei), aux prises avec les petites difficultés de la vie et les inévitables conflits de la vie conjugale. Le film se caractérisa par un montage extrêmement morcelé, et par le dépouillement dans l'intrigue dramatique et le dialogue. Peut-être son intimisme, qui évitait le vif des problèmes, l'empêcha-t-il d'avoir à l'étranger la fortune des films italiens.

Becker accentua ce particularisme dans *Rendez-vous de Juillet*, consacré à une jeunesse fanatique du jazz, du théâtre, du cinéma et de l'exploration. Ses personnages, pittoresques ou émouvants, furent assez peu caractéristiques, fût-ce du Quartier Latin ou de Saint-Germain-des-Prés. Faute de passer de la description à l'analyse, l'action s'éparpilla. Avec *Édouard et Caroline*, puis *Rue de l'Estrapade*, Becker reprit dans un style personnel et brillant le thème de beaucoup d'anciennes comédies américaines : les querelles de ménage.

Après avoir dans *les Frères Bouquinquant* adapté un roman « populiste » de Jean Prévost — mort en combattant dans les maquis du Vercors — Louis Daquin décrivit, dans *le Point du Jour*, la vie et le travail des mineurs dans les charbonnages du Nord. Le scénario de Vladimir Pozner visait à un dépouillement absolu dans le dialogue et dans l'action, recherche qui rejoignait Becker et certains néo-réalistes italiens. Dès l'introduction, l'éveil des corons, la descente dans les galeries de mine furent d'excellents morceaux, comme une idylle dans une sombre banlieue, traversée par les chemins de fer et dominée par les

LA FEMME DE NULLE PART (1921). Raffinements de l'impressionnisme. *Delluc* commenta par le paysage le désespoir d'Ève Francis.   C.F.Pg.

L'HOMME DU LARGE (1920) avec Jacques Catelain et Marcelle Pradot. *L'Herbier* affirma son art par le raffinement des cadrages et des éclairages.

CŒUR FIDÈLE (1923) et CRAINQUEBILLE. Mélancolie des faubourgs. *Jean Epstein* apporta, avec son style de montage, son sens des paysages marseillais dans « Cœur fidèle ». *Jacques Feyder* dans « Crainquebille » situa dans un typique décor parisien le drame d'un marchand des quatre-saisons interprété par Féraudy.

C.F.Pg.

montagnes des déchets industriels, les « terrils ». Favorablement salué
par la critique, le film subit pourtant un injuste échec commercial...

Daquin devait ensuite adapter avec probité et vigueur la pièce de
Jean de Hartog, *Maître après Dieu*. Puis, comme s'il avait été inscrit
sur une liste noire, il lui fut désormais impossible de diriger un seul
film dans les studios français... D'analogues insuccès commerciaux
éliminèrent un ancien assistant de Jean Renoir, André Zwobada, qui
avait essayé de donner un essor, au Maroc, à la production arabe, et
avait dirigé notamment une émouvante légende proche de notre *Tristan
et Iseut*, avec *Noces de Sable*, dont le commentaire français fut écrit
par Jean Cocteau...

Tout engagement dans une voie nouvelle était alors découragé. La
profession s'était assainie, que contrôlait une *Direction générale du
Cinéma*. Le temps des margoulins n'était plus, ni sa relative liberté.
Durant une période où conflits intérieurs et extérieurs des années 1947-
1950 entraînèrent le désarroi, certains, écoutant les producteurs leur
demandant de « recommencer *Quai des Brumes* », multiplièrent les
« films noirs » qui, à la différence de leurs homologues américains,
furent rarement policiers.

Avec *Quai des Orfèvres*, Clouzot se posa en rival d'Hitchcock comme
« maître du suspense ». Il y décrivit le monde des cafés-concerts et
de la police — avec son sens plastique et sa culture artistique. Les
images de Thirard évoquèrent parfois Manet, Degas ou Toulouse-
Lautrec. La qualité de ces tableaux fit passer au second plan diverses
sombres considérations sur la morale et les moeurs.

Après une intrigue policière médiocre, on se réjouit de voir Clouzot
transposer *Manon Lescault*, roman du XVIIIe siècle, pour donner un
tableau de la jeunesse déchirée par la guerre et ses lendemains. Sa *Manon*
fut une prostituée pour qui comptait seul l'argent qu'elle partageait
avec Des Grieux. Leurs liens étaient définis par la réplique « rien n'est
dégoûtant quand on aime ». Elle était prononcée par l'héroïne entraînant
son amant vers le lit d'un bordel où elle venait de se prostituer à un
vieillard.

La Libération, les milieux parisiens du marché noir, la guerre judéo-
arabe en Israël furent les cadres principaux de l'action. Leur peinture
fut plus inspirée par les descriptions de la grande presse que par la réalité.
Le film contenait pourtant quelques scènes intéressantes. Comme celle
où Des Grieux commettait un crime dans le sous-sol d'un cinéma, où

l'on entendait le commentaire violent des actualités de guerre. Très souvent l'envers vaut l'endroit, le moralisme à rebours est aussi faux que le rose et édifiant prêchi-prêcha. S'il était vrai (suivant un mot célèbre) qu'il ne suffit pas de bons sentiments pour faire de bons films, les mauvais sentiments ne suffisent pas à faire le bon cinéma.

Yves Allégret, relayant son frère Marc, débuta par une série de « films noirs »,où, avec le scénariste habituel Jacques Sigurd, il continua certains succès de l'avant-guerre. Sa *Dédée d'Anvers*, qui adapta (comme *Pépé le Moko)* un roman du « détective Ashelbé », se déroula dans les bas-fonds du grand port belge avec leurs prostituées, patrons de bordels, souteneurs et criminels.

Le pessimisme du réalisateur s'accentuait ensuite pour atteindre son comble dans *Manèges,* qui posait les vices féminins comme des produits « aussi naturels que le sucre et le vitriol », fabriqués par le Destin, non par la vie et le milieu social...

Dans cette noire série, *Une si jolie petite plage* dut beaucoup à la présence de Gérard Philipe. Le scénario de Jacques Sigurd était d'une conception ingénieuse : un jeune homme évoquait son enfance malheureuse et un crime récent, non par les usuels « retours en arrière », mais par un puzzle de paroles et de silences. L'atmosphère hivernale était sombre et lourde dans une sinistre petite station balnéaire. La solitude du héros était quasi absolue, sans autre solution que le suicide...

Le franco-italien Marcel Pagliero se complut dans un climat analogue à celui d'Yves Allégret avec *Un homme marche dans la ville.* Parmi les ruines du Havre bombardé, un docker se saoulait par désespoir et finissait par tuer un homme. *L'Écran français* accusa Pagliero de « démoralisation de la classe ouvrière ». Le film était loin de mériter une telle condamnation. Pagliero, comme Clouzot ou Yves Allégret, cherchait sincèrement une critique sociale. Comme certains de leurs films ultérieurs devaient le prouver.

La période 1945-1950 se termina par la révélation d'un grand comique français, Jacques Tati. René Clair mis à part, l'École comique française s'était, depuis 1930, réduite à Noël-Noël et à Pierre Prévert.

Noël-Noël, souvent scénariste de ses films, connut son meilleur succès après-guerre avec *les Casse-Pieds,* aimable satire de la vie petite bourgeoise, dans le ton des meilleurs cabarets montmartois.

Pierre Prévert, après avoir donné avec son frère Jacques *l'Affaire est dans le sac,* aurait pu rénover le long métrage comique avec *Adieu*

Léonard et *le Voyage Surprise*. Mais la loufoquerie intellectuelle et une poésie qui se réclamait de Mack Sennett ne touchèrent malheureusement pas le grand public.

Jacques Tati, venu du music-hall, avait peu paru sur les écrans, lorsque *Jour de Fête* imposa mondialement son exceptionnel talent de réalisateur et d'interprète. Il y fut un facteur rural embarrassé de sa grande taille et de sa bicyclette, provoquant de menues catastrophes durant la fête d'un village. Un sens lyrique du paysage français contribua au large succès international de ce premier film. Mais Jacques Tati resta un isolé. Sa forte personnalité n'avait pas créé une école comique, et les réussites dans ce genre difficile (telle *l'Armoire volante* de Carlo Rim) restèrent sans lendemain.

Dix ou vingt œuvres de grande valeur en cinq ans : le bilan était assez satisfaisant pour le cinéma français, durant cette après-guerre qui prit fin, en 1950, avec le déclenchement des hostilités en Corée.

CHAPITRE XI

PÉRIODE DE STABILITÉ

(1950-1956)

Le film de Charles Spaak et d'André Cayatte, *Avant le déluge*, décrit avec exactitude la panique qui régnait en France, à la fin de 1950, dans certaines couches sociales placées devant la perspective, crue inévitable, d'une troisième guerre mondiale. Cette tension dramatique devait se prolonger longtemps, puis diminuer peu à peu. Elle influença les sujets des films, tandis que le cinéma français connaissait une relative stabilité industrielle, due pour une part à la *Loi d'Aide*.

La production annuelle des longs métrages s'établit durant cinq années aux environs de la centaine, tandis que la fréquentation se situait aux environs de 375 millions et que l'exportation des films français, peu importante encore vers 1950, triplait d'importance.

Les sociétés de production restaient très nombreuses (plusieurs centaines). Aucune ne réalisait plus de cinq ou six films par an. La distribution, les laboratoires, les studios et les circuits de salles étaient plus concentrés. Les plus importants appartenaient aux groupes Pathé et Gaumont, eux-mêmes contrôlés par un même consortium de banques et de sociétés électriques. Ces deux circuits groupaient plus de cent salles de premier ordre à Paris et en province. Le seul rival (une trentaine de salles), la S.O.G.E.C., avait été constitué sous l'occupation par les Allemands et était passé, après la Libération, à l'État, avec des sociétés de distribution et de production (U.G.C.). Ce « secteur nationalisé » resta comme en sommeil et ne joua pas un grand rôle dans le cinéma français.

Après 1950, se multiplièrent les coproductions internationales, surtout avec l'Italie. Cette collaboration des capitaux n'eut pas toujours de bons effets artistiques. Les coproductions purent aboutir à de navrants grands spectacles, dont la *Caroline chérie* de Richard Pottier fut le type. La formule d'un « film européen » groupant des vedettes de plusieurs pays pour interpréter un sujet abâtardi fut notamment préconisée par Henri Decoin dans *les Amants de Tolède* et aboutit à un double échec : artistique et commercial.

Les meilleurs cinéastes purent limiter les inconvénients de ces combinaisons financières, en conservant dans des films à gros budget une authenticité artistique et nationale. Avec l'inflation monétaire, le prix moyen des productions n'avait cessé de croître. Entre 1950 et 1955, il passa de 50 à plus de 100 millions...

Les cinéastes déjà consacrés (René Clair, Becker, Carné, Clouzot, Autant-Lara, etc.) continuèrent leur carrière avec un plus ou moins grand éclat, mais les révélations furent rares. Les nouveaux venus (Alexandre Astruc mis à part) restèrent traditionnels. Tel André Cayatte, qui avait été avocat, romancier, scénariste, et était devenu réalisateur pendant la guerre avec une médiocre série. En 1949, *les Amants de Vérone* attirèrent pour la première fois l'attention sur lui, et on put se demander si leur mérite n'était pas d'abord dû au scénario — le dernier qu'ait signé Jacques Prévert.

Peut-être fut-ce la formation juridique d'André Cayatte qui l'inclina à présenter comme les dossiers de « causes célèbres », les quatre films dont il écrivit les sujets avec Charles Spaak : *Justice est faite, Nous sommes tous des assassins, Avant le déluge* et *le Dossier noir*. Ils formèrent, à leur manière, un tableau de la France après la guerre. Les meilleurs de ces films furent ceux où l'analyse sociale prit le pas sur le plaidoyer, la thèse ou les cas individuels. Tel *Justice est faite*, portraits des jurés appelés à trancher une affaire criminelle, et surtout *Avant le déluge*, où les problèmes de la délinquance juvénile furent étudiés dans leurs rapports avec la menace atomique et la guerre froide parvenant à son paroxysme. Il est bien vrai qu'à ce moment du conflit coréen, dans les milieux parisiens « bien informés », s'organisa une émigration vers l'Afrique ou l'Amérique latine. On peut discuter les détails de sa mise en scène, non son authenticité comme document. Peut-être le principal auteur de cette série judiciaire est-il, au fond, le scénariste Charles Spaak.

Un problème analogue avait été posé — d'une tout autre manière et avec un tout autre art — par René Clair dans *la Beauté du Diable*.

Son film le plus ambitieux fut ce *Faust 1950*, mettant aux prises l'intellectuel moderne (sous des habits romantiques) avec le Destin (sous les traits de Méphisto). Les fastes d'un grand spectacle et l'extrême prudence des métaphores enveloppèrent trop cet apologue philosophique pour que son sens fût bien compris du grand public. Elle avait pourtant une haute signification, la scène centrale où le chevalier Henri, incarné par Gérard Philipe, se voyait proposer un pouvoir atomique qui le vouait à devenir tyran et massacreur. Il le refusait en déchirant le pacte, et mettait en déroute Méphisto et son Destin (Michel Simon). Peut-être, avec le temps passé, la leçon de cette œuvre sera-t-elle mieux comprise.

René Clair revint à la fantaisie pure, avec *les Belles de Nuit* et conduisit à vive allure une sorte de reprise comique de *Intolérance* de D.W. Griffith. Ce divertissement fut brillant, mais un peu arbitraire.

Tandis que s'assombrissaient les perspectives internationales, paradoxalement le « film noir » refluait, et ses champions débouchaient vers la critique sociale ou l'espérance. Après avoir voulu (en vain) réaliser un documentaire au Brésil, sa connaissance de l'Amérique latine aida Clouzot à la réussite de son meilleur film : *le Salaire de la Peur*, qui adaptait un roman de Georges Arnaud. Ses deux héros conduisaient sur un trajet très accidenté un camion de nitroglycérine, prêt à exploser au moindre choc. Si elle abusa un peu du « suspense », l'œuvre n'en fut pas moins une synthèse des pays latins américains, avec leurs aventuriers, leurs violents contrastes, leur misère, l'emprise des grandes sociétés étrangères... Clouzot déclarait alors : « Le contraste est la base de ma conception dramatique. Je vise toujours à opposer la lumière et l'ombre. Je suis revenu à une conception plus classique du montage. Certains considéreront que j'opère un retour en arrière. Mais si, après avoir parcouru un certain chemin, on croit revenir au début de la route, ce n'est pas toujours le même point que l'on retrouve (1) ».

Il devait pourtant revenir presque exactement à son point de départ avec *les Diaboliques*, brillant exercice à la Hitchcock, dont le succès commercial fut considérable, mais la valeur artistique mince. Peut-être aurait-il retrouvé la veine du *Salaire de la Peur* dans *Si tous les gars du monde*, mais après en avoir écrit le scénario, sa santé l'obligea à en abandonner la réalisation à Christian-Jacque. Plus tard, *les Espions*

---

(1) Extrait d'un entretien avec Clouzot que j'ai publié dans *Les Lettres Françaises* du 5 décembre 1953.

voulurent recouvrir une thèse critique sous les dehors d'un « thriller », mais ce compromis fut malheureux... Plus tard *la Vérité*, film brillant et traditionnel lui valut un immense succès commercial.

Yves Allégret avait opéré une évolution parallèle à celle de Clouzot. Il dénonça la guerre qui désunit les amants dans *les Miracles n'arrivent qu'une fois*. Il montra dans *les Orgueilleux* un ivrogne déchu et régénéré par l'amour, personnage remarquablement composé par Gérard Philipe. Celui-ci participa également à *la Meilleure Part*, roman vrai d'un grand barrage en construction. Yves Allégret manqua alors réaliser son chef-d'œuvre, en cherchant le dépouillement, mais manqua de chaleur, sinon de conviction... Les films commerciaux ne l'avaient jamais rebuté. Après 1955, ces besognes parurent le submerger.

Marcel Pagliero suivit un cours analogue. Il avait décrit avec vérité la vie et les travaux des mariniers dans *les Amants de Bras Mort*, puis adapté avec vigueur une des meilleures pièces de J.-P. Sartre *la P... respectueuse*. Il dut ensuite réaliser en coproduction un morne *Chéri-Bibi*.

Marcel Carné et Jacques Becker connurent des contraintes analogues. Après un trop long silence, le premier avait pu dans *la Marie du Port*, sinon choisir un sujet, du moins exprimer une atmosphère et des caractères. Il se passionna ensuite pour un sujet fantastique avec *Juliette ou la Clef des songes*, qui fut un cuisant échec... Après un nouveau silence, il adapta à son tour la *Thérèse Raquin* de Zola. Ce fut peut-être sa meilleure réussite de l'après-guerre, par sa description des vieux quartiers lyonnais, l'irruption de l'actualité sous les traits d'un légionnaire retour d'Indochine, et la figure centrale campée de Simone Signoret. Il revint à sa chère ville natale, avec *l'Air de Paris*, plus inégal...

Jacques Becker atteignit le sommet de la perfection formelle avec *Casque d'Or*, en retrouvant pour cette histoire d'apaches 1900 la lumière des anciens Feuillade. La peinture de l'époque se borna surtout aux costumes, aux gestes, aux décors construits — ou retrouvés intacts — dans certains quartiers parisiens. Quel que fût le talent des interprètes (Simone Signoret et Serge Reggiani en premier lieu), l'intrigue resta superficielle dans son pittoresque. Plus tard vinrent les commandes acceptées et exécutées avec conscience. On peut négliger *Ali-Baba* ou même *Arsène Lupin; Touchez pas au Grisbi* eut le mérite d'utiliser un banal roman policier pour un soliloque émouvant sur l'amitié et la vieillesse approchante, exprimé dans un style très pur...

Un peu plus tard, le succès du *Grisbi* fit commander *Du Rififi chez les hommes* à l'Américain Jules Dassin exilé des États-Unis par le Mc Carthysme. Ce fut une très bonne réussite, surtout pour la séquence muette du cambriolage, parfaite dans son humour et sa rigueur pseudo-documentaire.

A cette époque, Max Ophüls termina brillamment en France sa carrière internationale. Avant que l'occupation allemande ne l'obligeât à s'établir aux États-Unis, il avait déjà, après l'arrivée d'Hitler au pouvoir, travaillé à Paris, sans pouvoir dans cinq ou six films retrouver le ton et le charme de sa première réussite *Liebelei*. Il revint à Vienne et à Arthur Schnitzler avec *la Ronde*, brillante série de sketches contés avec une aisance qui n'excluait pas toujours la surcharge. Ophüls surpassa cette réussite en groupant dans *le Plaisir* trois nouvelles de Maupassant. Il y allia une vision impressionniste des herbages normands au foisonnement expressionniste de grands décors autour desquels virevoletaient acrobatiquement les caméras. Après *Madame De...*, cet amoureux de la technique couronna sa carrière avec une extravagante et attachante *Lola Montès*. Si certains épisodes furent médiocres — tels la rencontre de l'héroïne et de Liszt — l'œuvre était singulière, avec son foisonnement de recherches dans la couleur, le montage, le décor, son récit tout en « flash back », son ton halluciné, proche du cauchemar... Cette gigantesque coproduction franco-italo-allemande avait coûté plusieurs centaines de millions. Son foudroyant échec entraîna la disparition de la puissante société européenne *Gamma*, qui distribua le film dans une version scandaleusement remontée et mutilée. Après avoir ainsi couronné sa carrière, Max Ophüls mourut prématurément

Quelque temps éloignés des studios français, René Clément et Autant-Lara s'imposèrent à nouveau. Le premier avait réalisé en Italie, sur scénarios de Zavattini, *Au delà des grilles* (les murs de *Malapaga)*. L'œuvre appartint moins au néo-réalisme qu'au « réalisme poétique » français d'avant-guerre, parce qu'elle reprit *Quai des Brumes* et son principal acteur Jean Gabin. Le film valut par sa réalisation rigoureuse et une pathétique description des taudis de Gênes, au lendemain de la guerre.

Après *le Château de Verre*, médiocre adaptation d'un best-seller de Vicky Baum, René Clément se retrouva soudain au premier rang avec *Jeux interdits*, d'après un roman de François Boyer, qu'avaient adapté Jean Aurenche et Pierre Bost.

Comme jadis *Sous les toits de Paris*, le film eut d'abord un médiocre succès en France, où l'on trouvait peut-être trop récente la débâcle de 1940. Clément déclarait alors : « Pour moi, le premier des jeux interdits, c'est la guerre. » Ses massacres et ses horreurs, il les montra à travers les yeux de deux enfants, plaçant sa caméra à leur niveau, et grossissant jusqu'à la caricature les traits et les actions des adultes. Le film valut par l'actualité de sa sincère indignation, à une époque où les avions mitraillaient toujours les réfugiés sur les routes, çà et là dans le monde...

Avec *le Diable au Corps*, le meilleur film d'Autant-Lara fut sans doute *l'Auberge rouge*. Cette énorme parodie voltairienne du noir mélodrame policier lui valut de solides inimitiés pour son truculent anticléricalisme. Avec ses collaborateurs habituels Aurenche et Bost, le réalisateur adapta ensuite Colette dans *le Blé en Herbe* et Stendhal dans *le Rouge et le Noir*. Bien que ce dernier film durât près de trois heures, il ne put contenir toute la matière du fameux roman. Son épisode parisien manqua de consistance, mais non sa première partie, peinture de la vie provinciale et des amours de Mme de Reynal (Danièle Darrieux) et Julien Sorel (Gérard Philipe). Dès le prologue, le romantisme jacobin de Stendhal se manifestait... La couleur apporta beaucoup à la puissance expressive du film, comme les sobres décors de Max Douy. Mais on put ensuite contester la stylisation recherchée dans *Marguerite de la Nuit*, où Autant-Lara sembla se souvenir de ses débuts comme décorateur, vers 1920.

La France avait commencé à utiliser la couleur, notamment avec *Barbe-Bleue* de Christian-Jacque. Le réalisateur poursuivait son abondante carrière, où se distingua *Fanfan la Tulipe*, cette exceptionnelle réussite. Le film fut mené avec un incomparable entrain, dans les amours, les chevauchées, les poursuites. L'époque était celle de Louis XV et de la « guerre en dentelles ». Mais les scénaristes (René Wheeler, René Fallet, Henri Jeanson) s'en prirent moins au « Roi Bien-Aimé » qu'aux stratèges de 1940 ou de 1950. Ils firent la nique à toutes les guerres — et notamment à la guerre froide — avec leur Fanfan, venu de l'imagerie, des chansons populaires et d'Alexandre Dumas Père. Il y eut en lui quelque chose de Douglas Fairbanks, mais l'acteur américain de jadis avait une dette envers d'Artagnan...

La réussite n'aurait pas été si grande sans Gérard Philipe — qui triomphait à la même époque dans *le Cid* sur la scène du *Théâtre Natio-*

nal Populaire. Il fut ainsi un auteur du film. Ce comédien de classe exceptionnelle n'entendit pas se laisser enfermer à l'écran dans un seul personnage. Il eut soin de n'être en rien un séducteur dans *la Meilleure Part.* Il piétina le mythe de Don Juan avec *Monsieur Ripois* que René Clément réalisa en Grande-Bretagne. Son héros était un déraciné, un faible plus qu'un cynique, un « pauvre type » sans autre qualité qu'un certain charme, qu'il apprenait à monnayer. Sa détresse, alors qu'il était sans travail et sans argent, dans une grande ville étrangère, donna une consistance humaine à ce piteux libertin moderne...

Le meilleur film de Le Chanois, *Sans laisser d'adresse,* avait aussi montré un personnage perdu dans une grande ville. Le thème avait été souvent traité par divers scénaristes français, après le succès du *Voleur de Bicyclette.* Certains critiques estimèrent qu'une jeune femme, avec un enfant sur les bras, et recherchant son père, relevait du « pur mélo », comme si les filles séduites ne se trouvaient que dans le théâtre du XIXᵉ siècle. Dans *Sans laisser d'adresse,* la détresse de l'héroïne ne conduisait pourtant pas (comme dans tant de films policiers admirés) à quelque « croix de la mère ». Son vrai sujet du film était une description authentique du Paris de 1950, qui lui valut un large succès à l'étranger. Le Chanois avait collaboré avec les frères Prévert et Jean Renoir, avant de devenir scénariste. Puis il avait réalisé un âpre documentaire sur la Résistance *(Au cœur de l'Orage),* avant d'atteindre sa maturité avec *l'École buissonnière,* dont le héros était un instituteur. Il devait ensuite remporter un gros succès commercial avec le comique *Papa, Maman, la Bonne et Moi.*

Rares furent les nouveaux réalisateurs de valeur qui purent débuter entre 1950 et 1955. L'accès des studios paraissait réservé aux médiocres. Hors des sentiers commerciaux rebattus, les producteurs refusaient de confier leurs millions à un nouveau venu.

Les exceptions à cette règle furent rares. Yves Ciampi montra du savoir et du tempérament dans *Un Grand Patron* et surtout dans les *les Héros sont fatigués* où dialoguèrent, quelque part en Afrique Noire, deux anciens aviateurs français et allemand (Yves Montand et Curd Jurgens). Le scénariste René Wheeler put, pour une seule fois, devenir auteur complet avec *Premières Armes,* âpre journal d'une adolescence, rappelant parfois *l'Enfant* de Jules Vallès. André Michel transcrivit avec amour plusieurs nouvelles de Maupassant dans *Trois Femmes.*

Parmi les nombreux jeunes qui essayaient depuis la Libération d'aborder la mise en scène, Alexandre Astruc fut le seul qui y parvint alors. Son moyen métrage, *le Rideau cramoisi*, adapta un conte de Barbey d'Aurevilly se déroulant au début du XIXᵉ siècle. La brûlante chaleur amoureuse du récit original se retrouva parfois, dans une œuvre où Astruc rechercha surtout une grande perfection formelle. Celle-ci (plus mûrie) réussit mal à masquer, dans *les Mauvaises Rencontres*, l'indigence du roman adapté, dont l'auteur avait été rendu célèbre par *Caroline chérie*. S'il y eut concession aux nécessités commerciales, elles furent inutiles : le fond déçut les amis du cinéma et la forme dérouta le grand public...

Les « anciens » furent plus durement traités encore. Rouquier dut accepter de réaliser le médiocre scénario de *Sangs et Lumière*. Jean Grémillon put trouver un sujet qui satisfit sa rigueur avec *l'Amour d'une femme*, mais, partiellement vicié par les nécessités de la coproduction, ce film sincère, noble et grand connut le plus navrant des échecs. Après quoi, l'un des meilleurs réalisateurs français dut attendre la mort en dirigeant quelques courts métrages. On put fonder des espoirs légitimes sur le retour en France de Bunuel, avec son violent *Cela s'appelle l'aurore*, mais il fut renvoyé au Mexique après l'échec commercial de *la Mort en ce jardin*. Et tandis que florissaient les médiocres, l'exigeant Robert Bresson ne put, en dix ans, réaliser qu'un seul film *le Journal d'un Curé de campagne*. Nous parlerons plus loin de cette étape importante dans son œuvre.

A la même époque, un animateur de grande classe internationale, Paul Grimault, se voyait renvoyé aux courts métrages publicitaires, par lesquels avait débuté sa carrière... Les films-réclame projetés pendant l'entracte étaient, depuis 1920 en France, le seul constant soutien de l'animation, ce « huitième art », par beaucoup de côtés plus proche des arts plastiques que du « septième art », le cinéma.

La France n'avait jamais manqué de grands animateurs. Avant même le *Cinématographe Lumière*, le génial Émile Reynaud avait dirigé des chefs-d'œuvre. Un fragment d'*Autour d'une Cabine*, reconstitué par Roger Leenhardt en partant de la bande originale, démontra l'art et l'originalité du spectacle qui ravit, en 1894, les spectateurs du *Musée*

Grévin. Chacun des trois héros, parfaitement typé, n'est en rien une caricature : il possède une physionomie propre dans ses traits comme dans ses mouvements et dans ses actes. Une observation rigoureuse et un humour attendri permirent à Reynaud de recréer, par exemple, avec une grâce inimitable, les ébats d'un couple aux bains de mer. Il fut vraiment un grand « peintre en film », conférant la vie et le mouvement à ses ironiques aquarelles.

La photographie animée fit déchoir les films exécutés dessin par dessin, mais après la découverte par un opérateur de la *Vitagraph* du « mouvement américain », Émile Cohl devint, avant 1914, le meilleur animateur mondial. Employant un appareil qui à chaque tour de manivelle n'enregistrait qu'une seule vue, il appliqua la technique de « l'image par image » au dessin animé (série des *Fantoches)*, mais aussi aux marionnettes, aux objets en mouvement, aux personnages de carton articulé, aux sculptures, aux dessins qui se font tout seul, etc. Il y eut chez ce caricaturiste devenu animateur une puissance d'invention et de simplification remarquable, qui lui permit de recréer, avec les formes, les mouvements et le temps. Un demi-siècle après ses débuts, son œuvre prit une importance sans cesse grandissante, parce qu'elle esquissait la plupart des genres et des styles actuels. Entre autres, Norman Mc Laren fut par beaucoup de côtés son disciple orthodoxe et fidèle.

Émile Cohl appelé en Amérique peu avant 1914 y introduisit ses inventions et innovations. Lorsque la première guerre mondiale le ramena dans son pays, l'animation y était en décadence. Elle se réduisit, après 1920, aux personnages en carton articulé, utilisés pour un hebdomadaire humoristique *(le Canard en Ciné)* et surtout pour la publicité.

La rare fortune des dessins animés américains conférèrent alors un monopole de fait à Hollywood, pour un genre désormais limité au dessin. Durant les années 30, où Walt Disney industrialisa les « cartoons » et régna sur le monde, la France se trouva être pourtant le centre le plus important pour l'art de l'animation, grâce à Bartosch, Alexeieff, Grimault, René Bertrand et Jean Painlevé.

Établi en France après Hitler, Bartosch anima dans *l'Image* les gravures de Masereel à l'aide de personnages de carton articulé, sans relief, mais évoluant dans des décors en profondeur, modulés par la lumière. Le caractère épique et dramatique du scénario fut appuyé par une partition d'Arthur Honegger. Rien de caricatural ou d'humoristique dans ces dessins en mouvement. Ces réalisations se rattachaient à l'avant-garde picturale. Déjà vers 1920, le peintre Fernand Léger avait voulu animer un *Charlot cubiste*.

Le graveur Alexandre Alexeieff inventa *l'écran d'épingles*. Il y avait planté par millions des fines pointes dont il pouvait varier la hauteur, et dont il modulait les ombres par des projecteurs. Avec cette technique de *gravure animée*, il réalisa un extraordinaire ballet plastique sur les thèmes de Moussorgski et de la *Nuit sur le Mont Chauve*. Cette œuvre d'une grande finesse ouvrait les plus exaltantes perspectives.

Une autre expérience (qui ne fut pas ensuite reprise et poursuivie), permit à René Bertrand et Jean Painlevé de créer leur *Barbe-Bleue*. Ils animaient des modelages malléables et coloriés en plastiline, vraies sculptures en mouvement. Comme plus tard chez Trnka, les décors et la figuration furent amples. L'œuvre, aujourd'hui perdue, fut, grâce à la partition originale de Jaubert, une nouvelle sorte d'opéra-comique.

Paul Grimault, qui était peintre, avait collaboré avec Jacques Prévert à divers courts métrages publicitaires. Il réalisa pour ces réclames de l'entracte de vrais chefs-d'œuvre du dessin animé, comme *la Lampe Mazda*. La guerre interrompit son long métrage *les Passagers de la Grande Ourse*, ensuite présenté dans une version très incomplète. Pendant l'occupation, le gouvernement de Vichy parla beaucoup de créer un « dessin animé français », mais ses subventions allèrent surtout aux médiocres. A cette époque, Grimault réalisa, dans un style original qui ne devait rien à Disney, ni dans le dessin ni dans les scénarios, *le Marchand de Notes*, *l'Épouvantail* et *le Voleur de Paratonnerres*. Leur style était encore caricatural. Plus tard, avec *le Petit Soldat*, l'animateur aborda un sujet sérieux, tragique même, destiné au public adulte et non plus à l'enfance.

Grimault travailla pendant près de dix ans à son premier long métrage, *la Bergère et le Ramoneur*. Le scénario de Jacques Prévert montrait deux amoureux en lutte contre un sinistre et ridicule tyran. L'œuvre ample et ambitieuse contint des morceaux remarquables. Elle caricatura les dictatures et fit appel à l'union des pauvres gens... Le film fut malheureusement arraché à son auteur, pour être présenté en version mutilée.

Après quoi Grimault fut renvoyé aux très courts métrages publicitaires, comme d'autre part Alexeieff et quelques grands talents, Étienne Raïk notamment. Le seul nouveau venu qui put vraiment s'exprimer, hors des contraintes de la réclame, fut Henri Gruel animant les dessins d'enfant (notamment avec *Gitanos et Papillons*). Il y fut aidé par le grand spécialiste français du truquage, Arcady, qui collabora aussi à de nombreux films sur l'art.

L'animation issue du truquage a également certains points communs avec certains films sur l'art, animant à leur manière peintures ou sculptures... Il suffirait, en France, d'un véritable appui matériel (gouvernemental par exemple) pour que ce « huitième art » y connaisse un développement analogue à celui de la Tchécoslovaquie, depuis 1945.

CHAPITRE XII

VERS
UNE « NOUVELLE VAGUE »
(1957-1961)

Une bonne dizaine de cinéastes français présentèrent un premier long métrage de valeur en 1959. Quarante-neuf nouveaux metteurs en scène entreprirent, en 1960, leur premier film. On appela « nouvelle vague » ce mouvement subit. Ce brusque renouvellement, qui fit grand bruit, contrastait avec la stabilité précédente, accompagnée d'une certaine stagnation. Cette promotion avait été préparée par l'essor artistique du court métrage, qui eut, après 1950, pour centre le « Groupe des Trente ».

Le Festival de Cannes attira, en 1959, l'attention sur cette « nouvelle vague » avec *Hiroshima mon Amour* d'Alain Resnais, *les Quatre Cents Coups* de François Truffaut, et *Orfeu Negro* de Marcel Camus. Trois ans plus tôt, le même festival avait reconnu les résultats obtenus par le mouvement du court métrage, en couronnant une fiction poétique *le Ballon rouge*, un film sur l'art : *le Mystère Picasso* et un reportage d'exploration : *le Monde du Silence*.

On ne pouvait parler pour les auteurs de court métrage, ni d'une « école », car les tendances et les théories étaient très diverses, ni d'un nouveau « documentarisme », car ces réalisateurs abordèrent, outre le documentaire proprement dit, des genres nombreux. Certains purent d'ailleurs s'exprimer dans le long ou le moyen métrage, en restant fidèles à leur esprit de recherche artistique. En quelques années, le court métrage français fut plus fécond par ses réussites qu'entre 1930 et 1940 la fameuse École documentaire anglaise, animée par Grierson et Cavalcanti.

Sa situation était restée longtemps difficile. Traités comme des « compléments de programme », les courts métrages français reçoivent une part minime des locations, qui suffit mal à amortir une œuvre de qualité. Ses producteurs doivent souvent recourir aux subventions de l'Industrie, du Commerce ou du Gouvernement et accepter, pour cela, des obligations publicitaires gênantes. La situation s'améliora après 1952 où *la Loi d'Aide* attribua chaque année d'importantes primes aux meilleurs courts métrages. Elles furent assez nombreuses pour récompenser toutes les œuvres de qualité, dont la production se trouva stimulée. D'excellents jeunes cinéastes à qui le studio était interdit purent ainsi trouver le moyen de s'exprimer par le court métrage. Plusieurs centaines furent réalisés chaque année, qu'il est difficile de classer en genres définis. On peut cependant distinguer les reportages documentaires, les films d'exploration et de voyages, les films scientifiques, les études historiques ou biographiques, les courts métrages de fiction, les films sur l'art, etc.

Les frontières de ces catégories restent floues, chaque film ou auteur posant un cas d'espèce. On peut à coup sûr classer dans le voyage et l'exploration Marcel Ichac, spécialiste des expéditions polaires et de haute montagne, à qui l'on doit notamment *Karakoram* (1936), *Groenland* (1949), *Victoire sur l'Anapurna* (1953), *les Étoiles de Midi* (1960).

Appartinrent-ils vraiment à ce genre, les nombreux films qui servirent à la propagande coloniale? Certains vantèrent les aspects touristiques et pittoresques de l'Afrique; d'autres (tels *les Paysans noirs* et *le Voyage d'Abdallah* de G. Régnier) représentèrent les indigènes (noirs ou arabes) comme des êtres primitifs ou incultes, à qui la Métropole apportait l'instruction, l'hygiène, le confort et les hauts salaires. On produisit pourtant outre-mer des films d'un tout autre esprit. Le court métrage *Afrique 51* (que la censure interdit) fut par exemple dirigé par le Français Vauthier, en collaboration avec des cinéastes noirs. Dans un autre domaine, l'ethnographe Jean Rouch entreprit avec *la Circoncision* et *la Danse des Possédés* une série scientifique consacrée aux rites religieux.

Spécialiste de l'exploration sous-marine, le commandant Cousteau utilisa le cinéma pour ses recherches. Il rapporta des profondeurs plusieurs courts métrages fascinants, comme *Épaves* ou *Carnet de Plongée*. Leur retentissement le conduisit à réaliser, avec la collaboration du jeune Louis Malle, *le Monde du Silence*, série d'épisodes sous-marins pleins de pittoresque et d'humour, montés et composés avec rigueur.

Jean Painlevé, pionnier du film scientifique, avait infléchi son œuvre vers la poésie et la métaphore, avec *le Vampire* (1945) ou *Assassin d'eau douce* (1947). Mais il ne réalisa plus guère de films après 1950,

EN RADE (*Cavalcanti*, 1928) et GARDIEN DE PHARE (*Grémillon*, 1929). Cavalcanti et Grémillon recherchèrent à la fois plastique et réalité. C.F.Pg.

UN CHAPEAU DE PAILLE D'ITALIE (*René Clair*, 1928). Allègre satire des petits-bourgeois 1900 dans les décors de Lazare Meerson. C.F.

UN CHIEN ANDALOU (*Luis Bunuel*, 1928) avec Pierre Batcheff et A PROPOS DE NICE (*Jean Vigo*, 1930). Influences du surréalisme. Bunuel et Vigo allièrent une frénésie désespérée à la négation convaincue et violente des idées reçues, imposées par les gens en place. C.F.Pg.

se trouvant absorbé notamment par l'*Association internationale du Cinéma scientifique.*

Le reportage est le genre auquel s'adonna de préférence l'École anglaise. En France, il inclina souvent vers la critique sociale, et l'on peut citer parmi ses meilleures réussites *Goémons* de Yannick Bellon, *la Grande Pêche* de Fabiani, *la Mer et les Hommes* de Vogel, qui furent trois tableaux des pêcheurs bretons et de leur vie difficile. Avec *Aubervilliers*, Élie Lotar décrivit de terribles taudis; dans *Hôtel des Invalides*, Georges Franju dénonça la guerre avec un sombre humour; *La Seine a rencontré Paris* fut une vision de la capitale à travers son fleuve par le grand documentariste hollandais Joris Ivens.

Dans un genre proche, les « documentaires militants » (que traqua la censure) se consacrèrent aux luttes politiques et sociales : tels *le Choix le plus simple* d'Henri Aisner, *Horizons* et surtout *Vivent les dockers* du jeune Robert Menegoz. Réalisés dans les conditions les plus difficiles, ces courts métrages poursuivaient la tradition illustrée avant-guerre par *la Vie est à nous* de Jean Renoir.

Les films historiques et biographiques furent nombreux. Certains utilisèrent le montage et la fragmentation des gravures et photos anciennes, suivant l'exemple donné par *1848* de Victoria Spiri-Mercanton ou par *la Commune* de Robert Menegoz. Parmi leurs réussites, on peut citer notamment *Zola* et *Balzac* de Jean Vidal, *Victor Hugo* de Roger Leenhardt. D'autres films fixèrent la vie de grands hommes vivants, pour l'Histoire, comme le *Lumière* de Paul Paviot, la *Colette* de Loleh Bellon, le *Mauriac* de Leenhardt, auteur d'autre part d'une belle *Naissance du cinéma.*

Certains courts métrages appartenaient à la fiction, en pratiquant la mise en scène documentaire. Elle valut un grand succès international à Albert Lamorisse. Il avait débuté par l'histoire d'un petit âne tunisien avec *Bim*, puis avait conté dans *Crin Blanc* l'amitié d'un jeune garçon et d'un cheval blanc, dans les marécages et les beaux paysages du delta du Rhône, la Camargue. Plus tard, il promena la tache colorée de son *Ballon rouge* sur la noire grisaille des paysages parisiens avec un brio remarquable, puis, avec moins de succès, son *Voyage en Ballon* se grisa de paysages français, vus à vol d'oiseau. Son opérateur, Séchan, dit sur un ton analogue les aventures d'un *Poisson rouge* ou de *Niok le Petit Éléphant*. André Michel avait transcrit en images un fameux poème de Louis Aragon *la Rose et le Réséda* (1947). Paul Paviot s'était spécialisé dans les mises en scène parodiques avec *Chicago Digest*. Ce fut enfin par le court métrage de fiction que débutèrent certains jeunes de « la nouvelle vague » comme François Truffaut avec *les Mistons*.

Suivant l'impulsion donnée par les Italiens Grass et Emmer, les films sur l'art prirent un grand développement en France, où le genre se diversifia. Jean Grémillon y consacra une partie de ses quinze dernières années avec un *André Masson ou les Quatre Saisons*, qui montra le peintre au travail, *la Maison aux Images*, et *les Charmes de l'Existence* qui tournèrent en dérision les peintres médaillés et officiels de la Belle Époque. Pierre Kast, son collaborateur pour ce court métrage, discourut, dans un style raffiné, sur Goya dans *les Désastres de la Guerre*, sur Callot dans *la Guerre en dentelles* et sur *Ledoux l'Architecte maudit*. On abusa un peu du genre que Gruel devait caricaturer dans *la Joconde*.

Jean Lods, avec son *Maillol*, avait été, dès 1942, le pionnier des courts métrages montrant les artistes au travail et qui, après plusieurs réussites, conduisirent H.-G. Clouzot à diriger son *Mystère Picasso*. Voyant les dessins et les tableaux se créer sous ses yeux, le public put ainsi pénétrer, à travers l'arabesque des traits, la pensée de l'artiste.

Alain Resnais fut, avec Georges Franju, le meilleur cinéaste révélé par le court métrage. Il avait débuté avec un *Van Gogh* qui fut, malgré les faiblesses de son scénario, un chef-d'œuvre de récit et de montage. Avec *Guernica*, son talent évolua. Il créa moins un film sur l'art qu'un poème lyrique (puissamment soutenu par un texte de Paul Éluard). Le montage, liant les époques, événements et diverses formes plastiques, évoqua la guerre d'Espagne et l'hispanité de Picasso. Plus tard, l'évolution de la statuaire « nègre » dans *les Statues meurent aussi* fut le thème d'un discours sur les rapports (à travers la colonisation) des civilisations africaines et européennes. Resnais donna enfin, avec *Nuit et Brouillard*, un déchirant réquisitoire contre l'horreur des camps d'extermination nazis.

Resnais, Franju, Rouch, Baratier, Truffaut, Godart, Kast, Chris Marker, d'autres encore, après s'être exercés dans le court métrage, allaient former le gros de la « nouvelle vague ». Avant d'en étudier son avènement et ses tendances, il faut dire l'évolution des réalisateurs déjà consacrés entre 1955 et 1960.

Robert Bresson fut alors celui qui poussa le plus loin son évolution et sa rigoureuse recherche. Fidèle adaptateur de Bernanos, dans *le Journal d'un Curé de campagne*, il épura à l'extrême son récit et son style, donna sa préférence aux décors naturels, modela suivant une exigeante volonté des acteurs peu connus ou non professionnels. Après un long silence, Bresson réalisa son chef-d'œuvre, avec *Un condamné à mort s'est échappé*, transposition d'une évasion à Lyon, pendant la Résistance. Sans acteurs, avec un décor aussi dépouillé que possible, rythmant l'écoulement du temps par un commentaire intérieur, Bresson sut recréer l'atmosphère d'une époque historique par les gestes, les objets, les bruits, quelques paroles allusives. Comme témoin de la Résistance, son film fut antagoniste mais aussi vrai que *la Bataille du Rail*. Plus tard, *Pickpocket*, paraphrase moderne de *Crime et Châtiment* de Dostoïevski, poussa plus loin encore une ascèse janséniste en dépouillant l'action de tout artifice dramatique. Cet auteur chrétien (bien moins que catholique) est parfois mystique, mais il n'est qu'en apparence intemporel : il sait, avec intensité, recomposer certaines réalités actuelles...

Jean Renoir était revenu dans sa patrie, après quinze ans d'absence, en passant par les Indes et l'Italie (où il avait dirigé *The River* et *le Carrosse d'or*). Dans les trois films qu'il réalisa en France, et qui furent tous en couleurs, on retrouva son génie plastique, puisé chez son père et chez les impressionnistes. Il était déjà frappant dans *la Partie de Campagne*, laissée inachevée en 1936, mais présentés dix ans plus tard. Cette œuvre ancienne possédait une chaude humanité, une attention passionnée pour les êtres, moins directement présentes chez le Jean Renoir des années 50. *French Cancan* étudia, avec une convaincante vérité, la création de Montmartre comme lieu de plaisir international, mais une sourde amertume désabusée imprégna l'assez mince psychologie de ses héros. Ces défauts s'accentuèrent dans *Héléna et les Hommes*, fantaisie inspirée par l'aventure du général Boulanger. La truculence y côtoya parfois la vulgarité, comme dans *le Déjeuner sur l'herbe*, charge assez simplette contre la science moderne et la fécondation artificielle. Dans les admirables tableaux de ces trois films, ne se retrouvèrent pas, aussi souvent que jadis, des créatures possédant la saveur d'un beau fruit fraîchement cueilli...

Jacques Becker sut conserver la fraîcheur jusqu'à sa mort prématurée, au début de 1960. Son *Montparnasse 19* avait été une assez décevante vie de Modigliani, mais son dernier film *le Trou* fut une grande réussite. Reconstituant une évasion authentique, Becker, par delà son amour du travail bien fait, passionna pour ses héros, cinq condamnés de droit commun creusant un tunnel pour s'échapper... Au dénouement, leur échec portait un coup violent, comme l'annonce d'une mort inévitable et prochaine.

Le singulier talent de Jacques Tati s'était affirmé avec *les Vacances de M. Hulot* et *Mon Oncle*. Il incarna dans ces deux films un même brave homme, modeste, plein de gentillesse et de maladresse. *Les Vacances* le montrèrent, avec sa vieille auto, savourant les plaisirs balnéaires d'une plage familiale. Avec *Mon Oncle*, il opposa ses convictions d'un « français moyen », un peu bohème, au bonheur préfabriqué et climatisé de son cousin, gros industriel satisfait de sa grosse voiture et du confort ménager. Ces *Temps modernes 1958* n'eurent pas toutes les résonances de Chaplin, mais l'auteur-interprète Tati possédait un rare génie comique.

René Clair épanouissait sa maturité. Il était revenu à la « Belle Époque » avec *les Grandes Manœuvres*. Gérard Philipe y apporta une de ses dernières grandes créations. Un officier don Juan qui, après un pari abject, rencontrait non une aventure mais le grand amour. Le bonheur lui était interdit par les tendances profondes d'une époque, corrompue sous son pittoresque désuet. Le départ en manœuvres concluait l'œuvre comme, dans le *Paris 1900* de Nicole Védrès, l'embarquement des pantalons rouges en 1914, la fleur au fusil... Plus tard, *Porte des Lilas*, situé une fois encore par René Clair dans les faubourgs parisiens, fut un soliloque sur l'amour et l'amitié, proche au fond du *Silence est d'or*.

Marcel Carné, s'il échoua dans *Terrain vague*, obtint un succès personnel mérité avec *les Tricheurs*, portrait d'une certaine jeunesse qui, croyant nier l'amour, était victime de cette involontaire tricherie. Jean Cocteau, avec *le Testament d'Orphée*, poursuivit le journal intime d'*Orphée* et du *Sang d'un Poète*. Surgi de l'oubli où il avait été trop longtemps plongé, Abel Gance put donner une suite à son *Napoléon*, avec un *Austerlitz* à grand spectacle. Sur un tout autre plan, son spectacle de *Magirama* ouvrit les grandes perspectives des projections, sur triple écran, des symphonies d'images, qu'il baptisa *polyvision*.

André Cayatte ne retrouva plus l'actualité de sa « suite judiciaire », avec les sujets conventionnels d'*Œil pour œil* ou du *Miroir à deux faces*, et son *Passage du Rhin* resta extérieur au problème et à l'époque étudiés. Christian-Jacque, qui poursuivait son abondante carrière, émut, par l'humanité qui mobilisait les hommes, au-dessus des frontières, pour sauver quelques hommes, dans *Si tous les gars du monde*. Le Chanois, après un sincère *Cas du docteur Laurent*, donna une nouvelle et consciencieuse version des *Misérables*.

Banni des studios français, Daquin put réaliser en Autriche *Bel Ami*, adaptation de Maupassant si actuelle qu'elle fut longtemps interdite par la censure française. Puis après avoir dirigé en Roumanie *les Chardons du Baragan*, d'après un roman de Panaï Istrati, histoire d'une révolte paysanne, il adapta à Berlin-Est, avec intelligence, un des meilleurs Balzac : *la Rabouilleuse*. Considérés avec intérêt à l'étranger (notamment l'Angleterre), ces films n'eurent pas en France le succès mérité.

René Clément et Claude Autant-Lara réunirent la faveur du public et de la critique en 1956, pour deux excellentes adaptations de Bost et Aurenche, *Gervaise* et *la Traversée de Paris*. La première avait transcrit *l'Assommoir* de Zola avec fidélité au roman, à la série des Rougon Macquart et à ce Second Empire où vivaient une blanchisseuse (Maria Schell) et son mari Coupeau (François Périer). René Clément ne retrouva cet équilibre ni dans la coproduction internationale *Barrage contre le Pacifique*, ni dans sa comédie policière *Plein Soleil*, ni même dans *Quelle joie de vivre*, qui déçut malgré une première partie pleine d'entrain.

Le tempérament rageur et l'humour de Claude Autant-Lara apportèrent beaucoup à *la Traversée de Paris*, odyssée de deux petits trafiquants transportant un cochon coupé en morceaux dans une valise, pendant la grande nuit de l'occupation... Plus tard, il déploya toutes les ressources de son métier dans *En cas de malheur* (avec Jean Gabin et Brigitte Bardot.) Dans *la Jument verte* ou *les Régates de San Francisco*, ses défauts furent plus marqués que ses qualités, mais *Tu ne tueras point*, réalisé selon son cœur, fut émouvant par sa sincérité et sa conviction.

La stabilité relative du cinéma français durant la période 1950-1957 avait permis à divers auteurs consacrés d'épanouir leur talent. Mais le barrage de fait, opposé aux nouveaux venus par la production, avait abouti à une certaine sclérose dans le choix des sujets et des interprètes... Les hommes d'affaires, qui avaient voulu en 1945-1950 revenir à l'avant-guerre, se confinèrent ensuite dans les formules de l'après-guerre, jusqu'au brusque succès commercial de la « nouvelle vague ». Or l'art, contrairement à l'industrie, ne saurait fabriquer en série des prototypes, sous peine d'aboutir à de lassants stéréotypes. La création suppose un renouvellement continuel, puisque la réalité, elle aussi, change.

La « nouvelle vague »... Cette expression avait été imaginée par la journaliste Françoise Giroud, pour désigner les jeunes gens de 1958.

Imposée par l'usage, elle s'appliqua à une génération cinématographique. Nous prenons cette expression dans le sens le plus large. Elle groupa des hommes de formation et d'âges bien différents, comme la génération romantique où se retrouvèrent en 1830 des garçons de vingt ans (comme Musset) et des quinquagénaires (comme Stendhal).

La nouvelle vague n'exista pas comme école, car elle se composa d'hommes très différents par leurs origines, leurs convictions, leurs théories. Mais ce fut un phénomène important que la subite promotion de nombreux nouveaux réalisateurs tels Vadim, Chabrol, Resnais, Truffaut, Camus, Jean Rouch, Louis Malle, Franju, Chris Marker, Agnès Varda, Jean-Luc Godard, et plusieurs autres.

L'éveil de la nouvelle vague commença assez indistinctement en 1956, où Agnès Varda présenta *la Pointe courte* et Roger Vadim *Dieu créa la femme*. La première, photographe du *Théâtre National Populaire* avait réalisé en totale indépendance un film à petit budget, qui eut une audience limitée. Elle y opposa le dialogue très littéraire de deux amants avec la misère d'un quartier du port méditerranéen de Sète. De ce singulier contrepoint se souvint peut-être, dans *Hiroshima mon Amour*, Alain Resnais, monteur de *la Pointe courte*. Agnès Varda, qui annonça la nouvelle vague, ne fut pas immédiatement portée par elle et se contenta, en 1958-1960, de courts métrages, le baroque journal intime *Opéra Mouffe* et deux documentaires aigus et grinçants : *Du côté de la côte* et *les Châteaux de la Loire*.

Venu de *Paris-Match* et du journalisme à sensation, Roger Vadim était possédé par un violent amour du cinéma quand il réalisa *Dieu créa la femme*, avec Brigitte Bardot, alors sa femme. Son premier film ne refusa pas certaines concessions commerciales, comme les épisodes où intervenait Curt Jurgens incarnant un milliardaire pour « Presse du cœur ». Mais Vadim mit beaucoup de lui-même dans cet hymne à « B.B. », curieux personnage qui devint, par ce film, une nouvelle espèce de monstre sacré, partout admirée et imitée. Médiocrement accueilli en France, le film triompha brusquement aux États-Unis et assura la fortune à sa vedette, à son réalisateur et à son producteur Raoul Lévy.

Le compromis entre une sincérité certaine et un certain « mal du siècle » continua par la suite de caractériser Roger Vadim. Il décrivit une Venise plus pittoresque qu'insolite à travers l'intrigue à la Hitchcock de *Sait-on jamais?* puis une Espagne de touriste distingué et raffiné dans *les Bijoutiers du Clair de Lune* (avec Brigitte Bardot). Avec Roger Vailland, il devait ensuite transposer dans *les Liaisons dangereuses* un roman de Choderlos de Laclos, qui avait décrit, vers 1780, la fin de l'ancien régime et ses libertins. Le succès commercial de ce film discutable fut énorme.

Alexandre Astruc fut moins fortuné que Vadim avec une adaptation de Maupassant; *Une Vie* avait pourtant exprimé le lyrisme des paysages normands, et dénoncé avec ardeur la condition des femmes au XIXe siècle. Il réalisa ensuite son meilleur et le plus sincère de ses films, avec *la Proie pour l'Ombre*, intelligente étude du couple dans la société moderne.

Marcel Camus avait déjà dépassé la quarantaine lorsqu'il put aborder le long métrage après avoir été l'assistant des meilleurs réalisateurs français (René Clair, Jacques Becker, Marcel Carné, etc.). Dans *Mort en fraude* l'action, qui aurait pu rester policière, avait pour cadre la guerre d'Indochine. Le film retint par son humanisme pathétique et sa condamnation d'un atroce conflit.

Cette œuvre de haute qualité eut (injustement) beaucoup moins de succès qu'*Orfeu Negro*. Dans cette libre transposition d'une tragédie du poète brésilien Vinicius de Moraes, Camus s'intéressa à la fois à un renouveau du mythe orphique et à Rio de Janeiro, où la tragique misère de ses « favelas » nègres contraste avec le luxe des beaux quartiers. Sans doute un Français ne pouvait-il pénétrer complètement l'âme brésilienne, mais le film, réalisé avec foi dans des conditions difficiles, fut inspiré par un sincère amour d'une nation jeune et puissante. On a du mal à recommencer un succès. Plus tard, son second film brésilien *Os Bandeirantes* fut un échec.

La découverte de nations mal connues en Occident inspira plusieurs autres réalisateurs de la « nouvelle vague » : Jean Rouch, Baratier, J.-C. Bonnardot, Chris Marker et surtout Resnais.

Jean Rouch avait poursuivi ses études ethnographiques avec *les Fils de l'Eau*, long métrage groupant une série de monographies consacrées aux rites de tribus paysannes africaines. *Les Maîtres fous* eurent pour sujet les influences occidentales sur certaines sectes religieuses établies dans les villes tropicales. Dans *Moi un Noir*, Rouch dépassa une conception étroite de l'ethnographie en étudiant la vie des Nigériens transplantés à Treichville, faubourg-taudis d'Abidjan, capitale de la Côte-d'Ivoire. Ses personnages empruntaient leurs surnoms à de médiocres films occidentaux. Deux dockers se figuraient être « Edward G. Robinson » et « Lemmy Caution, le détective américain »; une prostituée,

« Dorothy Lamour »; un chauffeur de taxi, « Tarzan ». Par delà ces mythes, le film donnait la parole à des paysans noirs en train de se prolétariser dans un « bidonville ». Pris dans la vie, ces personnages dictèrent à Jean Rouch son scénario et le commentèrent sur le ton du dialogue intérieur. Il fut pathétique l'épisode où « Lemmy Caution » raconta ses combats en Indochine, tandis qu'à l'arrière-plan glissaient les skieurs nautiques. La sociologie devenait ainsi étude sociale, sur un ton d'une rare authenticité.

Rouch devait aussi réaliser deux autres longs métrages en Côte-d'Ivoire : *Jaguar*, qui surpassa peut-être *Moi un Noir*, et *la Pyramide humaine* où une fiction avouée et presque dénoncée détonna un peu dans l'authenticité documentaire. Il poussa enfin à fond sa recherche d'un *Cinéma Vérité* avec *Chronique d'un Été*, où il vit le Paris de 1960 et ses hommes avec l'acuité d'un ethnographe, mais aussi la chaleur humaine d'un dramaturge ou d'un poète.

Ainsi que l'Américain Rogosin réalisant en Union Sud-Africaine *Come Back Africa*, Jean Rouch avait ouvert la voie au cinéma noir, tandis que Jacques Baratier donna au jeune cinéma tunisien son premier film de classe internationale avec *Goha le simple*, inspiré par le folklore arabe méditerranéen et un héros proche du Tyl Eulespiegel flamand. Une ancienne civilisation, qui avait depuis peu retrouvé son indépendance nationale, put ainsi s'exprimer à travers une large collaboration internationale et la langue pure du poète libanais Georges Schehadé.

Formé comme Baratier par le court métrage, Jean-Claude Bonnardot réalisa *Moranbong* en Corée du Nord, sur un scénario d'Armand Gatti. Le film n'eut pas le seul mérite de divulguer l'envoûtante splendeur des anciens opéras orientaux, il exprima le tragique moderne par la subite irruption de la guerre, en 1950, dans une très ancienne ville coréenne, ou la fuite d'un prisonnier rampant dans la neige, sous les barbelés, parmi les mines prêtes à le déchiqueter. Gatti devait plus tard réaliser un film d'une rare puissance avec *l'Enclos*, dont il fut l'auteur complet, et qui dépassa de loin, par son lyrisme humaniste, une description de l'univers concentrationnaire.

Avec *Hiroshima mon Amour*, Alain Resnais domina de très haut la nouvelle vague — et (peut-être) le cinéma mondial de 1960. Le film s'ouvrait par une déchirante séquence évoquant les horreurs atomiques et ponctuée par la psalmodie répétée de la phrase : « Non, tu n'as rien vu à Hiroshima. » Le montage avait amalgamé des éléments disparates documentaires, film de mise en scène japonais, plans dirigés par le réalisateur ou par d'autres. Après cette violente ouverture, le drame parut se limiter à la contradiction entre la guerre et l'amour. Dans le cadre de la cité atomisée, dans ses rues et dans ses cabarets, retentit la mélopée de l'amour présent et d'une passion ancienne. Médiocre parfois dans son expression littéraire, le dialogue halluciné organisait un contrepoint avec les images insolites pour conduire au drame d'une séparation inéluctable, en rien motivée par un conflit entre les « races ».

Par sa brûlante prise de parti, comme par la singulière nouveauté de sa forme, *Hiroshima* atteint le plus rare modernisme et marqua peut-être un tournant dans l'histoire du cinéma. Puis après avoir dû renoncer à un sujet inspiré par la guerre d'Algérie, Alain Resnais parut s'enfermer dans un moderne château hanté, avec *l'Année dernière à Marienbad*, sur scénario de Robbe Grillet, film fascinant et beau comme une statue.

Comme Agnès Varda, Chris Marker avait été un collaborateur de Resnais. Son esprit ingénieux et singulier s'exprima dans un style très personnel sous son apparent disparate avec *Lettre de Sibérie*, puis avec *Description d'un Combat*, réalisé en Israël, et surtout *Cuba Si!*.

Une place particulière fut tenue, dans l'ensemble de la nouvelle vague, par le groupe où se retrouvent Truffaut, Godart, Chabrol et d'autres collaborateurs des *Cahiers du Cinéma*, la revue mensuelle fondée en 1950 par Doniol Valcroze et le regretté théoricien André Bazin.

Truffaut avait été un critique agressif, se plaçant parfois sur des positions aussi discutables que son admiration pour le morose boulevardier Sacha Guitry. Mais ses adversaires eux-mêmes furent profondément émus par ses *Quatre Cents Coups*. A travers la vie d'un enfant persécuté, cette œuvre eut le ton sincère d'un premier roman. Elle ne se borna pas à décrire la surface des choses quand il montra, notamment, les préjugés sociaux et les difficultés d'une vie mesquine empoisonner les rapports familiaux. Plus tard la même sincérité et la même tendresse se retrouvèrent dans son *Tirez sur le Pianiste*, sorte de négation par l'absurde de certains films policiers à l'américaine.

Claude Chabrol trouva dans une heureuse circonstance le moyen de produire en toute indépendance *le Beau Serge*, qui montra un village perdu dans les montagnes et comment la solitude et la vie difficile peuvent entraîner l'abrutissement et l'ivrognerie. *Les Cousins* (dont le succès fut considérable) fut la peinture d'une certaine jeunesse par un jeune, et d'une autre génération. Dans ce film inégal, la rigueur maladroite mais émouvante du *Beau Serge* tendit à s'effacer, surtout au dénouement, devant des procédés mélodramatiques qui n'étaient pas repris au meilleur Hitchcock. Ces défauts s'accentuèrent dans les autres films de cet auteur abondant, mais toujours à sa façon sincère : *A double tour*, sombre machination policière; *les Bonnes Femmes*, description trop superficielle des « midinettes » parisiennes, et *les Godelureaux*, où l'extravagance baroque fut portée à ses extrémités.

Jean-Luc Godard débuta par *A bout de souffle*, très supérieur à ses premiers essais dans le court métrage. Un assassin sympathique (J.-P. Belmondo), traqué par la police et le destin, errait dans une grande ville, y rencontrait le grand amour (Jean Seeberg) et trouvait la mort au dénouement. Ce schéma, qui avait beaucoup servi depuis *Quai des Brumes*, le jeune auteur le renouvela par une vision personnelle de Paris, un style nouveau dans le montage, les images, le dialogue et surtout par le modernisme de ses deux personnages et de leurs rapports. « J'ai pu réaliser le film anarchiste dont je rêvais », déclarait Godard. Cet anarchisme était ambigu, comme un talent éclatant, dont le brio désinvolte, tout en paraissant nier d'anciens stéréotypes, les poursuivait peut-être sous de nouvelles apparences. Plus tard son *Petit Soldat* fut interdit pour avoir violé le tabou touchant la guerre d'Algérie.

Pierre Kast aborda, avec une élégante et inquiète préciosité, les problèmes féminins dans *le Bel Age*, puis élargit et approfondit son propos dans *la Morte Saison des Amours*, dans sa première partie critique aiguë et intelligente d'une nouvelle féodalité provinciale.

Louis Malle, qui débuta dans la mise en scène avec *Ascenseur pour l'échafaud*, apporta le premier une vision neuve de certains quartiers parisiens et de la vie moderne. Une médiocre trame policière gâchait les qualités d'un réalisateur qui s'exprima pleinement avec *les Amants*. Par delà la hardiesse des épisodes amoureux, le film valut par une critique aiguë de la haute bourgeoisie et de son mode de vie et de penser. non pas comme *les Tricheurs* ou *Rendez-vous de Juillet* par un réalisateur Il manqua pourtant un lyrisme de véritable qualité à cette histoire d'amour fou. Après quoi, sa *Zazie dans le Métro* allia à l'équivalent visuel du surréalisme de Raymond Queneau un lyrisme loufoque inspiré par les traditions comiques de Jean Durand ou Mack Sennett.

Georges Franju s'était classé au premier rang par une dizaine de documentaires imprégnés d'un noir humour poétique (parmi lesquels *Hôtel des Invalides*, *le Sang des Bêtes* et *En passant par la Lorraine*).

Son premier long métrage, *la Tête contre les Murs*, adaptait librement un roman d'Hervé Bazin. Sa critique de certaines conceptions réactionnaires dépassa les murs d'un hôpital psychiatrique aux méthodes surannées. Comme dans ses courts métrages, il sut y montrer, de manière insolite, les décors les plus quotidiens. Ces dernières qualités se retrouvèrent dans son film de terreur *les Yeux sans Visage*, ou dans *Pleins Feux sur l'Assassin*, desservi par une médiocre intrigue policière.

Une bonne douzaine de révélations représentait un bilan d'autant plus bénéficiaire pour la «nouvelle vague» que son tableau de la France et du monde ne se limitait pas (comme on l'écrivit parfois) aux plaisirs du lit et de la table dans un château, ou une villégiature à la mode. Les films qui eurent comme héros de riches oisifs, ne formèrent pas une majorité. Les amants franco-japonais d'*Hiroshima*, les dockers de *Moi un Noir*, l'enfant perdu des *Quatre Cents Coups*, le paysan perverti du *Beau Serge*, l'antifasciste de *l'Enclos*, les aliénés de *la Tête contre les Murs*, ou *Goha* héros des légendes arabes populaires, n'appartenaient pas au milieu étroit du «beau monde».

Peut-être moins «engagés» que les films des années 1935-1939, ceux de la nouvelle vague dressèrent un inventaire hardi et généreux.

Parmi d'autres nouveaux venus, sans préjuger de leur avenir, il faut citer Michel Drach, à l'incontestable personnalité *(On n'enterre pas le dimanche)*; Henri Colpi, qui s'affirma comme un auteur de films dès *Une aussi longue absence;* Paul Paviot, robuste et enthousiaste *(Pantalaskas)*; Bernard Aubert pour son témoignage d'un combattant en Indochine *(Patrouille de Choc)*; Doniol-Valcroze et son élégant badinage *(l'Eau à la Bouche)*; Reichenbach, qui donna mieux sa mesure dans le court métrage *(les Marines)* que dans le long métrage documentaire *(l'Amérique insolite)*; Menegoz encore dépaysé dans la mise en scène *(la Millième Fenêtre)*, comme Grospierre *(Le travail c'est la liberté)*.

Vingt-cinq ou trente nouveaux cinéastes, et de valeur, donnant leur premier film en trois ans, c'est beaucoup. Mais on ne peut, en 1961, établir le bilan d'un mouvement qui s'affirma en 1959. Ceux qui débutèrent par une œuvre de qualité pourront ensuite poursuivre une carrière banale. Certains autres, après les concessions de leurs premiers films, pourront s'affirmer comme des maîtres.

L'avenir dira si le renouvellement du cinéma français fut profond ou seulement apparent. La nouvelle vague avait en tout cas révélé un réalisateur de très grande classe : Alain Resnais.

Pouvons-nous, pour conclure, caractériser l'histoire déjà longue du cinéma français? Il fut le premier à s'organiser en industrie et à s'affirmer comme un art, avec Méliès d'abord, puis avec la revendication des « impressionnistes », vers 1920. Plus tard, il fut, après l'U.R.S.S. (et le Japon), le premier à mettre certains films au service de la majorité de son public qui travaille et aspire à améliorer le monde...

Depuis qu'il crée des œuvres, le cinéma français multiplia certes les fabrications commerciales, mais les meilleurs de ses films s'inscrivirent dans une tradition culturelle qui doit sa renommée internationale à des hommes tels que Voltaire, Diderot, Rousseau, Hugo, Balzac, Zola... Pour être devenu un art autonome, le cinéma n'est pourtant pas indépendant de la culture et des traditions des peuples... Malgré les dramatiques épreuves qu'eut à subir notre nation entre 1900 et 1962, sans cesse, un chant de l'alouette, libre et fier, a continué de retentir à travers ses films et leur art...

L'ÉVOLUTION ÉCONOMIQUE

EXPLOITATION

Avant 1914. — En 1896-1902, une dizaine de salles, au maximum, et généralement éphémères (ouvertes pour quelques mois). Après 1900, les cinémas forains dépassent la centaine, pour atteindre peut-être, vers 1910, année de leur apogée, 400 ou 500. Après 1909, les salles se créent et se multiplient dans les villes, notamment avec les circuits Pathé et Gaumont. A la veille de la guerre, leur nombre doit dépasser le millier.

1914-1930. — Après la stagnation de la guerre, la libération des départements envahis, la reconstruction des régions dévastées, croissance rapide du nombre des salles : 1918 : 1 500; 1919 : 1 800; 1920 : 2 400; 1928 : 3 502. A cette dernière date, après laquelle diverses salles commencent à être sonorisées, on pouvait ainsi décomposer les diverses salles : 75 palaces de plus de 1 500 places, 1 500 grands cinémas (1 000 à 1 500), 670 moyens (600 à 1 000), 2 129 petits (moins de 600 places), donnant généralement quelques représentations seulement par semaine. A ce total (3 502), il fallait ajouter 700 salles de patronages ou divers, donnant régulièrement des représentations de cinéma. Soit au total 4 200 salles avec 2 millions de fauteuils.

En 1928, la fréquentation (nombre total des billets vendus dans l'année) était estimée à 225 millions, soit moins de 6 billets par Français. Les recettes brutes s'élèvent à environ un demi-milliard.

1930-1945. — La vogue du parlant entraîne d'abord une nouvelle croissance des salles (1930 : 3 058; 1931 : 3 765; 1933 : 4 105) et des recettes (1930 : 800 millions; 1931 : 937 millions; 1932 : 978 millions). Mais passé 1933, la crise économique entraîne une chute des recettes (1933 : 878 millions; 1934 : 823 millions). Puis survient une reprise, en partie factice et due à la dépréciation du franc, mais aussi à l'augmentation des salaires et des loisirs (1935 : 925 millions; 1938 : 1 300 millions).

La fréquentation paraît s'être stabilisée autour de 250 millions, et le nombre des salles autour de 4 000. La guerre entraîne une nette augmentation de la fréquentation. Elle atteint son maximum en 1943 avec 304 millions (contre 1942 : 281; 1944 : 245). Les recettes s'accroissent, mais beaucoup en fonction de la dépréciation monétaire (1941-42 : 2 milliards; 1943-44 : 3,7 milliards; 1945-46 : 7,7 milliards).

1945-1960. — Depuis la Libération, le Centre national du Cinéma publie chaque année des statistiques précises et vérifiées, que l'on peut résumer dans le tableau ci-dessous :

ANNÉE	FRÉQUEN-TATION	RECETTES	SALLES	FAUTEUILS
1945.........	402 millions	7,7 milliards		
1947.........	424 —	14 —	4 193	2,4 millions
1950.........	370 —	25 —	5 007	
1952.........	359 —	38,7 —		
1955.........	395 —	48,2 —	5 635	2,7 —
1957.........	411 —	54,8 —		
1958.........	371 —	59,5 —		
1959.........	353 —	59,5 —	5 778	2,8 —
1960.........	352 —	65,7 —	5 821	

Ces chiffres appellent quelques remarques. L'augmentation des recettes est en grande partie factice et due à la dépréciation constante du franc depuis 1945. La fréquentation a atteint son maximum en 1947 (445 millions) et en 1957 (411 millions). Elle était, en 1960, la plus basse des années d'après-guerre, surtout ramenée aux chiffres de population (41 millions en 1945, 45 millions en 1960). Et l'on peut estimer que si les Français fréquentaient presque 10 fois par an le cinéma après la Libération, ce chiffre est, en 1960, tombé aujourd'hui au-dessous de 8 billets par an (7,7 exactement, soit la moitié de la fréquentation italienne : 15 par an).

On a pu incriminer de cette désaffection la télévision. Elle a joué son rôle. Mais elle était relativement peu développée : 1 368 000 postes récepteurs en 1960 (contre 260 000 en 1956) et n'avait pas dans la vie nationale une part supérieure à celle de l'Italie, où la fréquentation était double.

PRODUCTION

Avant 1914. — Il est difficile d'évaluer son importance durant cette période, où les longs métrages (1 h de projection au minimum) sont encore l'exception. Mais elle est jusqu'en 1910 la plus importante au monde, en mètres de négatif ou de copies vendues. Elle est le monopole de trois grandes firmes : Pathé,

Gaumont, Éclair; les autres producteurs ayant peu d'importance... Le prix de revient du négatif (coût de production), chiffré au mètre, est alors compris entre 10 et 20 francs.

1914-1930. — Après 1920, la production des longs métrages devient régulière. Leur prix de revient est compris entre 200 000 et 300 000 francs. Il atteindra 500 000 francs à la fin du muet. Si l'on peut estimer à plus d'une centaine la production aux environs de 1920, ce chiffre comprend sans doute quelques moyens métrages, inférieurs à soixante minutes. Après 1923, le chiffre tombe au-dessous de la centaine et approche même la cinquantaine seulement à la fin du muet (52 en 1928).

1930-1945. — Le parlant stimule la production qui atteint pour les films réalisés en France 143 en 1933. La crise économique entraîne la désertion des salles, l'effondrement des grands monopoles *Pathé* et *Gaumont,* la cessation de la production *Paramount* en France et la multiplication des petits producteurs indépendants. Après 1935 la moyenne annuelle des Longs Métrages se fixe aux environs de 110 (si l'on exclut les versions françaises réalisées en Italie ou en Allemagne). L'approche de la guerre, puis les hostilités et l'occupation entraînent un effondrement de la production, dont le niveau annuel moyen se situera autour de la cinquantaine en 1939-45.

Le prix moyen d'un long métrage était estimé en 1931 à 2 millions de francs. Il tombe à 1,5 million avec l'intensification de la production et la crise économique, pour monter progressivement jusqu'à 2,25 millions en 1937, 2,5 millions en 1939. Avec la guerre et l'inflation ce prix atteindra environ 10 millions au moment de la Libération.

1945-1961. — Jusqu'à 1950 la moyenne, inférieure à l'avant-guerre, se situe au-dessous de 90 longs métrages annuels. Durant les années 50 elle est supérieure à la centaine, (en comprenant dans son total les coproductions réalisées en France, mais en excluant les films à légère participation française [moins de 50 % du devis] réalisés à l'étranger).

Les coproductions avec divers pays, l'Italie en premier lieu ont pris un très grand développement après 1950. Si l'on compte les coproductions à moins de 50 % leur total atteignait 46 (dont 27 majoritaires) en 1954 contre 50 films 100 % français seulement. La tendance fléchit en 1955-1957, mais en 1959-1960 le nombre des coproductions dépassa celui des films 100 % français (1959 : 70, dont 36 majoritaires) contre 67, 1960 : 84 (dont 43 majoritaires) contre 81.

Le prix moyen des productions, estimé à 21 millions en 1947 passa à 47,4 millions en 1950, 185 en 1955, 245 en 1960. Sans doute la majeure partie de cette augmentation est-elle imputable à l'inflation. Mais si l'on estime qu'il faut multiplier par 45 les prix de 1937, le prix moyen de 1960 ne devrait pas être de 173 mais de 101 millions — qui se trouve être précisément la moyenne des productions 100 % françaises. L'augmentation des prix (en chiffres absolus se trouve due au développement des coproductions à gros budget, comme le montre le tableau suivant — où figure d'autre part le coût global de la production (investissements français seuls) pour l'année considérée.

	PRIX MOYEN D'UN LONG MÉTRAGE	FILM 100 % FRANÇAIS	CO-PRODUCTIONS	CAPITAUX FRANÇAIS INVESTIS DANS LA PRODUCTION
	Millions	Millions	Millions	Millions (1)
1945.........	—	—		
1946.........	—	—		
1947.........	21	21	—	1 500
1948.........	28,1	—	—	2 600
1949.........	46,4	—	—	4 800
1950.........	47,4	—	—	5 800
1951.........	52	—	—	6 600
1952.........	60	47	117	5 300
1953.........	88	57	129	7 300
1954.........	113	76	156	7 600
1955.........	109	75	185	8 900
1956.........	111,5	81	182	11 200
1957.........	115	86	154	12 400
1958.........	140	95	206	11 900
1959.........	149	92	208	13 100
1960...... .	173	101	245	17 300

(1) Jusqu'à 1951 inclus coût total, courts métrages inclus. A partir de 1952, coût des longs métrages seulement, exprimé en anciens francs.

On pouvait estimer qu'en 1959, le financement d'un long métrage de 100 millions se répartissait ainsi en moyenne statistique (chiffres arrondis) :

40 millions fournis par le producteur dont 36 venant de l'Aide ;

19 millions avancés par les distributeurs pour l'exclusivité du film ;

16,5 millions de crédits consentis par les laboratoires, studios, assurances ;

10,5 millions de crédits consentis par les banques ;

8 millions de participation des acteurs et techniciens.

Quant aux dépenses moyennes d'un film de 100 millions, elles se répartissaient ainsi en 1959 :

Création artistique : 41,4 millions dont : 6,4 sujet; 20 techniciens; 15 interprètes.

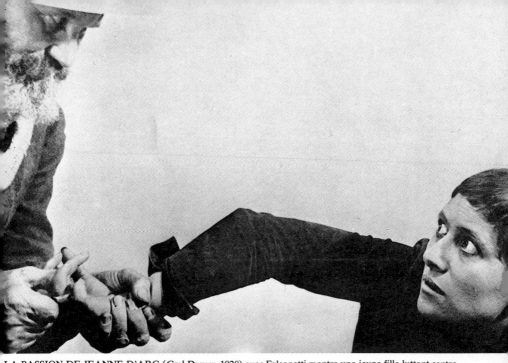

LA PASSION DE JEANNE D'ARC (*Carl Dreyer*, 1928) avec Falconetti montra une jeune fille luttant contre l'oppression des armées étrangères.   C.F.Pg.

LA SOURIANTE MADAME BEUDET (*Germaine Dulac*, 1923) est une femme révoltée contre une silencieuse oppression conjugale.   C.F.Pg.

L'AFFAIRE EST DANS LE SAC (1933) et EMAK BAKIA (*Man Ray*, 1927). Autres aspects de l'influence surréaliste. Dans leur baroque satire, *les frères Prévert* dirigèrent les acteurs du « Groupe Octobre » (J. Prévert, M. Duhamel, J.-P. Le Chanois). Dans « Emak Bakia », Man Ray ordonna un étrange monde géométrique. C.F.

DÉPENSES TECHNIQUES : 32 millions dont : 17,7 studios; 6,3 extérieurs; 8 laboratoires et pellicule.

Frais généraux : 26,6 millions pour assurances, charges sociales, part automatique du producteur (7 millions), publicité, etc.

On voit donc que, quoi qu'on en ait dit, la part des vedettes dans le budget des films était relativement peu considérable, puisque la part moyenne de la totalité des acteurs atteignait seulement 15 % (soit deux fois la part automatique du producteur).

D'autre part jusqu'à 1959 l'apport de l'Aide représentait plus du tiers du financement des longs métrages. La grave crise de l'industrie avait amené en 1959 l'institution d'une *Loi d'Aide* dont les fonds, répartis aux producteurs de longs métrages s'élevèrent à 1 350 millions en 1952, 2 500 en 1956, 3 600 en 1958. L'Aide fut supprimée par un décret de 1959 et doit être progressivement remplacée par des avances bancaires, portant intérêt. Le Fonds d'Aide était financé par des retenues automatiques sur les billets, cet autofinancement de l'industrie étant réparti entre les producteurs, exploitants et industries techniques.

La part prise durant les années 1950 par le *Fonds d'Aide* dans la production française est plus évidente encore, si on la rapporte au budget global de l'industrie.

1958 : Investissements français dans les longs métrages 11,9 milliards. Recettes en France 5,3, Aide 3,6, Exportation 6. Ce bilan fait apparaître un bénéfice avoué de 2 milliards et il faut souligner que la part producteur sur les recettes des salles françaises, dépassait alors à peine le tiers des ressources totales.

Les *courts métrages* étaient d'autre part devenus pendant les années 1950 une part importante de la production. En 1960 leur total s'élevait à 429 dont 53 non commerciaux et 24 destinés à la Télévision. Leur prix de revient moyen était de NF 60 000 (6 millions d'anciens francs). Globalement 2 226 millions avaient été investis dans leur production. 60 % environ de ces 2 milliards avaient été fournis par les Ministères, l'Armée et les Administrations publiques, finançant ces courts métrages pour servir leur propagande et leur publicité. Ces importantes subventions (auxquelles s'ajoutaient celles de l'industrie privée et du commerce) étaient en grande partie remboursées par le *Fonds d'Aide*, diverses primes gouvernementales, et aussi par la location commerciale de ces courts métrages (à un tarif assez bas).

EXPORTATION-IMPORTATION

1895-1914. — Pendant toute cette période le cinéma français est le principal fournisseur des programmes dans le monde entier. Au moment de son apogée (vers 1910) 70 % à 80 % de ses revenus proviennent de l'étranger.

1914-1930. — La guerre entraîne un renversement total de la situation, au profit des Etats-Unis, et en second lieu, de l'Allemagne. Les exportations tombent presque à zéro (mis à part les pays frontières) tandis qu'en 1923-1924 pour 100 000 mètres de films présentés à Paris 15 000 à 20 000 tout au plus sont français. Durant les années 1920 il semble que la part des producteurs sur les recettes nationales n'ait pas excédé 35 à 40 %, le reste allant aux Etats-Unis et à l'Allemagne.

1930-1945. — L'avènement du parlant entraîne un retournement de la situation, sur le marché intérieur. Vers 1935 on estimait à environ 70 % la part de la recette producteur allant à des films non doublés, parlant français compte non tenu des importations visibles (versions françaises entièrement réalisées à l'étranger, très nombreuses avant 1935) ou invisibles (films produits en France avec des capitaux allemands ou américains).

Pendant l'occupation 75 % à 85 % des recettes iront aux films produits en France, étant entendu que *La Continental*, alors la firme la plus importante était une succursale de l'UFA allemande.

L'exportation est nulle pendant la guerre. Elle avait commencé après 1935 à prendre un certain essor, mais elle restait encore en 1939 insignifiante, par rapport au revenu du marché de langue française.

1945-1960. — Relativement peu importante durant l'immédiate après-guerre l'exportation prend un essor considérable après 1950, et se trouve après 1957 dépasser le revenu du marché intérieur, ce qui ne s'était pas produit depuis 1914.

Durant l'après-guerre l'importation massive de films doublés place le marché dans une situation analogue à celle des années 1920 (1948 : 32 % aux films français, 51 % aux films américains). Mais la situation se redresse rapidement et le cinéma français retrouve une part majoritaire dans les recettes nationales.

Une part importante des recettes des salles est d'autre part perçue par l'Etat, sous forme de taxes diverses, directes ou indirectes. Pour un billet de 100 francs la part d'impôt était (suivant les évaluations officielles, inférieures à la réalité) de 20 francs environ en 1940, 30 en 1943, 43 en 1945, 25 en 1950, 38 % en 1960.

Pour l'après-guerre le bilan importation-exportation du cinéma français se résume dans le tableau ci-après.

La statistique officielle des exportations porte seulement sur les capitaux rapatriés en France par les voies légales. Elle ne comprend donc ni les sommes encaissées illégalement, ni celles réinvesties dans des coproductions à l'étranger (notamment en Italie). Le revenu réel des exportations françaises devait largement dépasser 10 milliards en 1959.

	RECETTES BRUTES	PART FRANCE	PART U.S.A.	EXPORTATIONS
	Milliards			Milliards
1946..........	9,8			
1947..........	14,1			
1948..........	19,7	32 %	51 %	
1949..........	22,2	42 %	44 %	
1950..........	25,9	46 %	42 %	1,2
1951..........	33,3	47 %	40 %	1,26
1952..........	38,8	50 %	37 %	1,7
1953..........	41,6	48 %	35 %	2,7
1954..........	45,5	48 %	34 %	2,7
1955..........	48,2	49 %	33 %	3,3
1956..........	49,8	50 %	33 %	4,3
1957..........	54,8	52 %	32 %	5,2
1958.........·	59,4	49 %	30 %	6
1959..........	59,3	51 %	32 %	7
1960..........	65,8	53 %	28 %	8

En 1960 les principaux marchés du cinéma français étaient les suivants : le chiffre entre parenthèses étant celui des exportations 1954 : Allemagne Fédérale 1 milliard et demi (575 millions); BENELUX 840 millions (646); Amérique Latine 522 millions (130); Italie 303 millions (65), faible partie du revenu réel, investi en majorité dans des coproductions réalisées à Rome; la Suisse 410 millions (239); les Etats-Unis 228 millions (50), soit un millième du revenu distributeur américain; URSS et Démocraties Populaires 232 millions (68); Japon 280 millions (44); Espagne 154 millions (34); Canada 158 millions (116), les exportations étant concurrencées par les films américains doublés en français. Des sommes importantes provenaient en outre des colonies africaines (550 millions en 1959, 356 millions en 1954 pour la seule Afrique du Nord) les exportations dans ce secteur n'ayant pas paru être affectées par la « décolonisation » de 1960.

En résumé durant les années 1950, tandis que sur le marché intérieur les recettes se stabilisaient à 50 % de la part producteur, l'exportation prenait une part dominante dans le bilan du cinéma français, avec comme principales sources de revenus l'Allemagne Fédérale et les pays de langue française ou frontaliers, l'essor étant considérable en Amérique Latine et au Japon.

ÉQUIPEMENT INDUSTRIEL

Studios. Avant 1914 la France possédait les plus grands studios du monde appartenant surtout à *Pathé* et *Gaumont*.

En 1924 il existait 24 studios. En 1935 leur nombre était de 16 avec 42 plateaux (dont 2 avec 5 plateaux à Nice). L'année 1941 paraît avoir marqué (paradoxalement) un maximum, le pays comptant alors 18 studios avec 52 plateaux (dont 4 avec 10 plateaux à Marseille, Nice et Royan).

Au lendemain de la guerre (1947) la France ne comptait plus que 44 plateaux, appartenant à 15 studios, la majorité de ces derniers étant contrôlés par le consortium *France Studio* fondé par Gaumont et Pathé.

En 1959 la France ne comptait toujours que 46 plateaux mais sensiblement mieux aménagés qu'après guerre. Elle se trouvait alors égale (numériquement mais non qualitativement) avec l'Allemagne Fédérale (47 plateaux) mais était surpassée par l'Italie (58 plateaux). Leur situation était prospère, puisque les studios étaient en 1959-1960 occupés à 73 %-75 % de leur capacité de production mais l'attrait des spéculations immobilières (constructions d'immeubles sur des terrains ayant pris une grande valeur) menaçaient d'entraîner la disparition d'une dizaine de plateaux.

La situation des laboratoires était moins favorable. La France possédait une douzaine de laboratoires tirages à grande capacité, bien équipés pour le le noir et blanc et la couleur, mais ils étaient loin de travailler à plein rendement. Enfin la France possédait en 1960 deux fabriques d'équipement renommées dans le monde entier *Debrie* (cameras, tireuses, etc.) et *Éclair* (cameras) ainsi que d'excellents spécialistes de l'optique de haute précision.

Notons enfin que la distribution tendait en 1960, après sa relative dispersion en 1935-1955, à se concentrer à nouveau entre 3 ou 4 maisons françaises, et (traditionnellement) 7 grandes firmes américaines ainsi qu'une anglaise et une à participation allemande.

LEXIQUE
DU CINÉMA FRANÇAIS

DEUX CENTS CINÉASTES...

Nous donnons ici deux cents articles d'un lexique résumant la vie et l'œuvre des principaux réalisateurs, acteurs, scénaristes, directeurs de la photographie, musiciens, architectes-décorateurs, inventeurs, industriels, etc., ayant, au cours de leur carrière, apporté quelque chose à l'art du film en France, qu'ils aient été ou non français. Nous avons donc entendu le mot cinéaste *dans son sens le plus large, celui que lui donna son inventeur, Louis Delluc. Il écrivait en septembre 1922 :* « En usant du mot cinéaste, nous avons désiré le réserver à ceux : animateurs, réalisateurs, artistes, industriels qui font quelque chose pour l'industrie artistique du cinéma. »

Pour les autres collaborateurs du film que le réalisateur, ce lexique complète les indications données dans notre étude, où nous avons dû omettre beaucoup d'indications, sous peine de transformer son texte en un fastidieux catalogue de titres et de noms propres. Pour les cinéastes qui travaillèrent aussi à l'étranger, nous nous sommes bornés à des indications sommaires sur cette partie de leur carrière, leurs films appartenant à l'histoire d'autres pays.

Aucune de nos « bio-filmographies » *n'est complète. Il était impossible de citer tous les collaborateurs des films cités. Les indications les plus complètes, résumant les* « génériques », *se trouvent dans les articles consacrés aux réalisateurs. Même pour ceux-ci, nous avons dû souvent réduire certains films à leurs titres, et aussi renoncer à tous les énumérer pour les auteurs les plus abondants. A fortiori, pour les acteurs, architectes-décorateurs, directeurs de la photographie, musiciens, etc., nous avons dû le plus souvent nous borner aux films estimés par nous (à tort ou à raison) les plus importants.*

Les dimensions de nos articles ne sont pas obligatoirement propor-tionnelles à l'apport esthétique ou historique de tel ou tel cinéaste. Un œuvre de haute qualité a pu être peu abondant ou inversement. Les bio-filmographies des « pionniers » (avant 1920) pourront paraître anormale-ment longues. Mais elles se réfèrent à une époque où l'on réalisait parfois un film par semaine. Pour faciliter les recherches sur les origines (mal connues) de notre cinéma, il a paru utile de multiplier les titres de films, même si certaines attributions restaient incertaines. Pour la période des « pionniers », les sources principales ont été notre Histoire générale du Cinéma *(4 premiers volumes) et les notes ayant préparé sa rédaction.*

En ce qui concerne la date retenue pour tel film, nous avons choisi ce qu'on appelle, dans le jargon professionnel, la « date de sortie » soit la première représentation où a été admis le public payant sa place. Pour prendre un exemple la Roue *d'Abel Gance fut réalisée en 1920-1921, présentée en privé aux critiques et professionnels en 1922, au public pro-prement dit en 1923. Nous avons retenu 1923, imitant les historiens litté-raires qui retiennent comme date essentielle d'une œuvre celle de l'impression et de la mise en vente du livre, non celles où fut terminé son manuscrit, où furent écrites ses premières pages, où furent lues leurs épreuves à un groupe d'amis, etc.*

Une œuvre ne prend en effet vraiment son importance, pour l'histoire d'un art, qu'au moment où elle devient accessible au public. Cette règle souffre naturellement des exceptions. Il serait absurde de dater seulement 1946 Une partie de campagne *(réalisé en 1936 par Renoir), ou 1945* Zéro de conduite *(parce que le film réalisé en 1933 par Jean Vigo ne fut autorisé que douze ans plus tard par la censure).*

Ce principe posé, nous estimons qu'une filmographie complète, *consa-crée à une œuvre ou un auteur, devrait également donner des dates précises à un jour près pour le scénario (début et fin); pour le « découpage tech-nique »; pour le premier et dernier « tour de manivelle » (en extérieurs et en studio); pour le début et la fin du montage; pour le tirage de la copie standard; pour le visa de censure (et éventuellement pour l'autorisation de tournage); pour la première présentation privée, et aussi pour les diverses premières représentations (publiques ou privées) dans tous les pays étrangers où le film a été diffusé. Mais dans un lexique ou une filmo-graphie sommaire, on ne peut, sous peine de confusion, multiplier les dates. Il faut publier seulement la plus importante, donc celle de la « sortie ».*

Dans la rédaction de ce lexique, cette règle nous a pourtant paru présenter des inconvénients, quand il s'agit non du réalisateur, mais des autres collaborateurs du film. Encore qu'il existe, dans les autres arts, des « premières » posthumes, il y a une certaine absurdité à écrire : « Séverin Mars, auteur mort le 17 juillet 1921 à Paris, interprète en 1623 la Roue d'Abel Gance. »

Nous pensons donc que pour une bio-filmographie d'un collaborateur d'un film donné, il aurait avantage à retenir la date non de la « sortie », mais de leur participation à la réalisation. Choisir ce parti pour ce petit lexique aurait risqué d'entraîner la confusion pour le lecteur, et supposé de longues recherches supplémentaires sur les dates effectives de colla-boration aux films cités (plusieurs milliers). De tels travaux auraient été difficiles ou impossibles pour les périodes antérieures à 1940. Nous avons donc substitué aux dates données par certaines sources la « date de sortie ». Il a dû pourtant subsister certaines divergences de dates, que nous demandons à nos lecteurs d'excuser.

Pour les bio-filmographies, et surtout pour les œuvres éditées après 1920, nous avons beaucoup puisé dans l'Annuaire biographique du Cinéma (ABC) *(première édition 1953-1954, édition complémentaire 1957). deux volumes publiés sous la rédaction en chef de René Thévenet; dans le monumental* Film Lexicon Degli Autori e Delle Opere, *publié à Rome sous la rédaction en chef de Fernaldo di Giammateo (3 volumes publiés, noms propres de A à L, 1958-1960); dans la collection complète des* Index de la Cinématographie Française *(1948-1960, 20 volumes), véritable encyclopédie de tous les films français ou étrangers édités à Paris durant treize ans; et dans les* Notices biographiques *publiées en appendice du troisième tome de leur* Histoire encyclopédique du Cinéma *(Paris, 1952) par René Jeanne et Charles Ford.*

Les abréviations employées sont celles adoptées provisoirement en octobre 1957 par le B.I.R.H.C. (Bureau international de la Recherche Historique Cinématographique) *fondé par la Fédération internationale des Archives du Film (F.I.A.F.). Nous souhaitons voir se généraliser dans tous les pays ayant adopté l'alphabet latin ce code international d'abré-viations.*

ABRÉVIATIONS

R. : réalisateur. — *Prod.* : producteur. — *Dist.* : distributeur. — *Di.* : dialogue. — *Sc.* : divers collaborateurs du scénario. — — *From* : adaptant. — *R.* : un roman. — *L.* : une œuvre littéraire. — *T.* : une œuvre théâtrale. — *Ass.* : assistant. — *Ph.* : directeur de la photographie. — *Dec.* : architecte-décorateur. — *Cost.* : créateur de costumes. — *Mont.* : montage. — *Mus.* : auteur de la partition musicale. — *Int.* : acteurs interprétant le film. — *Co.* : collaboration. — *Co Pr.* : coproduction.

Le nom propre, placé entre parenthèses, après le titre d'un film, est celui de son réalisateur. On se référera à l'article, qui peut lui être consacré, pour trouver d'autres indications sur le film.

Philippe AGOSTINI (Directeur de la Photographie) (1). — Né le 11 août 1910 à Paris. Études à l'E.T.P.C. (2). D'abord assistant-cameraman d'Isnard, Perinal, Thirard. *Ph.* 1934, Itto (Benoît-Lévy). — 1936 : **Sous les Yeux d'Occident** (Marc Allegret). — 1938 : *Co. Ph*: **Un Carnet de Bal** (Duvivier). — 1943 : **Les Anges du Péché** (R. Bresson), **Douce** (Autant-Lara), **Premier de Cordée** (Louis Daquin). — 1947 : **Les Portes de la Nuit** (Marcel Carné). — 1948 : **Les Dernières Vacances** (R. Leenhardt). — 1949 : **Pattes Blanches** (Grémillon). — 1952 : **Le Plaisir** (Max Ophüls). — 1954 : **Du Rififi chez les Hommes** (Jules Dassin). Depuis, réalisateur. — 1958 : **Le Naïf aux Quarante Enfants.** — 1959 : **Tu es Pierre.** — 1960 : **Dialogue des Carmélites** (*Co. R.* Bruckberger).

Agostini a donné au cinéma français des images soigneusement composées et éclairées, avant de devenir un réalisateur dont, en 1961, l'importance était moins grande que celle de l'opérateur.

Henri ALEKAN (Directeur de la Photographie). — Né le 10 février 1909 à Paris. Assistant-opérateur (1929-1939) de Perinal, Schuftan, etc. Depuis 1941, de nombreux films, notamment : 1945 : **La Bataille du Rail** (Clément). — 1946 : **La Belle et la Bête** (Jean Cocteau). — 1947 : **Les Maudits** (René Clément). — 1948 : **Les Amants de Vérone** (André Cayatte). — 1949 : **La Marie du Port** (Marcel Carné). — 1950 : **Juliette ou la Clef des Songes** (Carné). — 1955 : **Les Héros sont fatigués** (Yves Ciampi). — 1956 : **La Meilleure Part** (Yves Allegret). — 1957 : **Le Cas du Docteur Laurent** (Le Chanois); **Typhon sur Nagasaki.** — 1958 : **Le Bourgeois Gentilhomme.** — 1959 : **Le Barbier de Séville.** — 1960 : **Un, Deux, Trois, Quatre.** — 1961 : **La Princesse de Clèves** (Delannoy).

A réalisé en 1958 un court métrage : **L'Enfer de Rodin.**

Un des meilleurs opérateurs français. A su dès ses débuts aussi bien donner à ses images un style « documentaire » (La Bataille du Rail) *que très élaboré* (La Belle et la Bête). *S'intéresse beaucoup à la couleur depuis 1956 et s'est un peu spécialisé dans les films adaptant à l'écran les mises en scène théâtrales.*

Alexandre ALEXEIEFF (Animateur). — Né le 5 août 1901 à Kazan (Russie). S'établit en France en 1920, où il devient graveur et illustrateur. Gravures animées suivant la technique de l'Écran d'Épingles. — 1933 : **Une Nuit sur le Mont-Chauve** (*Mus.* Moussorgsky). — 1935 : **La Belle au Bois Dormant** (poupées). — 1936 : **Parade des Chapeaux, Le Trône de France.** — *An.* Publicitaires : 1937-1939 : **Crème Simon, Vêtements Sigrand, Huile Huilor, Eau d'Évian, Gaines Roussel, Fonderies Martin,** etc. — C.M. Publicitaires *An.* : 1943 (au Canada) : **En Passant.** — 1951 : **Fumées** (pendule composé). — 1952 : **Masques.** — 1954 : **Nocturne, Pure Beauté, Rimes.** — 1955 : **Buisson Ardent, Sève de la Terre.** — 1956-1958 : **Bain d'X, Osram, Quatre Temps, 100 %, Cocinor, Constance.**

Tous les films 1951-1958 C.M. publicitaires de 90 secondes maximum.

Par sa durée, la totalité de l'œuvre filmé en trente ans par ALEXEIEFF est fort loin d'atteindre une heure, et représente, au maximum, une moyenne de deux minutes par an. Elle n'en est pas moins d'une importance capitale. Les possibilités incluses dans L'Écran d'Épingles *sont infinies.* Une Nuit sur le Mont-Chauve, *et* En Passant *sont deux chefs-d'œuvre, soigneusement conservés dans les cinémathèques du monde entier.*

Marc ALLÉGRET (Réalisateur). — Né le 22 décembre 1900 à Bâle (Suisse). Après

---

(1) Rappelons que le terme usité pour le « chef opérateur » est : « directeur de la photographie ». Son second est appelé « cameraman » et parfois cadreur. Peuvent ensuite venir un ou deux assistants.

(2) École de Travaux Photographiques et Cinématographiques, familièrement appelée « La Rue de Vaugirard », qui a formé beaucoup d'opérateurs français.

des études juridiques, accompagne en Afrique André Gide et y réalise le long métrage documentaire : **Voyage au Congo** (1926-1927). Puis réalise après 1930 de nombreux films, dont : 1931 : **Mam'zelle Nitouche** (*Int.* Raimu, Janie Marèze). — 1932 : **Fanny** (*From* Pagnol, *Int.* Raimu, Pierre Fresnay, Orane Demazis). — 1934 : **Lac aux Dames** (*From* Vicky Baum; *Int.* J.-P. Aumont, Michel Simon, Simone Simon). — 1935 : **Les Beaux Jours**. — 1936 : **Sous les Yeux d'Occident** (*From* Joseph Conrad; *Int.* J.-L. Barrault, Pierre Fresnay, Pierre Renoir. — 1937 : **Gribouille** (*Int.* Raimu, Michèle Morgan). — 1938 : **Orage** (*Int.* Charles Boyer, Michèle Morgan); **Entrée des Artistes** (*Int.* Jouvet, Odette Joyeux, Bernard Blier). — 1942 : **L'Arlésienne, Félicie Nanteuil** (*From* Histoire Comique d'Anatole France, édité 1945). — 1943 : **Les Petites du Quai aux Fleurs** (*Int.* Gérard Philipe, Danièle Delorme, Daniel Gélin. — 1944 : **Lunegarde**. — 1946 : **Pétrus**. — 1948 : **Blanche Fury** (à Londres). — 1950 : **Maria Chapdelaine**. — 1951 : **Avec André Gide**, M.M. Doc. — 1953 : **Julietta**. — 1955 : **Futures Vedettes** (*Int.* Jean Marais, Brigitte Bardot); **L'Amant de Lady Chatterley**. — 1956 : **En effeuillant la Marguerite**. — 1958 : **Sois Belle et tais-toi**. — 1959 : **Un Drôle de Dimanche**.

Marc ALLÉGRET se situa au premier rang durant les années trente, par des réussites telles que Mam'zelle Nitouche ou Lac aux Dames. Grand découvreur de talents, il fit débuter ou donna leur premier grand rôle à J.-P. Aumont, Simone Simon, Michèle Morgan, Micheline Presle, Bernard Blier, Odette Joyeux, Gérard Philipe, Danièle Delorme, etc... et enfin Brigitte Bardot.

Yves ALLÉGRET. — Né le 13 octobre 1907 à Paris. Frère du précédent. Assistant (Féjos, Renoir, M. Allégret, etc...) et documentariste. En 1930-1940, vrais débuts comme réalisateur avec : 1946 : **Les Démons de l'Aube** (Simone Signoret). — 1948 : **Dédée d'Anvers** (*Int.* Blier, Dalio, S. Signoret); 1949 : **Une si Jolie Petite Plage** (*Sc.* Sigurd; *Int.* Gérard Philipe, Madeleine Robinson, Jean Servais. — 1950 : **Manèges** (*Int.* Simone Simon, Jeanne Marken, B. Blier). — 1951 : **Les Miracles n'ont lieu qu'une fois** (*Int.* Jean Marais, Alida Valli (en Ital.). — 1952 : **La Jeune Folle** (*Int.* Danièle Delorme). — 1953 : **Les Orgueilleux** (*Int.* Gérard Philipe, Michèle Morgan). — 1954 : **Mam'zelle Nitouche**. — 1956 : **La Meilleure Part** (*Int.* Gérard Philipe). — 1957 : **Méfiez-vous, Fillettes**. — 1959: **Secret Professionnel**.

S'affirme en 1945-1950 comme l'un des principaux auteurs des « films noirs » sur des scénarios le plus souvent écrits par Jacques Sigurd (Dédée d'Anvers, Une si jolie petite plage, Manèges) et interprétés par Simone Signoret, alors sa femme. Se tourne ensuite, avec le même scénariste, vers une critique sociale dont le plus grand effort sera La Meilleure Part. Après l'échec commercial de ce film, s'est orienté vers des sujets moins ambitieux.

Henri ANDREANI (Réalisateur). — Né en Corse en 1872, mort le 30 avril 1930 à Paris. Pseudonyme de H. Farrus.

Secrétaire de Charles Pathé, puis acteur et assistant pour Zecca et Gaston Velle. Devient après spécialiste des films historiques. 1910 : **Messaline** (*Co.R.* Zecca), **Faust** (*Co.R.* Georges Fagot), **Le Marchand d'Images**. — 1911 : **Le Siège de Calais, Sacrifice d'Abraham, Caïn et Abel, Moïse sauvé des Eaux, Le Devoir et l'Honneur**. — 1912 : **Le Tournoi de l'Echarpe d'Or, Le Martyre de Saint-Etienne, Le Fils de Charles-Quint**, Joachim Goethal, **La Mort de Saül**. — 1913 : **La Fille de Jephté, Esther, Les Frères Ennemis, Joseph Fils de Jacob, La Reine de Saba** (réalisé en Égypte; *Int.* Robinne et Alexandre), **Rebecca, La Goutte de Sang**. — 1914 : **Les Enfants d'Édouard** (*Int.* G. Wague, R. Alexandre), **L'Homme qui assassina** (*Int.* Georges Wague, Jean Toulout). — 1916 : **L'Océan**. — 1921 : **Mimi-Trottin**. — 1922 : **Ziska la Danseuse Espionne**. — 1924 : **L'Autre Aile** (*From* Canudo). — 1928 : **Flamenca la Gitane, La Pente**.

En même temps que les Italiens, ANDREANI fut un spécialiste des grandes mises en scènes historiques, mais avec moins de moyens matériels. Naïf, visiblement peu cultivé, mais parfois plein d'une verve puissante, il décline à la veille de 1914, et mourra dans une quasi-misère.

ANNABELLA (Actrice). Pseudonyme de Suzanne CHARPENTIER. — Née le 14 juillet 1910 à La Varenne-Saint-Hilaire (Seine). Interprète : 1925-1927 : **Napoléon** (Abel Gance). Puis notamment : 1928 : **Maldone** (Grémillon). — 1931 : **Un Soir de Rafle** (Genina); **Le Million** (René Clair). — 1932 : **Marie, légende hongroise** (Fejos). — 1933 : **14 Juillet** (René Clair). — 1934 : **La Bataille** (Farkas). — 1935 : **L'Equipage** (Litvak). — 1935 : **Variétés** (Farkas). — **Veille d'Armes** (Marcel L'Herbier). — 1936 : **Sous la Robe Rouge** (*Under The Red Robe* (Sjöström en G.B.). — 1937 : **La Citadelle du Silence** (Marcel L'Herbier). — 1938 : **Hôtel du Nord** (Marcel Carné). A Hollywood, de 1938 à 1947. Ne tient plus de rôles importants après son retour en France.

Pleine de charme et de présence, elle fut durant les années 1930, la plus séduisante des jeunes premières françaises.

André ANTOINE (Réalisateur). — Né à Limoges le 31 janvier 1858. Mort au Pouliguen le 19 octobre 1943. Employé du gaz, puis fondateur du *Théâtre Libre* (1887-1894) où il applique les théories élaborées par Émile Zola. Dirige ensuite le *Théâtre Antoine*, puis l'*Odéon* (1906-1913). S'intéresse au cinéma à la veille de la guerre de 1914, alors que son ami Albert Capellani met en scène **Quatre Vingt Treize**. Il réalise quelques scènes complémentaires pour ce film, édité seulement en 1920. Après son retour de Turquie, il réalise en 1916 : **Les Frères Corses** (*Int.* Henry Roussel, H. Krauss, R. Joubé, Rose Dionne, Gretillat. — 1917 : **Le Coupable** (*Int.* Romuald Joubé, Jeanne Delvair). — 1918 : **Les Travailleurs de la Mer** (R. Joubé, Andrée Brabant). — 1918 : à Turin, **Israël** (*From* Bernstein). — 1920 : **Mademoiselle de la Seiglière** (*From* Jules Sandeau; *Int.* Huguette Duflos, Huguenet, R. Joubé, Escande). — 1921 : **La Terre** (*From* Zola; *Int.* Alexandre, Hervé, Bour, Berthe Bovy, etc...). — 1922 : **L'Arlésienne** (*From* Daudet; *Int.* Ch. de Rochefort, Berthe Jalabert, G. de Gravone, etc...).

Après avoir abandonné la réalisation, ANTOINE sera de 1925 à 1939, critique cinématographique du quotidien *Le Journal.*

André ANTOINE appliqua au Cinéma les théories du Théâtre Libre : décors naturels, acteurs non professionnels, vues prises sur le vif, etc... Le Coupable (par exemple) est par là, avant la lettre, et malgré la convention du mélodrame (de François Coppée) un film d'esprit « néo-réaliste ». Venu trop tard au cinéma A. ANTOINE, entre 1908-1918, avait exercé une grande influence par l'intermédiaire des réalisateurs qu'il avait influencé et formé : Albert Capellani, Henry Krauss, Mercanton, Hervil, etc...

Tous les films connus d'André ANTOINE furent des adaptations des œuvres littéraires à la mode au début du siècle. Le seul film réalisé d'après un scénario original L'Alouette et la Mésange, est malheureusement resté inédit.

ARLETTY (Actrice). Pseudonyme de Léonie BATHIAT. — Née le 15 mai 1898 à Courbevoie (Seine). Ouvrière dans l'industrie, puis sténo-dactylo et mannequin, chanteuse de Music-hall en 1920. Puis actrice de théâtre. Débute au cinéma avec le parlant, d'abord dans des films médiocres.

1938 : **Hôtel du Nord**. — 1939 : **Le Jour se lève**. — 1942 : **Les Visiteurs du Soir**. — 1945 : **Les Enfants du Paradis** (tous ces films de Marcel Carné). — 1952 : **L'Amour, Madame**. — 1954 : **L'Air de Paris** (Marcel Carné). — 1959 : **Maxime** (Henri Verneuil).

Profondément « parigote », avec son audace ingénue et son abattage populaire, cette actrice a donné le meilleur d'elle-même, à l'écran, dans les films de Marcel Carné pour qui elle créa le fameux personnage de Garance dans Les Enfants du Paradis.

Antonin ARTAUD (Acteur). — Né à Marseille le 4 septembre 1896, mort à Ivry (Seine) le 4 mars 1948. Écrivain et poète surréaliste, fondateur avec Robert Aron du *Théâtre Alfred Jarry* où il met en scène (1926-1928), Max Jacob, Claudel, Strindberg, Vitrac.

Interprète au cinéma : 1917 : **Mater Dolorosa** (Abel Gance). — 1923 : **Faits-Divers** (Court métrage avant-garde, Claude Autant-Lara). — 1925 : **Surcouf** (Luitz Morat). — 1926 : **Le Juif Errant** (Luitz Morat). — 1927 : **Napoléon** (Abel Gance, rôle de Marat). — 1928 : **La Passion de Jeanne d'Arc** (Carl Dreyer, rôle du moine Jean Loiseleur). — 1928 : Scénario de **La Coquille et le Clergyman** (Court métrage avant-garde, Germaine Dulac); **L'Argent** (L'Herbier). — 1929 : **Tarakanova** (R. Bernard). — 1931 : **L'Opéra de 4 Sous** (G.W. Pabst, version française). — 1933 : **Mater Dolorosa** (Abel Gance). — 1936 : **Lucrèce Borgia** (Abel Gance).

La personnalité singulière d'Antonin ARTAUD, son visage pathétique et torturé, la flamme intérieure qui le brûlait et finit par le dévorer, ont donné une rare acuité aux rôles, généralement secondaires, qu'il interpréta au cinéma. Il faut regretter qu'il n'ait pu interpréter La Coquille et le Clergyman *dont il avait écrit le scénario et dont la réalisation fut violemment désavouée par lui.*

Louis AUBERT. — Né en 1879 à Mayenne. Mort le 17 mai 1944 aux Sables-d'Olonne (Vendée). Exploitant, distributeur, producteur. 1909, devient acheteur de films étrangers et fonde la *Compagnie Générale du Cinématographe*, devenue en 1911 *Établissements Louis Aubert*. Il distribue notamment les films italiens : 1911 : **Cléopâtre, Les Derniers Jours de Pompéi.** — 1913 : **Q⸗o Vadis**; et des productions danoises, américaines, allemandes, etc. Fonde un circuit de salles (5 en 1918, 10 en 1924, 19 dont 13 à Paris). Achète en 1921 **L'Atlantide** de Jacques Feyder. Après son succès sans précédent (un an d'exclusivité à Paris), distribue et finance **Roger la Honte, La Bataille, Salambo** et des films U.F.A. tels que **Les Niebelungen** (1922-1926).

Abandonne le cinéma en 1928, sa firme devenant partie du Consortium *Gaumont Franco-Film Aubert.* Devient jusqu'à sa mort député de Vendée, inscrit à un parti de droite, président du Groupe Parlementaire du Cinéma Aubert. Il s'est défini lui-même en déclarant en 1922 à André Lang : « Je suis un marchand, eh! oui, un marchand et je n'y vois aucun mal... C'est très simple le cinéma, regardez : deux tiroirs, l'un pour les recettes, l'autre pour les dépenses. »

Jean AURENCHE (Scénariste). — Né le 11 septembre 1904, à Pierrelatte (Drôme). Écrivain, employé de publicité, dirige des C.M. publicitaires avec Jacques Prévert. Documentariste, avec le peintre Pierre Charbonnier, puis scénariste en 1936-1942, (notamment **L'Affaire Lafarge** de Pierre Chenal, 1938). Depuis 1943, le plus souvent associé à Pierre Bost (voir ce nom), devient un des meilleurs scénaristes français, spécialiste surtout des adaptations.

A écrit, seul ou avec d'autres collaborateurs, notamment : 1942 et 1946 : **Le Marchand de Notes** et **Le Voleur de Paratonnerres** (*D.A. R.* Grimault). — 1947 : **Les Amants du Pont Saint-Jean** (*Co.* René Wheeler). — 1956 : **Notre-Dame de Paris** (*Co.* Jacques Prévert).

Georges AURIC. — Né le 15 février 1899 à Lodève (Hérault). Élève de Vincent d'Indy. Compositeur réputé depuis 1920, où il participe à la rénovation de la musique moderne avec Honegger, Poulenc, etc.

Débute au cinéma : 1930 : par sa partition du Sang d'un Poète (Jean Cocteau). — 1931 : A nous la Liberté (René Clair). — 1936 : Sous les Yeux d'Occident (Marc Allégret). — 1937 : Orage (Marc Allégret). — 1939 : Entrée des Artistes (Marc Allégret). — 1943 : L'Éternel Retour (Delannoy). — 1945 : César et Cléopâtre (en G.-B.); Dead of Night (en G.-B., Cavalcanti). — 1946 : La Belle et la Bête (Jean Cocteau); La Symphonie Pastorale (Delannoy). — 1947 : Ruy Blas. — 1948 : Les Parents Terribles (Jean Cocteau). — 1952 : Belles de Nuit (en collaboration avec Van Parys-René Clair); La Putain Respectueuse (Pagliero). — 1953 : Le Salaire de la Peur (Clouzot). — 1954 : Du Rififi chez les Hommes (Dassin); Moulin Rouge (Huston, en G.-B.). — 1955 : Le Mystère Picasso (Clouzot); Gervaise (Clément); Lola Montès (Ophüls). — 1956 : Notre-Dame de Paris (Delannoy); Till l'Espiègle (Gérard Philipe). — 1957 : Celui qui doit mourir (Jules Dassin). — 1958 : Les Bijoutiers du Clair de Lune (Roger Vadim).

Compositeur de haute valeur, internationalement connu, Georges AURIC a composé depuis 1955 une soixantaine de partitions pour des films réalisés à Paris ou à Londres. Venu au cinéma par ses amis René Clair et Jean Cocteau, il lui a apporté sa science, sa haute culture, et un raffinement qui ne l'a pas empêché de composer des airs devenus universellement célèbres, comme Moulin-Rouge.

Jean-Georges AURIOL (Critique). — Né le 8 janvier 1907 à Paris, mort accidentellement le 2 avril 1950. Critique à *L'Ami du Peuple.*

Fondateur en 1927 de l'illustré *Du Cinéma* qui devient ensuite, aux Éditions de la N.R.F., *La Revue du Cinéma* (1928-1931). Participe en 1929 avec Eisenstein, Moussinac, Tissé, Alexandrov, Richter, etc., au Congrès de la SARRAZ en Suisse. Participe à la fondation en 1928 de la salle d'avant-garde parisienne le *Studio 28.* Après avoir groupé dans sa revue les meilleurs critiques français, il doit en 1932 en interrompre la publication. Est en 1933-1944 critique, assistant, scénariste. Reprend en 1946-1949 la publication de la *Revue du Cinéma*, tout en collaborant à divers scénarios, notamment en Italie. Après sa mort dans un accident d'automobile, son œuvre sera continuée par André Bazin et par Doniol-Valcroze (rédacteur de la *Revue du Cinéma*), avec *Les Cahiers du Cinéma.*

Claude AUTANT-LARA (Réalisateur). — Né le 5 août 1903 à Luzarches (Seine-et-Oise). Fils d'un architecte et de Madame Lara, de la Comédie-Française, fondateurs du groupe d'avant-garde *Art et Action.* Dès l'âge de 16 ans, décorateur et costumier des films de Marcel L'Herbier.

1920 : Le Carnaval des Vérités; L'Homme du Large. — 1921 : Villa Destin. — 1922 : Don Juan et Faust. — 1923 : L'Inhumaine. — 1926 : Le Diable au Cœur et Nana (Jean Renoir).

Assistant de René Clair pour : 1924 : Paris qui dort. — 1925 : Le Voyage Imaginaire (réalisé en 1923); Faits-Divers (C.M. AG, *Int.* Antonin Artaud). — 1925-1929 : Construire un Feu (*From* Jack London, *Int.* José Davert, film expérimental en Hypergonar, objectif Chrétien du futur Cinémascope). — 1926 : Vittel (*Doc.*). — 1930-1932 : à Hollywood, versions françaises de films américains.

1932, en France, C.M. : Le Gendarme est sans Pitié; Un Client Sérieux; M. le Duc; La Peur des Coups; Invite Monsieur à dîner. — 1933 : Ciboulette (*From* opérette Reynaldo Hahn et Francis de Croisset, *Sc.* Jacques Prévert, *Ph.* Curt Courant, *Int.* Simone Berriau, Dranem, Thérèse Dorny, Pomiès). — 1936, à Londres : My Partner Master Davis, puis trois films signés par Maurice Lehman et dont il est le « conseiller technique »; L'Affaire du Courrier de Lyon; Le Ruisseau; Fric-Frac.

1942 : Le Mariage de Chiffon (*Sc.* Aurenche, *Ph.* Isnard et Agostini, *Mus.* Jean Wiener, *Int.* Odette Joyeux, A. Luguet, J. Dumesnil, Le Vigan). — 1942 : Lettres d'Amour (*Sc.*

Aurenche, *Ph.* Agostini, *Int.* Odette Joyeux, Jean Périer, Simone Renant, Alerme, Carette). — 1943 : **Douce** (*Sc.* Aurenche et Bost, *Ph.* Agostini, *Int.* Odette Joyeux, Madeleine Robinson, Marguerite Moreno, Roger Pigaut. — 1945 : **Sylvie et le Fantôme.** — 1946 : **Le Diable au Corps** (*From* Radiguet, *Sc.* Aurenche et Bost, *Op.* Keller, *Déc.* Max Douy, *Int.* Gérard Philipe, Micheline Presle, Debucourt, Denise Grey). — 1949 : **Occupe-toi d'Amélie** (*From* Feydeau, *Sc.* Aurenche et Bost, *Ph.* André Bac, *Déc.* Douy, *Mus.* Cloerec, *Int.* Danielle Darrieux, Desailly, Carette). — 1951 : **L'Auberge Rouge** (*Sc.* Aurenche et Bost, *Ph.* Bac, *Déc.* Douy, *Mus.* Cloerec, *Int.* Fernandel, Carette, Françoise Rosay). — 1953 : **Le Bon Dieu sans Confession.** — 1954 : **Le Blé en Herbe** (*From* Colette, *Sc.* Aurenche et Bost, *Ph.* Pierre Lefevre, *Déc.* Douy, *Int.* Nicole Berger, P.M. Beck, Edwige Feuillère); **Le Rouge et le Noir** (*From* Stendhal, *Sc.* Aurenche et Bost, *Ph.* Keller, *Déc.* Douy, *Mus.* Cloerec, *Int.* Gérard Philipe, Danielle Darrieux, Antonella Lualdi, Jean Mercure, Balpetré). — 1955 : **Marguerite de la Nuit** (*From* Mac-Orlan, *Sc.* G. Arout et Ghislaine A.-L., *Ph.* Natteau, *Déc.* Douy, *Int.* Michèle Morgan, Yves Montand). — 1956 : **La Traversée de Paris** (*From* Marcel Aymé, *Sc.* Aurenche et Bost, *Ph.* Natteau, *Déc.* Douy, *Mus.* Cloerec, *Int.* Jean Gabin, Bourvil). — 1958 : **En Cas de Malheur** (*From* Simenon, *Sc.* Aurenche et Bost, *Déc.* Douy, *Ph.* Natteau, *Int.* Jean Gabin, Brigitte Bardot, Edwige Feuillère). — 1958 : **Le Joueur** (*From* Dostoievski, *Déc.* Douy, *Int.* Gérard Philipe, Liselotte Pulver). — 1959 : **La Jument Verte** (*Sc.* Aurenche et Bost, *Déc.* Douy, *Int.* Bourvil). — 1960 : **Les Régates de San Francisco** (*Sc.* Aurenche et Bost); **Le Bois des Amants.** — 1961 (en Yougoslavie) : **Tu ne tueras point; Vive Henry IV, Vive l'Amour.**

Venu de l'avant-garde, à laquelle il participa activement en 1920-1927, Claude AUTANT-LARA, après une longue période difficile, s'épanouit en 1942 et s'affirma bientôt avec la parfaite réussite du Diable au Corps, *comme l'un des meilleurs réalisateurs français. Avec la collaboration d'Aurenche et Bost, il fut surtout un remarquable adaptateur et un satiriste vigoureux, surtout dans* L'Auberge Rouge.

André BAC (Directeur de la Photographie). — Né le 14 décembre 1905 à Paris. D'abord reporter photographe.
Co.Ph. : 1947 : **Le Six Juin à l'Aube** (Grémillon). — *Ph.* : 1949 : **Noces de Sable** (Zwobada); **Le Point du Jour** (Louis Daquin); **Occupe-toi d'Amélie** (Autant-Lara). — 1951 : **L'Auberge Rouge** (Autant-Lara). — 1953 : **Horizons sans Fin** (Dréville). — 1958 : **Le Naïf aux Quarante Enfants** (Agostini). — 1960 : **Dialogue des Carmélites** (Agostini et R.P. Bruckberger).
De sa formation de reporter photographe, André BAC a gardé un sens aigu de l'authenticité documentaire, des hommes et des paysages.

Jean BACHELET (Directeur de la Photographie). — Né le 8 novembre 1894 à Azans (Jura).
1912-1914 : Actualités en France pour Gaumont, en Russie pour Khansonkov. — 1914-1926 : Chef de laboratoire aux studios de Nice-la-Victorine. — 1926 : **Nana** (Jean Renoir). — 1928 : **La Petite Marchande d'Allumettes** (Jean Renoir). — 1930 : **La Petite Lise** (Jean Grémillon). — 1934 : **Madame Bovary** (Jean Renoir). — 1936 : **Le Crime de M. Lange** (Jean Renoir). — 1939 : **La Règle du Jeu** (Jean Renoir). — 1941 : **Nous les Gosses** (Louis Daquin). — 1953 : **La Vie d'un Honnête Homme** (Sacha Guitry).
Formé par Jean Renoir, Jean Bachelet est un des opérateurs qui ait le mieux intégré à ses images la grande tradition picturale de l'impressionnisme.

Brigitte BARDOT (Actrice). — Née à Paris le 28 septembre 1934. Débute à partir de 1952 dans de petits rôles et trouve sa première chance en 1955 avec **Futures Vedettes** (Marc Allégret).

Puis, 1955 : **Les Grandes Manœuvres** (René Clair); **La Lumière d'en face** (Lacombe); **Cette Sacrée Gamine** (Boisrond). — 1956 : **En effeuillant la Marguerite** (Marc Allégret); **Et Dieu créa la Femme** (Roger Vadim). — 1957 : **Une Parisienne** (Boisrond). — 1958 : **En cas de Malheur** (Autant-Lara); **Les Bijoutiers du Clair de Lune** (Vadim). — 1959 : **La Femme et le Pantin** (Duvivier). — 1959 : **Babette s'en va-t-en Guerre** (Christian-Jaque). — 1960 : **La Vérité** (H.-G. Clouzot).

Brusquement imposée internationalement par Dieu créa la Femme, que réalisa Roger Vadim (alors son mari), B.B. (ses initiales furent son slogan publicitaire), connut soudain une gloire universelle, et son type féminin, sa moue, ses longs cheveux blonds, son ton de voix, furent imités partout, par les jeunes femmes de la rue, en 1956-1958. Victime de l'énormité de son succès, l'actrice et la femme ont traversé ensuite une profonde crise.

Auguste BARON (Inventeur). — Né et mort à Paris, 1853-1er juin 1938.

Fait breveter dès le 16 avril 1896 (avec Burnou) un « système servant à enregistrer et à reproduire simultanément les scènes et le son » et présente en 1899 son premier film parlant à l'Académie des Sciences, grâce au Graphonocone *(Vieilles chansons de France)* projetées par Mesguisch.

Il avait d'autre part fait breveter en novembre 1896 un *Cinematorama* utilisant des projections en couleurs et parlantes sur écran circulaire, couvrant tout l'horizon. Ayant englouti 200 000 francs dans ses recherches, il ne put les commercialiser. Du moins ses procédés de synchronisation projecteur-phonographe, furent-ils après 1903 utilisés par Gaumont à Paris et Messter à Berlin. Il continua ses recherches d'un cinéma total, en essayant de rendre pratique les projections en relief.

Il fit breveter en 1911 son *Graphorama* (pour prises de vues en avion) et en 1912 un *Multirama*.

Ses inventions ne l'avaient pas enrichi. Il mourut aveugle, sans grandes ressources, dans une Maison de Retraite.

Jacques de BARONCELLI (Réalisateur). — Né le 25 juin 1881 à Bouillargues près d'Avignon. Mort le 12 janvier 1951 à Paris.

Journaliste. Réalisa entre 1916 et 1947 plus de 80 films, dont :

1917 : **Le Roi de la Mer, Champi-Tortu.** — 1919 : **Ramuntcho.** — 1921 : **Le Père Goriot** (*From* Balzac). — 1923 : **Nêne.** — 1924 : **Pêcheurs d'Islande** (*From* Loti). — 1934 : **Crainquebille** (*From* Anatole France). — 1937 : **Michel Strogoff** (*From* Jules Verne). — 1942 : **La Duchesse de Langeais** (*From* Balzac). — 1947 : **Rocambole** (*From* Ponson du Terrail).

BARONCELLI fut l'un des premiers en France à considérer le cinéma comme un art. Il a été surtout un adaptateur de romans célèbres. Ses meilleurs films ont eu pour cadre la mer. Son œuvre fut trop abondante, mais ce technicien honnête et convaincu a eu le mérite notamment de former René Clair, son assistant en 1922-23. « Il n'a qu'un défaut, celui de ne pas en avoir... » a dit Louis Delluc de cet homme sincère et trop modeste. Père de Jean de BARONCELLI, né le 25 mars 1918 à Paris, et depuis 1953 critique de films au journal Le Monde.

Jean-Louis BARRAULT (Acteur). — Né le 8 septembre 1910 au Vésinet (Seine).

Élève du metteur en scène de théâtre Charles Dullin. Interprète au cinéma, notamment : 1936 : **Sous les Yeux d'Occident** (Marc Allégret); **Jenny** (Marcel Carné); **Un Grand Amour de Beethoven** (Abel Gance). — 1937 : **Drôle de Drame** (Marcel Carné); **Le Puritain.** — 1938 : **L'Or dans la Montagne** (en Suisse). — 1942 : **La Symphonie Fantastique** (Christian-Jaque, rôle de Berlioz). — 1945 : **Les Enfants du Paradis** (Marcel Carné). —

1948 : D'Homme à Homme (Christian-Jaque). — **1959 : Le Testament du Docteur Cordelier** (Jean Renoir, pour la Télévision).

Jean-Louis BARRAULT a une grande importance au théâtre comme metteur en scène de la troupe qu'il fonda avec sa femme, Madeleine Renaud. Ils dirigent depuis 1959 *le* Théâtre de France-Odéon. *Comme acteur de cinéma, il a donné dans* Les Enfants du Paradis *une admirable interprétation du* Mime Debureau, *mais la plupart de ses créations, mis à part quelques films de* 1935-1938, *ont été peu heureuses.*

Léon BARSACQ (Décorateur). — Né le 18 octobre 1909 à Kaffa (Crimée Russe). Diplôme d'architecte, puis assistant des décorateurs Jean Périer et André Andreieff. Débute comme architecte-décorateur avec : 1938 : **La Marseillaise** (Jean Renoir). — 1939 : **Volpone** (Maurice Tourneur). — 1942 et 1944, *Co.D.* : **Les Visiteurs du Soir** et **Les Enfants du Paradis** (Marcel Carné). — 1945 : **Boule de Suif** (Christian-Jaque). — 1946 : **L'Idiot** (G. Lampin). — 1947, *Co.D.* : **Le Silence est d'Or** (René Clair); **Les Dernières Vacances** (Roger Leenhardt). — 1948 : **Le Printemps de la Liberté** (Grémillon, décors non exécutés). — 1949 : **Pattes Blanches** (Grémillon). — 1949 : **La Beauté du Diable** (René Clair). — 1952 : en Italie : **Roma Ore 11** (G. de Santis). — 1952 : **Les Belles de Nuit** (René Clair). — 1954 : **Les Diaboliques** (Clouzot). — 1955 : **Les Grandes Manœuvres** (René Clair). — 1956 : **Till l'Espiègle** (Gérard Philipe); **Porte des Lilas** (René Clair).

Frère aîné du metteur en scène et décorateur de théâtre André BARSACQ (qui travailla épisodiquement pour le cinéma), a lui-même ainsi défini les principes d'un art où il est passé maître : « Le décorateur d'un film doit essayer de passer inaperçu. Le décor de cinéma est intimement lié à l'action, il crée en grande partie l'atmosphère du film, il situe l'histoire dans un cadre donné, réaliste ou fantastique suivant le sujet. Ce qui importe c'est que le cadre soit juste... « juste » et non vrai, car une reconstitution laborieuse peut être aussi fausse qu'une fantaisie de mauvais goût. Choisir les éléments les plus typiques et les disposer dans un ordre rigoureux, de telle sorte que chaque élément participe à la composition plastique des images et indique en même temps le cadre dans lequel se déroule l'action, telle pourrait être la définition du rôle de l'architecte-décorateur ».

On reconnaît dans ces propos la tradition de Lazare Meerson, créateur de l'école moderne française.

Pierre BATCHEFF (Acteur). — Né en Sibérie orientale (Russie) en 1901. Mort à Paris le 12 avril 1932.

Ayant débuté très jeune, à Genève, dans la troupe Pitoeff, il interprète notamment au cinéma (avec diverses créations au théâtre) : 1925 : **Feu Mathias Pascal** (L'Herbier). — 1926 : **Napoléon** (Abel Gance); **Le Joueur d'Échecs** (Bernard); **En Rade** (Alberto Cavalcanti). — 1928 : **Les deux Timides** (René Clair); **Un Chien Andalou** (Bunuel). — 1930 : **Le Ro de Paris** (Léo Mitler). — 1931 : **Baroud** (Rex Ingram). — 1932 : **Amour, Amour** (Léon Poirier).

Jeune premier célèbre à la fin du muet, interprète de plusieurs films d'avant-garde, BATCHEFF se suicide au début de 1932.

Harry BAUR (Acteur). — Né et mort à Paris, 1880-20 avril 1943.

Débute au théâtre vers 1904, notamment chez Antoine, au cinéma dès 1910, où il interprètera avant 1914 de nombreux films, en particulier dans la troupe de l'*Éclair*. 1919 : **L'Ame du Bronze** (Henry-Roussel). — 1931 : **David Golder** (Duvivier). — 1932 : **Poil de Carotte** (Duvivier). — 1934 : **Les Misérables** (Raymond Bernard). — 1935 : **Crime et Châtiment** (Chenal). — 1936 : **Tarass Boulba** (Granowski); **Le Golem** (Duvivier, à Prague).

ZÉRO DE CONDUITE (1933). *Jean Vigo,* trop tôt disparu, fut le Rimbaud du réalisme poétique. Révolte lyrique, avec son envolée de plumes.

L'ATALANTE (*Jean Vigo,* 1935) avec Dita Parlo et Jean Dasté. La Noce traversant la rue d'un village évoque la mélancolique poésie du quotidien.   C.F.

SOUS LES TOITS DE PARIS (1930). *René Clair* prouve par sa maîtrise qu'un sujet vraiment national est le gage d'un succès international.
C.F.

A NOUS LA LIBERTÉ (*René Clair*, 1932) avec Raymond Cordy. Dans ce film, René Clair aborda l'actualité contemporaine sur le ton d'un conte philosophique.
C.F.

— 1937 : **Un grand amour de Beethoven** (Gance); **Un carnet de Bal** (Duvivier). — 1938 : **La Tragédie Impériale** (L'Herbier). — 1940 : **Volpone** (Tourneur). — 1941 : **L'Assassinat du Père Noël** (Christian-Jaque).

Spécialiste des rôles de composition, au jeu puissant mais appuyé, Harry BAUR fut un peu le Jannings français, pendant les années 30, où sa robuste carrure s'imposa dans de nombreux films.

André BAZIN (Critique). — Né le 18 avril 1918 à Angers (Maine-et-Loire), mort le 10 novembre 1958 à Nogent.

Élève à l'École Normale d'Instituteurs de Saint-Cloud, puis professeur de Lettres. Participe à la Résistance pendant l'occupation et après la Libération, à la fondation de *Travail et Culture* (T.E.C.). Collabore de 1944-1946 à sa mort au quotidien *Le Parisien Libéré*, à l'hebdomadaire *L'Écran Français* (jusqu'à 1950), à la revue *Esprit*, à l'hebdomadaire *France-Observateur* (de 1950 à 1958), etc... Fondateur et directeur avec Doniol-Valcroze des *Cahiers du Cinéma* (mensuel, depuis 1953).

A publié de son vivant : **Orson Welles** (Paris, 1950); **Vittorio De Sica** (en italien, Parme, 1951); **Le Western** (Paris, 1952, en collaboration avec Rieupeyrout).

Ouvrages posthumes : **Qu'est-ce que le Cinéma?** (3 volumes publiés en 1958-1960, plusieurs autres à paraître); **Jean Renoir** (en cours de rédaction).

André BAZIN, qui fut l'un des meilleurs critiques français, était aussi un théoricien de grande valeur, ein de conviction, de générosité et d'originalité. Il fut intéressé aussi bien par la technique du film (champ en profondeur, plan-séquence), que par les rapports du cinéma avec les autres arts, et la signification sociale des films. Il a été un des pères spirituels de la « Nouvelle Vague », en formant notamment François Truffaut, Chabrol, et d'autres jeunes critiques, devenus réalisateurs après sa mort prématurée.

Jacques BECKER (Réalisateur). — Né et mort à Paris, 15 septembre 1906-21 février 1960.

Employé à la Compagnie Générale Transatlantique, puis assistant de Jean Renoir (1931-1938). Courts métrages et documentaires en 1932-1938. Premier long métrage, 1939 : **L'Or du Cristobal** (non achevé par lui). Prisonnier de guerre, libéré en simulant l'épilepsie, débute en 1942, avec **Dernier Atout** (*Int.* Raymond Rouleau). — 1943 : **Goupi-Mains Rouges** (*Sc.* Pierre Véry; *Int.* Ledoux, Blanchette Brunoy, Le Vigan). — 1945 : **Falbalas** (*Int.* Raymond Rouleau, Micheline Presle, Gabrielle Dorziat). — 1947 : **Antoine et Antoinette** (*Int.* Roger Pigaut, Claire Mafféi). — 1949 : **Rendez-vous de Juillet** (*Int.* Daniel Gélin, Brigitte Auber, Nicole Courcel). — 1951 : **Édouard et Caroline** (*Int.* Daniel Gélin, Anne Vernon). — 1952 : **Casque d'Or** (*Int.* Simone Signoret, Serge Reggiani, Claude Dauphin, Bussières). — 1953 : **Rue de l'Estrapade**. — 1954 : **Touchez pas au Grisbi** (*Int.* Jean Gabin, René Dary, Jeanne Moreau, Frankeur); **Ali Baba**. — 1957 : **Aventures d'Arsène Lupin** (*Int.* Robert Lamoureux). — 1958 : **Montparnasse 1919** (Les Amants de Montparnasse, *Int.* Gérard Philipe, Anouk Aimée, Lily Palmer). — 1960 : **Le Trou**.

Avec sa forte personnalité, son excellente direction d'acteurs, sa conception personnelle du montage, Jacques BECKER, formé par Jean Renoir, parut d'abord poursuivre, pendant le temps où son maître fut absent de France, son tableau des diverses classes sociales de la France contemporaine (les paysans dans Goupi, *la haute couture dans* Falbalas, *les travailleurs parisiens dans* Antoine et Antoinette, *la jeunesse d'après-guerre dans* Rendez-vous de Juillet). *Après 1950, ce réalisateur exigeant et minutieux dut parfois se résigner à accepter certains sujets, mais se retrouve complètement dans son dernier film,* Le Trou, *d'une scrupuleuse exactitude et d'une grandeur tragique dans sa peinture du quotidien. Il avait atteint le sommet de sa perfection plastique avec* Casque d'Or.

BENOIT-LÉVY. — Né et mort à Paris (25 avril 1888-1960).

Neveu de l'avocat et producteur Edmond Benoît-Lévy, lié aux intérêts Pathé, il débute comme réalisateur de courts métrages éducatifs et documentaires vers 1920. Il fait débuter Jean Epstein pour la réalisation en 1923, de **Pasteur,** puis il devient metteur en scène de scénarios le plus souvent écrits par Marie Epstein (sœur du cinéaste).

1926 : **Peau de Pêche.** — 1928 : **Ames d'Enfants.** — 1930 : **Le Petit Jimmy.** — 1933 : **La Maternelle** (*Int.* Madeleine Renaud). — 1934 : **Itto** (en Afrique du Nord; *Int.* Simone Berriau, Ibrahim Ben Brick). — 1936 : **Hélène** (*Int.* Madeleine Renaud, Jean-Louis Barrault, Le Vigan). — 1937 : **La Mort du Cygne** (*Int.* Yvette Chauviré). — 1938 : **Altitude 3 200** (*Int.* Jean-Louis Barrault, Odette Joyeux, Blanchette Brunoy). — 1939 : **Feu de Paille.** Entre 1940 et 1946, aux États-Unis. De 1946 à 1949, directeur du cinéma à l'UNESCO.

BENOIT-LÉVY, qui a dirigé plus de 400 courts métrages, a été en France l'apôtre du cinéma éducatif, auquel il a consacré plusieurs livres et études, notamment : Le Cinéma d'enseignement et éducatif (1929), Le Cinéma dans l'orientation professionnelle et l'apprentissage (1931), Les Grandes Missions du Cinéma (1945).

Raymond BERNARD. — Né à Paris le 10 octobre 1891. Fils du célèbre auteur dramatique Tristan Bernard.

D'abord acteur avec Sarah Bernhardt dans le film **Jeanne Doré.** Devient réalisateur pour une Société fondée pour adapter les sujets ou les pièces de son père. Débute, en *Co. R.* avec Jacques Feyder, avec : 1917 : **Le Ravin sans Fond.** — *R.* 1919 : **Le Petit Café** (*From* Tristan Bernard; *Int.* Max Linder). — 1920 : **Le Secret de Rosette Lambert.** — 1922 : **Triplepatte** (*From* Tristan Bernard). — 1923 : **Le Costaud des Épinettes** (*From* Tristan Bernard). — 1924 : **Le Miracle des Loups** (*Sc.* Dupuy Mazuel; *Int.* Dullin, Vanni Marcou). — 1927 : **Le Joueur d'Échecs.** — 1932 : **Les Croix de Bois.** — 1934 : **Les Misérables** (*Int.* Harry Baur, Charles Vanel, Florelle, Dullin, Max Dearly). — 1934 : **Tartarin de Tarascon.** — 1935 : **Amants et Voleurs.** — 1937 : **Marthe Richard.** — 1938 : **J'étais une Aventurière.** — 1939 : **Les Otages.** — 1946 : **Un Ami viendra ce soir.** — 1953 : **La Dame aux Camélias.**

Les meilleures réussites de ce réalisateur cultivé et habile, ont été des mises en scène historiques à grand spectacle : Le Miracle des Loups, Le Joueur d'Échecs, *et surtout* Les Misérables, *fort honnête adaptation d'un roman célèbre.*

Guy BERNARD (Compositeur). — Né le 19 mai 1909 à Chauny (Aisne), d'abord journaliste et critique musical. A écrit les partitions de nombreux C.M. et L.M., dont 1946 : **Naissance du Cinéma** (Roger Leenhardt). — 1947 : **Danse de Mort** (*R.* Cravenne). — 1948 : **Les Dernières Vacances** (Leenhardt); Paris 1900 (Nicole Vedrès); **Goémons** (Yannick Bellon). — 1949 : **Guernica** (Alain Resnais). — 1950 : **Balzac** (Jean Vidal). — 1953 : **Reveron** (*R.* Margot Bénacéraf); **Les Statues meurent aussi** (*R.* Resnais). — 1954 : **Zola** (Jean Vidal); **F. Mauriac** (*R.* Leenhardt). — 1955 : **Varsovie quand même** (Yannick Bellon).

Compositeur original et puissant, Guy BERNARD a apporté beaucoup d'intensité dramatique à divers films. Sa partition de Guernica *est un classique, comme celle de* Paris 1900.

Sarah BERNHARDT (Actrice). — Née à Paris le 25 septembre 1844, morte à Paris le 26 mars 1923.

La plus fameuse tragédienne française du siècle dernier. Tourne en 1900 une courte scène, **Le Duel d'Hamlet** pour le *Ciné Photo Théâtre* de Clément Maurice, à l'Exposition Universelle. Accepte de tourner en 1908, pour le *Film d'Art* : **La Tosca** (Calmettes), mais mécontente du résultat, ne permet pas la projection du film.

1911 : **La Dame aux Camélias** (Pouctal) (*Int.* Paul Capellani). — 1912 : **La Reine**

Elisabeth (Louis Mercanton et Desjardins, réalisé à Londres; *Sc.* Eugène Moreau; *Int.* Lou Tellegen, Decœur, Maxudian, Hammeroy, Marie-Louise Deval). — 1913 : **Adrienne Lecouvreur** (Louis Mercanton). — 1916 : **Mères Françaises** (Mercanton et Hervil; *Int.* G. Signoret, Louise Lagrange, M. Jalabert). — 1917 : **Jeanne Doré** (*From* pièce Tristan Bernard; *R.* Mercanton et Hervil). — 1923 : **La Voyante** (Léon Abrams; *Ph.* Raymond Agnel et Alph. Gibory; *Déc.* Menessier; *Int.* Harry Baur, Mary Marquet, Georges Melchior, Lily Damita, François Fratellini.

Après avoir interprété Queen Elizabeth, *qui devait faire la fortune de Zukor et de la Paramount, la « grande Sarah » déclarait à la presse américaine :* « Je me retourne vers le Dieu qui accorde le génie, pour le remercier d'avoir donné à l'homme le pouvoir de transmettre à la postérité le plus grand succès de ma carrière. C'est pour moi une grande joie de savoir que mon chef-d'œuvre se trouve à la portée du peuple entier, et j'espère qu'il sera apprécié avant que je n'aie disparu d'ici-bas, et encore longtemps après. » *L'actrice connaissait mieux les lois de la scène que celles de l'écran, et sa* Dame aux Camélias *appartient davantage à l'histoire du théâtre qu'au cinéma. A la fin de sa vie, presqu'octogénaire, amputée, infirme, ne pouvant se faire transporter sur une scène, elle accepta de laisser réaliser, dans son hôtel particulier du boulevard Péreire,* La Voyante, *et mourut avant que le film fut terminé.*

Jules BERRY (Acteur). Pseudonyme de J. Paufichet. — Né le 9 février 1883 à Poitiers, mort le 23 avril 1951 à Paris.

Célèbre acteur dans les théâtres du Boulevard, a interprété après 1931 une centaine de films dont : 1935 : **Le Crime de M. Lange** (Jean Renoir). — 1939 : **Le Jour se lève** (Marcel Carné). — 1942 : **Les Visiteurs du Soir** (Marcel Carné).

Ses meilleures créations ont été les aventuriers cyniques, diaboliques et corrompus.

Pierre BLANCHAR (Acteur). — Né le 30 juin 1896 à Philippeville (Algérie). Acteur à l'Odéon (1919) et la Comédie-Française (1939). En 1943-1945, Président du Comité de Libération du Cinéma français.

A interprété depuis 1920 une quarantaine de films dont : 1922 : **Jocelyn** (*From* Lamartine). — 1927 : **Le Joueur d'Échecs**. — 1931 : **L'Atlantide** (G.W. Pabst). — 1935 : **Crime et Châtiment** (*From* Dostoievsky). — 1938 : **L'Étrange M. Victor** (Jean Grémillon). — 1942 : **Pontcarral** (Delannoy). — 1946 : **Patrie** (Louis Daquin); **La Symphonie Pastorale** (Delannoy).

D'abord jeune premier, BLANCHAR est devenu en 1935-1945 un spécialiste des personnages romantiques et tourmentés, qui lui valurent de nombreux succès, notamment dans Crime et Châtiment.

Bernard BLIER (Acteur). — Né le 11 janvier 1916 à Buenos Aires (Argentine). Élève de Raymond Rouleau et Louis Jouvet. Joue au théâtre.

A interprété au cinéma (1937-1959) une soixantaine de films, dont : 1938 : **Entrée des Artistes** (Marc Allégret). — 1939 : **Le Jour se lève** (Marcel Carné). — 1942 : **La Symphonie Fantastique**. — 1947 : **Café du Cadran, Quai des Orfèvres** (Clouzot). — 1949 : **Les Casse-Pieds**; **L'École Buissonnière** (Le Chanois). — 1950 : **Sans laisser d'Adresse** (Le Chanois). — 1951 : **Agence Matrimoniale** (Le Chanois). — 1953 : **Avant le Déluge** (Cayatte). — 1956 : **Dossier Noir** (Cayatte). — 1958 : **Les Misérables** (Le Chanois). — 1959 : **Sans Famille** (André Michel); **Les Grandes Familles** (La Patellière).

Excellent acteur, plein d'autorité, BLIER est spécialiste des rôles de composition.

Pierre BOST. — Né le 5 septembre 1901 à Lasalle (Gard), romancier, journaliste,

auteur dramatique. Scénariste depuis 1952, presque toujours avec Jean Aurenche, son collaborateur notamment pour :
1944 : **Douce** (Autant-Lara). — 1946 : **Patrie** (Louis Daquin); **La Symphonie Pastorale** (Delannoy). — 1947 : **Le Diable au Corps** (Autant-Lara). — 1948 : **Au-delà des Grilles** ou **Les Murs de Malapaga** (*Co.Sc.* César Zavattini, en Italie, par René Clément). — 1949 : **Occupe-toi d'Amélie** (Autant-Lara). — 1951 : **L'Auberge Rouge** (Autant-Lara). — 1952 : **Jeux Interdits** (René Clément). — 1953 : **Les Orgueilleux** (Yves Allégret). — 1954 : **Le Rouge et le Noir** (Autant-Lara). — 1955 : **Gervaise** (René Clément). — 1956 : **La Traversée de Paris** (Autant-Lara). — 1958 : **En cas de Malheur** (Autant-Lara). — 1959 : **Le Chemin des Écoliers**; **La Jument Verte** (Autant-Lara). — 1960 : **Les Régates de San Francisco** (Autant-Lara).

Pierre BOST, l'un des meilleurs scénaristes français de l'après-guerre, a été avec son collaborateur Jean Aurenche, un spécialiste des adaptations intelligentes et bien venues d'auteurs très divers. Ils n'ont écrit presque aucun scénario original.

Gérard BOURGEOIS. — Né à Genève le 18 août 1874, mort à Paris le 15 décembre 1944.

D'abord acteur et directeur de théâtre. Devient en 1908-1910 directeur artistique de la Société *Lux* où il réalise notamment : 1908 : **Un Drame sous Richelieu; Le Conscrit de 1809.** — 1909 : **Les Enfants d'Édouard.** — 1910 : **Dans la Tourmente.** — 1911 (pour Pathé) : **Latude; Les Victimes de l'Alcool** (*Int.* Jacques Normand, Mme Barthe); **Laisme Jacquerie; Cœur de Bohémienne; Une Aventure de Van Dyck; Nick Winter contre Nick Winter; Le Roman d'une Pauvre Fille; Cadoudal.** — 1912 : **La Conquête du Bonheur.** — 1913 : **La Justicière; Les Apaches.** — 1914 : **L'Aventurier; Le Serment de Dolorès.** — 1915 : **Protéa (IV)** avec Josette Andriot. — 1916 : **Le Capitaine Noir.** — 1917, en Espagne : **Christophe Colomb** (*Int.* Georges Wague, Nadette Darson, Marcel Verdier). — 1919 : **Le Fils de la Nuit.** — 1920 : **Les Mystères du Ciel**, long métrage scientifique. — 1922 : **Faust** (Film en relief, avec Georges Wague). — 1923 : **La Dette de Sang.** — 1924 : **Terreur** (*Int.* Pearl White). — 1925 (en Allemagne) : **Plus Rapide que la Mort** (*Int.* et *Co.R.* Harry Piel).

Venu du théâtre, mais ayant réfléchi sur les lois du cinéma, Gérard BOURGEOIS atteignit son apogée en 1910-1917. Il fut le premier en France à imposer dès 1911 les longs métrages (près d'une heure de projection). Son chef-d'œuvre, Les Victimes de l'Alcoolisme, dans la tradition du Théâtre libre et des théâtres populaires des Faubourgs, marqua dans son sujet une nette évolution du cinéma vers la tradition des romans réalistes du XIXᵉ siècle, et dans sa technique une intéressante utilisation de la profondeur du champ.

Jean-Serge (dit aussi Yves) **BOURGOIN** (Directeur de la Photographie). — Né le 4 mars 1913 à Paris. Études E.T.P.C. Assistant ou cameraman de Kruger, Curt Courant, Jean Isnard, Christian Matras, Jean Bachelet, etc.

Ph. 1936 : **La Vie est à nous** (Jean Renoir). — 1937 : **Le Temps des Cerises** (Le Chanois et Vermorel). — 1938 : **La Marseillaise** (Jean Renoir). — 1943 : **Goupi Mains Rouges** (Jacques Becker). — 1946 : **Les Démons de l'Aube** (Yves Allégret). — 1947 : **Voyage Surprise** (Pierre Prévert). — 1948 : **Dédée d'Anvers** (Yves Allégret). — 1950 : **Manèges** (Yves Allégret). — 1952 : **Les Conquérants Solitaires** (Vermorel). — 1954 : **Avant le Déluge** (Cayatte). — 1955 : **Le Dossier Noir** (Cayatte). — 1958 : **Mon Oncle** (Tati). — 1959 : **Goha le Simple** (Baratier); **Orfeu Negro** (Marcel Camus). — 1960 : **Une Fille pour l'Été** (Molinaro).

Est passé au tout premier rang des opérateurs français avec la réussite exceptionnelle de ses films en couleurs, Mon Oncle et Goha le Simple, notamment.

BOURVIL. Pseudonyme d'André RAIMBOURG (Acteur). — Né le 27 juillet 1917 à Petrot-Vicquemare (Seine-Maritime), petit village normand. D'abord ouvrier agricole et boulanger. Chansonnier de cabaret après 1940.

Au cinéma : 1946 : **Pas si Bête.** — 1949 : **Miquette et sa Mère** (Clouzot). — 1951 : **Seul dans Paris.** — 1954 : **Les Trois Mousquetaires.** — 1956 : **La Traversée de Paris** (Autant-Lara). — 1958 : **Les Misérables** (Le Chanois); **Le Miroir à deux Faces** (Cayatte). — 1959 : **La Jument Verte** (Autant-Lara). — 1960 : **Le Bossu.**

D'abord comique naïf et paysan, BOURVIL, formé par la chanson populaire et le café-concert, a pu avec sa maturité, aborder les rôles dramatiques avec beaucoup d'autorité et de talent.

Berthe BOVY (Actrice). — Née le 6 janvier 1887 à Liège (Belgique).

Débute au cinéma en 1908, dans **L'Assassinat du Duc de Guise** (rôle d'un jeune page), interprète ensuite notamment : 1913 : **Une Brute Humaine** (Morlhon). — 1921 : **La Terre** (André Antoine). — 1939 : **Le Déserteur** (Moguy). — 1946 : **Boule de Suif** (Christian-Jaque). — 1948 : **Les Dernières Vacances** (Leenhardt). — 1949 : **L'Armoire Volante** (Carlo Rim). — 1950 : **La Souricière** (Calef). — 1954 : **L'Affaire Maurizius** (Duvivier).

Excellente actrice de théâtre, Berthe BOVY a apporté à l'écran sa finesse et son attachante présence.

Charles BOYER (Acteur). — Né le 28 août 1897 à Figeac (Lot). Conservatoire, classe de Raoul Duflos. Débute au cinéma avec : 1920 : **L'Homme du Large** (L'Herbier). — 1927 : **Le Capitaine Fracasse** (Cavalcanti). — 1928 : **La Ronde Infernale.** Puis divers rôles en Allemagne et aux U.S.A. dont **Big House** (Version française 1930). Interprète alors en France : 1933 : **Liliom** (Fritz Lang); **La Bataille.** — 1935 : **Mayerling** (Litvak). — 1937 : **Orage** (Marc Allégret).

Puis s'établit aux États-Unis, où il acquiert la nationalité américaine. Interprète pourtant en France : 1956 : **Madame De** (Max Ophüls). — 1958 : **Une Parisienne** (Boisrond). — 1959 : **Maxime** (Henri Verneuil).

Acteur fameux et capable, qui réalisa la majorité de ses films non en France mais aux États-Unis.

Pierre BRASSEUR (Acteur). Pseudonyme de Pierre ESPINASSE. — Né le 22 décembre 1905 à Paris. Débute très jeune au théâtre. Écrit plusieurs pièces d'avant-garde, influencées par le surréalisme. Paraît à l'écran dans : 1925 : **La Fille de l'Eau** (Renoir), mais n'y commence sa vraie carrière qu'avec le parlant.

D'abord 1930-1937, dans des films médiocres; puis notamment : 1938 : **Quai des Brumes** (Carné). — 1943 : **Lumière d'Été** (Grémillon). — 1945 : **Les Enfants du Paradis** (Carné). — 1947 : **Les Portes de la Nuit** (Carné). — 1948 : **Rocambole** (Baroncelli). — 1949 : **Les Amants de Vérone** (Cayatte). — 1951 : **Barbe-Bleue** (Christian-Jaque); **Maître après Dieu** (Daquin). — 1952 : **Le Plaisir** (Ophüls). — 1957 : **Porte des Lilas** (Clair). — 1958 : **Sans Famille** (André Michel); **Les Grandes Familles** (La Patellière). — 1959 : **La Loi** (Dassin); **La Tête contre les Murs** (Franju). — 1960 : **Les Yeux sans Visage** (Franju). — 1961 : **Pleins Feux sur l'Assassin** (Franju).

D'abord à l'écran jeune premier assez conventionnel, sans doute parce qu'il considérait alors le cinéma comme un gagne-pain, Pierre BRASSEUR, parvenu à sa maturité, a donné des compositions fouillées et souvent de grande valeur, créant surtout des personnages déçus, cyniques, vaniteux, truculents et parfois idéalistes.

Robert BRESSON. — Né le 25 septembre 1907 à Bromont-Lamothe (Puy-de-Dôme). 1934 : **Les Affaires Publiques,** film comique. (*Co.R.* Charbonnier, *Mus.* Jean Wiener, *Int.* Beby, Dalio, Margaritis). Assistant de René Clair pour **Air Pur** (1939, non achevé). Prisonnier de guerre. Libéré, dirige son premier long métrage : 1943 : **Les Anges du Péché** (*Sc.* R.P. Bruckberger et Jean Giraudoux, *Int.* Renée Faure, Sylvie, Jany Holt). — 1945 : **Les Dames du Bois de Boulogne** (*From* Diderot, *Dial.* Jean Cocteau, *Int.* Elina Labourdette, Paul Bernard, Maria Casarès). — 1950 : **Journal d'un Curé de Campagne** (*Int.* Claude Laydu, Balpétré). — 1956 : **Un Condamné à Mort s'est échappé ou Le Vent souffle où il veut** (*From* Récit Dewigny, *Ph.* Burel, *Int.* Jacques Leterrier, Roland Monod). — 1959 : **Pickpocket** (*Ph.* Burel, *Déc.* P. Charbonnier, *Int.* Martin Lasalle, Pierre Lemagrie, Pelegri et autres non professionnels). — 1962 : **Le Procès de Jeanne d'Arc.**

Depuis ses débuts jusqu'à Pickpocket, *tout l'effort de BRESSON a tendu vers un épurement toujours plus absolu de son art, en refusant les collaborations au scénario, et l'intervention des acteurs, tout en réduisant au minimum les décors de studio, pour réaliser un idéal qu'il a résumé dans ces principes :* « Nous poussons l'amour du style jusqu'à la manie. Le film est le type de l'œuvre qui réclame un Style. Il faut un auteur, une écriture. L'auteur écrit sur l'écran, s'exprime au moyen de plans photographiques de durées variables, d'angles de prise de vues variables. Un choix s'impose, dicté par les calculs ou l'instinct, et non par le hasard. » *Son effort exigeant apparenté au jansénisme place l'homme et son drame au centre d'une œuvre dont les préoccupations religieuses ne sont pas absentes, mais dont l'humanisme et la sourde chaleur sont profondément émouvants.*

Luis BUNUEL (Réalisateur). — Né à Calanda (Aragon) le 22 février 1900. Étudiant à l'Université de Madrid avec Garcia Lorca, Salvador Dali, Rafael Alberti, Juan Vicens, etc. S'établit en France, où il devient en 1926 l'assistant de Jean Epstein.

1928 : **Un Chien Andalou** (*Sc.* L.B. et Salvador Dali, *Int.* Pierre Batcheff, Simone Mareuil). — 1930 : **L'Age d'Or** (*Sc.* L.B. et Salvador Dali, *Int.* Gaston Modot, Lya Lys, Max Ernst, Pierre Prévert, etc.). — 1932 : **Terre sans Pain** (Los Hurdes), (*Ph.* Elie Lotar, *Co.Sc.* Pierre Unik, édité en 1937 seulement). — 1934-1938, en Espagne; 1939-1946, aux États-Unis. Depuis 1957, au Mexique où il dirige de nombreux films. Réalise en France, ou en coproduction française : 1956 : **Cela s'appelle l'Aurore** (*Int.* Lucia Bose, Georges Marchal); **La Mort en ce Jardin** (*Int.* Simone Signoret). — 1961 (en Espagne) : **Viridiana.**

Un des plus grands réalisateurs contemporains, BUNUEL a dirigé avec Un Chien Andalou *et* L'Age d'Or *les chefs-d'œuvre du cinéma surréaliste. Il y avait mis beaucoup de ses obsessions personnelles et de sa conception du monde, comme en ont ensuite témoigné les œuvres importantes qu'il a dirigées au Mexique.*

Léonce Henry BUREL (Directeur de la Photographie). — Né le 23 novembre 1892 à Indret (Loire-Atlantique). École des Beaux-Arts, puis *Ph.* 1915 au « *Film d'art* ».

1915 : **Alsace** (Pouctal). — 1916 : **Gaz Mortels** (Gance). — 1917 : **Mater Dolorosa** (Gance). — 1918 : **La Dixième Symphonie** (Gance). — 1919 : **J'accuse** (Gance). — 1922 : **Crainquebille** (Feyder). — 1923 : **La Roue** (Feyder). — 1927, *Co.Ph.* : **Napoléon** (Gance). — 1928 : **L'Équipage** (Tourneur). — 1932 : **Boudu sauvé des Eaux** (Jean Renoir). — 1937 : **Abus de Confiance** (Decoin). — 1941 : **La Vénus Aveugle** (Gance). — 1947 : **Rocambole** (Baroncelli). — 1949 : **Les Casse-Pieds** (Noël-Noël). — 1951 : **Journal d'un Curé de Campagne** (Bresson). — 1953 : **La Vérité sur Bébé Donge** (Decoin). — 1956 : **Un Condamné à Mort s'est échappé** (Bresson). — 1959 : **Pickpocket** (Bresson).

Le premier opérateur français qui ait exercé, consciemment, la photographie comme un grand Art. L.H. BUREL s'imposa par les prouesses en clair obscur de Mater Dolorosa *et de la* Dixième Symphonie, *annonçant le style qui sera celui de Gregg Toland vers 1940*

pour Orson Welles et John Ford. Mais cet artiste a su aussi faire preuve d'un dépouillement
total dans de nombreux films, notamment ceux que dirigèrent Robert Bresson.

André CALMETTES (Réalisateur). — Né à Paris le 18 avril 1861. Mort en 1942.
Acteur 1886 à l'Odéon, 1889 Théâtre Sarah-Bernhardt. Devient en 1908 directeur
artistique et réalisateur du *Film d'Art* fondé par les Frères Laffitte.
1908 : **L'Assassinat du Duc de Guise** (*Co.R.* Le Bargy, *Int.* Le Bargy, Albert Lambert,
Gabrielle Robinne, Berthe Bovy, Dieudonné, *Sc.* Lavedan, *Mus.* Saint-Saëns); **Le Retour**
d'Ulysse (*Co.R.* Le Bargy, *Sc.* Jules Lemaître, *Int.* Julia Barthet, Albert Lambert, Paul
Mounet, Delaunay, *Mus.* Georges Hue). — 1909 : **Le Secret de Myrtho; Le Bois Sacré**
(*Sc.* Edmond Rostand); **Le Lépreux de la Cité d'Aoste; Un Duel sous Richelieu; La Tosca;**
Macbeth; Résurrection. — 1910 : **L'Épi** (*Sc.* Lavedan); **Le Luthier de Crémone; Werther;**
L'Écharpe; Le Moujik Jaloux; Rival de son Père; L'Usurpateur; Le Maître de Forges;
La Main; La Reddition d'Huningue. — 1911 : **Jésus de Nazareth; Le Chevalier d'Essex;**
La Grande Bretèche. — 1912 : **La Grande Marnière.** — 1913 : **Ferragus.**
Remplacé en 1913 au *Film d'Art* par Pouctal, CALMETTES abandonne la mise en
scène, paraît comme acteur dans : 1923 : **Le Petit Chose.** — 1925 : **La Closerie des Genêts**
et meurt dans une situation très difficile.
L'Assassinat du Duc de Guise *amena une révolution dans le cinéma, mais il semble*
que ses innovations dans le jeu des acteurs et le scénario aient été surtout dues à Le Bargy.
CALMETTES, venu de la scène, resta toujours fidèle à la formule du théâtre photographié,
et sous sa direction le Film d'Art *déclina rapidement, comme mouvement artistique.*

Riciotto CANUDO (Écrivain de cinéma). — Né le 2 janvier 1879 à Gioia del Colle,
province de Bari (Italie); mort à Paris le 10 novembre 1923. Romancier et critique. Établi
à Paris en 1902, y popularise d'Annunzio et le futurisme de Marinetti. Publie en 1911
le *Manifeste des Sept Arts*, qui fait baptiser le cinéma « septième art ». Engagé volontaire
pendant la guerre dans les Armes Françaises, fait campagne pour l'intervention de l'Italie.
Fonde en 1921 le CASA (Club des Amis du Septième Art) dont le manifeste proclame :
« *Septième Art, parce que l'Architecture et la Musique, les Deux Arts suprêmes, avec leurs*
« *complémentaires* », *peinture, sculpture, poésie et danse, ont formé jusqu'ici le chœur hexa-*
rythmique du rêve esthétique des siècles. »
Le CASA, qui se proposait une activité internationale, le relèvement de la « production
cinématique », l'organisation de Festivals et de Congrès du Film latin, limita son activité
à des rencontres et banquets par souscription dans *Le Grenier de Montjoye* (la revue fondée
par R.C.), ainsi qu'à l'organisation en 1921 et 1922 de séances cinématographiques au
Salon d'Automne, présidé alors par Frantz Jourdain, puis en 1923 à la Foire de Lyon.
Les 68 dîners du CASA, suivis de conférences et projections de films, groupaient littéra-
teurs, journalistes, cinéastes, artistes. CANUDO publiait la *Gazette des 7 Arts* lorsqu'il
mourut prématurément, sans avoir pu réaliser ses nombreux projets cinématographiques.
Son roman *L'Autre Aile* fut adapté en 1924 par Andréani. Ses principaux articles
furent publiés en 1927 par Fernand Divoire dans *L'Usine aux images*. Leurs théories,
leurs jugements critiques, leur singulier vocabulaire ont mal résisté à l'épreuve du temps
et contrastent en cela, avec les écrits contemporains de Louis Delluc, qui s'opposa à
CANUDO dans diverses polémiques amicales.

Albert CAPELLANI (Réalisateur). — Né et mort à Paris 1870-1931. Formé par Antoine
et Gémier. Administrateur de *l'Alhambra*. Débute en 1905 comme metteur en scène chez
Pathé.
1906 : **La Peine du Talion; Aladin.** — 1907 : **Don Juan; La Vestale; Cendrillon; Le**

Pied de Mouton; Samson. — 1908 : Le Chat Botté; Peau d'Ane; Jeanne d'Arc. Devient directeur artistique de la S.C.A.G.L. (Société cinématographique des Auteurs et Gens de Lettres) où il débute avec L'Homme aux Gants Blancs (*Int.* Grétillat, Desfontaines). — 1909 : L'Assommoir; Le Corso Tragique; Un Monsieur qui suit les Dames; Le Coup de Fusil; Le Roi s'amuse; L'Évasion de M. de La Valette; La Mort du Duc d'Enghien. — 1910 : Les Deux Orphelines; Le Flibustier; La Retraite; L'Évadé des Tuileries; L'Épouvante. 1911 : La Tour de Nesles; Notre-Dame de Paris; Le Courrier de Lyon; Cyrano de Bergerac. — 1912 : Les Misérables (4 780 m, édité en 4 parties). — 1913 : Patrie; Germinal. — 1914 (1920) : Quatre-vingt-treize.

S'établit en 1914-1922 aux États-Unis où il dirige des films pour Alla Nazimova, puis pour June Caprice. De retour à Paris en 1923, n'y trouve pas de travail. Puis paralysé jusqu'à sa mort.

Les mises en scene de CAPELLANI pour la S.C.A.G.L. sont le plus souvent restées dans le style des tableaux vivants successifs, et se souviennent trop du théâtre. Son chef-d'œuvre fut Les Misérables, dont le succès fut énorme aux États-Unis. Ce film contribua à y imposer la vogue des très longs métrages (plus de deux heures) et paraît avoir préparé la voie à D.W. Griffith.

      Renée CARL (Actrice). — Morte à Paris en 1954.

D'abord actrice de théâtre, notamment au *Théâtre des Arts*. Est engagée chez Gaumont par Feuillade, qui lui fait tourner son premier film La Puce (pourrait être Histoire de Puce, mars 1909). Appartient ensuite jusqu'en 1917 à la troupe de Feuillade, interprétant pour lui notamment :

1909 : Judith et Holopherne. — 1910 : Aux Lions les Chrétiens. — 1911-1914 : La Majorité des Séries: La Vie telle qu'elle est; Bébé; Bout de Zan; La Vie Drôle et notamment : 1912 : Les Cloches de Pâques; Le Nain; La Hantise; L'Homme de Proie; La Course aux Millions; L'Intruse. — 1913 : Le Revenant; Les Yeux Ouverts; Le Secret du Forçat; S'affranchir; Un Drame au Pays Basque. — 1914 : Manon de Montmartre; L'Enfant de la Roulotte; Severo Torelli; Le Calvaire (Pouctal) et 1913-1914, série des Fantômas. — 1915, produit Quand Même. — 1916 : Quand meurt l'Amour (D'Auchy). — 1917 : Ses Premiers Cheveux Blancs; Le Dernier Rêve. — 1920 : Rose de Nice (Chaillot). — 1921 : L'Aviateur Masqué. — 1922 : Un Cri dans la Nuit (par elle-même). — 1925 : Les Misérables (Fescourt). — 1937 : Pépé le Moko (Duvivier).

Petite, brune, les traits réguliers, elle put jouer des rôles d'Espagnole, mais fut surtout une spécialiste des mères persécutées ou des épouses sacrifiées. Elle fut une remarquable Lady Beltham dans Fantômas.

      Marcel CARNÉ. — Né à Paris le 18 août 1909. Fils d'un ébéniste. D'abord journaliste et critique. Assistant de Jacques Feyder et René Clair.

1930 : Nogent, Eldorado du Dimanche (*Co.R.* Michel Sanvoisin). — 1936 : Jenny (*Sc.* Jacques Prévert et J. Constant, *Ph.* Roger Hubert, *Mus.* Kosma, *Int.* Françoise Rosay, Albert Préjean, Charles Vanel, Jean-Louis Barrault). — 1937 : Drôle de Drame (*Sc.* Prévert, *Mus.* Jaubert, *Déc.* Trauner, *Ph.* Schuftan, *Int.* Françoise Rosay, Michel Simon, Louis Jouvet, Jean-Louis Barrault). — 1938 : Quai des Brumes (*Sc.* J. Prévert, *Déc.* Trauner, *Ph.* Schuftan et Louis Page, *Int.* Jean Gabin, Michèle Morgan, Michel Simon, Pierre Brasseur); Hôtel du Nord (*Sc.* Jeanson, *From* Eugène Dabit, *Int.* Arletty, Jouvet). — 1939 : Le Jour se lève (*Sc.* J. Viot et J. Prévert, *Ph.* Curt Courant et Ph. Agostini, *Déc.* Trauner, *Mus.* Jaubert, *Int.* Jean Gabin, Jules Berry, Jacqueline Laurent, Arletty). — 1942 : Les Visiteurs du Soir (*Sc.* Prévert et Laroche, *Déc.* Wakevitch et Trauner, *Mus.* Thiriet et Kosma, *Int.* Alain Cuny, Arletty, Jules Berry, Fernand Ledoux, Marie Déa). — 1943-1945 : Les Enfants du Paradis (*Sc.* J. Prévert, *Ph.* Roger Hubert, *Déc.* Barsacq, Gabutti,

Trauner, *Mus.* Thiriet et Kosma, *Int.* Arletty, Jean-Louis Barrault, Pierre Brasseur, Maria Casares, Marcel Herrand, Pierre Renoir, Jane Marken). — 1946 : **Les Portes de la Nuit** (*Sc.* Prévert, *Ph.* Agostini et A. Bac, *Déc.* Trauner, *Mus.* Kosma, *Int.* Yves Montand, Nathalie Nattier, Pierre Brasseur, Serge Reggiani). — 1948 : **La Fleur de l'Age** (inachevé). — 1950 : **La Marie du Port.** — 1951 : **Juliette ou la Clé des Songes** (*Int.* Gérard Philipe). — 1953 : **Thérèse Raquin** (*From* Zola, *Sc.* Spaak, *Int.* Simone Signoret, Raf Vallone, J. Duby). — 1954 : **L'Air de Paris** (*Int.* Gabin, Roland Lesaffre, Arletty). — 1956 : **Le Pays d'où je viens.** — 1958 : **Les Tricheurs** (*Int.* Terzieff, J. Charrier, Pascale Petit). — 1961 : **Terrain Vague.**

Devenu à trente ans l'un des plus grands réalisateurs par des films le plus souvent écrits par Jacques Prévert, Marcel CARNÉ a connu depuis 1947 et l'échec commercial des Portes de la Nuit, une carrière difficile mais a remporté un succès considérable et mérité avec Les Tricheurs.

En 1936-1939 ses films sont dominés par l'angoisse d'une guerre prochaine et marqués d'un certain fatalisme. Pendant l'occupation, il peut réaliser son chef-d'œuvre, Les Enfants du Paradis, œuvre généreuse et romantique se référant aux meilleures traditions littéraires du XIXe siècle. Depuis, dans des sujets parfois imposés, il n'a jamais abandonné sa recherche convaincue.

Martine CAROL (Actrice). Pseudonyme de Maryse MOURER. — Née le 16 mai 1920 à Biarritz (Basses-Pyrénées).

Débute à l'écran pendant l'occupation, sous le nom de Maryse ARLEY. — 1946 : **Voyage Surprise** (Pierre Prévert). — 1949 : **Les Amants de Vérone** (André Cayatte). — 1951 : **Caroline Chérie** (Pottier). — 1952 : **Adorables Créatures** (Christian-Jaque); **Belles de Nuit** (René Clair). — 1953 : **Un Caprice de Caroline Chérie** (Jean Devaivre); **Lucrèce Borgia** (Christian-Jaque). — 1954 : **Madame du Barry** (Christian-Jaque); **La Plage** (Lattuada, en Italie). — 1955 : **Lola Monèts** (Ophüls); **Nana** (Christian-Jaque). — 1956 : **Les Carnets du Major Thompson** (Preston Sturges). — 1958 : **Nathalie** (Christian-Jaque). — 1959 : **Noces Vénitiennes** (Cavalcanti). — 1960 : **Austerlitz** (Abel Gance).

Blonde à la chair éclatante, Martine CAROL fut la « star » type d'un certain cinéma français à grand spectacle, et fut dirigée par des metteurs en scène comme René Clair ou Ophüls.

Michel CARRÉ (Réalisateur et Scénariste). — Né et mort à Paris (7 juillet 1865-11 août 1945). Fils de Michel Carré, librettiste fameux, avec Barbier, de nombreux opéras en 1850-1870, notamment le *Faust* de Gounod. Son fils devient à son tour librettiste d'opérettes et de ballets à partir de 1890. Met en scène, en 1907, le premier long métrage français **L'Enfant Prodigue**, où il filme sa pantomime (1890) avec Georges Wague et Marie Laurent. Devient ensuite scénariste et metteur en scène pour Pathé avec :

1909 : **Le Bal Noir** (*Int.* Henri Krauss, Jeanne Cheirel); **Fleur de Pavé** (*Int.* Mistinguett, *Co.R.* Denola); **La Dormeuse; La Miniature; La Peur; Sœur Angélique; La Laide** (*Int.* Troukanova); **Ordre du Roi.** — 1910 : **L'Amour et le Temps; L'Inventeur; Le Four à Chaux; Athalie** (*From* Racine, *Int.* De Max); **L'Épouvante.** — 1911 : **L'Homme de Peine; La Louve; Ma Fille; Le Violon de Grand-Père; Deux Vieux Garçons; Le Mensonge ; Jean le Manchot; Le Rival Dupé; Le Mémorial de Sainte-Hélène** (*Co.S.* Barbier). — 1912 : **La Femme Métamorphosée en Chatte; Le Miracle** (à Vienne). — 1913 : **L'Œuvre de Jacques Serval** (*Int.* Paul Capellani, Stacia Napierkowska); **Le Solitaire** (*Int.* Harry Baur).

Abandonne le cinéma après 1914, mais assure en 1922-1925 la présidence de la Société des Auteurs de films.

Un des premiers auteurs dramatiques français qui se soit tourné vers le cinéma, et y soit devenu, de 1907 à 1914, réalisateur de scénarios dont il était en règle générale l'auteur.

Maria CASARÈS. — Née le 21 novembre 1922 à La Corogne (Espagne). Fille du républicain espagnol S. Casarès Quiroga réfugié en France après la guerre civile. Débute au théâtre pendant la guerre. A la *Comédie-Française*, en 1952. Depuis, au *Théâtre National Populaire* (Dir. Jean Vilar).

A interprété au cinéma : 1945 : **Les Enfants du Paradis** (Marcel Carné); **Les Dames du Bois de Boulogne** (Bresson). — 1947 : **La Septième Porte** (Zwobada). — 1948 : **La Chartreuse de Parme** (Christian-Jaque). — 1951 : **Orphée** (Jean Cocteau). A dit le commentaire de Paul Éluard pour le documentaire **Guernica** (d'Alain Resnais).

Il faut regretter qu'une des plus grandes tragédiennes de l'après-guerre ait, depuis 1950, abandonné l'écran pour le théâtre seul.

Jaque CATELAIN (Acteur). — Né le 9 février 1897 à Saint-Germain-en-Laye (Seine-et-Oise). Élève de Paul Mounet au Conservatoire. Interprète après la première guerre les films suivants, réalisés sauf indication contraire, par Marcel L'Herbier : 1918 : **Rose France.** — 1919 : **Le Carnaval des Vérités.** — 1920 : **L'Homme du Large.** — 1921 : **Eldorado.** — 1922 : **Don Juan et Faust.** — 1923 : **L'Inhumaine.** — 1924 : **Kœnigsmark** (Léonce Perret). — 1925 : **Le Chevalier à la Rose** (Robert Wiene). — 1927 : **Le Vertige; Le Diable au Cœur.** — 1929 : **Nuits de Prince.** — 1937 : **La Marseillaise** (Jean Renoir). — 1938 : **Adrienne Lecouvreur.** — 1939 : **La Comédie du Bonheur.**

D'ascendance scandinave, blond, au visage régulier, CATELAIN a été l'interprète favori de Marcel L'Herbier, durant les années 1920-1925 où fleurit l'impressionnisme français. Il a lui-même réalisé et interprété deux films d'avant-garde : 1923, Le Marchand de Plaisirs, et 1924, La Galerie des Monstres. Il a publié en 1950 une biographie de Marcel L'Herbier.

Alberto CAVALCANTI (Réalisateur). — Né à Rio de Janeiro (Brésil) le 6 février 1897. Études de Droit et d'Architecture en Suisse. 1922 : en France, décorateur pour Marcel L'Herbier, **L'Inhumaine, Feu Mathias Pascal.** Réalise 1926 : **Rien que les Heures** (court métrage A.G.). — 1927 : **En Rade** (*Int.* Nathalie Lissenko, Catherine Hessling). — 1928 : **Yvette; Le Train sans Yeux** (*From* Delluc); **La P'tite Lily** (court métrage exp.; *Int.* Jean Renoir, Catherine Hessling). — 1929 : **La Jalousie du Barbouillé; Le Capitaine Fracasse** (*Co.R.* H. Wulschleger); **Le Petit Chaperon Rouge** (C.M.). — 1930 : **Toute sa Vie.** — 1931 : **Dans une Ile perdue; A Mi-chemin du Ciel; Les Vacances du Diable.** — 1932 : **Tour de Chant; Le Jour du Facteur** (C.M.). — 1933 : **Le Truc du Brésilien.** — 1934 : **Coralie et Cie.**

En Grande-Bretagne de 1934 à 1948, y est un des fondateurs de l'école documentaire. De 1949 à 1954, au Brésil. Depuis en Europe, où il réalise notamment un film franco-italien, 1958 : **Les Noces Vénitiennes.**

Alberto CAVALCANTI, actif participant de l'avant-garde française, lui donne des œuvres de tout premier plan comme Rien que les Heures et En Rade. Après une période difficile, il quitte Paris pour Londres. Comme théoricien, producteur, réalisateur et animateur, il y contribue à transmettre et à développer au documentarisme anglais la meilleure part de l'expérience continentale d'avant-garde. Quoi qu'il n'ait été réalisateur à Paris plus de quelques années, il a contribué à donner au cinéma français quelques-uns de ses traits essentiels.*

André CAYATTE. — Né le 3 février 1909 à Carcassonne (Aude). D'abord avocat et romancier, puis après 1937 scénariste. Débute en 1942 comme réalisateur, par une série de films médiocres. De 1942 à 1948 : **La Fausse Maîtresse, Le dessous des cartes.** Puis 1949 : **Les Amants de Vérone** (*Sc.* Prévert, *Ph.* Alekan, *Déc.* Moulaert, *Mus.* Kosma, *Int.* Pierre Brasseur, Reggiani, Anouk Aimée, Dalio, Martine Carol, Marianne Oswald). — 1950 : **Justice est faite** (*Sc.* Spaak, *Ph.* Bourgoin). — 1952 : **Nous sommes tous des Assassins** (*Sc.* Spaak). — 1953 : **Avant le Déluge** (*Sc.* Spaak, *Int.* Marina Vlady,

Bernard Blier, Frankeur, Isa Miranda, Balpétré, J. Castelot). — 1955 : **Le Dossier Noir** (*Sc.* Spaak). — 1956 : **Œil pour Œil.** — 1958 : **Le Miroir à deux Faces.** — 1960 : **Le Passage du Rhin** (*Int.* Aznavour).

Les meilleures réussites d'André CAYATTE forment une « série judiciaire » de quatre films (1950-1955) ayant chacun pour thème un grand procès. Leurs scénarios ont tous été écrits par Charles Spaak, et leur ensemble constitue un intéressant tableau des mœurs et de la société française pendant l'après-guerre. Le meilleur des quatre, Avant le Déluge, *est un document sur la période la plus dramatique de la guerre froide. Depuis ce film, Cayatte est loin d'avoir retrouvé pareille réussite.*

Emile CHAUTARD (Réalisateur et Acteur). — Né à Paris en 1881, mort aux U.S.A. en 1934.

Acteur à l'Odéon, devient en 1910, pour la Société Éclair, directeur de la Série d'Art A.C.A.D. avec une troupe comportant notamment Bary, André Luguet, Henri Krauss, Mevisto, de Feraudy, Germaine Dermoz, etc.

Dirige notamment, 1910 : **Le Gamin de Paris**; **Le Médecin malgré lui.** — 1911 : **César Birotteau; Mater Dolorosa; La Légende de l'Aigle; Le Poison de l'Humanité.** — 1912 : **Le Mystère du Pont Notre-Dame; Le Bonhomme Jadis; La Dame de chez Maxim's; Sapho; Occupe-toi d'Amélie.** — 1913 : **Le Poison de l'Humanité (II); La Veuve Joyeuse.** En 1915, s'établit aux États-Unis, où il dirige de nombreux films jusque 1926 où il redevient acteur.

A la veille de 1914, alors qu'il devenait un art, un des plus abondants artisans du cinéma français.

Pierre CHENAL. — Né en 1903 à Paris. Débute dans l'avant-garde en écrivant **Drames sur Celluloïd** et en dirigeant plusieurs courts métrages (1927-1931); **Paris-Cinéma; Coups de Dés; Architecture d'Aujourd'hui; Les Petits Métiers de Paris.** Met en scène : 1933 : **La Rue sans nom.** — 1935 : **Crime et Châtiment** (*From* Dostoïevsky, *Int.* Pierre Blanchar, Harry Baur, Madeleine Ozeray. — 1936 : **Les Mutinés de l'Elseneur.** — 1937 : **L'Homme de nulle part** (En Italie); **Alibi.** — 1938 : **L'Affaire Lafarge; La Maison du Maltais.** — 1939 : **Le Dernier Tournant.** — 1940-1946, plusieurs films en Argentine. — 1947 : **La Foire aux Chimères.** — 1948 : **Clochemerle.** — 1950-1955 : films en Argentine et au Chili. — 1958 : **Rafles sur la Ville.** — 1959 : **Jeux Dangereux; La Bête à l'affût.**

Avant 1940, produisit quelques films intéressants (bien qu'alors surévalués). Connut ensuite un succès international considérable (et surprenant) avec Clochemerle, *moins en raison de sa mise en scène que de la verve du roman de Gabriel Chevallier, qu'il adaptait.*

Maurice CHEVALIER (Acteur). — Né le 12 septembre 1888 à Paris, dans le quartier populaire de Belleville. Ouvrier graveur puis, avant sa vingtième année, chanteur dans les cafés-concerts populaires. Interprète quelques films, avec la vedette Mistinguett en 1912-1914. Conquiert après 1920 une énorme popularité comme chanteur de music-hall et d'opérette. Séjourne à Hollywood en 1929-1934 et y est consacré grande vedette internationale par une série de comédies musicales, notamment :

1929 : **Innocents of Paris.** — 1930 : **Love Parade.** — 1932 : **The Smiling Lieutenant.** — 1934 : **Merry Widow.** — 1935 : **Folies-Bergère.** De retour en Europe, ne remporte pas un grand succès avec **L'Homme du Jour** (1935, Duvivier) et **Break The News** (1938, à Londres, René Clair). Revient au cinéma avec, 1947 : **Le Silence est d'Or** (René Clair). Après s'être vu refuser l'entrée des États-Unis en 1951, pour avoir signé l'*Appel de Stockholm*, a recommencé en 1958 une nouvelle carrière à Hollywood avec **Gigi** (Vincent Minelli) et **Can-Can** et **Fanny** (Josual Ogan).

Maurice CHEVALIER, le plus grand chanteur de music-hall français durant la première moitié du siècle, n'a pas égalé à l'écran ce qu'il fut sur la scène, mis à part sa remarquable création dans Le Silence *est d'or, de René Clair.*

Segundo de CHOMON (Opérateur, spécialiste du truquage). — Né à Téruel (Espagne) le 18 octobre 1871, mort à Paris le 2 mai 1929.

De lointaine et noble origine française, participe en 1897 à la guerre de Cuba, comme officier. 1902 : établit à Barcelone un atelier de coloriage de films où il invente le procédé du pochoir. Puis devient réalisateur avec : 1905, **Los Guapos del Parque.** — 1906 : engagé par Pathé à Paris, y participe en quatre ans à 150 films, notamment 1907 : **La Légende du Fantôme; Le Roi des Aulnes; Liquéfaction des corps durs; Les Ombres animées; Le Chevalier Mystère; Voyage dans la planète Jupiter; La Passion** (Deuxième version). — 1908 : **Cuisine magnétique; La Table magique; Cauchemar et Doux Rêve; Les Jouets vivants; Fabrique d'argent; Sculpteur moderne; La Poule aux œufs d'or ; Peau d'Ane; La Belle au Bois Dormant** (ces trois derniers films dirigés par Capellani).

Fabrique au début de 1908 une caméra de truquage permettant la prise de vue image par image, qu'il avait peut-être employée (au moins à quelques images près) dès 1903 ou 1904 à Barcelone. Après 1911, en Italie, il emploie pour Pastrone le travelling dans **Cabiria.**

Esprit singulier, grand spécialiste de tous les truquages et effets spéciaux, cet Espagnol contribuera lors de son séjour en France à perfectionner considérablement la technique du film. Opérateur plutôt que réalisateur, il ne saura employer les procédés créés par lui, pour créer une série de genres artistiques nouveaux comme l'a fait Emile Cohl.

Henri CHRÉTIEN (Inventeur). — Né en 1879 à Paris, mort le 6 février 1956 à Washington (États-Unis).

Électricien, astronome, mobilisé en 1914-1918 à la *Section Technique de l'Aéronautique Militaire,* met au point un colimateur pour avions, puis un périscope pour tanks. Fonde après 1918 l'*Institut d'Optique* pour lequel, perfectionnant son périscope de chars, il met au point l'objectif *hypergonar* fondé sur le principe des anamorphoses (compression et décompression des images) et qu'il applique au cinéma.

En 1928, Autant-Lara utilise l'*Hypergonar* pour mettre en scène **Construire un feu.** En 1931, l'invention est achetée par Pathé-Nathan, qui ne l'utilise pas. Elle sert en 1937 à des démonstrations à l'exposition internationale de Paris. En 1952-1953, l'*Hypergonar* tombé dans l'oubli, voit ses procédés de fabrication (les brevets étant caducs) rachetés spectaculairement par Spyro Skouras, de la *XXth Century Fox* pour servir de base au *Cinémascope* qui s'imposera par le succès du film **La Tunique.** Rendu mondialement célèbre, l'inventeur et homme d'affaires survivra peu à son succès.

CHRISTIAN-JAQUE (Réalisateur). Pseudonyme de Christian MAUDET. — Né le 4 septembre 1904 à Paris. Élève à l'école des Beaux-Arts. D'abord décorateur de films. Réalisateur depuis 1930, a dirigé une soixantaine de films, dont : 1936 : **François Ier.** — 1938 : **Les Disparus de Saint-Agil.** — 1941 : **L'Assassinat du Père Noël.** — 1942 : **La Symphonie Fantastique.** — 1942-1945 : **Carmen.** — 1945 : **Sortilèges; Boule de Suif** (*From* Maupassant). — 1947 : **La Chartreuse de Parme.** — 1948 : **D'Homme à Hommes.** — 1952 : **Fanfan la Tulipe** (*Sc.* Wheeler, René Fallet, Henri Jeanson; *Ph.* Matras; *Déc.* Robert Gys; *Int.* Gérard Philipe, Gina Lollobrigida, Noël Roquevert, Olivier Hussenot). — 1952 : **Lucrèce Borgia.** — 1955 : **Si tous les Gars du Monde** (*Sc.* Rémy, Clouzot, Geronimi, Jean Ferry; *Ph.* Armand Thirard; *Mus.* Van Parys; *Déc.* Robert Gys; *Int.*

Hélène Perdrière, Gilbert Gil, Andrex, Trintignant, Valmy, etc.). — 1959 : **Babette s'en va-t-en guerre.**

Jusqu'en 1940, CHRISTIAN-JAQUE avait été un réalisateur abondant et médiocre, à la belle exception près des Disparus de Saint-Agil. *Depuis, sa personnalité s'est affirmée, mais les réussites de ce brillant technicien sont fonction des conditions de production et du scénario qui lui est proposé. De son œuvre se détachent deux réussites* : Fanfan la Tulipe, *et* Si tous les Gars du Monde.

René CLAIR. Pseudonyme de R. CHOMETTE. — Né le 11 novembre 1898 à Paris. Fils d'un commerçant dans le quartier des Halles. Journaliste, acteur pour Feuillade et Protazano (1921-1922). En 1923, assistant de Baroncelli.

Première réalisation : 1923 (1924), **Paris qui dort** (*Ph.* Defassiaux et Guichard; *Int.* H. Rollan, M. Vallée, A. Préjean, Martinelli). — 1924 : **Entr'acte** (*Sc.* Picabia; *Ph.* Berliet; *Mus.* Erik Satie; *Int.* Jean Borlin, Picabia, Man Ray, Marcel Duchamp, Marcel Achard, Charensol, Pierre Scize, Touchagues, etc.). — 1925 : **Le Fantôme du Moulin Rouge.** — 1926 : **Le voyage imaginaire.** — 1927 : **La proie du Vent.** — 1928 : **Un chapeau de paille d'Italie** (*From* Labiche et Marc Michel; *Ph.* Defassiaux et Roudakoff; *Déc.* L. Meerson; *Int.* A. Préjean, Olga Tchekowa, Marise Maia, Alice Tissot, Paul Olivier, Jim Gérald). — 1928 : **La Tour** (Doc.). — 1929 : **Les deux Timides** (*From* Labiche et Michel; *Int.* Feraudy, Pierre Batcheff, Françoise Rosay). — 1930 : **Sous les toits de Paris** (*Ph.* Perinal; *Dec.* Meerson; *Mus.* Moretti et Armand Bernard; *Int.* Préjean, Pola Illery, Gaston Modot, Paul Olivier). — 1931 : **Le Million** (*From* Georges Berr et Guillemaud; *Ph.* Perinal et Raulet; *Déc.* Meerson; *Mus.* Armand Bernard, Philippe Parès, Van Parys; *Int.* Annabella, René Lefèvre, Vanda Gréville, Paul Olivier, Aibert, Odette Talazac). — 1932 : **A nous la liberté** (*Ph.* Perinal; *Déc.* Meerson; *Mus.* Auric; *Int.* R. Cordy, Henri Marchand, Rolla France, Paul Olivier, Vincent Hyspa). — 1933 : **Quatorze Juillet** (*Déc.* Meerson; *Mus.* Jaubert; *Ph.* Perinal; *Int.* G. Rigaud, Annabella, Pola Illery, Paul Olivier, R. Cordy, Aimos). — 1934 : **Le Dernier Milliardaire** (*Ph.* Rudolf Maté; *Déc.* Aguettand; *Mus.* Jaubert; *Int.* Max Dearly, Renée Saint-Cyr, Marthe Mellot, J. Noguero). — En Angleterre, 1935 : **The Ghost Goes West** (Fantôme à vendre). — 1937 : **Break the News** (Fausses nouvelles). — En France, 1939 : **Air Pur** (interrompu par la guerre). — A Hollywood, 1940 : **The Flame of New Orleans** (La Belle ensorceleuse). — 1942 : **I Married a Witch** (Ma Femme est une Sorcière). — 1943 : **It happened to morrow** (C'est arrivé demain). — 1945 : **And then there Were None** (Dix petits Indiens).

En France, 1947 : **Le Silence est d'or** (*Ph.* Thirard; *Déc.* Léo Barsacq; *Mus.* Van Parys; *Int.* Maurice Chevalier, François Périer, Marcelle Derrien, Dany Robin, Gaston Modot, Paul Olivier, R. Cordy). — 1950 : **La Beauté du Diable** (à Rome : *Sc.* R.C. et Salacrou; *Ph.* Michel Kelber; *Déc.* Barsacq; *Mus.* Roman Vlad; *Int.* Gérard Philipe, Michel Simon, Simone Valère, Nicole Besnard, Carlo Ninchi, R. Cordy, Paolo Stoppa, G. Modot).¹ — 1952 : **Les Belles de Nuit** (*Int.* Gérard Philipe, Martine Carole, Gina Lollobrigida). — 1956 : **Les Grandes Manœuvres** (*Int.* Gérard Philipe, Michèle Morgan, Brigitte Bardot, Pierre Dux, Magali Noël). — 1957 : **Porte des Lilas** (*Int.* Georges Brassens, Pierre Brasseur, Henry Vidal, Dany Carrel). — 1960 : **Le Mariage,** épisode du film collectif : **La Française et l'Amour.** — 1961 : **Tout l'Or du Monde.**

*René CLAIR est l'un des plus grands réalisateurs mondiaux. Profondément français, il n'a pas produit ses meilleurs films lorsqu'il dut travailler en Grande-Bretagne et aux Etats-Unis. Il débuta par l'avant-garde, mais visa très vite le grand public par les comédies qui furent sa spécialité et constituèrent la majorité de ses œuvres, d'*Un chapeau de paille d'Italie *au* Silence est d'or *en passant par* Sous les toits de Paris, *le plus grand succès mondial du cinéma français au début du Parlant. Avec la maturité, il se tourne vers la comédie dramatique et même la tragédie philosophique :* La Beauté du diable *exprimant métaphoriquement* *l'angoisse du monde devant le péril atomique, comme jadis* A nous la liberté *son inquiétude devant la rationalisation du travail.*

Sa forte personnalité se caractérise par la précision de sa touche, la subtilité ironique, la légèreté d'une satire dans la tradition de Diderot et Voltaire; René CLAIR est l'auteur de ses scénarios, pour tous les films qu'il a réalisés en France. Il a publié : 1928 : Adams (roman). — 1953 : Réflexion faite. — 1959 : Comédies et Commentaires. *Il est depuis 1960 membre de l'Académie Française.*

René CLÉMENT. — Né le 18 mars 1913 à Bordeaux. Élève d'architecture à l'École des Beaux-Arts. Cinéma d'amateur, puis documentaire :
1942-1943 : **Ceux du Rail; La Grande Pastorale.** Débute dans les longs métrages par, 1945 : **La Bataille du Rail.** — 1946 : **La Belle et la Bête** (*Co.R.* Jean Cocteau); Le Père **Tranquille** (*Co.R.* Noël-Noël). — 1947 : **Les Maudits** (*Sc.* Jeanson; *Int.* Fosco Giachetti, Florence Marly, Dalio, Michel Auclair). — 1949 : En Italie, **Le Mura di Malapaga** (Au delà des grilles); (*Sc.* Zavattini; *Int.* Jean Gabin, Isa Miranda, A. Cecchi). — 1950 : **Le Château de Verre.** — 1952 : **Jeux Interdits** (*Sc. F.* Boyer, Aurenche et Bost; *Int.* Brigitte Fossey, Poujouly). — 1954, en Grande-Bretagne : **Monsieur Ripois** (*From* Louis Hémon; *Dial.* Queneau; *Int.* Gérard Philipe). — 1956 : **Gervaise** (*From* L'Assommoir de Zola; *Sc.* Aurenche et Bost; *Int.* Maria Schell, François Périer, Suzy Delair). — 1958 : **Barrage sur le Pacifique** Copr. Ital.-U.S.A.). — 1960 : **Plein Soleil.** — 1961 : **Quelle Joie de Vivre.**

René CLÉMENT s'est révélé comme un grand réalisateur dès son premier long métrage, La Bataille du Rail, *semi-documentaire directement dicté par les récents exploits de la Résistance. Après une période difficile, la polémique contre la guerre de* Jeux Interdits *le place à nouveau au tout premier rang. Après son curieux* Monsieur Ripois *et le succès de* Gervaise, *René CLÉMENT connaît une nouvelle hésitation dans sa carrière, mais demeure l'un des plus grands cinéastes français.*

René CLOEREC (Musicien). — Né le 31 mai 1911 à Paris. A écrit les partitions de nombreux films, notamment, 1943 : **Douce** (Autant-Lara). — 1945 : **La Cage aux Rossignols** (Dréville). — 1946 : **Le Père Tranquille** (Clément et Noël-Noël). **Le Diable au corps** (Autant-Lara). — 1947 : **Les Condamnés** (Lacombe). — 1948 : **Les Casse-Pieds** (Noël-Noël et Dréville). — 1949 : **Occupe-toi d'Amélie** (Autant-Lara). — 1950 : **Dieu a besoin des Hommes** (Delannoy). — 1951 : **L'Auberge Rouge.** — 1953 : **Le Blé en Herbe.** — 1954 : **Le Rouge et le Noir.** — 1955 : **Marguerite de la Nuit.** — 1955 : **La traversée de Paris** (ces 5 films, Autant-Lara).

Le musicien habituel de Claude Autant-Lara a subordonné ses compositions à servir les images.

Henri-Georges CLOUZOT. — Né le 20 novembre 1907 à Niort (Deux-Sèvres). Assistant-réalisateur et scénariste en 1930-1933, doit abandonner le cinéma pendant plusieurs années pour cause de maladie. Redevient scénariste en 1938, puis réalisateur.
1942 : **L'Assassin habite au 21.** — 1943 : **Le Corbeau** (*Sc.* Chavance et H.G.C.; *Déc.* Warm; *Ph.* N. Hayer; *Int.* Pierre Fresnay, Ginette Leclerc, Larquey). — 1947 : **Quai des Orfèvres** (*Sc.* Jean Ferry et H.G.C.; *Déc.* M. Douy; *Int.* Louis Jouvet, Bernard Blier, Larquey, Suzy Delair, Simone Renant). — 1949 : **Manon** (*Sc.* Ferry et H.G.C.; *Ph.* Thirard; *Déc.* Douy; *Int.* Cécile Aubry, Michel Auclair, Serge Reggiani, Gabrielle Dorziat). — 1950 : **Miquette et sa Mère.** — 1951-1952 : **Brésil** (Doc. inachevé). — 1953 : **Le Salaire de la Peur** (*From* Georges Arnaud; *Ph.* Thirard; *Mus.* Georges Auric; *Int.* Yves Montand, Charles Vanel, Folco Lulli, Vera Clouzot). — 1955 : **Les Diaboliques** (*Int.* Simone Signoret, Vera Clouzot, Paul Meurisse). — 1956 : **Si tous les Gars du Monde** (Co. Scénario). — 1956 :

Le Mystère Picasso (long métrage documentaire; *Ph.* Claude Renoir; *Mus.* Georges Auric; *Mont.* H. Colpi). — 1957 : **Les Espions.** — 1960 : **La Vérité** (*Int.* Brigitte Bardot).

Réalisateur possédant beaucoup de personnalité et de métier, CLOUZOT a comme Alfred Hitchcock le goût des intrigues policières. Son sens du « suspense » contribua beaucoup à la carrière de son premier grand succès, Le Corbeau. Plusieurs de ses films ont été orientés vers une critique sociale, domaine dans lequel il échoua souvent, mis à part le Salaire de la Peur.

Jean COCTEAU (Écrivain, acteur et réalisateur). — Né le 5 juillet 1889 près de Paris. Auteur de nombreux essais, romans, pièces de théâtre, chansons, poèmes, etc. Dessinateur. Membre de l'Académie française depuis 1959. Président d'honneur du Festival de Cannes.

Films, 1930 : **Le Sang d'un Poète** (*Ph.* Perinal; *Mus.* Georges Auric; *Int.* Lee Miller, Pauline Carton, Odette Talazac, Jean Desbordes, Feral Benga, Barbette). — 1942 : **Le Baron Fantôme** (Dial. et acteur). — 1943 : *Sc.* **L'Éternel Retour** (*R.* Delannoy). — 1944 : *Dial.* **Les Dames du Bois de Boulogne** (Robert Bresson). — 1946 : **La Belle et la Bête** (réalisation et scénario; *Co.R.* Clément); *Ph.* Alekan; *Déc.* Moulaert et Carré; *Cost.* Christian Bérard; *Mus.* Georges Auric; *Int.* Jean Marais, Josette Day, Mila Parély, Michel Auclair, Marcel André. — 1947 : **L'Aigle à Deux Têtes.** — 1947 : **Ruy Blas** (adaptation de Victor Hugo; *R.* Pierre Billon). — 1948 : **Noces de Sable** (commentaire, *Réal.* Zwobada). — 1949 : **Les Parents Terribles** (*Déc.* Christian Bérard; *Ph.* Michel Kelber; *Mus.* Georges Auric; *Int.* Jean Marais, Josette Day, Yvonne de Bray, Marcel André, Gabrielle Dorziat). — 1950 : **Orphée** (*Ph.* Hayer; *Déc.* d'Eaubonne; *Mus.* Georges Auric; *Int.* Jean Marais, Maria Casarès, François Périer). — 1952 : **Le Rossignol de l'Empereur de Chine** (commentaire français du film tchèque de Jiri Trnka). — 1960 : **Le Testament d'Orphée** (*Ph.* Roland Pontoiseau; *Sc. R., Int.* Maria Casarès, F. Périer, Henri Cremieux, etc.

Livres consacrés au cinéma, 1947 : *La Belle et la Bête*, journal d'un film. — 1948 : *Le sang d'un Poète*, scénario. — 1951 : *Entretiens autour du cinématographe.*

Pour un auteur qui exprima son univers personnel sous toutes les formes littéraires et plastiques, le film fut surtout un moyen d'expression poétique. Créer un film est pour lui « s'acharner des deux mains et construire un objet dont le style devienne équivalent à son style de plume ». Le Sang d'un Poète, Orphée et Le Testament, reprenant à dessein les mêmes thèmes ont constitué, en trente ans, une confidence métaphorique en forme de trilogie, dont il a dit : « sans m'en rendre compte, je me portraicturais moi-même ». Ses meilleurs films ont été la somptueuse féerie-balle La Belle et la Bête, et Les Parents terribles, très bel exemple de ciné-théâtre, transposant à l'écran, avec ses créateurs, son « vaudeville tragique ».

Emile COHL (Animateur). Pseudonyme d'Émile COURTET. — Né le 4 janvier 1857 à Paris, mort à Orly le 21 janvier 1938. Élève du caricaturiste André Gill, dessinateur dans les journaux et les hebdomadaires jusqu'à 1907 où, après avoir vu un de ses dessins plagiés par Gaumont, devient un réalisateur de cette firme, spécialiste des films à trucs.

1908 : **La Course aux Potirons; Le Ski; La Force de l'Enfant; Le Mouton enragé; La Vie à rebours.** Après 1908, ayant percé le secret du « mouvement américain », il s'exerce à tous les genres de l'animation : dessins, modelages, poupées, sculptures, carton découpé, objets, etc.

1908 : **Fantasmagorie; Le Cauchemar du Fantoche; Les Agents magnétiques; Le Château de cartes; La Vie à rebours; L'Hôtel du Silence; Le Miracle des Roses; Un Drame chez les Fantoches; Les Allumettes animées; Le Cerceau Magique; N.I.N.I. c'est fini; Le Journal animé; Les Frères Boutdebois; Le petit Soldat qui devint Dieu.**

1909 : **Transfiguration; Soyons donc Sportifs; La Valise diplomatique; Les Beaux Arts de Joko; La Lampe qui file; Japon de fantaisie; L'Omelette fantastique; L'Agent** de poche; Le Docteur Carnaval; Les Joyeux Microbes; Si nous buvions un coup; Clair de Lune espagnol (Co.R. Arnaud); Le Linge turbulent; Moderne École; Clown chez les Liliputiens; Les Couronnes; Chaussures matrimoniales; L'École du Soldat; Porcelaines tendres; Génération spontanée; Les Châteaux de la Loire; La Lune dans ton tablier; Don Quichotte; Un Chirurgien distrait; Les Lunettes féériques; Affaire de cœur.

1910 : Cadres fleuris; Le Binettoscope; Rêve enfantin; En route; Singeries humaines; Le Petit Chanteclair; Le Mobilier Fidèle; Les Douze Travaux d'Hercule; Le Journal Folichon; Le Tout Petit Faust; Les Quatre Petits Tailleurs; Enfance de l'Art; Les Beaux-Arts mystérieux; La Placière tenace; Rien n'est impossible à l'Homme.

1911 (Pathé) : Poudre de vitesse; L'Automate acrobatique; La Chambre ensorcelée; Le Retapeur de Cervelles; Aventures d'un bout de papier; C'est roulant; Le Musée des Grotesques; Les Melons baladeurs; Les Mésaventures de Jobard.

1912 (Éclipse) : La Boîte Diabolique; Les jouets animés; Allumettes fantastiques; Pêle-Mêle cinématographique; Aventures de la Famille Cœur de Buis; Un Poisson disputé; L'Homme sans tête; Un Jongleur émérite; Cuisine-Express.

1913 (Éclair) : Vengeance des Esprits; Le Baron de Crac; Rêve d'un Garçon de Café; Histoire d'un Chapeau; Aventures de Maltrace; Mr Stop. — 1913-1915 (aux U.S.A.) : Série des Snookums. En France, 1918 : Aventures des Pieds Nickelés.

Se trouve ensuite dans une situation difficile. Placé dans une maison de retraite, y meurt de brûlures, une bougie ayant mis le feu à sa longue barbe blanche.

Émile COHL n'est pas seulement le créateur du dessin animé comme art, mais de presque tous les genres et techniques de l'animation. Plein d'imagination, il créa un monde fantastique et poétique singulier, qui a visiblement inspiré pour ses découvertes le fameux animateur McLaren.

Docteur J. COMMANDON. — Né en 1877 à Jarnac (Charente). Dès 1908, avant d'avoir obtenu son doctorat en médecine, réussit avec l'appui de Pathé, à réaliser une série de films microscopiques qu'il présente en 1910 à l'Académie de Médecine. Films réalisés en 1908-1910 : Le Spirochète Vincent; Le Tripanozome; Circulation du Sang; Le Sang Humain; Les Microbes Intestinaux; Le Mouvement Amiboïde; Action de l'Eau sur le Sang; La Fièvre Récurrente; Sang d'Ovipares; Hekmonie.

Films de vulgarisation : Maladie du Tripanozome Nagance; Microbe de la Fièvre Récurrente; Faites bouillir votre Eau; Laxolote; Les Mouvements de l'Estomac par les Rayons X; Le Scorpion; Notre Monde et les Astres de l'Espace.

1911 : La Chenille de la Carotte; L'Air Liquide; La Levure de Bière; Les Ondes Hertziennes. Associé à Lomon, réalise en 1911 une série de films radioscopiques et édite en 1911-1914 de nombreux films dans la série Pathé-Enseignement, notamment des séries consacrées à la propagande contre la tuberculose.

En 1922-1930, films pour la Fondation Alfred Kahn dont : 1924 : Radioscopie du Cœur Humain. Après 1932, service cinématographique de l'Institut Pasteur.

Pionnier du film scientifique en France, le Docteur COMMANDON y a poursuivi l'œuvre de Marey, et exploré tous les domaines de la science, par le cinéma, notamment l'univers microscopique.

Nicole COURCEL (Actrice). Pseudonyme de N. ANDRIEUX. — Née le 21 octobre 1930 à Paris, débuts en 1946 dans Antoine et Antoinette (Becker). Premier grand rôle dans : 1949 : Rendez-vous de Juillet (Becker). — 1950 : La Marie du Port (Carné). — 1951 : Les Amants de Bras-Mort (Pagliero). — 1955 : Papa, Maman, la Bonne et Moi (Le Chanois). — 1956 : La Sorcière (André Michel). — 1957 : Le cas du Docteur Laurent (Le Chanois).

Une des meilleures actrices révélées après-guerre dans le cinéma français, Nicole COURCEL possède une personnalité attachante et un peu mélancolique dans sa retenue.

ANGÈLE (*Pagnol*, 1934). « Angèle » fournit à Fernandel l'occasion d'une création exceptionnelle. C.F.

LA GRANDE ILLUSION (*Jean Renoir*, 1937). Film magistralement interprété par Stroheim. C.F.

TONI (*Jean Renoir*, 1935). Film produit par Pagnol où Renoir affirme son réalisme. C.F.

LA BÊTE HUMAINE (*Jean Renoir,* 1938), avec Jean Gabin et Carette. A la pointe du réalisme français, Jean Renoir adapta Zola.   C.F.

LE CIEL EST A VOUS (1944). Dans ce film, *Jean Grémillon* affirma, aux heures les plus tragiques de l'Occupation, un aspect brûlant de l'héroïsme français.

Jacques-Yves COUSTEAU. — Né en 1910 à Saint-André (Gironde). Officier de marine jusqu'en novembre 1942. S'est depuis consacré aux recherches sous-marines, en utilisant des scaphandres autonomes. Réalise pour ses recherches des courts métrages documentaires sous-marins.
1943 : **Par 18 mètres de fond.** — 1945 : **Épaves.** — 1947 : **Paysages du Silence.** — 1949 : **Autour d'un Récif.** — 1950 : **Carnets de Plongée.** — 1956 : **Le Monde du Silence** (long métrage, *Co.R.* Louis Malle).

Yves COUSTEAU, chercheur scientifique qui utilisa d'abord le film comme auxiliaire de ses travaux, est devenu un cinéaste de grande classe, qui a révélé mieux qu'aucun autre la poésie et le mystère des espaces sous-marins, notamment dans son chef-d'œuvre, Le Monde du Silence.

René CRESTÉ (Acteur). — Né à Paris en 1880, mort à Nice fin 1922. Débute au théâtre. Engagé en 1913 chez Gaumont, interprète pour Léonce Perret : 1913-1914 : **Par l'Amour; Le Roi de la Montagne; Les Mystères de l'Ombre; Le Dernier Amour,** etc. Puis, en 1916-1919, pour Feuillade : **Déserteuse; Le Passé de Monique; Le Bandeau sur les Yeux; L'Autre; Petites Marionnettes.** — 1917 : **Judex.** — 1918 : **La Nouvelle Mission de Judex; Vendémiaire.** — 1919 : **Tih Minh.**
Fonde ensuite sa propre société, pour laquelle il dirige en 1920-1922 : **Le Château du Silence; Le Remords Imaginaire; L'Aventure de René; Un Coup de Tête.**

René CRESTÉ fut inoubliable dans sa création de Judex, *avec son chapeau noir, sa cape à agrafes d'argent, son visage impassible et fatal. Mort prématurément, il laissa une veuve dans une situation difficile. On voulut organiser à son bénéfice, en 1928, un gala qui n'eut pas lieu, mais pour lequel Louis Aragon et André Breton écrivirent une pièce, à la gloire des films à épisodes, le* Trésor des Jésuites.

Louis DAQUIN (Réalisateur). — Né le 30 mai 1908 à Calais. Publicitaire puis journaliste. Après 1935, assistant d'Abel Gance, Grémillon, Duvivier, etc. Réalise :
1941 : **Nous les Gosses** (*Sc.* Modot et Hiléro, *Int.* Louise Carletti, Bussières, André Le Gal). — 1942 : **Madame et le Mort.** — 1943 : **Le Voyageur de la Toussaint; Premier de Cordée.** — 1945 : **Patrie** (*Ph.* N. Hayer, *Int.* Pierre Blanchar, Maria Mauban, Jean Desailly). — 1947 : **Les Frères Bouquinquant** (*From* Jean Prévost, *Ph.* Louis Page, *Int.* Madeleine Robinson, R. Pigaut, Préjean, Jean Vilar). — 1948 : **Le Point du Jour** (*Sc.* Vl. Pozner, *Ph.* André Bac, *Int.* Desailly, René Lefèvre, Loleh Bellon). — 1950 : **Maître après Dieu** (*From* Jan de Hartog, *Ph.* Louis Page, *Int.* Pierre Brasseur). — 1955, en Autriche : **Bel Ami** (*From* Maupassant). — 1958, en Roumanie : **Les Chardons du Baragan** (*From* Panait Istrati). — 1960, en Allemagne : **La Rabouilleuse ou les Arrivistes** (*From* Balzac).

Louis DAQUIN a milité sous l'occupation au Comité de Libération du Cinéma, *puis est devenu secrétaire du* Syndicat des Techniciens (C.G.T.). *Son talent est robuste et combatif. Après avoir beaucoup apporté au courant réaliste, notamment avec* Nous les Gosses *et* Le Point du Jour, *il s'est trouvé depuis 1951 pratiquement interdit dans les studios français et a dû, malgré lui, poursuivre sa carrière dans divers pays étrangers.*

Danielle DARRIEUX (Actrice). — Née le 1er mai 1917 à Bordeaux.
Apparaît à l'écran dès l'âge de 14 ans (**Le Bal,** 1931). Interprète notamment : 1936 : **Tarass Boulba.** — 1937 : **Abus de Confiance** (Decoin). — 1939 : **Battements de Cœur** (Decoin). — 1941 : **Premier Rendez-vous** (Decoin). — 1949 : **Occupe-toi d'Amélie** (Autant-Lara). — 1951 : **La Vérité sur Bébé Donge** (Decoin). — 1953 : **Le Bon Dieu sans Confession**

(Autant-Lara). — 1954 : **Le Rouge et le Noir** (Claude Autant-Lara). — 1956 : **Typhon sur Nagasaki.** — 1957 : **Pot-Bouille** (Duvivier). — 1959 : **Marie-Octobre.**
Apres avoir été une ingénue pleine de charme, plutôt qu'une comédienne, Danielle DAR-RIEUX est devenue depuis 1950 une des meilleures actrices françaises, sensible, émouvante, parfaite dans son métier et sa tenue.

Henri DECAÉ. — Né le 31 juillet 1915 à Saint-Denis (Seine).
D'abord réalisateur de court métrage et *Ph.* 1950 : **Le Silence de la Mer** (J.P. Melville). — 1951 : **Les Enfants Terribles** (Melville). — 1955 (en Corée) : **Crêve-Cœur** (Jacques Dupont). — 1957 : **S.O.S. Noronha** (Rouquier). S'impose en 1958 avec **Ascenseur pour l'Échafaud** (Louis Malle), et devient le *Ph.* favori de la « Nouvelle Vague » :
1958 : **Les Amants** (Louis Malle). — 1959 : **Le Beau Serge** et **Les Cousins** (Chabrol); **Un Témoin dans la ville** (Molinaro); **Les 400 Coups** (Truffaut); **La Sentence** (Jean Valère). — 1960 : **A Double Tour** (Chabrol); **Les Bonnes Femmes** (Chabrol). — 1961 : **Quelle Joie de Vivre** (Clément).
DECAÉ a créé un style fondé sur l'emploi des caméras portées et des pellicules ultra-sensibles, permettant de photographier sans projecteurs et même de nuit. Il a surtout excellé dans les scènes de rue, prises sans attirer l'attention des passants, ou réalisées dans des intérieurs naturels. Son travail en studio est moins brillant. Au début de 1961, le « style DECAÉ » trop imité, commençait déjà un peu à dater et son créateur se tournait vers d'autres recherches, plus stylisées, avec Quelle Joie de Vivre.

Henri DECOIN (Réalisateur). — Né le 18 mars 1896 à Paris. Champion sportif, journaliste, romancier, auteur dramatique, puis scénariste et réalisateur. On peut noter dans son œuvre abondante :
1937 : **Abus de Confiance.** — 1939 : **Retour à l'Aube; Battements de Cœur.** — 1941 : **Premier Rendez-vous** (tous interprétés par Danielle Darrieux, alors sa femme). — 1942 : **Les Inconnus dans la Maison** (*Sc.* Clouzot, *Int.* Raimu). — 1946 : **La Fille du Diable.** — 1947 : **Non Coupable.** — 1948 : **Les Amoureux sont seuls au Monde.** — 1949 : **Entre Onze Heures et Minuit.** — 1950 : **Trois Télégrammes.** — 1951 : **La Vérité sur Bébé Donge.** — 1952 : **Les Amants de Tolède.** — 1954 : **Bonnes à tuer.** — 1955 : **Razzia sur la Chnouf.** — 1956 : **Folies-Bergère.** — 1957 : **Tous peuvent me tuer.** — 1958 : **Charmants Garçons.** — 1959 : **La Chatte.**
Manifeste un certain savoir-faire dans quelques films qui s'élevèrent un peu au-dessus du niveau commercial moyen de la production française de 1935-1960.

André DEED. Pseudonyme d'André CHAPUIS, dit de CHAPAIS. — Né au Havre en 1884. Mort au cours des années 1930, dans l'oubli et la misère. Fils d'un fonctionnaire, bientôt orphelin, devient employé, puis débute à Nice dans le café-concert et devient acrobate dans les troupes des *Price* et des *Omer*; devient un spécialiste de la « cascade », paraissant au Châtelet et aux ıFolies-Bergère. Interprète quelques films pour Meliès vers 1902-1904.
Débute chez Pathé, rôle d'un petit pâtissier, avec 1906 : **La Course à la Perruque** (André Heuzé) et devient un spécialiste des films poursuites et à cascade : **Boireau déménage** (Heuzé); **Au Voleur!**; **Un Suiveur Obstiné**; etc. — 1907, commence avec Capellani la série des « Boireau » : **Les Apprentissages de B.; Les Débuts d'un Chauffeur; B. a mangé de l'Ail; B. Lutteur.** — 1908 : **B. Roi des Voleurs; B. fait la Noce; Le Foulard Merveilleux; L'Homme Singe.** Engagé en 1908-1911 par Pastrone à l'*Itala*, interprète à Turin la série des Cretinetti (Gribouille en France) avec pour partenaire sa femme Valentina Frascaroli. — 1912, de nouveau avec Pathé : **Gribouille redevient Boireau; Boireau Domestique; B. Cuirassier; B. à l'École**, etc. — En 1913-1914 tournées en Argentine, au Brésil et dans divers

pays d'Europe, réalisant des films pendant ses voyages. Mobilisé en 1914-1918, mais réalise en Italie trois ou quatre Cretinetti. — 1920-1921, deux cinés-romans en Italie : **Le Document Humain**; **L'Homme Mécanique** (comme *R.* et *Int.*). — 1923, de retour à Paris : **Tao**, film à épisodes (Gaston Ravel). — 1924 : **Phi-Phi**. — 1928 : **Graine au Vent** (Keroul). Vers 1930, garde-magasin à Joinville, paraît être mort quelques années plus tard.

DEED fut le premier comique dans le monde à connaître une gloire internationale, connu dans les pays anglo-saxons comme Foolshead *et* Jim, *hispaniques comme* Torribio *ou* Sanchez, Cretinetti *en Italie, etc. Il apporte au cinéma le personnage du Jocrisse, de l'ahuri du café-concert, maladroit, jouant beaucoup des accessoires, des gags, des maquillages excessifs. Il est le créateur au cinéma du « comique idiot » fondé sur l'emploi d'effets mécaniques. Il annonce Mack Sennett, qui après 1914 l'influencera. Assez grossier, il est pourtant empreint d'une vigoureuse verve populaire, et son personnage sera repris aux États-Unis vers 1920 par Larry Semon.*

Suzy DELAIR. — Née le 31 décembre 1916 à Paris. D'abord apprentie dans la couture, puis figuration au cinéma, music-hall, radio.

1941 : **Le Dernier des Six** (Lacombe). — 1942 : **L'Assassin habite au 21** (Clouzot). — 1948 : **Quai des Orfèvres** (Clouzot). — 1949 : **Pattes Blanches** (Grémillon). — 1950 : **Lady Paname** (Jeanson). — 1956 : **Gervaise** (Clément). — 1960 : **Les Régates de San Francisco** (Autant-Lara). — 1961 : **Rocco et ses Frères** (Visconti, en Italie).

Suzy DELAIR est caractérisée par sa robuste présence et sa verve populaire.

Jean DELANNOY (Réalisateur). — Né le 12 janvier 1908 à Noisy-le-Sec (Seine). Employé, directeur, journaliste, acteur, monteur, assistant. Débute dans la mise en scène avec un court métrage comique : 1934 : **Franche Lippée**. Plusieurs films médiocres parmi lesquels on peut noter : 1939-1941 : **Macao ou l'Enfer du Jeu**. — 1941 : **Fièvres** (*Int.* Tino Rossi). — Puis 1942 : **Pontcarral** (*Sc.* Zimmer, *Int.* Pierre Blanchar, Annie Ducaux). — 1943 : **L'Éternel Retour** (*Sc.* Jean Cocteau, *Int.* Jean Marais, Madeleine Sologne). — 1944 : **Le Bossu**. — 1945 : **La Part de l'Ombre**. — 1946 : **La Symphonie Pastorale** (*Int.* Michèle Morgan, Pierre Blanchar). — 1947 : **Les Jeux sont faits** (*Sc.* J.P. Sartre). — 1948 : **Aux Yeux du Souvenir**. — 1949 : **Secret de Mayerling**. — 1950 : **Dieu a besoin des Hommes** (*From* roman Queffelec, *Sc.* Bost et Aurenche, *Int.* Pierre Fresnay, Daniel Yvernel, Daniel Gélin). — 1951 : **Le Garçon Sauvage**. — 1952 : **La Minute de Vérité**; **Destinées** (première partie). — 1953 : **La Route Napoléon**. — 1954 : **Obsession**. — 1955 : **Chiens Perdus sans Colliers**. — 1956 : **Marie-Antoinette**; **Notre-Dame de Paris**. — 1958 : **Maigret tend un Piège** (*From* Simenon, *Sc.* Audiard, *Int.* Jean Gabin). — 1959 : **Guinguette**; **Maigret et l'Affaire Saint-Fiacre**. — 1960 : **Le Baron de l'Écluse**. — 1961 : **La Princesse de Clèves**.

« Réalisateur de grande ambition (comme en témoignent ses incursions dans les grandes œuvres littéraires ou les problèmes sociaux), il n'a pas créé une perspective vraiment personnelle. Mais il possède bien son métier, une technique sûre, et le don de savoir s'entourer de collaborateurs valables. » *Le jugement du* Film Lexicon *italien, nous paraît assez bien caractériser un réalisateur abondant, quelquefois trop déprécié par ses adversaires.*

Louis DELLUC (Critique, Scénariste, Réalisateur). — Né le 14 octobre 1890 à Cadouin (Dordogne). Mort à Paris le 22 mars 1924.

S'intéresse très jeune au théâtre, puis au cinéma, après 1915 et son mariage avec l'actrice Ève Francis. Devient en 1917-1919 rédacteur en chef du magazine *Le Film*, en 1918-1923, critique du quotidien *Paris-Midi*. Fonde et dirige 1921-1923, l'hebdomadaire *Cinéa*. Publie plusieurs romans : 1919 : *Cinéma et Cie*; recueil d'articles : 1920 : *Photogénie*. — 1921 : *La Jungle du cinéma* (Nouvelles); Charlot. — 1923 : *Drames de cinéma* (recueil de ses scénarios). Ayant contribué à financer ses publications et ses films, se trouvant dans une situation matérielle difficile, il meurt prématurément à 33 ans.

Sc. : La Fête Espagnole (Germaine Dulac); puis réalise : 1920 : Fumée Noire (*Co.R.* René Coiffart); L'Américain ou Le Chemin d'Ernoa; Le Tonnerre; Le Silence (*Ph.* Chalx, *Déc.* Francis Jourdain, *Int.* Signoret, Ève Francis, A.F. Brunelle). — 1921 : Fièvre (*Ph.* Gibory et Lucas, *Déc.* Garnier, *Int.* Ève Francis, Van Daele, Elena Sagrary, Modot, Footit, Lili Samuel, L. Moussinac, Jeanne Cadix, A.F. Brunelle, Noémi Suze). — 1921-1922 : La Femme de nulle Part (*Ph.* Gibory et Lucas, *Int.* Eve Francis, Roger Karl, Gine Avril, André Daven). — 1923, L'Inondation (*Int.* Ève Francis, Philippe Hériat, Ginette Maddie).

Louis DELLUC est mort avant d'avoir pleinement donné toute sa mesure, comme réalisateur. Ses scénarios de grande valeur, sont dominés par la recherche psychologique, l'emploi des retours en arrière, le souci de la « règle des trois unités », le rôle expressif donné 'aux objets et au décor, la liaison des héros à leur milieu.

L'importance de Louis DELLUC est surtout grande comme écrivain de cinéma. Il fonda avec son ami Moussinac la critique indépendante, s'opposant à la « critique » publicitaire payée tant la ligne par les producteurs et que pratiquait alors toute la presse française. Il combattit pour imposer le cinéma comme un art, et dressa dans ses critiques (recueillies ou non dans Cinéma et Cie) un tableau du cinéma mondial de 1916-1923, qui frappe par la sûreté de ses jugements. Il fut enfin l'un des premiers au monde à exprimer une théorie du cinéma.

Danièle DELORME. — Née le 9 octobre 1926 à Levallois-Perret (Seine). Cours du Conservatoire avec Gérard Philipe. Débute avec lui dans Les Petites du Quai aux Fleurs (Marc Allégret, 1943).

1945 : Le Capitan (Robert Vernay). — 1947 : Les Jeux sont faits (Delannoy). — 1949 : Gigi (Jacqueline Audry). — 1950 : Minne l'Ingénue Libertine (J. Audry); Miquette et sa Mère (Clouzot). — 1951 : Sans Laisser d'Adresse (Le Chanois). — 1952 : La Jeune Folle (Yves Allégret). — 1954 : Si Versailles m'était conté (Sacha Guitry). — 1955 : Le Dossier Noir (Cayatte). — 1956 : Voici le Temps des Assassins (Duvivier). — 1958 : Les Misérables (Le Chanois).

Frêle, malicieuse mais un peu triste, la figure de cette ingénue s'imposa notamment dans les adaptations de Colette par Jacqueline Audry, comme une actrice douée et personnelle.

Georges DEMENY (Inventeur). — Né à Douai le 12 juin 1850, mort à Paris le 20 décembre 1917.

Assistant de Marey à la Station Physiologique de Paris, participe après 1882 aux recherches du savant, pour la décomposition chronophotographique du mouvement. Fait breveter le 1er septembre 1892 son *Phonoscope*, portrait photographique animé sur disque de verre. Ayant rompu avec son maître, il cherche en vain à commercialiser son invention. En 1893, il fait breveter une caméra, dite *Chronophotographe* à laquelle il intéresse Gaumont. Après le succès du *Cinématographe Lumière*, celui-ci met sur le marché, en octobre 1896, le *Chronophotographe Demeny*, après l'avoir exploité au Châtelet, à l'Olympia, au Jardin d'Acclimatation, etc. Jusqu'à 1914, plusieurs appareils Gaumont continuèrent d'employer le radical *Chrono* comme référence à l'appareil Demeny. L'inventeur, qui avait vendu ses brevets, se désintéressa après 1897 du cinéma pour devenir un rénovateur de l'Éducation Physique en France, et fit bientôt autorité dans cette matière. Son frère Paul Demeny avait été l'ami et le confident du poète Arthur Rimbaud.

Sans avoir dans l'invention du cinéma une part aussi considérable que Marey ou Lumière, DEMENY lui apporta ses « portraits parlants » où il se représenta en 1893, prononçant les phrases « Vive la France » et « Je vous aime » et qui furent les premiers gros plans de la photographie animée.

Georges DENOLA (Réalisateur). — Mort vers 1950.

Transcrivons, en ajoutant quelques dates, la biographie que donnait de lui-même, en 1919, dans *Le Film*, ce réalisateur abondant : « J'ai débuté en 1905 avec Clément Maurice, directeur de la Radio. J'étais administrateur de *La Cigale*... Puis je fus de la fondation de la S.C.A.G.L. (1907). J'ai adapté, écrit et tourné plus de 200 films. Les métrages étant très courts, on établissait facilement un scénario par mois. J'ai adapté les grands drames de Dennery, Montépin, etc. : **Jeanne la Maudite; L'Enfant de la Folle; Les Pauvres de Paris** (1913); **Marie-Jeanne ou la Femme du Peuple** (1914); **La Porteuse de Pain** (1912); **La Voleuse d'Enfants** (1912); **La Joueuse d'Orgue; Le Médecin des Enfants,** etc. J'ai tiré des films des romans célèbres d'Eugène Sue, Hector Malot, Ponson du Terrail, Balzac, Octave Feuillet, Jules Mary, etc., tels que **Les Mystères de Paris** (1912); **La Peau de Chagrin** (1911); **Le Roman d'un Jeune Homme Pauvre** (1911); **La Vénus d'Arles; Les Enfants perdus dans la Forêt; Rocambole** (en épisodes 1913-1914). Puis des scènes modernes de Pierre Wolff, Romain Coolus, Adrien Vely, Courteline, H.-G. Rosny, Yves Mirande, Pierre Veber, parmi lesquelles **Le Ruisseau; La Guerre du Feu** (1913); **Le Chef-d'Œuvre; Au Temps des Grisettes; Octave; Les Grands,** etc. Puis des scènes historiques et mythologiques : **Philémon et Baucis; Galathée; Pichegru; Vidocq,** etc. Le scénario que je préfère c'est **Rocambole,** film en série, curieux, pittoresque, émouvant, mine inépuisable d'aventures... rocambolesques, interrompu par la guerre puis par la mort de Gaston Sylvestre, son interprète. »

Ce portrait d'un réalisateur par lui-même, montre dans quel esprit on travaillait à la *Pathé-S.C.A.G.L.* (Société Cinématographique des Auteurs et Gens de Lettres), fondée par Decourcelles et dont DENOLA fut avec Capellani le réalisateur le plus abondant. Il est bien vrai que **Rocambole** fut son meilleur film, qui se laisse revoir en 1960 avec intérêt et plaisir.

Maurice DESFASSIAUX (Directeur de la Photographie). — Né le 1er février 1886 à Paris. Opérateur chez Pathé (1912), travaille notamment avec Andreani pour : 1912 : Les Rivaux d'Arnheim. — 1913 : **La Fille de Jephté.** — 1914 : L'Homme qui assassina; Les Enfants d'Édouard. Et photographe également : 1912-1914 : **La Dramatique Passion d'Adalbert; Les Écumeurs de la Mer; La Reine de Saba; Les Bourgeois de Calais; Les Enfants d'Édouard,** etc. Après la guerre, 1921 : Les Trois Mousquetaires (Diamant-Berger). — 1922 : **Vingt Ans après** (Diamant-Berger). — 1923-1924 : **Paris qui dort** (René Clair). — 1924 : L'Affiche (Jean Epstein). — 1925 : **Carmen** (Jacques Feyder). — 1927 : Un Chapeau de Paille d'Italie (René Clair). — 1929 : **Les Nouveaux Messieurs** (Feyder). — 1933 : **Les Trois Mousquetaires** (Diamant-Berger). — 1940 : **La Comédie du Bonheur** (L'Herbier).

N'a plus depuis 1945 participé à des mises en scène.

Un des premiers maîtres de l'école photographique française, DESFASSIAUX contribua à faire devenir un art, le cinéma, depuis les naïfs essais d'Andréani jusqu'aux œuvres de Jacques Feyder ou René Clair.

Max DOUY (Décorateur). — Né le 20 juin 1914, près de Paris. Assistant de Lazare Meerson, Trauner, etc. Architecte-décorateur de, 1942 : **Lumière d'Été** (Grémillon). — 1943 : **Adieu Léonard** (Pierre Prévert). — 1944 : **Les Dames du Bois de Boulogne** (Bresson). — 1947 : Le Diable au Corps (Autant-Lara). — 1949 : **Occupe-toi d'Amélie** (Autant-Lara). — 1951 : **Sans laisser d'Adresse** (Le Chanois). — 1952 : L'Auberge Rouge (Autant-Lara). — 1954 : Le Rouge et le Noir (Autant-Lara); **French-Cancan** (Jean Renoir). — 1955 : Les Mauvaises Rencontres (Astruc). — 1956 : **La Traversée de Paris.** — 1958 : **En cas de Malheur.** — 1959 : **La Jument Verte** (ces trois films, Claude Autant-Lara).

Max DOUY est un des meilleurs décorateurs français d'après-guerre, dans un style dépouillé et réaliste, avec le souci de la vérité historique, et un sens très vif de la couleur. Remarquable surtout pour les architectures et l'ameublement des intérieurs.

Jean DRÉVILLE. — Né le 20 septembre 1906 à Ivry (Seine). Dessinateur, journaliste, puis assistant. 1928 : **Autour de « l'Argent »,** court métrage. Réalise notamment, 1937 : **Maman Colibri.** — 1939 : **Le Président Hautecœur.** — 1942-1944 : **Les Cadets de l'Océan.** — 1943-1945 : **La Cage aux Rossignols** (*Int.* Noël-Noël). — 1947 : **La Bataille de l'Eau Lourde** (*Co.R.* le Norvégien Titus Vile Muller). — 1948 : **Les Casse-Pieds** (*Co.R.* et *Int.* Noël-Noël). — 1949 : **Le Grand Rendez-vous.** — 1953 : **Horizons sans Fin.** — 1958 : **A Pied, à Cheval et en Spoutnik.** — 1960 : **Normandie-Niémen.**

Technicien qualifié, DRÉVILLE est doué pour les sujets proches du documentaire, et notamment les films d'aviation.

Simone DUBREUILH. — Née et morte à Paris, 29 mars 1912-août 1960. Journaliste, auteur dramatique, un des meilleurs critiques français *(Libération, Radio-diffusion française, Les Lettres Françaises,* etc.). Pour caractériser sa forte personnalité et sa grande âme, le mieux est de transcrire (en la condensant) l'autobiographie qu'elle écrivit à la veille d'une mort qu'elle savait fatale.

« *Père armateur, acheteur de femmes pour le Sultan du Maroc. Mère professeur de mathématiques. Ascendants : des négriers, des bonnes sœurs, des notaires, des tailleurs... Etudes au Lycée Jules-Ferry. Licence d'histoire. Arrive au journalisme par le biais du cinéma.* Comœdia, Paris-Midi, Paris-soir. *Débuts à la Radio à Nice en 1941, septembre 1944 à Paris, premier magazine de spectacles* Parade. *Ensuite* Magazine du cinéma.

Auteur dramatique, Grand Prix de l'humour noir (1959) pour Le Naufrage. *Adore le cinéma, mais le théâtre emplit d'une joie vivante, alors que le cinéma est comme un cimetière magique d'âmes mortes. Ne croit plus en Dieu. Ne croit plus à la terreur de la Mort.* »

Germaine DULAC (Réalisatrice). — Née G. Saisset-Schneider, épouse du romancier Albert Dulac. Née en 1882 à Amiens (Somme). D'abord écrivain, journaliste, militante féministe, critique dramatique. S'intéresse au cinéma en 1915 et fonde sa propre maison de production. Réalise, 1916 : **Les Sœurs Ennemies** (*Sc.* Mme Hilel Erlanger, *Ph.* Forster, *Int.* Suzanne Després, Grétillat). — 1917 : **Géo le Mystérieux; Vénus Victrix ou Dans l'Ouragan de la Vie.** — 1918 : **Ames de Fous** (épisodes; *Ph.* Forster, *Int.* Ève Francis). — 1919 : **Pour le Bonheur des Autres; La Cigarette** (*Sc.* Baroncelli); **La Fête Espagnole** (*Sc.* Delluc, *Ph.* Parguel, *Int.* Ève Francis, Gaston Modot, Jean Toulout). — 1920 : **Malencontre.** — 1921 : **La Belle Dame sans Merci.** — 1922 : **La Mort du Soleil.** — 1923 : **La Souriante Madame Beudet** (*From* pièce Denys Amiel et André Obey, *Int.* Germaine Dermoz, Arquillère, Jean d'Yd, Mme Jalabert, Mlle Grisier; **Gossette** (six épisodes). — 1924 : **Le Diable dans la Ville.** — 1925 : **Ame d'Artiste.** — 1926 : **La Folie des Vaillants** (*From* Gorki). — 1927 : **Antoinette Sabrier; La Coquille et le Clergyman** (*Sc.* Antonin Artaud, *Int.* Alexandre Allin). — 1928 : **Princesse Mandane; L'Invitation au Voyage.** — 1928 : **Étude cinématographique sur une Arabesque** (d'après Debussy); **Thème et Variation.** — 1929 : **Disque 927** (d'après Chopin). — 1930-1940 : se consacre aux actualités (Pathé Journal et France-Actualités Gaumont). Morte à Paris en juillet 1942.

Au début productrice indépendante, mais avec de petits capitaux, Germaine DULAC sera souvent obligée de choisir pour ses films des sujets conventionnels comme thème de ses recherches cinématographiques. Son meilleur film est alors La Souriante Madame Beudet, *où le lyrisme et les symboles se mêlent à la satire et à une vive observation psychologique.*

Après 1925, *fondatrice de la* Fédération Française des ciné-clubs, *elle participe à la « seconde avant-garde » par ses films expérimentaux et finit par renoncer à la mise en scène. Entre* 1920-1928, *elle publie dans divers périodiques des essais théoriques d'une rare pénétration, antérieurs ou parallèles aux écrits d'Eisenstein et Koulechov, Vertov et Poudovkine, alors totalement inconnus en France.*

Charles DULLIN (Acteur). — Né le 8 mai 1885 à Yennes (Savoie), mort le 11 décembre 1949 à Paris.

Alors qu'il était encore peu connu, il racontait ainsi sa carrière, pour une biographie demandée par son ami Louis Delluc : « Débuts des plus difficiles, jeunesse mouvementée; pour lui la guerre a commencé en 1903 et se terminera quand?... A joué longtemps le mélodrame dans les théâtres de quartier. Engagé à l'Odéon (direction Antoine) sans que cela apporte un grand changement dans sa vie. Dégoûté, part sur les routes, travaillant de ses mains comme manœuvre, faisant tous les métiers (...). Au *Vieux Colombier*, collaborateur de la première heure de Copeau. Moments difficiles (...). La guerre, les tranchées. Réformé en 1918, rejoint le *Vieux Colombier* en Amérique. S'y convertit au cinéma. De retour en France, tourne son premier film avec Poirier (1920 : **Ames d'Orient**). Désillusion. Décide de ne plus tourner. Se laisse à nouveau tenter par le ciné et tourne successivement, 1921 : **Le Secret de Rosette Lambert** (1920 : Raymond Bernard) et **L'Homme qui a vendu son âme au Diable** (1921 : Pierre Caron). »

Interprète ensuite, 1921 : Les **Trois Mousquetaires** (Diamant-Berger). — 1924 : Le **Miracle des Loups** (Raymond Bernard). — 1927 : Le **Joueur d'Échecs** (R. Bernard). — 1928 : **Maldone** (Grémillon). — 1929 : **Cagliostro.** — 1934 : Les **Misérables** (Raymond Bernard). — 1937 : **Mademoiselle Docteur** (Pabst). — 1938 : **L'Affaire du Courrier de Lyon.** — 1940 : **Volpone** (Tourneur). — 1942 : **Le Briseur de Chaînes.** — 1947 : **Les Jeux sont faits** (Delannoy); **Quai des Orfèvres** (Clouzot).

S'il parut moins au cinéma que son pair Louis Jouvet, Charles DULLIN y attacha peut-être plus d'importance. On a retenu ses compositions de Louis XI (Le Miracle des Loups), du baron de Kempelen (Le Joueur d'Échecs), de Thénardier (Les Misérables), de Volpone, d'un sinistre vieillard dans Quai des Orfèvres, enfin et surtout Maldone. Dans ce film dont il était le producteur, il avait mis beaucoup de sa propre histoire, et fit débuter, avec Jean Grémillon dans la mise en scène, Genica Atanasiou, alors actrice au Théâtre de l'Atelier. Son jeu fut pourtant souvent plus conforme aux traditions du meilleur théâtre qu'aux nécessités de l'écran.

Jean DURAND (Réalisateur). — Né à Paris le 15 décembre 1882, mort à Paris en 1946. Journaliste, dessinateur, caricaturiste, acteur de café-concert, entre juin 1908 chez Pathé par l'intermédiaire de son ami Georges Fagot. Premiers films : **Trop Crédules** (*Int.* Maurice Chevalier, Grehan); **Belle-Maman bat les Records**; **Les Vêtements Cascadeurs**, puis de septembre 1908 au 30 novembre 1909, à la *Lux* dirigée par Gérard Bourgeois. Y réalise : **Cyrano de Bergerac**; **Frédéric Le Grand**; **Aventures d'un Cow-Boy à Paris** (*Int.* Joe Haman); **Le Desperado**; **Pendaison à Jefferson-City**; (45 films au total). Puis 1910-1914, chez Gaumont. Séries comiques avec la troupe des Pouics (Gaston Modot, Édouard Grisollet, Bataille, Bourbon, Max Bonnet, Foucher, Sarah Duhamel, Bertho, Paulos, Hector Gendre, Aimos, Océana de la Plata). Y continue la série des *Calino* entreprise en 1909 par Roméo Bosetti, avec notamment : **C. Courtier en Paratonnerres**; **Gardien de Prison**, etc.; **Les Deux Candidats**; **Son Nouveau Chien**; **Souffleur**; **Le Baptême de C.** Entreprend en 1911 la série des *Zigoto* (*Int.* Bataille). Puis en 1912-1914, celle des *Onésime* (*Int.* Bourbon) : une cinquantaine de courts métrages comiques.

Réalise d'autre part en Camargue une série de Westerns interprétés par Joe Hamman,

Gaston Modot, sa femme la dompteuse Berthe Dagmar, etc. : Le Collier Vivant; Les Lions dans la Nuit; Fauves et Bandits; Le Railway de la Mort; Les Doigts qui étranglent; L'Enfant et le Chien; La Prairie en Feu; Mariage au Revolver; Les Aventures de Trois Peaux-Rouges; La Fiancée du Toréador; Scène de la Vie dans l'Ouest Américain; Sous la Griffe; La Mort qui frôle; Les Lions dans la Nuit; La Chasse à l'Homme; Le Jugement du Fauve. Tous ses films de 1911 à 1914 ont comme opérateur Paul Castanet. Pendant la guerre de 1914-1918 au Service Cinématographique de l'Armée. Puis 1919-1920, série des *Serpentins* avec Marcel Levesque : S. Reporter; Manœuvre; Au Harem; Cœur de Lion; S. et les Contrebandiers; Le Bonheur est chez Toi, etc. — 1921-1922 : avec Berthe Dagmar *int.*; Marie Les Fauves et les Hommes; Marie chez les Loups; Marie la Bohémienne; Marie la Gaieté; La Femme au Singe. — 1926 : La Chaussée des Géants. — 1927 : Palaces. — 1928 : L'Ile d'Amour. — 1929 : La Femme Rêvée.

Jean DURAND a ainsi, en 1919, résumé sa carrière : « J'ai débuté au cinéma en plaçant un scénario qui était un navet remarquable. Puis j'ai été metteur en scène chez Pathé, Lux, Gaumont, où de 1910 à 1914, j'ai tourné diverses séries comiques : Calino, Zigoto, Onésime et les drames d'aventures de Berthe Dagmar. » J'ai à répondre d'environ 400 scénarios dont je suis l'auteur et le metteur en scène. Les éditeurs, les auteurs, les artistes, les metteurs en scène qui comptent pénétrer en Amérique en copiant les Américains se fourrent le doigt dans l'œil. Au ciné il faut se garder d'une formule : on doit traiter chaque scénario d'après son âme, et chaque scénario doit avoir une âme. » Particulièrement doué pour le comique, dans sa série des Zigoto et surtout des Onésime, il poussa jusqu'à leurs extrêmes conséquences la loufoquerie raisonnante, le « cartésianisme de l'absurde ». Venu des journaux pour rire et des farces de rapin, son comique devait largement influencer Mack Sennett et l'école américaine, et préparer la voie à René Clair.

Julien DUVIVIER. — Né le 8 octobre 1896 à Lille. Acteur dans la troupe d'Antoine. Réalisateur depuis 1919, a dirigé une soixantaine de films qui ont été pendant la période muette de médiocres productions commerciales.

Puis, 1932 : Poil de Carotte (*From* Jules Renard). — 1935 : La Bandera. — 1936 : Le Golem (à Prague); La Belle Équipe. — 1937 : Pépé le Moko; Carnet de Bal. — 1939 : La Fin du Jour. — 1940 : Un Tel Père et Fils (édité en 1945 en France). Pendant l'occupation, à Hollywood. Revenu en France en 1945. — 1946 : Panique. — 1948 : Anna Karenine (à Londres). — 1951 : Don Camillo (en Italie). — 1955 : Le Temps des Assassins. — 1957 : L'Homme à l'Imperméable. — 1958 : Pot-Bouille (*From* Zola). — 1959 : Marie-Octobre.

Ce réalisateur abondant connut une apogée durant les années 1930, et se plaça au premier rang, pour quelques années, avec La Belle Équipe, où passe directement l'esprit du Front Populaire, et Pépé le Moko dont le sujet devint le prototype de nombreux autres films dans plusieurs pays. Après cette période, il est redevenu un technicien qualifié, habile, sûr de son métier, pas toujours exigeant sur le choix de ses sujets ou leur traitement.

Jean d'EAUBONNE. — Né en 1903 à Talence (Drôme). Élève du sculpteur Bourdelle. Affichiste, puis assistant de Lazare Meerson. Décors, 1930 : Le Sang d'un Poète (Jean Cocteau). — 1938 : Gens du Voyage (Jacques Feyder); Trois Valses (Ludwig-Berger). — 1939 : De Mayerling à Sarajevo (Max Ophüls). — 1939-1941 : La Loi du Nord (Feyder). — 1946 : Macadam (Feyder et Blistène). — 1948 : La Chartreuse de Parme (Christian-Jacque). — 1949 : Lady Paname (Jeanson). — 1950 : Orphée (Jean Cocteau); La Ronde (Ophüls). — 1952 : Le Plaisir (Ophüls); Casque d'Or (Becker); La Fête à Henriette (Duvivier). — 1953 : Madame De (Ophüls). — 1954 : Touchez pas au Grisbi (Dassin). — 1956 : Lola Montes (Ophüls).

Raffiné, surtout brillant dans les films « désuets », ayant appris chez son maître Meerson le sens de l'atmosphère, Jean d'EAUBONNE, qui a le goût du baroque, s'est particulièrement accordé avec Jean Cocteau et Max Ophüls.

Jean EPSTEIN. — 1922 : Pasteur (*Co.R.* Benoît-Lévy). — 1923 : L'Auberge Rouge (*From* Balzac, *Int.* Léon Mathot, Gina Manès). — 1923 : Cœur Fidèle (*Ph.* Paul Guichard, *Int.* L. Mathot, Gina Manès, Van Daele). — 1924 : La Montagne Infidèle (Doc.). — 1924 : La Belle Nivernaise (*From* Daudet, *Int.* Blanche Montel, Maurice Touzé); Le Lion des Mogols (*Sc. Int.* Mosjoukine). — 1925 : L'Affiche (*Sc.* Marie Epstein); Le Double Amour. — 1926 : Les Aventures de Robert Macaire (5 épisodes); Mauprat. — 1927 : Six et Demi Onze. — 1927 : La Glace à Trois Faces. — 1928 : La Chute de la Maison Usher (*From* Edgar Poe, *Ph.* Georges Lucas, *Int.* Debucourt, Marguerite Abel-Gance, Charles Lamy). — 1929 : Finis Terrae. — 1929 : Sa Tête. — 1930 : Mor-Vran (La Mer aux Corbeaux). — 1932 : L'Or des Mers. — 1933 : L'Homme à l'Hispano. — 1933 : La Châtelaine du Liban. — 1934 : Chanson d'Amour. — 1936 : Cœur de Gueux. — 1937 : Vive la Vie; La Femme du bout du Monde. — 1938 : Les Bâtisseurs (Doc.). — 1938 : Eau Vive. — 1947 : Le Tempestaire. — 1948 : Les Feux de la Mer.

Jean EPSTEIN a publié, sur l'art du film : *Bonjour Cinéma, Le Cinéma vu de l'Etna, L'Or des Mers, Photogénie de l'Impondérable, L'Intelligence d'une machine* (1946), *Le Cinéma du Diable* (1947), *Esprit du Cinéma* (1955).

Après des débuts éclatants avec Cœur Fidèle et après avoir accepté de diriger divers films commerciaux, Jean EPSTEIN se tourne vers les productions indépendantes, expérimentales, d'avant-garde, puis vers le documentaire. Après 1930, est rejeté malgré lui aux films commerciaux. Il a publié au début et à la fin de sa carrière de nombreux ouvrages théoriques, témoignant de sa culture scientifique et philosophique. Ses propositions peuvent être contestées, mais méritent toujours la discussion.

FERNANDEL (Acteur). Pseudonyme de Fernand CONTANDIN. — Né le 8 mai 1903 à Marseille. Débute en 1921 comme chanteur au café-concert à Marseille. A Paris en 1928 comme chanteur d'opérette. Débute au cinéma avec le parlant et interprète entre 1930 et 1960 plus de cent films, dont, 1932 : Le Rosier de Mme Husson. — 1933 : Ademaï Aviateur. — 1934 : Angèle (Pagnol). — 1937 : Carnet de Bal (Duvivier). — 1940 : La Fille du Puisatier (Pagnol). — 1949 : L'Armoire Volante (Carlo Rim). — 1950 : Topaze (Pagnol). — 1951 : L'Auberge Rouge (Autant-Lara). — 1951 : Don Camillo (Duvivier). — 1952 : Le Boulanger de Valorgue (Henri Verneuil). — 1955 : Quatre Pas dans les Nuages (nouvelle version : Mario Soldati). — 1957 : L'Homme à l'Imperméable (Duvivier). — 1960 : Crésus (Jean Giono).

Remarquable acteur, au physique très caractéristique, plein d'autorité et de métier, doué également pour le drame, comme il l'a prouvé dès Angèle (1933), jouissant d'une large popularité dans de nombreux pays, FERNANDEL a malheureusement gaspillé ses qualités en interprétant à la douzaine des films commerciaux d'une rare stupidité.

Henri FESCOURT (Réalisateur). — Né le 23 novembre 1880 à Béziers (Hérault). Études de Droit et de Musique (Schola Cantorum), avocat, puis journaliste et scénariste. Devient en 1912 réalisateur chez Gaumont. 1912, premier film : La Méthode du Professeur Neura (juin); Un Mari à l'Essai; Les Risques du Flirt; L'Homme Giflé; Un Grand Seigneur; Le Bonheur Perdu; L'Amazone; Le Regard. — 1913 : Le Petit Restaurant de l'Impasse Canin; La Lumière qui tue; Paris-Saint-Pétersbourg; Minuit 35; Le Départ dans la Nuit; Cubiste par Amour; Les Joyeuses Noces de Saint-Lolo; La Marquise de Trévenec; La Mort (ou Un Obus) sur Paris; La Marquita. — 1914 : Fille de Prince; Les Trois Ombres. — 1915 :

La Menace. — 1920 : Mathias Sandorf. — 1921 : La Nuit du 13. — 1922 : Rouletabille. — 1923 : Mandrin. — 1924 : Les Grands; Le Fils d'Amérique. — 1925 : Les Misérables (*Int.* Gabriel Gabrio, Sandra Milovanoff, Jean Toulout, Renée Carl, André Roane). — 1926 : La Glu. — 1927 : La Maison du Maltais; L'Occident. — 1929 : Monte-Cristo (*Int.* Jean Angelo, Lil Dagover, Bernard Gœtske, Jean Toulout, Pierre Batcheff, Mary Glory, Gaston Modot, Henri Debain). — 1930 : La Maison de la Flèche (à Londres). — 1931 : Serments (en Suède). — 1937 : L'Occident. — 1938 : Bar du Sud. — 1939 : Vous seule que j'aime; Face au Destin. — 1942 : Retour de Flamme.

Réalisateur probe, cultivé, intelligent, discret, Henri FESCOURT atteignit son apogée durant les années 1920, avec Mathias Sandorf, Les Grands et surtout Les Misérables, version sensible et pleine de goût du fameux roman.

Louis FEUILLADE. — Né en 1874 à Lunel (Hérault). Mort à Nice en mars 1925. Journaliste, notamment à *La Croix*. Il a raconté ainsi ses débuts : « Le cinéma me fut révélé en 1906 par André Heuzé. En ce temps-là, nous écrivions des drames, des comédies, des opérettes. Je remplissais à la *Revue Mondiale* la fonction de secrétaire de rédaction quand il fut engagé chez *Pathé* comme auteur-metteur en scène. « Va porter tes scénarios chez Gaumont », me dit-il. On voulut bien les accueillir et m'inviter à entrer dans cette maison... Je n'ai jamais dénombré les films que j'ai tourné depuis ma première bande, qui avait 75 mètres. » On les estimait à 800 au moment de sa mort, parmi lesquels : 1er film, Vengeance Corse (1907-1909). — 1908 : Le Cul de Jatte Emballé; Un Facteur trop Ferré; Belle Maman n'ira plus à la Fête; Le Billet de Banque; Le Tic; L'Homme Aimanté; Le Thé chez la Concierge; Le Récit du Colonel; La Journée d'un non-gréviste; Vive le Sabotage; La Ceinture Électrique; C'est Papa qui prend la Purge; Le Coup de Vent (beaucoup de ces films comiques interprétés par Romeo Bosetti). — 1909-1911 : série Le Film esthétique : Festin de Balthazar; Judith et Holopherne; Cloches de Pâques; Conte de Noël; Benvenuto Cellini; Robert le Diable; La Marquita; Paganini; Les Heures; Les Sept Péchés capitaux; Aux Lions les Chrétiens (1). — 1910-1912 : série de Bébés, courts métrages comiques, interprète René Dary.

1912, série *La Vie telle qu'elle est* : Le Poison; Le Mariage de l'Aînée; Dans la Vie; Les Vipères; Le Roi Lear du Village; En Grève; Les Petites Apprenties; La Tare; La Souris Blanche; Le Trust; Le Bas de laine. — 1912 : Tant que vous serez heureux; La Vie ou la Mort; La Lumière de l'Amour; L'Oubliette; Le Destin des Mères; Le Mort Vivant; Les Braves Gens; Le Proscrit; Le Nain; Les Cloches de Pâques; Mariage de Raison; Le Bandeau sur les Yeux; Le Pont sur l'Abîme; La Hantise; L'Homme de Proie; La Course aux Millions; L'Intruse.

1913 : Le Revenant; Erreur Tragique; L'Angoisse; Le Browning; La Petite Danseuse; S'Affranchir; La Robe Blanche; Un Drame au Pays Basque; L'Affranchi; Le Secret du Forçat. — 1912-1916 : série des Bouts de Zan (courts métrages comiques, *int.* René Poyen). — 1913-1914, série des *Fantômas* : Fantômas; Juve contre Fantômas; Le Mort qui tue; Fantômas contre Fantômas; Le Faux Magistrat. — 1913-1914, série La vie drôle : L'Illustre Machefer; L'Hôtel de la Gare; Le Jocond; Le Gendarme est sans Culotte; Tu n'épouseras pas un Avocat; Le Furoncle; L'Escapade de Filoche; Le Gone; Le Coup du Fakir. Entre 1912 et 1914, d'autre part : L'Agonie de Byzance; Sévéro Torelli; La Marche des Rois; L'Enfant de la Roulotte; Le Calvaire.

Mobilisé en 1914-1915, FEUILLADE reprend début 1915 sa place aux studios Gaumont, où il dirige, 1915 : Les Vampires (film en 12 épisodes). — 1915 : Le Retour de Manivel; L'Escapade de Filoche; L'Oncle de Bout de Zan; Les Fourberies de Pingouin; Le Sosie; Le Coup du Fakir. — 1916 : Judex (12 épisodes); Les Mariés d'un Jour; Les Fiancailles

---

(1) Il se peut que certains des films 1907-1910 aient été faussement attribués par nous à L. Feuillade.

d'Agénor; C'est le Printemps; Lagourdette Gentleman Cambrioleur; La Peine du Talion; Si vous ne m'aimez pas. — 1917 : La Nouvelle Mission de Judex (12 épisodes). — 1918 : Vendémiaire (épisodes); Tih Minh (épisodes); Les Petites Marionnettes; Le Bandeau sur les Yeux; La Fugue de Lili. — 1919 : Le Passé de Lili; Le Bandeau sur les Yeux; Mariage de Raison; L'Homme sans Visage; Le Nocturne; L'Engrenage; L'Évocation; Énigme. — 1920 : Barabas (épisodes); Les Deux Gamines (épisodes). — 1921 : L'Orpheline (épisodes); Séraphin ou les Jambes Nues; Gustave et le Médium; Marjolin ou la Fille manquée; Parisette (épisodes). — 1922 : Le Fils du Flibustier (épisodes); Gaétan ou le Commis Audacieux. — 1923 : Vindicta; Le Gamin de Paris; La Gosseline. — 1924 : Pierrot-Pierrette; Une Fille bien gardée; L'Orphelin de Paris; Lucette. — 1925 : Le Stigmate (Co.R. Champeaux).

Comme directeur des Studios Gaumont, FEUILLADE a contribué à former notamment : Émile Cohl, Jean Durand, Jacques Feyder, Léonce Perret, Luitz Morat, Henri Fescourt, Léon Poirier, Le Somptier, Pierre Colombier et même René Clair.

Dans sa troupe d'acteurs, figurèrent : Roméo Bosetti, Marcel Levesque, René Dary, Renée Carl, Yvette Andreyor, Musidora, Jean Aymé, René Navarre, Bréon, Georges Melchior, André Luguet, René Cresté, Gina Manès, Biscot, Blanche Montel, René Poyen (Bout de Zan), Sandra Milovanoff, Mathot, etc., bref tous les meilleurs acteurs de cinéma français en 1910-1925.

« *Sauf de rares exceptions, déclarait-il en 1919, j'ai toujours écrit mes scénarios moi-même. De même qu'il faut au cinéma des acteurs spécialisés, j'ai toujours pensé qu'il lui fallait des auteurs spécialisés dans cet art. Les adaptations heureuses sont exceptionnelles. Par contre, on ne compte plus les profanations.* » *FEUILLADE débuta par les comiques à trucs, genre où il remplaça chez Gaumont, Émile Cohl. Il dirigea ensuite les Films esthétiques, rivaux du Film d'Art, la série dite réaliste, mais feuilletonnesque de La vie telle qu'elle est, les courts métrages comiques ou boulevardiers des Bébés, de Bout de Zan, de La vie drôle. Il atteignit son apogée avec les films à épisodes ironiques, fantastiques et poétiques que furent Fantômas, Les Vampires, Judex. Après 1918, il se spécialisa dans les Ciné-Feuilletons. Bafoué par les nouveaux venus de 1920, qui le traitèrent d'épicier, FEUILLADE est le plus grand pionnier français, et l'on a pu comparer son œuvre abondante, encore mal connue, à celle de Griffith, pour son rôle dans la fondation de l'art cinématographique.*

Edwige FEUILLÈRE (Actrice). Pseudonyme de Caroline CUNATI. — Née en 1907 à Vesoul (Haute-Saône). A la Comédie-Française en 1931-1933. Nombreuses créations théâtrales.

Interprète notamment, 1935 : Lucrèce Borgia (Abel Gance). — 1936 : Mister Flow. — 1942 : La Duchesse de Langeais. — 1946 : L'Idiot (*From* Dostoievski). — 1947 : L'Aigle à Deux Têtes. — 1953 : Le Blé en Herbe (Autant-Lara). — 1958 : En cas de Malheur (Autant-Lara).

Actrice pleine de métier, Edwige FEUILLÈRE a porté à l'écran les plus brillantes traditions du théâtre boulevardier.

Jacques FEYDER (Réalisateur). Pseudonyme de Jacques FREDERIX. — Né le 21 juillet 1888 à Ixelles-Bruxelles (Belgique), mort le 25 mai 1948 à Rive-de-Prangins (Suisse). Fils d'un critique dramatique, veut devenir acteur, et s'établit en 1912 à Paris. Y épouse Françoise Rosay. Devient en 1915 assistant de Louis Burguet. Devient réalisateur chez Gaumont.

1916 : Le Pied qui étreint; Têtes de Femmes; Femmes de Tête; L'Instinct du Maître; Le Bluff. — 1917 : Les Vieilles Femmes de l'Hospice. — 1918 : Le Ravin sans fond (Co.R. Raymond Bernard); L'Homme de Compagnie. — 1919 : La Faute d'Orthographe. — 1921 : L'Atlantide (*From* Pierre Benoît), *Ph.* Speck, *Int.* Stacia Napierkowska, Georges Melchior,

Jean Angelo, Marie-Louise Iribe. — 1923 : **Crainquebille** (*From* Anatole France, *Ph.* Burel, *Int.* Maurice de Féraudy, Marguerite Carré, F. Oudart, Numès, F. Rosay, le petit Jean Forest). — 1925 : **Visages d'Enfants** (*Ph.* Burel et Parguel, *Int.* Jean Forest, Victor Vince, Arlette Peyran : en Suisse). — 1926 : **L'Image** (*Sc.* Jules Romains, *Ph.* Burel et Parguel, *Int.* Arlette Marchal, Malcom Tod, Víctor Vinci). — 1926 : **Gribiche** (*From* Frédéric Boutet, *Ph.* Forster et Desfassiaux, *Int.* Jean Forest, F. Rosay, Fr. Guyon); **Carmen** (*Déc.* Lazare Meerson, *Int.* Raquel Meller, Louis Lerch, Victor Vince, Jean Murat, Gaston Modot). — 1928 : en Allemagne, **Thérèse Raquin** (*From* Zola, *Ph.* Fugslang et Scheile, *Déc.* Andreiev et Zander, *Int.* Gina Manès, W. Zilzer, von Schlettow, Jeanne-Marie Laurent). — 1929 : **Les Nouveaux Messieurs** (*Sc.* Spaak et J.F., *Déc.* Lazare Meerson, *Ph.* Perinal, *Int.* Albert Préjean, Henri Roussel, Gaby Morlay). — 1929-1933 : à Hollywood. — 1934 : **Le Grand Jeu** (*Sc.* Spaak et J.F., *Op.* Stradling et Forster, *Déc.* Meerson, *Mus.* Hans Eisler, *Int.* Marie Bell, P.-R. Wilm, F. Rosay, Ch. Vanel). — 1935 : **Pension Mimosas** (*Sc.* Spaak et Feyder, *Ph.* Roger Hubert, *Déc.* Meerson, *Int.* F. Rosay, Paul Bernard, Alerme, Lise Delamare, Paul Azais, Arletty). — 1935 : **La Kermesse Héroïque** (*Sc.* Spaak, Zimmer, J.F., *Ph.* Stradling, *Déc.* Meerson, *Cost.* Benda, *Mus.* Louis Beydts, *Int.* F. Rosay, Jean Murat, Alerme, Louis Jouvet, A. Adam, Micheline Cheirel). — 1937, à Londres : **Knight Without Armor.** — 1938 : **Les Gens du Voyage** (*Sc.* Viot, Zimmer, J.F., *Int.* F. Rosay, Guillaume de Saxe, Sylvia Bataille, Fabien Loris, Louise Carletti, André Brulé). — 1939-1942 : **La Loi du Nord** (*Sc.* Alex Arnoux et J.F., *Int.* Michèle Morgan, Jacques Terrane, Ch. Vanel, P.-R. Wilm). — 1942 : en Suisse, **Une Femme Disparaît.** — 1946 : **Macadam** (*Co.R.* Blistène, *Int.* F. Rosay, Simone Signoret, Andrée Clément, Paul Meurisse).

Un des hommes qui a le plus apporté, entre 1930 et 1940, au cinéma français, à qui il a donné notamment Charles Spaak et Marcel Carné. Jacques FEYDER, bien qu'ayant parfois trop sacrifié au mélodrame, s'inscrit dans la grande tradition réaliste issue des romanciers français du XIXe siècle.

Ève FRANCIS (Actrice). — Née le 24 août 1896 à Bruxelles (Belgique). Crée en 1913-1917 à Paris des pièces de Paul Claudel, Ibsen, Marinetti, Marcel L'Herbier, Louis Delluc et devient la femme de ce dernier.

Au cinéma, 1914 : **La Dame Blonde** (Maudru). — 1916 : **Un Homme passa** (Henry Roussel). — 1917 : **Ames de Fous** (G. Dulac); **Le Bonheur des Autres** (G. Dulac). — 1919 : **La Fête Espagnole** (G. Dulac); **Fumée Noire** (Coiffart et Dulluc); **Le Silence** (Delluc). — 1920 : **Le Chemin d'Ernoa** (Delluc). — 1921 : **Fièvre** (Delluc); **Prométhée Banquier** (L'Herbier). — 1922 : **Eldorado** (L'Herbier); **La Femme de Nulle Part** (Delluc). — 1924 : **L'Inondation** (Delluc). — 1927 : **Antoinette Sablier** (G. Dulac). — 1936 : **Club de Femmes** (Jacques Deval). — 1937 : **Forfaiture** (Marcel L'Herbier). — 1940 : **La Comédie du Bonheur** (Marcel L'Herbier).

Ève FRANCIS a été, à l'écran, l'interprète favorite des cinéastes impressionnistes, créant en tout premier lieu deux personnages inoubliables avec la danseuse espagnole de Eldorado *et la femme de cinquante ans abandonnée de* La Femme de nulle part. *Elle a publié un intéressant volume de souvenirs :* « Temps Héroïques » (*Paris* 1949).

Georges FRANJU (Réalisateur). — Né le 12 avril 1912 à Fougères (Ille-et-Vilaine). D'abord élève décorateur de théâtre. Fonde en 1935 avec Henri Langlois le *Cercle du Cinéma* puis, en 1937, la *Cinémathèque française.* — 1938-1945 : Secrétaire exécutif de la *Fédération internationale des Archives du Film* (FIAF). — 1946-1954 : Secrétaire général de l'Institut du *Cinéma Scientifique.*

Réalise les courts métrages suivants, 1934 : **Le Métro** (*Co.R.* Henri Langlois). — 1948 : **Le Sang des Bêtes.** — 1950 : **En Passant par la Lorraine.** — 1951 : **Hôtel des Invalides.** —

1952 : **Le Grand Méliès**. — 1953 : **Monsieur et Madame Curie**. — 1954 : **Poussières**. — 1954 : **Navigation Marchande**. — 1955 : **A Propos d'une Rivière; Mon Chien**. — 1956 : **Théâtre National Populaire; Sur le Pont d'Avignon**. — 1957 : **Notre-Dame**. — 1958 : **La Première Nuit**. Aborde la mise en scène des longs métrages avec, 1959 : **La Tête contre les Murs** (*Sc.* G.F. et J.P. Mocky, *Ph.* Schuftan, *Mus.* Maurice Jarre, *Int.* Pierre Brasseur, Paul Meurisse, J.P. Mocky, Anouk Aimée, Charles Aznavour). — 1960 : **Les Yeux sans Visage** (*Ph.* Schuftan, *Mus.* Jarre, *Int.* Brasseur, Alida Valli, Edith Scob, Juliette Mayniel). — 1961 : **Pleins Feux sur l'Assassin**.

Possédant une forte personnalité, FRANJU a su, dès ses courts métrages, découvrir l'insolite et la poésie dans les lieux ou paysages les plus quotidiens. Il a retrouvé ces qualités, dans ses mises en scène, qui ont achevé de le situer aux premiers rangs du nouveau cinéma français.

Pierre FRESNAY (Acteur). Pseudonyme de P. LAUDENBACH. — Né le 2 avril 1897 à Paris. A la Comédie-Française en 1915-1916, puis acteur sur diverses scènes du Boulevard. Tient certains rôles au cinéma entre 1915 et 1929, mais ne se consacre à l'écran qu'après son interprétation de *Marius* dans le film adaptant la pièce de Pagnol et ses suites, 1932 : *Fanny*; 1935 : *César*.

Interprète une quarantaine de films, notamment, 1934 : **The Man Who Knew Too Much** (en Angleterre, Alfred Hitchcock). — 1937 : **La Grande Illusion** (Jean Renoir). — 1942 : **L'Assassin habite au 21**, et 1943 : **Le Corbeau** (Clouzot). — 1950 : **Dieu a besoin des Hommes** (Delannoy). — 1951 : **Un Grand Patron** (Yves Ciampi). — 1952 : **Monsieur Fabre** (Diamant-Berger). — 1953 : **Les Évadés** (Le Chanois). — 1960 : **La Millième Fenêtre** (Menegoz); **Les Vieux de la Vieille** (Grangier).

Acteur racé, possédant toutes les traditions de la Comédie-Française et du Boulevard, Pierre FRESNAY a réalisé sa meilleure création dans La Grande Illusion *où il jouait un peu son propre personnage.*

Jean GABIN (Acteur). Pseudonyme d'Alexis MONCORGE. — Né le 17 mai 1904 dans la banlieue de Paris. Fils d'un petit acteur de café-concert, commence par être ouvrier (1918-1924). Devient ensuite acteur de music-hall et d'opérettes. Débute au cinéma avec le parlant, d'abord dans des films médiocres. Puis notamment :

1935 : **La Bandéra** (Duvivier). — 1936 : **La Belle Équipe** et **Pépé le Moko** (Duvivier). — 1937 : **La Grande Illusion** (Jean Renoir); **Gueule d'Amour** (Grémillon). — 1938 : **Quai des Brumes** (Marcel Carné); **La Bête Humaine** (*From* Zola, Jean Renoir).⊢— 1939 : **Le Jour se lève** (Carné). — 1939-1940 : **Remorques** (Grémillon). Pendant l'occupation, Jean GABIN se réfugie à Hollywood où il participe à quelques films médiocres. De retour en France en 1945-1946 : **Martin Roumagnac**. — 1949 : **Le Mura di Malapaga** (en Italie, René Clément). — 1953 : **Touchez pas au Grisbi** (Becker). — 1954 : **L'Air de Paris** (Marcel Carné); **French Cancan** (Jean Renoir). — 1956 : **La Traversée de Paris** (Autant-Lara). — 1957 : **Le Cas du Docteur Laurent** (Le Chanois). — 1958 : **Les Misérables** (Le Chanois); **En cas de Malheur** (Autant-Lara). — 1959 : **Les Grandes Familles** (La Patellière); **Rue des Prairies** (La Patellière). — 1960 : **Les Vieux de la Vieille** (Grangier).

La forte personnalité de Jean GABIN a été imposée par des films de Jean Renoir et Marcel Carné vers 1935, dans des rôles de jeunes ouvriers sympathiques, le plus souvent criminels d'occasion. Il interprétait aussi des aventuriers ou des bandits. Après avoir traversé une certaine crise dans ses créations entre 1940 et 1950, GABIN s'est renouvelé dans des rôles d'hommes mûrs, où il fait preuve d'une grande maîtrise et autorité. Sa personnalité domine toute une partie du cinéma français entre 1930 et 1960, mais a eu trop tendance à s'hypertrophier.

188 LE CINÉMA FRANÇAIS

Abel GANCE (Réalisateur). — Né à Paris le 25 octobre 1889. Études au Collège Chaptal. Publie des poèmes : *Un doigt sur le clavier*; écrit deux drames : *La Dame du lac* et *La Victoire de Samothrace* ainsi que, 1908-1910, des scénarios pour Gaumont, et 1911, pour Pathé. Fonde une petite firme *Le Film Français* pour laquelle il dirige, 1911 : **La Digue** (*Int.* J. Toulout, Abel Gance). — 1912 : Le Nègre Blanc; Il y a des Pieds au Plafond; Le Masque d'Horreur (*Int.* de Max, Jean Toulout, Charles de Rochefort). — 1915 : Scénario de L'Infirmière (Pouctal); *R.* **Un Drame au Château d'Acre; La Folie du Docteur Tube** (resté inédit); L'Énigme de Dix Heures; La Fleur des Ruines; L'Héroïsme de Paddy; Strass & Cⁱᵉ. — 1916 : Fioritures; Le Fou de la Falaise; Ce que les Flots racontent; Le Périscope; Les Gaz Mortels; Le Droit à la Vie. — 1917 : Barberousse; La Zone de la Mort; Mater Dolorosa (*Ph.* Burel, *Int.* Emmy Lynn, Firmin Gémier, Armand Tallier, Gaston Modot). — 1918 : La Dixième Symphonie (*Ph.* Burel, *Mus.* Bétove, *Int.* Séverin Mars, Emmy Lynn, Jean Toulout, André Hugon). — 1919 : J'Accuse (Ph. Burel et Forster, *Int.* Séverin Mars, Romuald Joube, Marise Dauvray, Maxime Desjardins, Angèle Guys, Blaise Cendrars). — 1921-1923 : La Roue (*Ph.* Burel, Bujard, Duverger et Brun, *Mus.* Honegger, *Int.* Séverin Mars, Ivy Close, Gabriel de Gravonne, Georges Terof, Pierre Magnier, Maxudian). — 1923 : Au Secours (*Int.* Max Linder). — 1925-1927 : Napoléon (*Ass.* H. Krauss, Volkoff, Tourjansky, Andréani, P. Danis, Georges Lampin, *Ph.* Kruger, Mundviller, Burel, Lucas, Roger Hubert, Briquet, Émile Pierre, *Mus.* Honegger, *Int.* Albert Dieudonné, Maurice Schutz, Joe Hamman, Simone Genevoix, Suzanne Bianchetti, Philippe Hériat, Nicolas Kolme, Alex Koubtsky, Damia, Pierre Batcheff, Antonin Artaud, Jean d'Yd, Abel Gance, Maxudian, Gina Manès, Daniel Mendaille, Henry Krauss, Armand Bernard, Suzy Vernon, etc.). — 1931 : La Fin du Monde (*Int.* Victor Francen, Abel Gance, Colette Darfeuil, Jean d'Yd). — 1932 : Mater Dolorosa (nouvelle version). — 1933 : Le Maître de Forges (*Co.R.* Fernand Rivers). — 1934 : Poliche; La Dame aux Camélias (*Co.R.* F. Rivers); Napoléon Bonaparte (version sonorisée, abrégée et augmentée de diverses scènes : présentée en stéréophonie). — 1935 : Le Roman d'un Jeune Homme Pauvre. — 1936 : Lucrèce Borgia. — 1937 : Un Grand Amour de Beethoven (*Ph.* Lefebvre et Fossard, *Int.* Harry Baur, Annie Ducaux, Jany Holt, J.-L. Barrault, Pauley); Jérôme Perreau, Héros des Barricades; Le Voleur de Femmes; 1937 : J'Accuse (nouvelle version; *Ph.* Roger Hubert, *Int.* Victor Francen, Sylvie Gance, Line Noro). — 1939 : Louise. — 1940 : Le Paradis Perdu. — 1941 : La Vénus Aveugle. — 1943 : Le Capitaine Fracasse. — 1953 : Quatorze Juillet (C.M. en polyvision). — 1954 : La Tour de Nesles. — 1956 : Magirama, série de C.M. dirigés par Abel Gance et Fanny Kaplan. — 1960 : Austerlitz (*Int.* Pierre Mondy, Elvire Popesco, Jean Mercure etc).

Abel GANCE est un des plus importants réalisateurs français. « Ne cessez jamais de voir trop grand. » Il a suivi, à la lettre, ce conseil que lui donnait assez ironiquement Louis Delluc au début de sa carrière. Et Léon Moussinac a bien défini son art en écrivant à propos de La Roue : *« une abondance de richesses neuves et de pauvretés de mauvais goût (...) mais qui atteint la puissance et emporte fleurs et scories dans un grand souffle lyrique. » Abel GANCE a le mérite « sans séparer l'or de la gangue » (Moussinac) d'avoir confusément, mais avec grandeur, exprimé la révolte des soldats en 1917-1918 dans* J'accuse *(première version de 1919), abordé à travers le pire mélodrame la vie des cheminots dans* La Roue, *décrit tout en accordant crédit à des fables historiques, l'épopée révolutionnaire de 1793 dans* Napoléon. *Après 1930 et l'échec de* La Fin du Monde, *Abel GANCE connut une période difficile et fut souvent réduit à des besognes, jusqu'à 1943, où il put se croire définitivement banni des studios. Le Cinémascope donna indirectement une nouvelle chance à celui qui, dans* Napoléon, *avait employé le triple écran dès 1927, et la stéréophonie dès 1934. Il put, après 1955, développer ses recherches de polyvision avec son* Magirama *(qui présenta une version « polyvisée » du second* J'accuse*) et revint à la mise en scène pour bientôt réaliser avec* Austerlitz, *une nouvelle partie de son* Napoléon.

Robert Jules GARNIER (Architecte décorateur). — Né le 29 avril 1883 à Sèvres. Chef décorateur chez Gaumont de 1906 à 1938, y dirige les décors pour les films de Feuillade, Léonce Perret, Léon Poirier, Desfontaines, Fescourt, etc., dont notamment, 1921 : **Eldorado** (L'Herbier); **Fièvre** (Delluc), etc., et en 1947 : **Antoine et Antoinette** (Becker). — 1949 : **Rendez-vous de Juillet** (Becker).

Fils ou petit-fils de l'architecte de l'Opéra, Robert-Jules GARNIER fut le premier créateur en France d'une école de décorateurs spécialisés dans le cinéma, et sut adapter son talent aux styles les plus divers.

Louis GASNIER (Réalisateur). — Né le 27 septembre 1882 à Paris. Régisseur, au théâtre Antoine et à l'Ambigu. Engagé par Pathé en 1907, réalise quelques-uns des premiers Max Linder, dont **Les Débuts d'un Patineur** et de nombreux autres films. Envoyé fin 1910 aux États-Unis pour y diriger les productions de la Succursale américaine de Pathé, il s'y illustrera par la fameuse série à épisodes, 1914 : **Perils of Pauline**. — 1915 : **The Clutching Hand**, etc., éditée en France sous les titres **Mystères de New York** et **Les Exploits d'Elaine**. Ces « sérials » furent réalisés avec deux Français, l'opérateur Joseph Dubray et l'acteur Léon Barg. Après ces succès mémorables, GASNIER devient un réalisateur commercial américain. Il dirige en France, vers 1930-1935 une série de films parlants médiocres, dont, 1933 : **Topaze** et 1934 : **Fedora**.

Réalisateur médiocre durant toute sa carrière, Louis GASNIER mérite d'être cité pour sa fameuse série des Mystères de New York qui eut un énorme retentissement en France, et qui reste le chef-d'œuvre du sérial, dans son entraînante extravagance.

Léon GAUMONT (Industriel). — Né en 1863, mort le 10 août 1946 à Sainte-Maxime (Var).

1885, dirige le Comptoir Général de la Photographie à Paris et s'intéresse en 1895 au Chronophotographe mis au point par Demeny. Est l'un des premiers en France, avec Pathé et Lumière, à mettre dans le commerce des caméras et projecteurs, en même temps que 1896-1900 des films d'actualité et de mise en scène. En 1900, confie à sa secrétaire, Alice Guy, la direction de ses mises en scène qu'elle assurera jusqu'en 1907, où elle sera remplacée par Louis Feuillade. S'intéresse de bonne heure au parlant et présente le 7 novembre 1902 à la Société Française de Photographie le *Chronophone*, synchronisant film et rouleau de phonographe.

1905, construit aux Buttes-Chaumont à Paris, la Cité *Elgé* (Léon Gaumont) avec un hall en verre de 45 m sur 30 et 43 m de haut, jusqu'à 1914, le plus grand du monde. Après 1907, Gaumont appuyé par la puissante *Banque Suisse et Française* (plus tard, *Crédit Commercial de France*) et l'industrie électrique, intensifie sa production, développe des succursales à l'étranger (Grande-Bretagne, Allemagne, États-Unis, Russie, etc.), crée bientôt de puissantes chaînes de salles en France et en Angleterre. A Feuillade, viennent s'adjoindre des réalisateurs comme Émile Gohl, Georges Arnaud, Jean Durand, Léonce Perret, Henri Fescourt, Gaston Ravel, etc. En 1912, Gaumont s'intéresse à la couleur et développe le procédé Lemoine « Chronochrome » avec lequel est filmé en 1918 le défilé de la Victoire (procédé additif, trois images colorées se superposant à la projection). En même temps, 1912, le Chronophone perfectionné permet de donner des films parlants au Gaumont-Palace pour 6 000 spectateurs. Interrompue en août 1914, la production reprend rapidement chez Gaumont, qui remporte de gros succès commerciaux avec les films à épisodes de Feuillade (les Vampires, Judex, etc.). Après la guerre, Gaumont entreprend la série d'art *Pax*, dont le directeur artistique est Léon Poirier, à laquelle participe Marcel L'Herbier. L'insuccès financier de cette tentative conduit Azaria, financier spécialiste de l'industrie électrique, à liquider progressivement l'affaire. Après diverses combinaisons avec la société américaine Métro-Goldwyn et des firmes allemandes, .a Société Gaumont est absorbée en 1929 par le groupement *Gaumont-Franco-Film-Aubert*. Léon Gaumont se retire alors de l'industrie du film.

Pendant la grande période de sa firme (1906-1914), GAUMONT la dirige avec une autorité qui fit écrire à H. Fescourt : « Tout marchait avec une précision mathématique. Il possédait une volonté irréductible. Il nous enjoignait : « Allez de l'avant et que ça ne coûte « pas cher ».

Tous les mardis à 8 heures exactement — Léon GAUMONT exécrait l'inexactitude — il supervisait la projection de la semaine à qui il imprimait la marque de sa fabrique, reconnaissable (suivant Fescourt) « au souci des convenances bourgeoises et au soin apporté à la photographie, à la réussite des effets d'éclairage, au choix de thèmes tendant vers les déchirements sentimentaux, et au refus systématique » des adaptations littéraires ou théâtrales.

Créateur, avec Charles Pathé, de l'industrie du Film en France (et dans le monde), Léon GAUMONT, bien plus que son rival, imprima un style particulier à la production de Sa maison, tant que dura son apogée.

Daniel GÉLIN (Acteur). — Né le 19 mai 1921 à Angers (Maine-et-Loire). Débute pendant la guerre au cinéma dans de petits rôles. Interprète notamment, 1946 : **La Tentation de Barbizon** (Sauvajeon). — 1949 : **Rendez-vous de Juillet** (Becker). — 1950 : **Dieu a besoin des Hommes** (Delannoy); **La Ronde** (Ophüls). — 1951 : **Édouard et Caroline** (Becker). — 1952 : **Le Plaisir** (Ophüls). — 1953 : **Les Dents Longues** (également *R*.); **Rue de l'Estrapade** (Becker). — 1954 : **L'Affaire Maurizius** (Duvivier). — 1956 : **En effeuillant la Marguerite** (Marc Allégret). — 1957 : **Mort en Fraude** (Marcel Camus). — 1959 : **Julie la Rousse** (Claude Boissol). — 1960 : **Le Testament d'Orphée** (Cocteau). — 1961 : **La Morte-Saison des Amours** (Kast).

Avec François Périer, un des acteurs qui s'imposèrent après guerre. D'abord jeune premier comique, il s'orienta ensuite vers des rôles dramatiques et tourmentés. La maturité lui a apporté beaucoup de métier et d'autorité.

Suzanne GRANDAIS (Actrice). Pseudonyme de S. Gueudret. — Née à Paris le 14 juin 1893, morte le 18 août 1920, dans un accident d'auto, à Rozoy-en-Brie, non loin de Paris. 1909-1919, débute à seize ans au Théâtre de Cluny, aux Variétés, puis au Moulin-Rouge. Tournées en Amérique latine. Petits rôles chez Pathé et à la Lux. 1911, engagée par Gaumont pour qui elle interprète en 18 mois (octobre 1911-mars 1913) 45 films, dont, 1911 : **La Paix du Foyer; Cupidon aux Manœuvres; Eugène Amoureux; La Rançon du Bonheur; Histoire d'un Valet de Chambre; La Lumière et l'Amour; Le Coq en Pâte; La Bonne Hôtesse; Le Pont sur l'Abîme; Le Mystère des Roches de Kador; Fantaisie de Milliardaire** (Fescourt); **La Dentellière** (Fescourt); **Le Homard; La Demoiselle des P.T.T.; La Force de l'Argent; L'Homme de Proie** (Feuillade); **Erreur Tragique; Un Nuage; La Main de Fer**, etc. La plupart de ces films dirigés par Léonce Perret. — 1913, signe un contrat avec la Société allemande K.L.G. de Cologne dont les films sont dirigés en France par Marcel Robert : **Chacun sa Destinée; Intrigues Amoureuses; La Petite Rose; La Dame du 13; Honneur passe Richesse**, etc. — 1914-1915 : **Grande Sœur; Fille d'Amiral; La Petite Bagatelle**, etc. (Raoul d'Auchy). — 1916-1917, pour Mercanton et Hervil : **Le Tournant; Suzanne; Suzanne Professeur de Flirt; Oh le Baiser! Midinette; Le Tablier Blanc; La Petite du Sixième**, etc. Le Roi de la Mer (Baroncelli). — 1919 : **Mea Culpa** (G. Champavert); **Simplette; Son Aventure** (René Hervil); **Suzanne et les Brigands** (Burguet). — 1920 : **Gosse de Riche** et **L'Essor** (Burguet). Meurt au cours de la réalisation de ce dernier film.

Morte à 27 ans, en plein succès, Suzanne GRANDAIS a pendant plusieurs années (1912-1920), incarné le type d'une jeune Parisienne simple et charmante, d'une midinette autour

LE GRAND JEU (1934) et LA KERMESSE HÉROÏQUE (1935). Le retour de *Jacques Feyder* facilita la renaissance du cinéma français. « Le Grand Jeu » sacrifia au romantisme du beau légionnaire et « La Kermesse héroïque » (avec Louis Jouvet) fut un hommage à la grande peinture flamande dans des décors de Meerson, mort peu après.

L'ESPOIR (1939-1945). *André Malraux* réalisa, en Espagne, ce film pendant que les Républicains livraient leurs derniers combats, qu'il exalta.

DON QUICHOTTE (1933). L'Allemand *G.-W. Pabst* dirigea en France avec Chaliapine ce film aux belles images empreintes d'une froideur amère et désabusée.

de qui « flottait une atmosphère d'atelier laborieux, de guinguette dominicale, de logement paisible avec canari et pot de géranium... » (René Jeanne).

Jean GRÉMILLON (Réalisateur). — Né le 3 octobre 1901 à Bayeux (Calvados). Mort à Paris le 25 novembre 1959. Études de musique à la Schola Cantorum, musicien dans un orchestre de cinéma. Entreprend avec son ami l'opérateur Georges Périnal, débutant comme lui, une série de documentaires touristiques et industriels, 1923 : **Chartres; Revêtement des Routes.** — 1924 : **Fabrication du Fil; Du Fil à l'Aiguille; Fabrication du Ciment Artificiel; La Bière; Roulements à Billes; Les Parfums; Étirage des Ampoules Électriques.** — 1925, six films d'éducation professionnelle pour les conducteurs de tramways : **Électrification de la Ligne Paris-Vierzon; L'Auvergne; Naissance des Cigognes; Aciéries de la Marine, Homecourt.** — 1926 : **Vie des Travailleurs Italiens en France; La Croisière de l'Atalante.** — 1927 : **Tour au Large** (*Ph.* Lucien Lesaint, *Mus.* Jean Grémillon, enregistrée sur bandes perforées pour piano mécanique Pleyela). — 1928 : **Maldone** (*Sc.* Alexandre Arnoux, *Ph.* Perinal et Ch. Matras, *Int.* Charles Dullin, André Bacqué, Genica Athanasiou, Annabella, Roger Karl, Georges Seroff, Geymond Vital). — 1928 : **Bobs**, c.m. — 1929 : **Gardiens de Phares** (*Sc.* Jacques Feyder, *Ph.* Perinal, *Déc.* André Barsacq, *Int.* Genica Atanasiou, Gabrielle Fontan, Geymond Vital, Fromet). — 1930 : **La Petite Lise** (*Sc.* Ch. Spaak, *Ph.* Bachelet et Colas, *Int.* Nadia Sibirskaïa, Alcover, Julien Bertheau, Mihalesco, Raymond Cordy). — 1931 : **Daïnah la Métisse** (*Sc.* Ch. Spaak, *Ph.* Perinal et Louis Page, *Int.* Vanel, Habib Benglia, Laurence Clavais (film remonté par un autre, et non signé par J.G.). — 1932 : **Pour un Sou d'Amour; La Petite Babouin.** — 1933 : **Gonzague.** — 1934 : **La Dolorosa** (en Espagne). — 1935 : **Valse Royale** (en Allemagne). — 1936 : **Pattes de Mouches.** — 1937 : **Gueule d'Amour** (*Sc.* Ch. Spaak, *Int.* Jean Gabin, Mireille Balin, René Lefèvre). — 1938 : **L'Étrange M. Victor** (*Sc.* Valentin et Spaak, *Int.* Viviane Romance, Raimu, Madeleine Renaud, Pierre Blanchar). — 1939-1941 : **Remorques** (*Sc.* Cayatte et Prévert, *Déc.* Trauner, *Ph.* Thirard et Louis Née, *Int.* Jean Gabin, Michèle Morgan, Madeleine Renaud, Fernand Ledoux, Blavette). — 1943 : **Lumière d'Été** (*Sc.* Laroche et J. Prévert, *Ph.* Louis Page, *Déc.* Trauner et Douy, *Mus.* Désormières et Roland Manuel, *Int.* Pierre Brasseur, Paul Bernard, Madeleine Renaud, Madeleine Robinson, Jeanne Marken, Georges Marchal, Blavette, Aimos). — 1943-1944 : **Le Ciel est à vous** (*Sc.* Valentin et Spaak, *Ph.* Louis Page, *Déc.* Max Douy, *Mus.* Roland Manuel. *Int.* Madeleine Renaud, Charles Vanel, Jean Debucourt, R. Varnay). — 1944-1945 : **Le Six Juin à l'Aube** (Doc. *Mus. et commentaire* Jean Grémillon, *Ph.* Page, Douarinou, Bac, Maurice Pecqueux). — 1948 : **Pattes Blanches** (*Sc.* Anouilh, *Ph.* Agostini, *Int.* Suzy Delair, Arlette Thomas, Fernand Ledoux). — 1949 : **Les Charmes de l'Existence** (court métrage, *Co.R.* Pierre Kast). — 1950 : **L'Étrange Madame X.** — 1952 : **Alchimie, Astrologie** (court métrage). — 1953-1954 : **L'Amour d'une Femme** (*Sc.* Grémillon, René Wheeler, René Fallet, *Ph.* Louis Page, *Mus.* Elsa Barraine, *Déc.* R. Clavel, *Int.* Micheline Presle, M. Girotti, Gaby Morlày, Carette, Lesaffre). — 1955 : **La Maison aux Images** (*Doc.* court métrage). — 1956 : **Haute Lice** (court métrage). — 1958 : **André Masson et les Quatre Éléments** (court métrage). Président de la *Cinémathèque Française* 1943-1958.

L'un des plus grands réalisateurs français, Jean GRÉMILLON a pu donner toute sa mesure à la fin du muet, et pendant la période de l'occupation où ses films exprimèrent indirectement mais clairement l'esprit de la Résistance, auquel il participait. Pour sa rigueur et son refus des impératifs « commerciaux », le réalisateur a été, surtout depuis 1945, boycotté par les producteurs, et n'a pu réaliser beaucoup des œuvres importantes qu'il avait en projet. Comme il avait d'autre part connu une période plus que difficile au début des années 30, on peut penser que sur les 35 ans que dura sa carrière, il put s'exprimer durant une dizaine d'années tout au plus. Il fut un « cinéaste maudit », victime des conditions de l'industrie, et fut loin de pouvoir créer tous les films qu'il avait conçus. Il était en outre un artiste complet, excellent écrivain et musicien.

Raoul GRIMOIN-SANSON (Inventeur). — Né le 7 mai 1860 à Elbeuf, mort en novembre 1941 à Oissel, près de Rouen (Seine-Maritime). Collaborateur de Bertillon, organise à Bruxelles un service photographique d'identité judiciaire, qui le met en rapports avec Albert Condé, Jules Marey, Demeny; fait breveter en 1896 son *phototachygraphe*, appareil de prise de vues employant une « croix de Malte inversée ». Devient montreur de cet appareil, opérateur, prestidigitateur. Fait breveter en décembre 1897 son *Cinéorama* (ou *Cinécosmorama*) à 10 appareils projetant des vues animées sur un écran circulaire de 100 mètres de circonférence. Il enregistre en 1899, en ballon, des scènes à Nice, Paris, Barcelone, Bruxelles, Southampton, Tunis et présente en 1900 son *Cinéorama* comme un des clous de l'Exposition Universelle, dans une salle circulaire construite sous la Tour Eiffel, où les spectateurs prennent place dans une nacelle de ballon. La police interdit les représentations par crainte des incendies.

GRIMOIN-SANSON abandonne le cinéma et, après divers déboires, fait fortune en remplaçant le caoutchouc par la poudre de liège, pour des tissus imperméabilisés, destinés aux nourrissons, puis après 1915 aux masques à gaz. Devenu riche, il se retire dans un château normand, où il réalise vers 1924 un film *Le Comte de Griollet*, synchronisé avec un orchestre, par une baguette battant la mesure en bas de l'image. En 1926, crée et organise avec G.-M. Coinac la section de cinéma au Conservatoire des Arts et Métiers à Paris, et réalise alors un documentaire sur l'inventaire du cinéma, qu'il revendique en grande partie pour sienne.

Figure pittoresque et haute en couleurs, GRIMOIN-SANSON a l'incontestable mérite d'avoir le premier fait fonctionner (pour quelques représentations seulement) le cinéma circulaire, à écrans multiples, déjà recherché par divers inventeurs, et d'avoir ainsi ouvert la voie au Triple Écran *de Gance, puis au* Circorama Disney *(1956), et au* Kinopanorama *circulaire soviétique (1959).*

Sacha GUITRY (Acteur, Auteur et Réalisateur). — Né le 21 février 1885 à Saint-Pétersbourg (Russie), mort à Paris le 24 juillet 1957. Fils du célèbre acteur Lucien Guitry. Débute comme acteur avant 1900, et comme auteur de théâtre en 1902. Il écrira durant sa longue carrière plus de 120 pièces de théâtre, qui auront un gros succès boulevardier avant et après 1914.

Réalise en 1916 : **Ceux de chez nous**, documentaire, et interprète en 1917, pour Mercanton et Hervil : **Roman d'Amour et d'Aventures** avec Yvonne Printemps, alors sa femme. Puis abandonne le cinéma tant qu'il reste muet. Y revient en 1931 comme *Int.* et *Sc.* de **Le Blanc et le Noir** (Marc Allégret et Robert Florey). Puis devient *Sc. Int. R.* de, 1935 : **Pasteur; Bonne Chance.** — 1936 : **Mon Père avait raison; Le Nouveau Testament; Le Roman d'un Tricheur.** — 1937 : **Le Mot de Cambronne; Les Perles de la Couronne** (*Co.R.* Christian-Jaque). — 1938 : **Quadrille; Désiré; Remontons les Champs-Élysées.** — 1939 : **Ils étaient neuf Célibataires.** — 1942 : **Le Destin Fabuleux de Désirée Clary.** — 1943 : **Donne-moi tes yeux; La Malibran.** — 1947 : **Le Comédien.** — 1948 : **Le Diable Boiteux.** — 1949 : **Aux Deux Colombes; Toâ.** — 1950 : **Le Trésor de Cantenac; Tu m'as sauvé la Vie.** — 1951 : **Debureau.** — 1952 : **La Poison; Adhemar** (*Co.R.* Fernandel). — 1953 : **Je l'ai été trois fois; La Vie d'un Honnête Homme.** — 1954 : **Si Versailles m'était conté.** — 1955 : **Napoléon.** — 1956 : **Si Paris nous était conté.** — 1957 : **Assassins et Voleurs; Les Trois font la Paire** (*Co.R.* Clément Duhour).

Très peu cinéaste, l'homme de théâtre Sacha GUITRY fut le metteur en film de lui-même, de ses pièces, de ses romans, de ses bons mots, de ses épouses, de ses mimiques satisfaites, de son ébouriffant parisianisme, de sa voix savamment modulée. Il obtint à l'écran son meilleur succès dans l'ingénieux Roman d'un Tricheur *et atteignit un vaste public avec les défilés pseudo-historiques à grand spectacle :* Les Perles de la Couronne, Remontons les Champs-Élysées, Si Versailles m'était conté, Napoléon, *etc.*

Alice GUY (Réalisatrice). — Née le 1er juillet 1873 à Paris. Secrétaire de Léon Gaumont à partir de 1894. Chargée par lui de la mise en scène de ses studios après 1898. Réalise notamment (1), 1900 : La Fée aux Choux; Au Bal de Flore; Sydney's Joujoux; Danse des Saisons; Une Rage de Dents. — 1901 : Folies Marquises; Hussards et Grisettes. — 1902 : Sage-femme de Première Classe; En Cabinet Particulier; Le Pommier. — 1903 : Illusionniste Renversant; La Fiancée ensorcelée; Le Voleur sacrilège. — 1904 : Les Petits Coupeurs de Bois Vert; Paris la Nuit; Le Courrier de Lyon; Rapt d'enfant par les Romanichels; Déménagement à la Cloche de Bois; Le Crime de la Rue du Temple. — 1905 : Une Noce au Lac Saint-Fargeau; Robert Macaire et Bertrand; La Esmeralda (Co.R. Denizot). — 1906 : La Fée Printemps; La Vie du Christ (Co.R. Jasset); Le Matelas. Films parlants : Faust; Mignon; Carmen; Mireille; Les Dragons de Villars; Fanfan la Tulipe; Madame Angot; etc. Chansons de Dranem, Polin, Mayol, etc.

En mars 1907, épouse Herbert Blaché, sous-directeur de l'agence Gaumont à Berlin, et part avec lui pour les États-Unis, pour représenter le *Chronophone* (films parlants). Dirige les studios Gaumont à Flushing. Fonde en 1912 aux U.S.A. les Studios SOLAX à Fort-Lee (New-Jersey) où elle dirige et écrit jusqu'à 1916 un grand nombre de films.

La première femme metteur en scène, le seul réalisateur du cinéma à son début qui vive encore en 1961, Alice GUY contribua beaucoup à élaborer le style qui caractérisa jusqu'à 1920 la firme Gaumont, et son œuvre aux États-Unis fut considérable.

Nicolas HAYER. — Né le 1er mai 1902 à Paris. Élève des Arts Décoratifs. 1924-1928 : opérateur en Indochine, puis 1928-1934 aux Actualités M.G.M. Ph. depuis 1934.

1939 : L'Or du Cristobal (Jacques Becker). — 1939-1941 : Macao l'Enfer du Jeu (Delannoy). — 1943 : Le Corbeau (Clouzot). — 1944 : Co.Ph. La Libération de Paris. — 1945 : Falbalas (Jacques Becker). — 1946 : Patrie (Daquin). — 1948 : La Chartreuse de Parme (Christian-Jaque). — 1950 : Un Homme marche dans la Ville (Pagliero); Orphée (Cocteau). — 1951 : Sous le Ciel de Paris (Duvivier). — 1956 : Don Juan (John Berry). — 1959 : Deux Hommes dans Manhattan (Melville).

Une des sûres valeurs de l'École française, Nicolas HAYER se caractérise par un style robuste, qui peut être, selon le réalisateur, décoratif, ou très dépouillé.

André HEUZÉ (Réalisateur). — Né en 1890, mort à Paris le 16 août 1942. Débute comme auteur dramatique en 1897, avec un acte comique, C'est la Faute au Vitrier, représenté à Bataclan. Écrit pendant dix ans des saynètes et vaudevilles représentés dans les caf' conc et les théâtres des faubourgs, certains en collaboration avec Louis Feuillade. Engagé en 1905 par Pathé, y dirige : 1905, Le Voleur de Bicyclette; La Course des Sergents de Ville; Toto Gate-Sauce. — 1906 : La Course à la Perruque; Les Chiens Contrebandiers; L'Age du Cœur; La Loi du Pardon; Les Dessous de Paris; Les Meurt-de-Faim; Le Déserteur; A Biribi; Le Billet de Faveur. — 1907 : La Lutte pour la Vie; La Femme du Lutteur; Boireau déménage (et d'autres films avec André Deed-Boireau). — 1911 : Les Aventures de Lagardère. — 1913 : De Film en Aiguille et Au Bout du Film. Revues filmées avec chansons de Jean Bastia Le Bossu. Fonde en 1914 la revue mensuelle Le Film dont plus tard Delluc deviendra le rédacteur en chef. — 1916 : Paris pendant la Guerre (Revue filmée, Co.R. Diamant-Berger). — 1917 : Debout les Morts (From Les Quatre Cavaliers de l'Apocalypse, roman de Blasco Ibanez); Ils y viennent tous au Cinéma (revue filmée, Co.R. Diamant-Berger).

---

(1) Dans mon *Histoire générale du Cinéma* (t. II), accordant crédit à Henri Callet, j'avais attribué à ce trop imaginatif vieillard, rencontré à Lyon en 1946, une série de films appartenant à Alice Guy, que je lui restitue aujourd'hui.

Après 1919 et le succès de **La Mariée du Régiment**, représentée à l'Ambigu, il se consacre à l'opérette et au théâtre, adaptant notamment à la scène Mirbeau *(Le Journal d'une Femme de chambre)*, avec la collaboration d'André de Lorde, et Dekobra *(La Madone des Sleepings, Mon cœur au ralenti)*. Ses plus gros succès seront, après 1930 : **En Bordée** *(Co.* Serge Veber); **La Fille de la Madelon,** et d'autres opérettes en collaboration avec Georges Arnaud.

Parmi les primitifs, HEUZÉ fut avec son ami Feuillade, l'un de ceux qui apporta le plus au cinéma français de 1906-1910. Mais il fut ensuite rapidement dépassé par l'évolution du film vers l'art.

Arthur HONEGGER (Musicien). — Né au Havre en mars 1892, mort à Paris le 18 novembre 1955. Membre en 1918 du « Groupe des Six ». Écrit en 1922 la partition de **La Roue** (Abel Gance) dont il tirera un de ses plus fameux morceaux : *Pacific 231.* — 1927 : *Mus.* **Napoléon** puis, avec le sonore, 1934 : **Les Misérables** (Raymond Bernard); **Rapt** (Kirsanoff); **L'Idée** (D.A. Berthold Bartosch). — 1935 : **Crime et Châtiment** (P. Chenal); **L'Équipage** (Litvak). — 1937 : **Mademoiselle Docteur** (G.W. Pabst); **La Citadelle du Silence** (Marcel L'Herbier) *Co.Mus.* Darius Milhaud; **Regain** (Marcel Pagnol). — 1938 : **Pygmalion** (en Grande-Bretagne, Asquith et Leslie Howard). — 1939 : **Le Déserteur ou Je t'attendrai** (L. Moguy). — 1942 : **Le Journal tombe à 5 heures** (Georges Lacombe); **Mermoz** (Louis Cuny). — 1945 : **Les Démons de l'Aube** (Yves Allégret), *Co.Mus.* Hoerée. — 1946 : **Un Revenant** (Christian-Jacque, *Co.Mus.* Hoerée). — 1954 : **Jeanne au Bûcher** (Rossellini, d'après son oratorio).

La collaboration au cinéma d'un des plus grands musiciens contemporains est souvent méconnue ou oubliée. Sans doute ne fut-elle pas une part prépondérante de son activité, mais il y aurait intérêt à rechercher et à diffuser par le disque, les partitions qu'il écrivit entre 1934 et 1946 pour des films excellents ou médiocres.

Roger HUBERT (Directeur de la Photographie). — Né le 30 mars 1903 à Montreuil (Seine). Études à l'Institut Marey. 1927-1930 : collabore et démontre le procédé de couleurs Keller-Dorian. — 1927 : *Co.Ph.* Napoléon (Gance). — 1931 : **La Fin du Monde** (Gance). — 1931 : **Mam'zelle Nitouche** (Marc Allégret). — 1931 : **La Chienne** (Renoir). — 1932 : **Fanny** (Marc Allégret); Mater Dolorosa (Abel Gance). — 1935 : **Pension Mimosas** (Jacques Feyder). — 1936 : **Jenny** (Carné). — 1939 : **Volpone** (Tourneur). — 1939-1942 : **La Loi du Nord** (Feyder). — 1942 : **Les Visiteurs du Soir** (Carné). — 1943 : **L'Éternel Retour** (Delannoy). — 1945 : **Les Enfants du Paradis** (Carné). — 1950 : **Les Amants de Bras Mort** (Pagliero). — 1953 : **Thérèse Raquin** (Carné). — 1954 : **L'Air de Paris** (Carné). — 1958 : **Thérèse Étienne** (La Patellière). — 1959 : **La Femme et le Pantin** (Duvivier). — 1961 : **Crésus** (Giono).

Roger HUBERT, styliste de la photographie, a remporté ses meilleurs succès en 1940-1945, avec une série de films romantiques ou féériques dont les plus fameux furent Les Visiteurs du Soir, L'Éternel Retour *et* Les Enfants du Paradis.

Marcel ICHAC (Documentariste). — Né le 22 octobre 1906 à Rueil (Seine-et-Oise). D'abord journaliste. Depuis 1933, a réalisé notamment : 1936, **Karakoram.** — 1940 : **Pèlerinage de La Mecque.** — 1942 : **A l'assaut des Aiguilles du Diable.** — 1943 : **Sondeurs d'Abîmes.** — 1948 : **Padirac Rivière de la Nuit; Groënland** (film de l'expédition Paul-Émile Victor). — 1950 : **Himalaya.** — 1953 : **Victoire sur l'Annapurna; Nouveaux Horizons** (film en cinémascope). — 1956 : **Les Danses de Tani.** — 1960 : **Les Étoiles de Midi** (long métrage en couleurs).

Spécialiste des films de montagne et d'exploration, a rapporté des documents saisissants des Alpes, de l'Himalaya, du Groenland et des gouffres souterrains.

Victorien JASSET (Réalisateur). — Né en 1862 à Fumay (Ardennes). Mort le 22 juin 1913 à Paris. Sculpteur, élève de Dalou, puis peintre en éventails et costumier de théâtre chez Landolf. Écrit et met en scène des ballets et pantomimes, notamment à l'*Hippodrome* (dont Vercingétorix avec 800 personnes, vers 1900). Est également romancier, auteur dramatique, organisateur à Paris des défilés de la Mi-Carême et des Fêtes du Centenaire. Réalise pour Gaumont, avec Alice Guy, 1905-1906 : **La Vie du Christ** (680 m) et **Rêves d'un Fumeur d'Opium**. — 1907 : pour la petite firme *Le Lion* dont il assure la direction artistique avec Georges Hatot, il dirige notamment : **La Partie d'Échecs de Napoléon**. Travaille également pour **L'Éclipse** et **Raleigh et Robert**. — 1908 : **La Fiancée du Gladiateur**; et aurait passé pour quelques mois chez Pathé (où il aurait collaboré en 1907 à *Cendrillon*). Il devient en 1908 directeur artistique de l'*Éclair* et le restera jusqu'à sa mort. Forme une troupe avec Josette Andriot, Sylviane, Marise Dauvray, André Liabel. Premier film pour cette firme : **Ame Corse** (mars 1908). Ensuite : 1908, **Nick Carter** (9 épisodes de 150 à 300 m); **Riffle Bill** (5 épisodes). — 1909 : **Les Dragonnades sous Louis XIV**; **Morgan le Pirate**; **Meskal le Contrebandier**; **Le Vautour de la Sierra**. — 1910 : **Nick Carter Acrobate**; **La Cage**; **Hérodiade**. — 1911 : **La Fin de Don Juan**; **Zigomar**; **Nick Carter**; **Le Mystère du Lit Blanc**. — 1912 : **Au Pays des Ténèbres**; **Un cri dans la Nuit**; **Rédemption**; **Le Cercueil de Verre**; **Zigomar contre Nick Carter**; série les *Batailles de la vie* : **La Terre**; **Le Saboteur**; **Le Testament**; **Haine au Music-Hall**; **Une Campagne de Presse**; **Aux Feux de la Rampe**. — 1913 : **Balao**; **Zigomar Peau d'Anguille**; **Protea** (1). Meurt des suites d'une opération chirurgicale pendant la réalisation de ce dernier film.

Victorin JASSET fut un des rares artistes du cinéma français avant 1914. Cultivé, raffiné, esthète, un peu décadent, passionné des femmes, ses contemporains en parlaient comme d'un « Henri Bataille du cinéma ». Il sut avec ou avant Feuillade, découvrir la beauté et l'insolite dans le quotidien, et créer la poésie des films policiers à épisodes.

Maurice JAUBERT (Musicien). — Né le 3 janvier 1900 à Nice. Mort au combat le 19 juin 1940 à Azerailles (Meurthe-et-Moselle). A écrit des partitions pour, 1930 : **Le Petit Chaperon Rouge** (Cavalcanti). — 1932 : **Quatorze Juillet** (René Clair); **Zéro de Conduite** (Jean Vigo); **L'Affaire est dans le Sac** (Pierre Prévert). — 1934 : **L'Atalante** (Jean Vigo); **Le Dernier Milliardaire** (René Clair). — 1937 : **Drôle de Drame** (Marcel Carné); **Barbe-Bleue** (sculptures animées : Jean Painlevé et René Bertrand). — 1938 : **Quai des Brumes** (Marcel Carné); **Hôtel du Nord** (Marcel Carné). — 1939 : **La Fin du Jour** (Duvivier); **Le Jour se lève** (Marcel Carné).

*Maurice JAUBERT, compositeur de grande valeur, est un des premiers en France qui ait considéré la musique de film comme un art. Les partitions qu'il écrivit pour René Clair, Jean Vigo et Marcel Carné sont devenus des classiques. Et chacun retient après l'avoir entendu une seule fois, la musique lancinante d'*A Paris dans chaque faubourg, qu'il écrivit pour Quatorze Juillet. Sa mort prématurée a été une perte irréparable pour le cinéma français et la musique.*

Henri JEANSON (Scénariste). — Né le 6 mars 1900 à Paris. D'abord journaliste et critique de films, notamment à *Bonsoir*, *La Flèche*, *Le Canard Enchaîné*, *Cinémonde*, (sous le pseudonyme d'Huguette ex-micro). Également auteur dramatique, participe en 1930-1932 aux productions de films en versions multiples organisées en France par la Paramount. Écrit les scénarios ou les dialogues de nombreux films, notamment, 1933 : **La Dame de chez Maxim's** (Alexandre Korda). — 1936 : **Mister Flow** (Alex. Esway). — 1937 : **Pépé le Moko** (Duvivier). — 1938 : **Un Carnet de Bal** (Duvivier); **Prison sans Barreaux** (Moguy); **Hôtel du Nord** (Marcel Carné); **Le Drame de Shanghaï** (Pabst). — 1942 : **La Nuit Fantastique** (Marcel L'Herbier). — 1942-1945 : **Carmen** (Christian-Jaque). — 1947 : **Boule**

de Suif (Christian-Jaque). — 1948 : La Vie en Rose (Faurez). — 1950 : Au Royaume des Cieux (Duvivier). — 1950 : Sc. et R. Lady Paname. — 1951 : Fanfan La Tulipe (Christian-Jaque). — 1953 : La Minute de Vérité (Duvivier). — 1955 : Nana (Christian-Jaque). — 1960 : L'Affaire d'Une Nuit (Henri Verneuil).

Henri JEANSON apporta au cinéma français depuis 1930, son ton particulier, sa verve, sa rosserie, son goût pour les jeux de mots et le brillant. Il a surtout été un dialoguiste étincelant, dont le style marqua une époque, celle de l'avant-guerre, sans perdre après guerre sa verdeur et son talent, continuant la tradition boulevardière.

Henri JOLY (Inventeur). — Né le 2 avril 1866 à Vioménil (Vosges). Mort à Paris le 27 décembre 1945. D'abord petit commerçant et professeur de gymnastique, photographe amateur. S'associe en 1895 à Pathé, et construit une variante du *Kinetoscope* ainsi qu'une camera. En 1896, travaille avec de Beydts, puis Pirou, puis en 1897 avec Normandin. Un projecteur Joly-Normandin, installé au Bazar de la Charité, est la cause indirecte de la catastrophe.

S'intéresse ensuite au cinéma sonore et fait breveter le 11 janvier 1900 un appareil synchronique associant phonographe et projecteur. Poursuivant ses recherches, découvre en 1905 le principe de l'enregistrement photo-électrique par miroir oscillant le fait breveter le 13 avril 1905, mais ne pourra l'industrialiser.

Louis JOUVET (Acteur). — Né le 24 décembre 1887 à Crozon (Finistère). Mort le 16 août 1951 à Paris. Acteur depuis 1907, fait partie en 1913-1922 de la Troupe du *Vieux Colombier* dirigée par Jacques Copeau. Fonde en 1925 son propre théâtre, qui sera l'un des meilleurs en France jusqu'à la mort de son créateur.

Avant tout, homme de théâtre, Louis JOUVET a un peu méprisé le cinéma, cela ne l'a pas empêché d'y donner d'extraordinaires créations, entre 1932 et 1951, où il interprète 35 films, dont, 1935 : La Kermesse Héroïque (Feyder); Les Bas-Fonds (Jean Renoir). — 1937 : Drôle de Drame (Marcel Carné); Carnet de Bal (Duvivier). — 1938 : La Marseillaise (Jean Renoir); Entrée des Artistes (Marc Allégret); Hôtel du Nord (Marcel Carné). — 1939 : La Fin du Jour (Duvivier); Volpone (Tourneur). — 1940 : Un Tel Père et Fils (Duvivier). — 1947 : Quai des Orfèvres (Clouzot).

La forte personnalité de Louis JOUVET, sa diction saccadée, son humour se sont imposés au plus grand public. Même les silhouettes qu'il créa dans des films médiocres sont inoubliables, encore qu'un peu trop proches les unes des autres.

Robert JUILLARD (Directeur de la Photographie). — Né le 24 août 1906 à Joinville-le-Pont (Seine). Assistant de Perinal, Kruger, Matras, Burel, etc. *Ph.*, 1947 : Allemagne Année Zéro et La Voix Humaine (Rossellini). — 1950 : Journal d'un Curé de Campagne (Bresson, *Co.Ph.* Burel). — 1952 : Jeux Interdits (Clément). — 1953 : Les Dents Longues (Gélin). — 1955 : Les Diaboliques (Clouzot). — 1956 : Gervaise. — 1958 : Sans Famille (André Michel). — 1959 : Toi le Venin (Hossein). — 1960 : Austerlitz (Gance).

Formé par la tradition française, mais aussi, avec Rossellini, par le néo-réalisme italien, JUILLARD a donné ses plus belles images avec le Journal d'un Curé de Campagne et Jeux Interdits.

Michel KELBER (Directeur de la Photographie). — Né le 9 avril 1908 à Kiev (Russie). Études architecture. 1929-1932 : assistant et caméraman, notamment d'H. Stradling. — 1934 : Zouzou (Marc Allégret). — 1936 : Sous les Yeux d'Occident (Marc Allégret). — 1937 : Carnet de Bal (Duvivier). — 1947 : Le Diable au Corps (Autant-Lara). — 1948 :

Ruy Blas (Pierre Billon). — 1950 : **La Beauté du Diable** (René Clair). — 1954 : **Le Rouge et le Noir** (Autant-Lara). — 1955 : **French-Cancan** (Jean Renoir). — 1956 : **Grand'Rue** (Bardem, en Espagne). — 1957 : **N-D de Paris** (Delannoy). — 1957 : **Pot-Bouille** (Duvivier). — 1958 : **Amère Victoire** (Nicholas Ray).

Michel KELBER est un spécialiste des images méditées et soignées, et s'adapte au style des divers grands réalisateurs avec qui il a collaboré.

Dimitri KIRSANOFF (Réalisateur). — Né le 6 mars 1899 à Dorpat (Russie). Mort à Paris en 1957. Études à Paris. Réalise, 1924 : **L'Ironie du Destin**. — 1925 : **Ménilmontant** (*Int.* Nadia Sibirskaia); **Sables.** — 1927 : **Brumes d'Automne** (court métrage avant-garde). — 1933 : **Rapt** (en Suisse). — 1937 : **Franco de Port.** — 1938 : **La Plus Belle Fille du Monde.** — 1939-1945 : **Quartier sans Soleil.** — 1953 : **Le Témoin de Minuit.** — 1955 : **Le Crâneur.** — 1956 : **Ce soir les Jupons volent, Miss Catastrophe.**

Se plaçant au premier rang à la fin de l'art muet, par la poésie et le réalisme de son très personnel Ménilmontant; *KIRSANOFF apres l'échec commercial de ses recherches sonores dans* Rapt, *est réduit jusqu'à la fin de sa vie à des besognes indignes de son incontestable talent.*

Joseph KOSMA (Musicien). — Né le 12 octobre 1905 à Budapest (Hongrie). En France depuis 1933. Débute comme collaborateur de Jean Wiener dans : 1935 : **Le Crime de M. Lange.** Écrit aussi pour Jean Renoir les partitions de : 1937 : **La Grande Illusion.** — 1938 : **La Marseillaise; La Bête Humaine.** — 1939 : **La Règle du Jeu.** — 1955 : **Éléna et les Hommes.** — 1959 : **Le Déjeuner sur l'Herbe.** Pour Marcel Carné, 1936 : **Jenny.** — 1949 : **La Marie du Port.** — 1950 : **Juliette ou la Clef des Songes.** Avec J.-P. Le Chanois, 1938 : **Le Temps des Cerises.** — 1949 : **L'École Buissonnière.** — 1951 : **Sans laisser d'Adresse.** — 1952 : **Agence Matrimoniale.** — 1955 : **Le Village Magique; Les Évadés.** Pour Georges Franju, 1950 : **Le Sang des Bêtes.** — 1951 : **En Passant par la Lorraine.** A écrit, en outre, parmi de nombreuses partitions de films, 1949 : **Les Amants de Vérone** (Cayatte). — 1952 : **Un Grand Patron** (Ciampi); **La Bergère et le Ramoneur** (Grimault). — 1955 : **La Commune** (Mennegoz, court métrage). — 1956 : **Cela s'appelle l'Aurore** (Bunuel).

Musicien fécond, Joseph KOSMA a puisé dans la tradition populaire française une partie de son art, qui lui a valu une grande réputation internationale. Il est l'auteur de plusieurs chansons, dont l'universellement célèbre Les Feuilles Mortes, *sur un texte de Jacques Prévert.*

Jules KRUGER (Directeur de la Photographie). — Né le 12 juillet 1891 à Strasbourg (Bas-Rhin). D'abord reporter photographe au *Matin*, au *Journal*, etc. *Ph.*, 1923 : **Violettes Impériales** (Henry Roussel). — 1928 : **L'Argent** (L'Herbier). — 1931 : *Co. Ph.* **La Fin du Monde** (Abel Gance). — 1932 : **Les Croix de Bois** (Raymond Bernard). — 1934 : **Les Misérables** (Raymond Bernard). — 1935 : **La Bandera** (Duvivier). — 1936 : **La Belle Équipe** (Duvivier). — 1937 : **Pépé le Moko** (Duvivier). — 1940-1945 : **Un Tel Père et Fils** (Duvivier). — 1947 : **Contre-Enquête** (Faurez). Depuis 1948, a surtout travaillé en Espagne.

Un des fondateurs de l'école française, surtout remarqué pour ses images de L'Argent, Les Misérables, La Bandera, Pépé le Moko, *influencées parfois par l'expressionisme.*

Georges LACOMBE. — Né le 19 août 1902 à Paris. Assistant de René Clair et Grémillon. Débute en 1928 par un long métrage documentaire : **La Zone,** dramatique reportage social sur les taudis dans la banlieue de Paris, influencé par les documentaires soviétiques. Devient ensuite un réalisateur abondant et inégal. A dirigé une quarantaine de films, parmi lesquels on peut retenir, 1934 : **Jeunesse.** — 1941 : **Le Dernier des Six.** — 1946 : **Le Pays sans Étoiles.** — 1950 : **Prélude à la Gloire.** — 1951 : **La Nuit est mon Royaume.** — 1956 : **La Lumière d'en face.**

Albert LAMORISSE (Réalisateur). — Né le 13 janvier 1922 à Paris. Réalise, 1949 : **Bim le Petit Ane.** — 1953 : **Crin Blanc.** — 1956 : **Le Ballon Rouge.** — 1960 : **Le Voyage en Ballon.**

Quoique réalisant tous ses films hors du studio et sans acteurs, LAMORISSE n'est pas un documentariste mais un metteur en scène de plein air. Ses films, longuement médités, sont des contes poétiques aux belles images.

Henri LANGLOIS. — Né le 13 novembre 1914 à Smyrne (Turquie). Fonde avec Franju le *Club du Cinéma* puis peu après, en 1936, *La Cinémathèque française*, initiative et fondation privées, plus tard subventionnée par le Gouvernement français. Il a joué un rôle de premier plan dans la création, en 1938, de la *Fédération Internationale des Archives du Film* (FIAF), dont il fut un des principaux animateurs, et qui groupe autour de ses membres fondateurs (France, U.R.S.S., États-Unis, Grande-Bretagne, Allemagne Démocratique), plus de trente cinémathèques sur les cinq continents. Le Bureau International de la Recherche Historique Cinématographique a été fondé en 1956 par la Cinémathèque Française.

Sur le plan national, Henri LANGLOIS, comme secrétaire et fondateur de la *Cinémathèque Française*, a réussi à grouper 30 000 films, 200 000 photos, une bibliothèque de 5 000 volumes et périodiques consacrés au cinéma, des collections de manuscrits, scénarios, affiches, costumes, dessins, maquettes de décors, appareils, etc., d'une valeur inappréciable. La *Cinémathèque Française* projette les films classiques de tous les pays dans son *Musée du Cinéma* (trois programmes différents par jour), organise des expositions et des festivals consacrés aux grands cinéastes ou à divers pays producteurs (France, U.R.S.S., États-Unis, etc.). Elle a enfin organisé l'enseignement du cinéma dans diverses écoles et universités françaises.

Eugène LAUSTE (Inventeur). — Né à Paris en 1856. Mort le 27 juin 1935 aux États-Unis. Études en Allemagne. 1876-1893 : travaille chez Edison à West-Orange (U.S.A.) comme électricien. Fonde en 1894 avec Aimé Le Roy la *Cinématograph-Cy* qui donne quelques démonstrations d'un projecteur, puis s'associe aux Latham qui présentent en 1895 leur *Panoptikum* (mai) et devient le collaborateur de W.K.L. Dickson à la *Biograph Mutoscope* (1896-1897), dont il présente les appareils à Paris. En 1900-1904, avec l'Allemand Ruhmer, recherche à enregistrer le son photographiquement, par l'utilisation du Selenium et crée à Brixton (Grande-Bretagne) le premier appareil d'enregistrement expérimental. Il présente en 1911 un film parlant aux U.S.A. et poursuit ses recherches en 1926 aux Laboratoires Bell.

Le Français LAUSTE, qui travailla toujours hors de son pays, a joué un rôle important dans l'invention de la projection des films, sur écran, et de la recherche du cinéma parlant par d'autres procédés que l'association du film et du phonographe.

Jean-Paul LE CHANOIS (Réalisateur). Pseudonyme de Jean-Paul DREYFUS. — Né le 25 octobre 1909 à Paris. Fils d'un médecin. Licencié en droit et en lettres, après avoir exercé divers métiers (ouvrier, représentant de commerce, typographe, etc.), devient journaliste, collaborant notamment en 1930-1932, à la *Revue du Cinéma* fondée par J.-G. Auriol. Animateur avec Jacques Prévert du *Groupe Octobre* (théâtre ouvrier : 1931-1934). Membre de l'AEAR et du Parti Communiste. Acteur (1932) dans le film comique **L'Affaire est dans le Sac** (Pierre Prévert). Fonde et dirige après 1933, la *Fédération des Théâtres Ouvriers de France* (FTOF). Assistant de M. Tourneur, A. Litvak, Max Ophüls, Jean Renoir (pour *la Marseillaise*, 1938). Réalise pour le Parti Communiste des documentaires de long métrage : **La Vie d'un Homme** (Paul-Vaillant-Couturier : 1948); **Le Temps des Cerises** (1937). Pendant la guerre, scénariste. Dirige une organisation de résistance du cinéma, qui réalise dans les maquis des documentaires utilisés ensuite par Le Chanois pour son long métrage de montage **Au Cœur de l'Orage** (1947). Après quelques films commerciaux, dirige, 1949 : **L'École Buissonnière.** — 1950 : **Sans laisser d'Adresse.** — 1952 : **Agence Matrimoniale.** — 1954 : **Le Village Magique; Papa, Maman, la Bonne et Moi; Les Évadés.** — 1955 : **Papa, Maman, ma Femme et Moi.** — 1956 : **Le Cas du Docteur Laurent.** — 1958 : **Les Misérables.** — 1961 : **Par-dessus le Mur.**

« *Vivre avec son époque, en dégager les problèmes, en exprimer la confusion, les luttes, les espoirs* », *est le programme que s'est posé LE CHANOIS.*

Fernand **LEDOUX** (Acteur). — Né le 24 janvier 1897 à Tirlémont (Belgique). A la Comédie-Française en 1921-1943, et depuis 1950. Nombreuses créations au théâtre. Au cinéma depuis 1919 : **Le Carnaval des Vérités** (L'Herbier). — 1921 : **L'Atlantide** (Feyder). — 1923 : **Villa Destin** (L'Herbier); l'abandonne alors, puis retourne au cinéma avec le parlant, 1936 : **Mayerling.** — 1938 : **La Bête Humaine** (Jean Renoir). — 1939-1940 : **Volpone; Remorques.** — 1942 : **Goupi Mains Rouges** (Becker); **Les Visiteurs du Soir** (Carné). — 1948 : **Pattes Blanches** (Grémillon). — 1954 : **Papa, Maman, la Bonne et Moi** (Le Chanois). — 1956 : **Till l'Espiègle** (Gérard Philipe). — 1958 : **Les Misérables** (Le Chanois).

Puissant acteur de composition, dans les meilleures traditions, aurait pu être davantage employé par le cinéma français.

Roger **LEENHARDT** (Réalisateur). — Né le 23 août 1903. Critique de films à *Esprit, Fontaine, Les Lettres Françaises,* devient réalisateur et producteur, 1945 : **Lettre de Paris** (court métrage). — 1946 : **Naissance du Cinéma** (court métrage). — 1948 : **Les Dernières Vacances** (*Ph.* Agostini, *Déc.* Léon Barsacq, *Int.* Berthe Bovy, Pierre Dux, Jean d'Yd, Odile Versois, Michel François). — 1950 : **La Fugue de Mahmoud.** — 1953 : **François Mauriac.** — 1956 : **Le Chantier en Ruines.**

Possédé par l'amour du cinéma, remarquable critique, auteur de courts métrages, Roger LEENHARDT n'a pu mettre en scène qu'un seul long métrage : Les Dernières Vacances *qui fut un des meilleurs films français de l'après-guerre.*

Robert **LE FEBVRE** (Directeur de la Photographie). — Né le 19 mars 1907 à Paris. Employé aux Laboratoires Kodak (1927), puis *Ass.* et Cameraman. Depuis 1932, *Ph.* de nombreux films, surtout secondaires. 1936 : **Un Grand Amour de Beethoven** (Abel Gance). — 1939 : **Les Otages** (R. Bernard). — 1941 : **Premier Rendez-vous** (Decoin). — 1949 : **Danse de Mort** (Marcel Cravenne). — 1950 : **Dieu a besoin des Hommes** (Delannoy). — 1951 : **Édouard et Caroline** (Becker). — 1952 : **Casque d'Or** (Becker). — 1955 : **Le Blé en Herbe** (Autant-Lara). — 1955 : **Les Grandes Manœuvres** (René Clair); **Les Mauvaises Rencontres** (Astruc). — 1956 : **Cela s'appelle l'Aurore** (Bunuel). — 1957 : **Porte des Lilas** (Clair). — 1958 : **Le Dos au Mur** (Molinaro). — 1959 : **Marie-Octobre** (Duvivier).

Opérateur ayant collaboré avec les meilleurs et les plus médiocres réalisateurs, Robert LE FEBVRE a donné ses meilleurs fruits durant sa maturité, avec ses inoubliables photographies de Casque d'Or; *dans des styles différents avec* Les Mauvaises Rencontres *ou les discrètes couleurs des* Grandes Manœuvres.

René **LEFEVRE** (Acteur). — Né le 6 mars 1898 à Nice. Camelot, machiniste, puis acteur de théâtre. Au cinéma, interprète des petits rôles à la fin du muet, notamment, 1929 : **Ces Dames aux Chapeaux Verts** (Berthomieu). S'impose au début du parlant, par ses grands succès dans, 1931 : **Le Chemin du Paradis** (version française, *R. W.* Thiele); **Jean de la Lune** (Jean Choux); **Le Million** (René Clair). Puis notamment, 1936 : **Le Crime** de M. Lange (Jean Renoir). — 1937 : Gueule d'Amour (Jean Grémillon). — 1939-1940 : Les Musiciens du Ciel (également Sc., R. Lacombe). — 1942 : Opéra Musette (également R. et Sc.). — 1946 : Les Bataillons du Ciel (Esway). — 1949 : Le Point du Jour (Louis Daquin). — 1955 : Bel Ami (Daquin). — 1957 : Celui qui doit mourir (Dassin).

Le charmant jeune premier des années 1930, avec l'âge, est devenu un excellent acteur de composition, trop rarement employé. René LEFEVRE est aussi un bon écrivain et critique littéraire.

Fernand LÉGER (Peintre et Réalisateur français). — Né le 4 février 1881 à Argentan (Normandie). Mort le 17 août 1955 à Gif, près de Paris. Peintre d'avant-garde, appartenant à l'école cubiste, Fernand LÉGER s'intéresse au cinéma pendant la guerre de 1914, avec la découverte de Charlie Chaplin. Illustre en 1920 La Fin du Monde, scénario (jamais réalisé), du romancier Blaise Cendrars. — 1923, décorateur de L'Inhumaine (film de L'Herbier). — 1924, Le Ballet Mécanique (court métrage d'avant-garde, Co.R. Dudley Murphy). Se lie intimement avec S.M. Eisenstein lors de son séjour à Paris (1929-1930). Projette en 1932 un film sur Louis Michel (non réalisé). — 1934, décors pour Things To Come, sur scénario de H.G. Wells (à Londres, non réalisé). Réfugié aux U.S.A. en 1940-1945, y participe à la réalisation du documentaire L'Univers de Fernand Léger, et à une séquence du film de Richter : Dreams That Money Can Buy. Entreprend en 1954 Le Ballet des Couleurs. Inachevé en raison de sa mort.

Les recherches de Fernand LÉGER dans le domaine du film ont été le prolongement de ses créations comme peintre, et de son art robuste, inspiré par la vie moderne et populaire.

Marcel LEVESQUE (Acteur). — Né le 6 décembre 1877 à Paris. Conservatoire. 1895 : débuts au théâtre, où il crée de nombreuses pièces, surtout des vaudevilles boulevardiers, dont Le Million (plus tard transposé par René Clair) et plusieurs pièces de Tristan Bernard : Le Petit Café, L'Anglais tel qu'on le parle et surtout Triplepatte. Quelques essais en 1910 au Film d'Art. Engagé chez Gaumont par Feuillade pour qui il réalise en 1913-1914, dans la série « La vie drôle » : L'Illustre Machefer; L'Hôtel de la Gare; Le Jocond; Le Gendarme est sans Culotte; Son Aventure; Le Furoncle; L'Escapade de Filoche; Le Fer à Cheval; L'Angoisse au Foyer. Avec R. Léonce Perret, 1913 : Léonce et Poupette; La Belle-Mère. — 1915 : réalise La Pintade et le Dindon, puis avec Feuillade : Les Vampires; L'Oncle de Bout de Zan; Le Retour de Manivel; Le Collier de Perles. — 1916 : Mariés d'un Jour; Fiançailles d'Agénor; C'est le Printemps; Le Poète et la Folle Amante, etc. — 1917 : Judex; Mon Oncle; La Femme Fatale; Débrouille-Toi; La Nouvelle Mission de Judex. — 1918 : (R. Plaisetty), Serpentin Janissaire; (Violet) S. a tort de suivre les Femmes. — 1919 : La Sultane de l'Amour (Le Somptier et Burguet). — 1919-1920 : (Jean Durand) Serpentin au Harem; Cœur de Lion; S. le Bonheur est chez Toi; S. et les Contrebandiers; S. Manœuvre; S. Reporter. — 1920 : (Alfred Machin) S. a dressé Bouboule; S. fait de la peinture. — 1923-1927 : en Italie, films de Mario Bonnard et Amleto Palermi. — 1936 : Le Crime de M. Lange (Jean Renoir). — 1936 : Mon Père avait raison (Sacha Guitry). — 1942 : La Nuit Fantastique (Marcel L'Herbier). — 1944 : Lumière d'Été (Jean Grémillon). — 1947 : La Grande Maguet (Roger Richebé). — 1951 : Adhémar (Fernandel).

Formé par le Boulevard, et hautement cultivé, LEVESQUE, excellent comique, au physique très amusant, aurait pu conquérir une gloire internationale comparable à Max Linder, s'il avait débuté au cinéma plusieurs années avant la guerre de 1914. Il fut dans les Judex un inoubliable Cocantin et entrit avec Jean Durand, une série comique de haute qualité, suivant Louis Delluc. La France ayant perdu son marché international des Comiques, la série ne fut pas poursuivie et LEVESQUE ne parut plus que rarement sur l'écran. Il faut retenir ses créations pour Renoir : M. Lange et Grémillon : Lumière d'Été.

Marcel L'HERBIER. — Né à Paris le 23 avril 1890 dans une famille d'architectes. Études de droit. Poèmes, pièces de théâtre. Pendant la guerre, au Service Cinématographique de l'Armée, y prend le goût du film. Écrit pour Mercanton et Hervil. — 1917 : les scénarios de Torrent et **Bouclette.** — 1919 : **Rose France** (cantilène, *Int.* Catelain, Mlle Ayssé). — 1920 : **Carnaval des Vérités; L'Homme du Large** (Marine); (*Ph.* Lucas, *Int.* Jaque Catelain, Roger Karl, Marcelle Pradot, Charles Boyer). — 1921 : **Villa Destin** (Humoresque); **Prométhée Banquier** (Instantané dramatique, *Int.* Ève Francis, Signoret, Catelain); **Eldorado** (Mélodrame); (*Ph.* Lucas, *Déc.* Le Bertre et Garnier, *Mus.* J.-F. Gaillard, *Int.* Ève Francis, Catelain, Marcelle Pradot, Ph. Hériat). — 1923 : **Don Juan et Faust** (*Déc.* Garnier, *Cost.* Autant-Lara, *Int.* Catelain, Vanni Marcoux, Ève Francis, Ph. Hériat, Marcelle Pradot). — 1924 : **L'Inhumaine** (*Sc.* Mac Orlan, *Déc.* Fernand Léger, Mallet Stevens, Cavalcanti, Autant-Lara, *Mus.* Darius Milhaud, *Int.* Catelain, Hériat, Georgette Leblanc). — 1925 : **Feu Mathias Pascal** (*From* Pirandello, *Ph.* Letort et Guichard, *Déc.* Cavalcanti et Meerson, *Int.* Mosjoukine, Michel Simon, Marcelle Pradot, Pierre Batcheff). — 1926 : **Le Vertige.** — 1928 : **Le Diable au Cœur; L'Argent** (*Int.* Alcover, Brigitte Helm, Marie Glory, Artaud, Rouleau, Jules Berry). — 1929 : **Nuits de Prince.** — 1930 : **L'Enfant de l'Amour; La Femme d'une Nuit; Le Mystère de la Chambre Jaune.** — 1931 : **Le Parfum de la Dame en Noir.** — 1933 : **L'Épervier.** — 1934 : **Le Scandale; L'Aventurier; Le Bonheur.** — 1935 : **La Route Impériale; Veille d'Armes; Les Hommes Nouveaux; La Porte du Large.** — 1937 : **La Citadelle du Silence; Nuits de Feu; Forfaiture.** — 1938 : **Adrienne Lecouvreur; Terre de Feu; La Tragédie Impériale.** — 1939 : **Entente Cordiale; La Brigade Sauvage.** — 1940-1941 : **La Comédie du Bonheur.** —, 1941 : **Histoire de Rire.** — 1942 : **La Nuit Fantastique** (*Sc.* Chavanne, Maurice Henry, Henri Jeanson, *Ph.* Montazel, *Mus.* Thiriet, *Int.* Micheline Presle, Fernand Gravey, M. Levesque). — 1942 : **L'Honorable Catherine.** — 1943-1944 : **La Vie de Bohème.** — 1945 : **Au Petit Bonheur.** — 1946 : **L'Affaire du Collier de la Reine.** — 1947 : **La Révoltée.** — 1949 : **Les Derniers Jours de Pompéi** (en Italie). — 1953 : **Le Père de Mademoiselle.**

Raffiné, épris d'art, L'HERBIER a tenu un rôle de premier plan en 1919-1925 parmi les « impressionnistes » du cinéma français (Gance, Delluc, Germaine Dulac, Jean Epstein). Avec le parlant il n'a pu très souvent réaliser de films de son choix. Il a favorisé les débuts de nombreux jeunes cinéastes en 1920-1930, notamment Cavalcanti, Autant-Lara, etc., avant de devenir le fondateur en 1943 de l'Institut des Hautes Études Cinématographiques. Depuis 1954 a dirigé de nombreuses émissions de Télévision.

Max LINDER. Pseudonyme de Gabriel LEVIELLE. — Né le 16 décembre 1883 à Saint-Loubes (Gironde). Mort le 30 octobre 1925 à Paris. — 1902, lauréat au Conservatoire de Bordeaux; petit acteur, 1906-1908, aux *Variétés,* célèbre théâtre des Boulevards *(Miquette et sa Mère, Le Roi).* Premier film 1905 : **La Première Sortie,** puis petits rôles divers chez Pathé. — 1907 : **Les Débuts d'un Patineur; Idées d'Apache; La Légende de Polichinelle; Le Pendu.** — 1908-1909 : **Rencontre Imprévue; Max Aéronaute; Une Conquête; Un Mariage Américain.** — 1910 : **En Bombe; La Petite Rosse; Représentation au Cinématographe; Jeune Fille Romanesque; La Timidité Vaincue; Tout est bien qui finit bien; Ingénieux Attentat; Kyrelor Bandit par Amour; Je voudrais un Enfant; Max fait du Ski; M. est Distrait; M. se trompe d'Étage; Trop Aimée; Mariage au Puzzle; La Flûte Merveilleuse; Cross Country Original; Champion de Boxe; Mon Chien rapporte; Débuts au Cinématographe; Quel est l'Assassin? Le Soulier trop Petit; Max prend un Bain.** — 1911 : **Max cherche une Fiancée; M. Hypnotise; M. manque un Riche Mariage; M. se marie.** Une maladie interrompt sa production quasi-hebdomadaire pendant plusieurs mois et LINDER fait sa rentrée en automne avec **Voisin-Voisine;** M. dans sa Famille; M. a un Duel; M. et le Quinquina. — 1912, avec dans la plupart de ses films Jeanne Renouardt comme partenaire : **M. et Jane veulent faire du Théâtre; M. lance la Mode; M. reprend sa Liberté; M. et son Chien Dick;**

M.L. contre Nick Winter; Que peut-il avoir? Le Succès de la Prestidigitation; M. Amoureux de la Teinturière; Bandit par Amour; L'Ane Jaloux; La Malle au Mariage; M. Cocher de Fiacre; Oh les Femmes! Idylle à la Ferme; Un Pari Original; Peintre par Amour; M. et la Bonne à tout faire; La Vengeance du Domestique. Tournées triomphales à Berlin et à Barcelone. — Amour Tenace; Le Voyage de Noces; Boxeur par Amour; M. Émule de Tartarin; Entente Cordiale; M. veut grandir; Petit Roman; Enlèvement en Hydro-aéroplane; Mariage au Téléphone. — 1913 : La Peur de l'Eau; M. et l'Inauguration de la Statue; M. et le Rendez-vous; Jockey par Amour; Mariage Imprévu; M. pratique tous les Sports; M. Toréador; Rivalité; Le duel de M.; En Vacances; M. et les Crêpes; M. n'aime pas les Chats. Voyage triomphal en Russie, notamment Saint-Pétersbourg et Moscou. Le Billet Doux; Le Chapeau de M.; M. fait de la Photo; M. Virtuose; M. fait des Conquêtes; Les Vacances de M.; La Médaille de Sauvetage; M. collectionne les Chaussures; M. Illusionniste; L'Anglais tel que M. le parle. — 1914 : N'embrassez pas la Bonne; M. Pédicure; M. décore; M. Maître d'Hôtel; M. Jaloux; M. et la Doctoresse; Le 2 Août 1914 (*Int.* Gaby Morlay). — 1915 : M. et la main qui étreint; M. entre deux Feux. Aux U.S.A. : Max come Across; Max et son Taxi. — 1919, en France : Le Petit Café (Raymond Bernard, *from* Tristan Bernard). — 1921 : U.S.A. : Soyez ma Femme. — 1922 : L'Étroit Mousquetaire .— 1923 : Sept Ans de Malheur. — 1924 (France) : Au Secours (Abel Gance). — 1925 : Autriche; Le Roi du Cirque; Max LINDER se suicide au cours d'une crise de neurasthénie.

Max LINDER a été le plus grand acteur comique du cinéma dans le monde avant la guerre de 1914. Abordant le cinéma à une époque où les effets étaient limités et grossiers, il y apporte dans les comédies une note psychologique et un type plein de nuance et de finesse. Il fut pour cette raison réclamé pour son maître par Charlie Chaplin. Mais son type, bien différent du misérable Charlot est celui d'un bourgeois bien vêtu et oisif. Son créateur (scénariste de la majorité de ses films) s'en moque, mais sans dépasser les audaces du boulevard parisien.

Louis LUMIÈRE (Inventeur et Réalisateur). — Né le 5 octobre 1864 à Besançon (Doubs). Mort à Bandol (Var) en juillet 1948. Second fils d'un petit photographe, fonde avec son père et son frère aîné Auguste une très importante usine de produits photographiques à Lyon, après 1882 en industrialisant et en perfectionnant le procédé au Gélatino-Bromure. En octobre 1894, cherchant un moyen pour projeter sur écran les films du Kinetoscope Edison, il invente le *Cinématographe* (Breveté en 1895) à la fois caméra, projecteur, et appareil de tirage. Réalise en 1895 une trentaine de films de 10 mètres, notamment : La Sortie des Usines Lumière; La Sortie du Port; L'Arrivée d'un Train en Gare de La Ciotat; Partie de Cartes; Le Déjeuner de Bébé; L'Arroseur Arrosé. Première démonstration sur appareil le 22 février 1895. Première représentation publique le 29 décembre à Paris. En 1896, Louis LUMIÈRE forme des opérateurs, notamment Promio, Mesguisch, Perrigot, Doublier. Ces deux derniers filment à Moscou le Couronnement de Nicolas II. En 1896-1897, le *Cinématographe Lumière* se répand dans le monde entier, et jusqu'au Japon et au Mexique triomphe de son rival, le *Kinetographe Edison* par ses vues de plein air; « la nature prise sur le vif » précurseur des documentaires et constituant les premières actualités.

Après avoir réalisé une soixantaine de films, et en avoir édité environ 2 000, Louis LUMIÈRE abandonne le cinéma après l'exposition de 1900 où il a montré des projections sur écran géant (25 m × 15 m) devant 25 000 spectateurs. Se consacre à l'industrie photographique et diverses inventions dont : 1903, le *Photorama* (projections panoramiques circulaires fixes); contribue à mettre au point un procédé de photographie en couleurs 1902-1910) appliqué par lui, mais seulement expérimentalement, au film de cinéma. Il présente enfin en 1937 un procédé de cinéma en relief avec lunettes à verres colorés (procédé des anaglyphes). Membre de l'Académie des Sciences en 1919, son jubilé a été célébré avec éclat en 1935, pour le quarantenaire du cinématographe, avec la participation de très nombreuses nations.

Comme réalisateur, Louis LUMIÈRE, plaçant le premier un appareil de prise de vues dans la vie et la nature, a saisi « la réalité sur le vif », ouvert la voie au documentaire et aux actualités. Réalise enfin les premières mises en scènes comiques (L'Arroseur Arrosé).

Alfred MACHIN (Réalisateur). — Débute comme réalisateur chez Pathé vers 1909-1910, dans les Séries d'Art. — 1911, série de films comiques, où interviennent souvent des fauves, aux studios Pathé de Nice (production Comica) où il paraît diriger notamment : **La Cherté des Vivres; Fouinard n'est pas Syndicaliste.** La série des **Babylas**, et plusieurs films de fauves avec le concours de l'acteur-opérateur Sablon. — 1912 (en Hollande) : **L'Or qui brûle** (*Int.* Louis Bouwmeester); **La Révolte des Gueux; L'Ame des Moulins; La Peinture et les Cochons; La Fille de Delft.** — 1913-1914 (en Belgique) : **Histoire de Minna Glaesens; Saïda a enlevé Manneken Pis; M. Beulemans Garde Civique; L'Agent Rigolo et son Chien; La Bataille de Waterloo** (incorporé dans le film franco-russe consacré aux campagnes de Napoléon); **Au Ravissement des Dames; Le Diamant Noir; Maudite soit la Guerre!** — 1914-1918 : au Service Cinématographique de l'Armée. Collabore en 1917 avec D.W. Griffith pour les scènes des **Cœurs du Monde,** réalisées sur le Front français. — 1920 : **On attend Polochon.** — 1921 (Puis *Co.R.* avec Wulschleger) : **Pervenche.** — 1923 : **Bête comme les Hommes** (films d'animaux, *Ph.* Legrand). — 1923 : **L'Énigme du Mont Agel.** — 1924 : **L'Homme Noir.** — 1925 : **Le Cœur des Gueux.** — 1927 : **Le Manoir de la Peur.**

Pratiquement le seul réalisateur français qui, avant 1914, ait manifesté dans la plupart de ses films de nettes préoccupations sociales. Il est d'autre part un des ancêtres des cinémas belge et hollandais.

Gina MANÈS (Actrice). — Née le 7 avril 1900 à Paris. Figurante au Music-hall puis *Int.*, 1921 : **Le Sept de Trèfle** (René Navarre). — 1923 : **L'Auberge Rouge** et **Cœur Fidèle** (Jean Epstein). — 1925 : **Ame d'Artiste** (Germaine Dulac). — 1925-1928 : **Napoléon** (Abel Gance). — 1927 : **Thérèse Raquin** (Feyder); **Le Train sans Yeux** (Cavalcanti). — 1931 : **Une Belle Garce.** — 1936 : **Mayerling** (Litvak). — 1939 : **Le Récif de Corail** (Becker). — 1957 : **La Loi des Rues** (Léonide Moguy).

Avec Ève Francis, la plus forte personnalité du cinéma français à l'époque de l'Art muet. Gina MANÈS a atteint son sommet avec la Thérèse Raquin *de Jacques Feyder.*

Jean MARAIS (Acteur). — Né le 11 décembre 1913 à Cherbourg (Manche). D'abord figurant, assistant de L'Herbier, puis petits rôles. 1942 : **Le Lit à Colonnes** (Roland Tual). — 1943 : **L'Éternel Retour** (Delannoy). — 1946 : **La Belle et la Bête** (Cocteau). — 1949 : **L'Aigle à deux Têtes** (Cocteau); **Ruy Blas** (Billon). — 1949 : **Les Parents Terribles** (Cocteau). — 1950 : **Orphée** (Cocteau). — 1951 : **Les Miracles n'ont lieu qu'une fois** (Yves Allégret). — 1952 : **Nez de Cuir** (Yves Allégret). — 1953 : **Julietta** (Marc Allégret). — 1956 : **Éléna et les Hommes** (Renoir). — 1957 : **S.O.S. Noronha** (Rouquier). — 1957 : **Amour de Poche** (Kast). — 1960 : **Le Bossu** et **Le Capitan** (Hunebelle); **Le Testament d'Orphée** (Cocteau).

Depuis 1942, jeune premier favori d'un large public féminin, en France et à l'étranger, Jean MARAIS, depuis 1950, fait preuve d'un réel métier de comédien.

Étienne-Jules MAREY (Inventeur et Physiologiste). — Né le 5 mars 1830 à Beaune. Mort le 16 mai 1904. Médecin des hôpitaux et physiologiste, spécialiste de la locomotion et des mouvements de l'homme et des animaux, les étudie dès 1868 à l'aide de la Méthode

Graphique (stylets inscrivant un graphique sur un cylindre tournant). Publie ses travaux dans *La Machine animale* avec des dessins reconstituant l'allure du cheval au galop. Ces dessins provoquent à San Francisco le pari du milliardaire Stanford et la décomposition par l'Anglais Muybridge des mouvements du cheval en séries de photographies fixes (1872-1881). Les clichés de Muybridge convainquent Marey d'employer la photographie. Il crée alors (1882) le *fusil photographique* et le *Chronophotographe à plaque fixe*. Introduisant dans ce dernier, en 1888, une pellicule souple et non perforée, il crée le *Chronophotographe à pellicule*, inventant ainsi le premier appareil de prises de vues, bientôt imité en 1889 par Edison.

Entre 1888 et 1900, MAREY utilise exclusivement son appareil à des recherches scientifiques sur les mouvements de l'homme et des animaux, en utilisant son appareil comme moyen d'analyse, image par image et (plus rarement) comme procédé pour accélérer ou ralentir un mouvement par vision directe ou projection sur écran.

MAREY est le père du cinéma scientifique et l'initiateur de méthodes utilisant le film pour l'étude du travail, du fonctionnement des machines, des mouvements ultra-rapides, etc.

Christian MATRAS (Directeur de la Photographie). — Né le 26 décembre 1903 à Valence (Drôme). D'abord opérateur d'actualités, puis opérateur de documentaires et de courts métrages.

1932 : **L'Or des Mers** (Epstein). — 1937 : **La Grande Illusion** (Renoir). — 1938 : **Prison sans Barreaux** (Moguy); **Entrée des Artistes** (Marc Allégret). — 1939 : **La Fin du Jour** (Duvivier). — 1942 : **La Duchesse de Langeais** (Baroncelli); **Pontcarral** (Delannoy). — 1945 : **Boule de Suif** (Christian-Jaque). — 1946 : **L'Idiot** (Lampin). — 1948 : **L'Aigle à deux Têtes** (Cocteau). — 1950 : **La Ronde** (Max Ophüls). — 1951 : **Barbe-Bleue** (Christian-Jaque). — 1952 : **Fanfan la Tulipe** (Christian-Jaque). — 1953 : **Madame De...** (Ophüls). — 1956 : **Lola Montès** (Ophüls); **Till l'Espiègle** (Gérard Philipe). — 1957 : **Les Espions** (Clouzot). — 1958 : **Montparnasse 19** (Becker). — 1959 : **Le Chemin des Écoliers** (Boisrond).

Parti du style des actualités, MATRAS est devenu plus tard un spécialiste des films historiques en studio et des somptueux déploiements de couleurs stylisées : Barbe-Bleue, Lola Montès, Till l'Espiègle.

Lazare MEERSON. — Né en 1900, dans la patrie de la Pologne alors annexée à la Russie. Mort en juin 1938 à Londres. S'établit en France en 1924, après un séjour à Berlin. Premiers décors pour L'Herbier, 1925 : **Feu Mathias Pascal.** Puis pour Jacques Feyder, 1925 : **Gribiche.** — 1926 : **Carmen.** — 1928 : **Les Nouveaux Messieurs** et pour René Clair, 1927 : **Un Chapeau de Paille d'Italie.** — 1928 : **Les deux Timides.** — 1930 : **Sous les Toits de Paris.** — 1931 : **Le Million; A nous la Liberté.** — 1932 : **Quatorze Juillet.**

Également, 1931 : **Jean de la Lune** (Jean Choux). — 1932 : **Lac aux Dames** (Marc Allégret). — 1934 : **Justin de Marseille** (Tourneur). — 1935 : **Les Beaux Jours** (Marc Allégret); et pour Feyder, 1933 : **Le Grand Jeu.** — 1934 : **Pension Mimosas.** — 1935 : **La Kermesse héroïque.**

Lazare MEERSON a été le rénovateur de la décoration cinématographique en France. Rompant avec le trompe l'œil des pionniers, l'expressionnisme allemand, le tape à l'œil de l'UFA et d'Hollywood, il utilisa au maximum pour ses constructions les matériaux authentiques (menuiserie, charpentes de fer, briques, etc.) en faisant appel aux ouvriers des diverses branches du bâtiment. Il utilisa aussi les perspectives fictives et les maquettes en perspective pour ses « plein air » reconstitués au studio, comme les faubourgs parisiens dans les films de René Clair. Reconstituant, le premier en France, les quartiers pauvres, il y mit un art qui rejoignit les meilleurs paysagistes. Il utilisa aussi les stylisations hardies, avec de grandes surfaces nues ou demi-vides, où pouvait jouer la lumière (A nous la Liberté, Le Million).

Il sut enfin recréer les anciennes villes flamandes, dans son grand décor de La Kermesse Héroïque.

En 1927, il définissait ainsi son art : « C'est un art d'abnégation. Le décorateur doit s'effacer constamment pour laisser au premier plan les autres éléments de réalisation : sujet, interprétation, mise en scène. Jamais le cadre ne doit empiéter ou l'emporter sur l'œuvre elle-même. Le décor s'harmonise avec le film. C'est de lui que se dégage « l'atmosphère » si précieuse au metteur en scène comme aux interprètes. Il est plus difficile de composer un décor d'ambiance, qui passant inaperçu, renforce la scène et lui confère sa vraie valeur, qu'une superarchitecture devant qui toutes les bouches béent d'admiration, mais qui dénature le sens et la portée du découpage. » (Ciné-Magazine, 21 janvier 1927.)

Mort prématurément, Lazare MEERSON eut pour héritier spirituel en France, Alexandre Trauner (voir ce nom), son assistant depuis 1932.

Georges MÉLIÈS (Réalisateur). — Né à Paris le 8 décembre 1861, mort à Orly le 27 janvier 1938.

Fils d'une famille d'industriels, d'abord dessinateur, caricaturiste, anti-boulangiste au journal *La Griffe*, devient en 1889 propriétaire du *Théâtre Robert Houdin* à Paris, où il donne des spectacles de prestidigitation et d'illusionnisme. Il s'enthousiasme pour le cinéma dès la présentation, en décembre 1895, de l'appareil Lumière. Il achète au début de 1896 un projecteur à Londres, fait construire une caméra, tourne des actualités puis des mises en scène dont il est producteur, scénariste, acteur, décorateur, etc. Construit en 1897, dans sa propriété de Montreuil, aux portes de Paris, le premier studio, et impose après 1900 la pratique de la « mise en scène » et des « longs métrages » (un quart d'heure de projection). Après le triomphe en 1902, du *Voyage dans la Lune*, ouvre une succursale à New York, et vend ses films dans le monde entier. Préside en 1908 le Congrès International des Producteurs. Mais cet artisan n'est pas en mesure de lutter contre les industriels du film. Durement concurrencé par Pathé, sa firme la *Star Film* est mise en faillite à la veille de 1914. Connaissant une situation de plus en plus difficile, Georges MÉLIÈS devient (1924-1932) marchand de jouets gare Montparnasse. Il est ensuite hébergé dans une maison de retraite.

Georges MÉLIÈS a réalisé 460 films environ (et non pas 4 000 comme il l'a lui-même écrit) dont une centaine mesuraient plus de 100 mètres, 300 ne dépassant pas 20 mètres.

1896 (71 films) : **Une Partie de Cartes; Séance de Prestidigitation; Plus fort que son Maître; Jardinier brûlant des Herbes; Les Chevaux de Bois; L'Arroseur** (scène comique); **Les Blanchisseuses; Arrivée d'un Train** (gare de Vincennes); **Une bonne Farce; Place de l'Opéra** (1er aspect) (...); **Une Nuit Terrible** (scène comique); **Déchargement de bateaux au Havre; La Plage de Villiers par gros Temps** (...); **Salut malencontreux** (comique); **Dessinateur express; Les Forgerons; Tribulation d'un Concierge** (...); **Dix Chapeaux en 60 secondes** (...); **Cortège du Tzar** (...); **Place St-Augustin; Escamotage d'une Dame chez Robert Houdin; Le Fakir; Mystère Indien.**

1897 (50 films) : **L'Hôtel Empoisonné; Von Bismark; Indiscrets** (comique); **Tom Old Boot; Altercation au Café; Les Ivrognes; Le Manoir du Diable** (75 mètres); **Chicot Dentiste Américain; Le Cauchemar; Le Bœuf gras** (3 actualités); **Cour de Ferme; Paulus** (3 chansons); **Défilé de Pompiers; Le Malade Imaginaire** (comique); **Le Musulman Rigolo; Hallucination de l'Alchimiste; Le Château Hanté; La Mi-Carême à Paris** (3 actualités); **Sur les Toits** (comique); **Le Prestidigitateur D. Devant; L'École des Gendres; La Guerre en Grèce** (7 actualités reconstituées); **Passage Dangereux au Mont-Blanc; Gugusse et l'Automate; Entre Calais et Douvres** (comique); **L'Indiscret aux Bains de Mer; Dans les Coulisses; Tourneur en Poterie; La Cigale et la Fourmi** (avec effet de neige); **Ascension d'un Ballon;**

Le Cabinet de Méphistophélès (75 mètres); Figaro et l'Auvergnat; En Cabinet Particulier; Après le Bal le Tub; Le Magnétiseur; Un Modèle Irascible; Guerre aux Indes (4 actualités reconstituées); Vision d'Ivrogne.

1898 (31 films) : Faust et Marguerite (scène à transformation, le premier film à substitution par arrêt); Carrefour de l'Opéra; Masque Diabolique G. Méliès (substitution); Le Rayon Roentgen (id.); La Guerre de Cuba et l'Explosion du Maine à La Havane (5 actualités reconstituées, dont deux « sous-marines »); Pygmalion et Galatée; Damnation de Faust; Aventures de Guillaume Tell; Le Rêve de l'Astronome ou l'Homme dans la Lune; Attention à la Peinture; La Grotte du Diable (surimpression); Rêve d'Artiste; L'Homme de Tête (cadres et fonds noirs); The Triple Lady; Tentation de St-Antoine; Le Rêve du Pauvre; Le Déjeuner Impossible; Illusions Fantastiques.

1899 (43 films) : Funérailles de Félix Faure; Cléopâtre; Le Coucher de la Mariée; Duel Politique; Luttes Extravagantes; Richesse et Misère; L'Ours et la Sentinelle; L'Impressionniste Fin de Siècle; Le Spectre; Le Diable au Couvent; La Danse du Feu; La Crémation; Un Bon Lit; Force doit rester à la Loi; Pickpokett et Policeman; Combat de coqs; Automaboulisme et Autorité; Le Portrait Mystérieux; Le Conférencier distrait; La Pierre Philosophale; Le Miroir de Cagliostro; Neptune et Amphitrite; Le Christ marchant sur les Eaux; Évocation Spirite; L'Affaire Dreyfus (10 tableaux); La Pyramide de Triboulet; Cendrillon (20 tableaux); La Statue de Neige; Le Chevalier Mystère; L'Homme Protée; Charmant Voyage de Noces; Panorama de la Seine (vues panoramiques); Tom Whisky ou l'Illusioniste Toqué; Fatale Méprise; Un Intrus dans la Loge des Figurantes; Le Miracle du Bramhine; Farce de Marmiton; Les Trois Bacchantes; Vengeance du Gâte-Sauce; Mésaventures d'un Explorateur.

1900 (36 films) : Exposition de Paris (17 films); L'Homme Orchestre (7 surimpressions); Jeanne d'Arc (12 tableaux); Les Sept Péchés Capitaux; Prisonnier Récalcitrant; Le Rêve du Rajah et la Forêt Enchantée; Les deux Aveugles; L'Artiste et le Mannequin; Le Sorcier, le Prince et le Bon Génie; Ne bougeons plus; Le Fou Assassin; Le Livre Magique; Remerciements au Public; Spiritisme Extravagant; L'Illusionniste Double et la Tête Vivante; Le Songe de l'Avare; Rêve de Noël (12 tableaux); Gens qui pleurent et Gens qui rient; Coppélia la Poupée Animée; Repas Fantastique; Déshabillage Impossible; Le Tonneau des Danaïdes; Le Malade Hydrophobe; Mauvaise Plaisanterie; L'Homme aux Cent Trucs; Réveil d'un Monsieur Pressé; Gugusse et Belzébuth; Chirurgie de l'Avenir; La Maison Tranquille; Congrès des Nations en Chine; Mésaventures d'un Aéronaute; La Tour Maudite; Le Brahmane et le Papillon; Bouquet d'Illusion.

1901 (27 films) : Dislocation Mystérieuse; Le Petit Chaperon Rouge (12 tableaux); L'Antre des Esprits; Le Chimiste Repopulateur; Chez la Sorcière; Temple de la Magie; Le Charlatan; Une Noce au Village; Le Cheval Démontable et le Général Boum; L'Omnibus des Toqués; La Vengeance de Bouddha; Le Chapeau Surprise; Phrénologie Burlesque; L'École Infernale; Le Rêve du Paria; Bataillon Élastique; Le Miracle de la Madone; Nain et Géant; L'Armoire des Frères Davenport; Les Piqueurs de fûts; La Douche du Colonel; L'œuf Magique Prolifique; Le Danseur Microscopique.

1902 (13 films) : Éruption Volcanique à la Martinique; Catastrophe du Ballon Pax; Le Voyage dans la Lune (30 tableaux); La Clownesse Fantôme; Le Sacre d'Edouard VII; L'Homme Mouche; La Ferme volonté; Équilibre Impossible; Le Pochard et l'Inventeur; Une Indigestion; Voyages de Gulliver.

1903 (29 films) : La Corbeille Enchantée; Les Filles du Diable; Cakewalk Infernal; Les Mousquetaires de la Reine; Le Puits Fantastique; L'Auberge du Bon Repos; Statue Animée; Le Sorcier; L'Oracle de Delphes; Portrait Spirite; Le Mélomane; Fantaisie Égyptienne; Le Royaume des Fées; Le Chaudron Infernal; Le Revenant; Le Tonnerre de Jupiter; Le Parapluie Fantastique; Tom Tight et Dum Dum; Bob Kick Enfant Terrible; Illusions Funambulesques; L'Enchanteur Alcofribas; La Lanterne Magique; Le Rêve du Maître de Ballet; Faust aux Enfers.

QUAI DES BRUMES (1937) et LES ENFANTS DU PARADIS (1945). *Marcel Carné* et son scénariste *Jacques Prévert* créèrent la tendance du réalisme poétique qui eut la plus rapide influence internationale, depuis leur tragique « Quai des Brumes » avec Michèle Morgan et Michel Simon jusqu'à l'élan romantique de leurs « Enfants du Paradis ».

A NOUS LES GOSSES (*Louis Daquin,* 1941). Ce film apporta au début de l'Occupation une saine bouffée d'espoir et d'air pur. C.F.

LE CORBEAU (1944) avec Ginette Leclerc. *Henri-Georges Clouzot* s'imposa par la noirceur du « Corbeau » où son scénario sut habilement utiliser le suspense policier. C.F.

1904 (37 films) : Le Bourreau Turc; Les Apaches; Au Clair de la Lune; Un prêté pour un Rendu; Match de Prestidigitation; Un peu de feu s.v.p.; Siva l'Invisible; Le Coffre Enchanté; Apparitions Fugitives; Le Roi du Maquillage; Le Rêve de l'Horloger; Transformations Imperceptibles; Miracle sous l'Inquisition; Benvenuto Cellini ou une Curieuse Évasion; Damnation du Docteur Faust (20 tableaux); Le Joyeux faux Prophète Russe; Le Merveilleux Éventail Vivant; Sorcellerie Culinaire; La Planche du Diable; Le Dîner Impossible; La Sirène; Mésaventure de Boit-Sans-Soif; La Providence de N.-D. des Flots; Le Barbier de Séville (7 tableaux); Les Costumes animés; Les Invités de M. Latourte; Le Rosier Miraculeux; La Dame Fantôme; Mariage par Correspondance; Voyage à travers l'Impossible (43 tableaux); Le Juif Errant; La Cascade de Feu.

1905 (22 films) : La Grotte aux Surprises; L'Ange de Noël (7 tableaux); Les Cartes Vivantes; Le Roi des Tireurs; Le Diable Noir; Le Coffret de Cristal; Menuet Liliputien; Le Banquet de Mesmer; Le Peintre Barbouillard et le Tableau Diabolique; Le Miroir de Venise ou une Mésaventure de Shylock; Les Chevaliers du Chloroforme; Le Palais des Mille et Une Nuits (30 tableaux); Le Compositeur Toqué; La Tour de Londres et les Derniers Moments d'Anne de Boylen (5 tableaux); La Chaise à Porteur Enchantée; Le Voyage automobile Paris-Monte-Carlo en deux heures (10 tableaux, présenté en 1904 aux Folies-Bergère; L'Ile de Calypso; Feu d'Artifice Inattendu; Rip (10 tableaux); Le Cauchemar du Pêcheur; L'Escarpolette Fantastique; Le Système du Docteur Soufflamit.

1906 (17 films) : Le Dirigeable Fantastique; La Galerie sens dessus-dessous; Jack le Ramoneur (25 tableaux); Professeur Do Mi Sol Do; La Magie à travers les Ages; L'Homme satisfait; La Cardeuse de Matelas; Les Affiches en Goguette; Les Incendiaires (30 tableaux); Anarchie chez Guignol; Le Fantôme d'Alger; L'Hôtel des Voyageurs de Commerce; Bulles de Savon Animées; Les 400 Farces du Diable (présenté en 1904 au Châtelet : 30 tableaux;) Le Rastaquouère Rodriguez y Papanagaz; L'Alchimiste Parafaragamus; La Fée Carabosse ou le Poignard Fatal (26 tableaux); Robert Macaire et Bertrand (25 tableaux).

1907 (19 films) : Le Carton Fantastique; La Douche d'eau bouillante; 20 000 Lieues sous les Mers (30 tableaux); Les Fromages Automobiles; Le Mariage de Victoire; Le Tunnel sous la Manche (30 tableaux); La Nouvelle Peine de Mort; Éclipse de Soleil en Pleine Lune (25 tableaux); Le Delirium Tremens; Le Placard Infernal; La Marche Funèbre de Chopin; Hamlet; Le Miracle de Saint-Hubert; Shakespeare écrivant la mort de Jules César; Pauvre John; La Colle Universelle; Ali Barbouyou et Ali Boufà l'Huile; La Boulangerie Modèle.

1908 (47 films) : La Perle des Servantes; Le Tambourin Fantastique; Le Cuisinier de l'Ogre; François Ier et Triboulet; Il y a un Dieu pour les Ivrognes; La Civilisation à travers les Ages (11 tableaux); Torches Humaines de Justinien; Le Génie du Feu; L'Acteur en retard; Rêve d'un Fumeur d'Opium; Nuits de Carnaval; Photo électrique à distance; La Prophétesse de Thèbes; Salon de Coiffure; Quiproquo; Mariage de raison et Mariage d'amour; Le Fabricant de Diamants; Le Crime de la Rue du Cherche-Midi à Quatorze Heures; Le Nouveau Seigneur du Village; L'Avare; Le Conseil de Pipelet; Le Serpent de la Rue de la Lune; High-Life Taylor; Lulli ou le Violon brisé; Tartarin de Tarascon; Le Trait d'Union; Rivalité d'Amour; Le Raid Paris-New York en Automobile (26 tableaux); French Interpreter Policeman; Mariage de Thomas Poivrot; Anaic ou Le Balafré; Pour l'Étoile S.V.P.; Pour les P'tiots; Trop Vieux! La Fontaine Merveilleuse; L'Ascension de la Rosière; Au Pays des Jouets; Pochardiana; La Toile d'Araignée; La Fée Libellule; Le Génie des Cloches; Moitié de Polka; Le Truc du Potard; La Bonne Bergère et la Méchante Princesse; La Poupée vivante; Le Fakir de Singapour; Le Jugement du Garde Champêtre.

1909-1910 (10 films) : Hydrothérapie Fantastique; La Locataire Diabolique; Les Illusions Fantaisistes; La Gigue Merveilleuse; Le Mousquetaire de la Reine; Le Papillon Fantastique; Si j'étais Roi; L'Homme aux Mille Inventions; Le Secret du Docteur.

1911 : Hallucinations du Baron de Munchhausen.
1912 : A la Conquête du Pôle; Cendrillon ou la Pantoufle Mystérieuse.
1913 : Le Chevalier des Neiges; Le Voyage de la Famille Bourrichon.

En 1897-1902, *MÉLIÈS crée une partie de la technique cinématographique en introduisant dans les films divers truquages, venus presque tous de la photographie (surimpression, caches, réserves, fondus enchaînés accélérés, substitution par arrêt de la prise de vues, etc.). S'opposant à Louis Lumière (qui réalisant des actualités et documentaires), il « orienta le cinéma vers la voie théâtrale » en lui appliquant la « mise en scène » comportant l'emploi de scénarios, acteurs, costumes, maquillages, décors, machinerie, etc. Resté fidèle à l'esthétique théâtrale, MÉLIÈS refusera d'employer le montage, les variations de plans, etc. Il composera ses « tableaux » comme sur une scène de théâtre, vue par un spectateur assis à l'orchestre. A l'aube de l'art du film, MÉLIÈS s'affirme comme un artiste. Ses films étaient destinés à l'enfance et au public populaire des baraques foraines. On ne saurait réduire son œuvre aux numéros de prestidigitation, aux féeries, même aux films d'anticipation qui l'ont fait surnommer le « Jules Verne du cinéma ». Il a aussi abordé, par le biais des « actualités recons-tituées » la vie contemporaine avec, comme l'écrivait sa publicité, « un souci constant de réalisme ». Dans l'*Affaire Dreyfus, il est « dreyfusard », et dans la *Civilisation à travers les âges, il prend parti contre la guerre qui venait. Avant* 1914, *l'influence de Georges MÉLIÈS fut immense. Il fut non seulement « le créateur du spectacle cinématographique », mais le premier à considérer le film comme un art.*

Jean-Pierre MELVILLE (Producteur et Réalisateur). Pseudonyme de Jean-Pierre GRUMBACH. — Né le 20 octobre 1917 à Paris.
1945 : **24 Heures de la Vie d'un Clown** (court métrage). — 1948 : **Le Silence de la Mer** (*From* Vercors). — 1950 : **Les Enfants Terribles** (*From Cocteau*). — 1956 : **Quand tu liras cette Lettre; Bob Le Flambeur.** — 1959 : **Deux Hommes dans Manhatan.** — 1961 : **Léon Morin, Prêtre.**
*Réalisateur souvent ambitieux, qui n'a jamais atteint une vraie réussite, fut-ce sa fidèle adaptation du *Silence de la Mer, *MELVILLE a prouvé ses dons d'acteur dans *A bout de Souffle, *et* Deux Hommes dans Manhattan.

Paul MEURISSE (Acteur). — Né le 21 décembre 1912 à Dunkerque (Nord). Cabaret et music-hall. Débute au cinéma vers 1935, dans des rôles comiques.
1946 : **L'Inspecteur Sergil; Macadam** (Feyder et Blistène). — 1955 : **Les Diaboliques** (Clouzot). — 1959 : **La Tête contre les Murs** (Fanyu). — 1960 : **Le Déjeuner sur l'Herbe** (Renoir).
Avec l'âge et l'expérience, MEURISSE, au physique fort caractéristique, est devenu un solide interprète, apprécié des meilleurs réalisateurs français.

Darius MILHAUD (Musicien). — Né le 4 septembre 1892 à Aix-en-Provence. Membre du « Groupe des Six ».
1923 : partition de **L'Inhumaine** (Marcel L'Herbier). — 1934 : **Tartarin de Tarascon** (R. Bernard). — 1935 : **Madame Bovary** (Jean Renoir). — 1937 : **La Citadelle du Silence** (L'Herbier, *Co.M.* Honegger). — 1938 : **Mollenard** (Siodmak); **La Tragédie Impériale** (L'Herbier). — 1939 : **Les Otages** (Raymond Bernard). — 1938-1945 : **Espoir** (André Malraux). — 1949 : **Gauguin** (court métrage Alain Resnais). — 1950 : **La Vie commence Demain** (Denise Tual) (*Co.M.* Honegger, Poulenc, Sauguet).
*Si Darius MILHAUD s'intéresse moins à la musique de films que ses pairs, Arthur Honegger et Georges Auric, son apport au cinéma français, généralement méconnu est impor-tant. On retiendra surtout ses partitions de *Madame Bovary, *de l'*Espoir *et de *Gauguin.

Georges MILTON. Pseudonyme de Georges **MICHAUD.** — Né en 1888 à Puteaux (Seine). Formé par le café-concert et le music-hall.

1930 : **Le Roi des Resquilleurs** (Pierre Colombier, Sc. Pujol), que continuèrent les mêmes auteurs avec, 1931 : **Le Roi du Cirage**. — 1932 : **La Bande à Bouboule**. — 1933 : **Nu comme un Ver**. — 1934 : **Bouboule Iᵉʳ Roi Nègre**. — 1935 : **Jérôme Perreau** (Abel Gance). — 1937 : **Le Prince Bouboule**.

La vigoureuse vulgarité populacière de MILTON, dit Bouboule, lui valut de dominer le comique français commercial des années 1930-1935 dans des fabrications qui, avec le temps passé, caractérisent certains aspects de l'époque.

MISTINGUETT (Actrice). Pseudonyme de Jeanne Bourgeois. — Née en 1875 à Enghien-les-Bains. Morte à Paris en 1956.

Fameuse vedette de café-concert et du music-hall, interpréta à partir de 1910 de nombreux films pour Pathé et la S.C.A.G.L., notamment, 1910-1912 : **L'Épouvante; Fleur de Pavé; Souris d'Hôtel; La Vagabonde; Une Petite Femme bien Douce; La Doctoresse; Les Ruses de Miss Plum-Cake; Léocadie veut se faire Mannequin; Bonne à Tout Faire; Bal Costumé; La Femme du Barbier; Les Misérables** (A. Capellani); **Le Parapluie; La Valse Renversante** (août 1912, avec Maurice Chevalier). — 1913 : **La Glu; La Moche**. — 1915 : **Chignon d'Or; La Double Blessure**. — 1917 : **Mistinguett Détective** (Hugon et Paglieri). — 1928 : **L'Ile d'Amour**. — 1936 : **Rigolboche**.

Les drames et les comiques d'avant 1914 conservent l'aspect, le mouvement, le jeu, d'une actrice à la forte personnalité, « Fleur de Pavé » issue des faubourgs parisiens.

Gaston MODOT (Acteur). — Né le 30 décembre 1887 à Paris. D'abord dessinateur et peintre. Fréquentait à Montmartre le *Lapin Agile*, au temps de Picasso, Carco, Mac Orlan. Devient en 1911-1914 acteur dans la troupe de Jean Durand chez Gaumont : **Cent Dollars; Mort ou Vif; Le Collier Vivant**; série des **Onésime**. — 1916 : **Nemrod & Cⁱᵉ** (Mariaud). — 1917 : **Zone de la Mort** (Abel Gance); **Monte Cristo** (Pouctal). — 1919 : **La Fête Espagnole** (Germaine Dulac, Sc. Louis Delluc); **La Sultane de l'Amour** (Le Somptier). — 1920 : **Mathias Sandorf** (Fescourt). — 1921 : **Fièvre** (Louis Delluc). — 1923 : **Néné** (Baroncelli). — 1924 : **Le Miracle des Loups** (Raymond Bernard). — 1926 : **Carmen** (Feyder). — 1928 : réalise **La Torture par l'Espérance** (court métrage, *from* Villiers de l'Isle-Adam). — 1929 : **Monte Cristo** (Fescourt). — 1930 : **L'Age d'Or** (Bunuel); **Sous les Toits de Paris** (René Clair). — 1931 : **L'Opéra de Quat'sous** (G.W. Pabst); **Fantomas** (Paul Fejos). — 1933 : **Quatorze Juillet** (René Clair). — 1935 : **La Bandera** (Duvivier). — 1936 : **La Vie est à Nous** (Renoir). — 1937 : **Pépé le Moko** (Duvivier); **La Grande Illusion** (Jean Renoir). — 1938 : **La Marseillaise** (Jean Renoir). — 1939 : **La Règle du Jeu** (Jean Renoir); **La Fin du Jour** (Duvivier). — 1941 : Co.Sc. **Nous les Gosses** (Louis Daquin). — 1942 : **Dernier Atout** (Jacques Becker). — 1945 : **Les Enfants du Paradis** (Marcel Carné). — 1947 : **Antoine et Antoinette** (Jacques Becker); **Le Silence est d'Or** (René Clair). — 1949 : **Le Point du Jour** (Louis Daquin); **L'École Buissonnière** (Le Chanois). — 1950 : **La Beauté du Diable** (René Clair). — 1952 : **Casque d'Or** (Jacques Becker). — 1955 : **French Cancan** (Jean Renoir). — 1956 : **Cela s'appelle l'Aurore** (Bunuel). — 1956 : **Éléna et les Hommes** (Renoir). — 1959 : **Les Amants** (Louis Malle).

De Jean Durand à la « Nouvelle Vague » en passant par Fescourt, Baroncelli, Pouctal, Raymond Bernard, Germaine Dulac, Louis Delluc, Feyder, Luis Bunuel, René Clair, Daquin, Duvivier, Becker, etc., la forte personnalité de Gaston MODOT a imprimé sa marque dans plusieurs dizaines de films importants. Aucun acteur n'a participé à autant d'œuvres clefs du cinéma français.

Georges MONCA (188?-193?). — Emploie pour la première fois le cinéma en 1899, en introduisant une projection de films au *Théâtre de la République* dans sa mise en scène

d'un mélodrame de F. Meynet : **L'Auvergnate.** Acteur dans divers théâtres, dont la *Porte-Saint-Martin, Les Folies Dramatiques,* etc. Débute vers 1906 chez Pathé comme acteur, puis réalisateur, puis devient un des principaux réalisateurs de la S.C.A.G.D. où il réalise notamment :
1910 : **La Grève des Forgerons; Le Reflet du Vol; Le Legs Ridicule; Les Deux Orphelines.** — 1911 : **Boubouroche.** — 1912 : **Le Petit Chose; Le Lys dans la Mansarde.** — 1913 : **Le Feu Vengeur; Sans Famille.** — 1912-1914 : série des **Rigadin.** — 1917 : **La Chanson du Feu; La Bonne Hôtesse.** — 1918 : **La Route du Devoir.** — 1919 : **Lorsqu'une Femme veut; Madame et son Filleul.** — 1920 : **Les Femmes Collantes.** — 1921 : **Chouquette et son As.** — 1923 : **Romain Kalbris.** — 1925 : **Altemer le Cynique.** — 1926 : **Sans Famille.** — 1927 : **Le Chemineau.** — 1929 : **Les Fourchambault.**
Travailleur inlassable, mais réalisateur médiocre. Lorsqu'il estimait en 1919 que « les artisans du film français, par leur labeur obstiné, sauront recouvrer la suprématie (...) perdue par l'importation en masse du film américain », cet artisan surestimait trop son talent et ses forces.

Yves **MONTAND** (Acteur). Pseudonyme d'Yves Livi. — Né le 13 octobre 1921 à Venise (Italie). Fils d'ouvriers. D'abord docker et aide-coiffeur. 1942 : débute comme chanteur à Marseille et Lyon. En 1945 : à Paris. Tournées comme chanteur dans le monde entier, notamment : 1956-1957, en U.R.S.S., Pologne, Tchécoslovaquie, etc. — 1959-1960 : aux États-Unis.
Au cinéma comme acteur, notamment, 1946 : **Les Portes de la Nuit** (Marcel Carné). — 1952 : **Le Salaire de la Peur** (Clouzot). — 1955 : **Les Héros sont Fatigués** (Yves Ciampi). — 1956 : **Marguerite de la Nuit** (Autant-Lara). — 1957 : **Les Sorcières de Salem** (Raymond Rouleau). — 1959 : **La Loi** (Dassin). — Aux U.S.A., 1960 : **Le Milliardaire** (Cukor). — 1961 : **Aimez-vous Brahms?** (Siodmak).
La plus forte personnalité de la chanson française après 1945, s'est imposé dans le monde entier, sans parvenir à conquérir une pareille audience au cinéma, malgré ses intéressantes compositions dans plusieurs films, tels que Le Salaire de la Peur, Les Héros sont Fatigués, *ou* Marguerite de la Nuit.

Michèle **MORGAN** (Actrice). Pseudonyme de Simone Roussel. — Née le 29 février 1920 à Neuilly (Seine).
1937 : **Orage** (Marc Allégret). — 1938 : **Quai des Brumes** (Marcel Carné). — 1939-1940 : **La Loi du Nord** (Feyder); **Remorques** (Grémillon); **Un Tel Père et Fils** (Duvivier). — En 1940-1944, réfugiée à Hollywood où elle interprète des films médiocres. — 1946 : **La Symphonie Pastorale** (Delannoy). — 1947 : **The Fallen Idol** (à Londres, Carol Reed). — 1953 : **Les Orgueilleux** (Yves Allégret). — 1955 : **Les Grandes Manœuvres** (René Clair); **Marguerite de la Nuit** (Claude Autant-Lara). — 1958 : **Le Miroir à Deux Faces** (Cayatte).
Souvent, avant 1940, partenaire de Jean Gabin, Michèle MORGAN après avoir apporté un type nouveau de jeune première s'est affirmée bientôt comme une grande actrice.

Gaby **MORLAY** (Actrice). Pseudonyme de Blanche FUMOLEAU. — Née le 8 juin 1897 à Biskra (Algérie). Débute au cinéma et au théâtre en 1912-1913. Actrice très connue depuis 1914 sur les scènes des Boulevards. A interprété une centaine de films, dont :
1914 : **Le 2 Août 1914** (avec Max Linder). — 1916 : **Le Chevalier de Gaby.** — 1921 : **L'Agonie des Aigles.** — 1936 : **Le Roi.** — 1939 : **Derrière la Façade.** — 1941 : **L'Arlésienne.** — 1942 : **Le Voile Bleu.** — 1949 : **Gigi.** — 1953 : **L'Amour d'une Femme** (Grémillon). — 1954 : **Papa, Maman, la Bonne et Moi** (Le Chanois). — 1955 : **Papa, Maman, ma Femme et Moi** (Le Chanois). — 1956 : **Crime et Châtiment.**

Après avoir été longtemps jeune première, Gaby MORLAY a interprété avec beaucoup de sensibilité les rôles de femmes âgées. Son grand talent n'a pas toujours été employé dans des films de valeur.

Camille de MORLHON (Réalisateur). — Mort vers 1945. D'abord auteur dramatique, représenté sur plusieurs scènes des Boulevards. Premiers films en juillet 1908. 1908-1910 : **Mater Dolorosa; Madame Tallien; La Reine Margot; Cromwell; Madame Dubarry.** — 1910 : **Jenny** (*Co.R.* Fagot); **Oliver Twist; La Savelli;** — 1911 : **Rodogune; Anne de Boylen,** etc. Fonde sa firme *La Valetta* pour laquelle il réalise, 1912 : **L'Ambitieuse; Britannicus; Les Mains d'Yvonne; L'Affaire du Collier de la Reine.** — 1913 : **Don Quichotte; L'Usurier; Calomniée; La Broyeuse de Cœur; Sacrifice Surhumain; L'Escarpolette Tragique; La Fleuriste du Toulso.** — 1914 : **Une Brute Humaine** (*Int.* Léontine Massart, Jean Dax, etc.); **L'Infamie d'une autre; La Vieillesse du Père Moreux.** — 1916 : **Le Secret de Geneviève; Effluves Funestes.** — 1917 : **Maryse; L'Orage** (*Int.* Signoret, Marise Dauvray); **Miséricorde.** — 1918 : **Simone; Expiation.** — 1919 : **L'Ibis Bleu.** — 1920 : **Fabienne, Fille du Peuple.** — 1921 : **Une Fleur dans les Ronces.**

Fut, à la veille de 1914, le réalisateur français abordant avec le plus de hardiesse les drames mondains. Il remporta avec Une Brute Humaine, *un succès international qui aurait pu lui faire concurrencer les tragédies du cœur danoises, italiennes ou américaines. Mais la guerre fit surpasser par ses rivaux étrangers ce scénariste réalisateur, dépassé après 1920 par l'évolution du cinéma.*

Yvan MOSJOUKINE. — Né en septembre 1890 à Penza (Russie). Mort à Neuilly-sur-Seine le 18 janvier 1939.

Le plus fameux acteur du cinéma tzariste, quitta sa patrie en 1919, par la Crimée, et s'établit en 1920 en France où il interpréta, 1922 : **L'Enfant du Carnaval** (Tourjansky); **Tempêtes.** — 1923 : **La Maison du Mystère** (épisodes Volkoff). — 1923 : *R.* et *Int.* Le **Brasier Ardent; Kean ou Désordre et Génie** (Volkoff). — 1924 : **Le Lion des Mogols** (*Sc.* et *Int.*, *R.* Jean Epstein). — 1926 : **Feu Mathias Pascal** (Marcel L'Herbier); **Michel Strogoff** (Tourjansky). — 1927 : **Casanova** (Volkoff). Signe en 1927 un contrat avec Hollywood, et y échoue complètement; de retour en France, 1931 : **Le Sergent X...** — 1936 : **Nitchevo** (Baroncelli).

MOSJOUKINE fut la principale personnalité des cinéastes russes émigrés en France apres la Révolution. Il y apporte le romantisme exaspéré, la violence extravagante, le raffinement dément qui avait caractérisé certaines couches intellectuelles durant les dernières années du tzarisme. Le Brasier Ardent, *son film le plus personnel, était d'ailleurs une reprise de son ancien succès :* Satan Triomphant. *Il fut un remarquable interprète de* Feu Mathias Pascal, *puis se perdit dans de trop dispendieuses co-productions internationales. A Hollywood, une malencontreuse opération esthétique enleva une partie du caractère de son singulier visage. Là-dessus survint le parlant, et comme il ne savait parler correctement aucune langue que le russe, il se trouva brusquement oublié et mourut prématurément, solitaire et désespéré.*

Léon MOUSSINAC (Critique et Théoricien). — Né en 1890 à Migennes (Côte-d'Or). Ami d'enfance de Louis Delluc. Critique de cinéma en 1920-1928, au *Mercure de France*, et 1921-1932 à *L'Humanité* alors que son ami Paul Vaillant-Couturier en était rédacteur en chef. Fait présenter en 1926 à Paris **Le Cuirassé Potemkine** de S.M. Eisenstein, puis fonde *Les Amis de Spartacus*, un club de masses pour la vision privée des films soviétiques interdits par la censure. L'organisation (1927-1928), est dissoute par la police. Fonde en 1932, *Le Théâtre International* où il présente **Le Train Blindé** de Vsevolod Ivanov : 1932-1934. — 1935-1939, directeur des *Éditions Sociales Internationales* et de *Regards*, hebdomadaire illustré du Parti Communiste Français.

1940-1941 : interné dans le camp de concentration français de Gurs, où il manqua de périr (voir son livre *Le Radeau de la Méduse*). — 1942-1944 : milite dans les organisations de Résistance. — 1947-1949 : directeur de l'I.D.H.E.C. — 1946-1960 : directeur de l'*École Nationale des Arts Décoratifs*. Poèmes, romans, ouvrages d'art, et sur le cinéma : 1925 : *Naissance du Cinéma*. — 1926 : *Le Cinéma expression sociale*. — 1928 : *Le Cinéma Soviétique*. — 1929 : *Panoramique du Cinéma*. — 1946 : *L'Age ingrat du Cinéma*. *Premier grand théoricien français du cinéma, avec Delluc, Léon Moussinac, y a imposé, par sa rubrique de l'Humanité, la formation d'une critique indépendante. Il a fait beaucoup pour imposer le cinéma comme un art et populariser en France divers grands cinémas étrangers suédois et soviétique notamment. Ses aperçus théoriques, exprimés avant 1925, précédèrent Eisenstein, Poudovkine ou Bela Balasz, et purent les influencer.*

Joseph-Louis **MUNDVILLER** (Directeur de la Photographie). — Né le 10 avril 1886 à Mulhouse. En 1908-1914, opérateur pour la succursale Pathé de Moscou, y travaille avec Protazanov, Mosjoukine, Bauer, etc. Après la guerre, devient l'opérateur de la firme Ermolieff Albatros, établie à Paris.
1922 : **La Maison du Mystère** (Volkoff). — 1923 : **Le Brasier Ardent** (Mosjoukine); **Kean** (Volkoff). — 1924 : **Le Lion des Mogols** (Epstein). — 1924-1925 : un des opérateurs du **Napoléon** d'Abel Gance. — 1927 : **Le Joueur d'Échecs** (Raymond Bernard). — 1929 : **Le Tournoi dans la Cité** et **Le Bled** (Jean Renoir). — 1933 : **Chotard & Cⁱᵉ** (Jean Renoir); **La Rue sans Nom** (Chenal). — 1935 : **Crime et Châtiment** (Chenal). — 1936 : **Les Mutinés d'Elseneur** (Chenal). — 1937 : **La Bataille Silencieuse** (Pierre Billon). — 1942 : **Opéra Musette** (René Lefèvre). S'est depuis 1945 consacré à l'enseignement de la prise de vues, à l'I.D.H.E.C.
Un des fondateurs de l'école française, par la beauté de ses images, et l'originalité de leur parfaite technique.

Jean **MURAT** (Acteur). — Né le 13 juillet 1888 à Périgueux (Dordogne). Élevé en Indochine. D'abord journaliste. Débute au cinéma en 1922. Interprète notamment, 1926 : **Carmen** (Feyder); **La Proie du Vent** (René Clair). — 1928 : **L'Eau du Nil** (Vandal, premier film français sonore). — 1929 : **La Nuit est à Nous** (premier film français parlant à succès). — 1932 : **L'Homme à l'Hispano** (Epstein). — 1935 : **La Kermesse Héroïque** (Feyder). — 1936 : **Les Mutinés de l'Elseneur** (Chenal). — 1939 : **Le Capitaine Benoit** (Carronge). — 1942 : **Mademoiselle Swing** (Pottier). — 1954 : **Si Versailles m'était conté** (Sacha Guitry). — 1959 : **Les Grandes Familles** (La Patellière).
Jean MURAT, à la belle prestance, fut entre les deux guerres le principal jeune premier du cinéma français, vedette de nombreux films à succès.

MUSIDORA (Actrice). Pseudonyme (tiré de Théophile Gauthier) de Jeanne Roques. Née et morte à Paris, 23 février 1889-9 décembre 1957. Débute par le café-concert (Bataclan, Folies-Bergère, Perchoir, Pie qui Chante, etc.). Remarquée et engagée par Feuillade, interprète pour lui **Le Calvaire**, puis en 1912-1916 une cinquantaine de films dont, 1912 : **Les Misères de l'Aiguille**. — 1913 : **La Tangomanie; Severo Torelli**. — 1914 : **Mariés d'un Jour; Lagourdette Gentleman Cambrioleur; Si vous ne m'aimez pas; Tu n'épouseras jamais un Avocat; La Peine du Talion; Le Sosie; Le Coup du Fakir**. Puis : **Union Sacrée; Celui qui reste; Une Page de Gloire; L'Autre Victoire; Le Trophée du Zouave**. — 1915 : **La Bouquetière des Catalans; La Barrière; Les Trois Rats; Jeunes Filles d'Hier et d'Aujourd'hui; La Petite Réfugiée; Le Grand Souffle; Cœur Fragile; Fille d'Ève**. — 1915-1916 : **Les Vampires** (12 épisodes). — 1916-1917 : **Judex** (12 épisodes). — 1917, pour André Hugon : **Chacals; Johannes Fils de Johannes; Mademoiselle Chiffon**. — 1918 : *Int.* et *R.*,

Vicenta, puis en Italie : **La Vagabonde** (Perrego, *Sc.* Colette). Interprète et réalise ensuite (*Co.R.* J. Lasseyne), 1919 : **La Flamme Cachée.** — 1921 : **Pour Don Carlos.** — 1922 : **Soleil et Ombre.** Les deux derniers films en Espagne où elle réalise aussi, seule : 1925, **La Terre des Toros.** Retourne ensuite au music-hall. De 1945 à sa mort, secrétaire de la Commission de Recherches Historiques à la Cinémathèque française.

MUSIDORA parvint au sommet de sa gloire, pendant la guerre, avec le fameux maillot collant noir d'Irma Vep dans Les Vampires. *Le jeune Louis Aragon écrivait à son propos, dans son premier article (publié par Louis Delluc, 1918) :* « *Les films policiers sont aussi significatifs de notre époque que se montrèrent les romans de chevalerie, les romans précieux ou les romans libertins; je pourrais dire quelle exaltation nous allions chercher à quelques amis, jeunes et insoucieux de préjugés littéraires, quand la Dixième Muse, MUSIDORA, joua à l'écran l'épopée hebdomadaire des* Vampires. » *MUSIDORA n'était pas seulement d'une grande beauté, avec son visage lisse et ses immenses yeux noirs, elle était aussi une parfaite actrice et une femme très cultivée qui publia divers romans et pièces de théâtre.*

René **NAVARRE.** — Acteur au *Théâtre Michel,* interprète épisodiquement quelques rôles au *Film d'Art* et à la S.C.A.G.L. avant d'être engagé en 1910 par Feuillade, et interprète pour lui de nombreux films, notamment :
1912 : Le Destin des Mères; L'Oubliette; L'Homme de Proie; La Vie ou la Mort; La Course aux Millions; L'Intruse. — 1913 : Le Revenant; Les Yeux ouverts; Le Secret du Forçat; L'Écrin du Rajah; Le Browning; S'Affranchir; La Robe Blanche; La Gardienne du Feu; Un Drame au Pays Basque. — 1914 : Manon de Montmartre; L'Enfant de la Roulotte et 1913-1914, la série des Fantômas. Fonde en 1916 sa propre firme, qui réalise, 1917 : R. Ravel : L'Homme qui revient de loin; Du Rire aux Larmes. — 1918 : Le Bon M. Lafontaine; puis 1919-1921 : La Nouvelle Aurore (Violet); Tue la Mort; Le 7 de Trèfle (René Navarre, assisté par Keppens et Manzoni).
Avec sa mâle prestance et son énigmatique visage, il fut un inoubliable Fantômas.

NOEL-NOEL (Acteur et Auteur). Pseudonyme de Lucien NOEL. — Né le 9 août 1897 à Paris. D'abord dessinateur humoristique (notamment à *l'Humanité*), puis après 1921 chansonnier. Crée au cinéma le type de soldat comique Adémaï. — 1931 : Adémaï à l'Office National Météorologique. — 1932 : Adémaï Joseph. — 1933 : Adémaï Aviateur. — 1935 : Adémaï au Moyen Age. — 1938 : L'Innocent. — 1942 : Adémaï au Poteau Frontière. — 1944 : La Cage aux Rossignols. — 1945 : Le Père Tranquille. — 1948 : Les Casse-Pieds. — 1950 : La Vie Chantée.
Un des meilleurs acteurs comiques français, d'abord spécialiste des militaires ahuris, puis des petits bourgeois casaniers et ridicules.

NOUVELLE VAGUE (22 Nouveaux Réalisateurs)

Lancée par Françoise Giroud dans *l'Express* pour désigner les jeunes gens de 1957-1958, cette expression s'est trouvée appliquée en 1959 aux nouveaux cinéastes français, et a connu une grande fortune internationale. Nous l'employons ici dans son sens le plus large, englobant tous les cinéastes français ayant depuis 1956-1957 débuté par un premier film de long métrage présentant un intérêt artistique.

Les gens de la Nouvelle Vague ainsi comprise sont venus des horizons les plus divers, mais on peut, à côté de nombreux isolés, distinguer deux groupes principaux : celui de Truffaut, Chabrol, Kast, Godard, Doniol, Vacroze, Rivette et autres collaborateurs des Cahiers du Cinéma. Et, d'autre part, Alain Resnais et ses amis : Agnès Varda, Chris Marker, Armand Gatti, Henri Colpi, etc.

Dans les 22 filmographies sommaires ci-dessous, l'abréviation *PF* signifie : Premier Film de Long Métrage. Les notices consacrées à Franju, Resnais et Jean Rouch sont classées, d'autre part, à leur place alphabétique.

Alexandre ASTRUC. — Né le 13 juillet 1923 à Paris. Licencié lettres et anglais, journaliste. — 1948 : **Aller Retour, Ulysse** *PF.* — 1952 : **Le Rideau Cramoisi.** — 1956 : **Les Mauvaises Rencontres.** — 1957 : **Une Vie.** — 1961 : **La Proie pour l'Ombre.** — 1962 : **L'Éducation Sentimentale.**

Jacques BARATIER. — Né le 8 mars 1918 à Montpellier. *CM* 1949 : **Désordre.** — 1951 : **Métier de Danseur.** — 1955 : **Paris la Nuit** (*Co.R.* Jean Valère). — *PF* 1959 : **Goha Le Simple.** 1962 : **La Poupée.**

Claude BERNARD-AUBERT. — Né en 1928. Fait la guerre d'Indochine qui lui fournit le sujet de son *PF,* 1957 : **Patrouille de Choc.** — 1959 : **Les Tripes au Soleil.** — 1960 : **Match contre la Mort.** — 1961 : **Les Lâches vivent d'Espoir; Fleur de Peau.**

J.-C. BONNARDOT. — Né en 192?. Acteur. *CM, PF,* 1959 : **Moranbong** (interdit en France par la censure).

Marcel CAMUS. — Né en 1912 à Chappes (Ardennes). Beaux-Arts. Prisonnier en 1940-1945, puis assistant. *PF* 1957 : **Mort en Fraude.** — 1959 : **Orfeu Negro** (Palme d'Or à Cannes). — 1960 : **Os Bandeirantes.** — 1962 : **L'Oiseau de Paradis.**

Claude CHABROL. — Né en 1930. Critique aux *Cahiers.* Chargé de publicité à la Fox *PF* 1959 : **Le Beau Serge; Les Cousins; A Double Tour.** — 1960 : **Les Bonnes Femmes.** — 1961 : **Les Godelureaux.** — 1962 : **L'Œil du Malin.**

Henri COLPI. — Né le 15 juillet 1921 à Brig (Suisse). IDHEC. Publie en 1948 la Filmographie critique : *Le Cinéma et ses Hommes.* Monteur pour Alain Resnais, Clouzot *(Le Mystère Picasso)*; Chaplin *(Un roi à New York.)* *PF* 1961 : **Une aussi Longue Absence** (Prix Delluc, Palme d'Or).

Jacques DONIOL-VALCROZE. — Né le 15 mars 1920 à Paris. — 1947-1949 : Rédacteur en chef adjoint de *La Revue du Cinéma.* Fonde en avril 1951 *Les Cahiers du Cinéma* avec André Bazin. Depuis 1950, critique de *France Observateur.* Romancier (*Les Portes du Baptistère,* 1954). Plusieurs CM. *PF* 1960 : **L'Eau à la Bouche.** — 1961 : **Le Cœur Battant.** 1962 : **La Dénonciation.**

Jacques DEMY. — Né en 193?. CM 1959 : **Le Bel Indifférent.** *PF* 1961 : **Lola.**

Michel DRACH. — Né en 1931. Plusieurs CM dont **La Mer sera basse à 5 Heures.** *PF* 1960 : On n'enterre pas le Dimanche (Prix Delluc). — 1961 : Amélie ou le Temps d'Aimer.

Armand GATTI. — Né en 1927. Reporter, poète, romancier, dramaturge 1959 Sc : Moranbong. 1961 : L'Enclos.

Jean-Luc GODARD. — Né en 1934, en Suisse. CM : **Tous les Garçons s'appellent Patrick,** etc. *PF* 1960 : A bout de Souffle (Prix Vigo). — 1961 : Le Petit Soldat (interdit par la censure); Une Femme est une Femme.

Louis GROSPIERRE. — Né en 1927. Plusieurs CM dont **Les Femmes de Steremetz** (Prix Vigo, 1958). *PF* 1960 : Le Travail c'est la Liberté.

Pierre KAST. — Né le 22 décembre 1920 à Paris. Nombreux CM dont **Les Charmes de l'Existence** (*Co.R.* Grémillon). — 1951 : Les Désastres de la Guerre. — 1951 : Les Femmes du Louvre. — 1952 : Je Sème à Tous Vents. — 1953 : A nous Deux Paris. — 1954 : Robida-Ledoux; L'Architecte Maudit. — *PF* 1958 : Un Amour de Poche. — 1960 : Le Bel Age. — 1961 : Merci Natercia; La Morte Saison des Amours.

Louis MALLE. — Né le 30 novembre 1932 à Thumeries (Nord). ETPC et IDHEC. 1957 : Le Monde du Silence (*Co.R.* Cousteau). — 1958, *PF* : Ascenseur pour l'Échafaud; Les Amants. — 1960 : Zazie dans le Métro. — 1962 : Vie Privée.

Chris MARKER. — Né le 27 juillet 1921 en Chine. Journaliste, écrivain, photographe, collaborateur de Resnais, pour 1952 : Les Statues meurent aussi. — 1956 : Nuit et Brouillard. — CM 1957 : Dimanche à Pékin. — *PF* 1960 : Lettres de Sibérie. — 1961 : Description d'un Combat ; Cuba Si.

Robert MÉNEGOZ. — Né le 17 juin 1925 à Saint-Contest (Calvados). IDHEC. CM 1950 : Vivent les Dockers. — 1952 : La Commune. — 1954 : Ma Jeannette et mes Copains. *PF* 1958 : Derrière la Grande Muraille (doc.). — 1960 : La Millième Fenêtre.

Paul PAVIOT. — Né le 11 mars 1925 à Paris. ETPC. — CM dont 1950 : Terreur en Oklahoma. — 1951 : Chicago Digest. — 1952 : Torticola contre Frankenberg. — 1954 : Lumière. — 1955 : Pantomimes. — *PF* 1960 : Pantalaskas. — 1961 : Portrait Robot.

Jean REICHENBACH. — Né en 1928. Nombreux CM dont, 1958 : Les Marines. — *PF* 1960 : L'Amérique Insolite (doc.).

Jacques RIVETTE. — Né en 1928. Critique aux *Cahiers*. CM 1958 : Le Coup du Berger. — *PF* 1961 : Paris nous appartient.

François TRUFFAUT. — Né en 1932. Critique aux *Cahiers* et *Arts*. CM 1959 : Les Mistons. — *PF* 1959 : Les 400 Coups. — 1960 : Tirez sur le pianiste. — 1961 : Tire au Flanc; Jules et Jim.

Jean VALÈRE. — Né en 1925. Assistant Ophüls, Cayatte, Hossein. *Co.R.* avec Baratier du CM 1955 : **Paris la Nuit.** — *PF* 1960 : **La Sentence.** — 1961 : **Les Grandes Personnes.**

Agnès VARDA. — Née le 30 mai 1928 à Bruxelles. Photographe du T.N.P. — *PF* 1956 : **La Pointe Courte.** Ensuite CM 1959 : **Les Châteaux de la Loire.** — 1960 : **Du côté de la Côte; Opéra Mouffe.** — 1962 : **Cléode 5 à 7.***LM.*

Max OPHÜLS. Pseudonyme de M. OPPENHEIMER. — Né le 6 mai 1902 à Sarrebrück (Allemagne). Mort le 26 mars 1957 à Hambourg. 1919-1930, acteur puis metteur en scène de théâtre à Sarrebrück, Aix-la-Chapelle, Dortmund, Vienne, Francfort, Breslau et Berlin. Devient réalisateur en 1930 et remporte son premier succès en 1932 avec **Liebelei.** S'établit en France après Hitler et y réalise, 1935 : **Divine** (*Sc.* Colette, J.G. Auriol). — 1936 : **La Tendre Ennemie** (*From* André-Paul Antoine, *Ph.* Schuftan). — 1937 : **Yoshiwara** (*Sc.* Dekobra). — 1938 : **Le Roman de Werther** (*From* Goethe, *Ph.* Schuftan, *Int.* P.R. Wilm, Annie Vernay). — 1939 : **Sans Lendemain** (*Sc.* A.-P. Antoine, *Int.* Edwige Feuillère, G. Rigaud, Paul Azaïs). — 1940 : **De Mayerling à Sarajevo.** — 1940-1948, à Hollywood où il réalise, 1947 : **L'Exilé.** — 1948 : **Lettres d'une Inconnue.** — 1949 : **Caught; The Reckless Moment.** En France à nouveau, 1950 : **La Ronde** (*From* Arthur Schnitzler, *Ph.* Matras, *Déc.* Eaubonne, *Int.* A. Walbrook, S. Signoret, S. Reggiani, Simone Simon, D. Gélin, D. Darrieux, F. Gravey, Gérard Philipe, J.-L. Barrault). — 1951 : **Le Plaisir** *(From* Maupassant, *Ph.* Matras et Agostini, *Déc.* d'Eaubonne, *Int.* Gaby Morlay, Claude Dauphin, Danielle Darrieux, P. Dubost, Brasseur, Gabin). — 1953 : **Madame de ...** *(From* Louise de Vilmorin, *Int.* D. Darrieux, Ch. Boyer, De Sicca). — 1955 : **Lola Montès** *(From* Cécil St-Laurent, *Ph.* Matras, *Déc.* d'Eaubonne, *Cost.* Annenkov, *Int.* Martine Carol, Peter Ustinov, A. Walbrook, Guisol, etc. (réalisé en Allemagne).

C'est à propos de Max OPHÜLS que la critique française a souvent répété l'adjectif « baroque ». Il est bien vrai que le réalisateur a le goût du foisonnement excessif dans ses décors, ses personnages, ses mouvements d'appareil. Le style est déjà apparent dans Libelei. Il est moins marqué dans les films de sa première période française, desservis par des sujets imposés et des moyens matériels très limités. Retour d'Amérique, OPHULS atteignit le sommet de son art dans des productions à gros budget et à nombreuses vedettes (Le Plaisir, La Ronde). Il put y développer la désarticulation du récit, le goût du décoratif, l'optique expressionniste, la virtuosité de mise en scène. Il portera les recherches à son comble avec son dernier film, Lola Montès, infidèle à la vérité historique (comme le best-seller qu'il adaptait), mais remarquable par son ton onirique, ses recherches de couleur, le foisonnement délirant qui emporte certaines scories de mauvais goût.

Louis PAGE. — Né le 16 mars 1905 à Lyon. D'abord peintre. Assistant de Cocteau, 1930, pour le **Sang d'un Poète,** puis assistant ou caméraman de Perinal, Thirard, Stradling, Kelber, Isnard, etc. *Ph.* 1937 : **Jeunes Filles de Paris** (Le Chanois). — 1938-1939 : **Espoir** (Malraux). — 1942 : **Lumière d'Été** (Grémillon). — 1944 : **Le Ciel est à vous** (Grémillon). — 1945 : **Sortilèges** (Christian-Jaque). — 1945-1946 : *Co.Ph.* **Le 6 Juin à l'Aube** (Grémillon). — 1948 : **Les Frères Bouquinquant** (Daquin). — 1951 : **Maître après Dieu** (Daquin). — 1954 : **L'Amour d'une Femme** (Grémillon). — 1959 : **Les Grandes Familles** (La Patellière). — 1960 : **Le Baron de l'Écluse** (Delannoy).

Louis PAGE fut surtout excellent dans les films où il put, précédant alors le néo-réalisme italien, employer un style direct, dans la vie, proche des actualités (Espoir, Le Ciel est à vous)

Marcel PAGNOL (Auteur et réalisateur). — Né le 25 février 1895 à Aubagne (Bouchesdu-Rhône). Fils d'un instituteur. D'abord professeur d'anglais puis, après 1925, auteur dramatique à succès. Vient au cinéma avec le parlant, comme réalisateur et producteur. 1931-1932 : scénario et dialogues de **Marius** (Alexandre Korda); **Fanny** (Marc Allégret); **Topaze,** adaptant ses pièces les plus célèbres, et réalise ensuite, 1933 : **Joffroy** (moyen métrage). — 1934 : **Angèle.** — 1935 : **Merlusse; Cigalon.** — 1936 : **César.** — 1937 : **Regain.** — 1938 : **La Femme du Boulanger.** — 1940 : **La Fille du Puisatier.** — 1945 : **Naïs** (d'après Zola). — 1951 : **Topaze** (nouvelle version). — 1953 : **La Manon des Sources.** — 1955 : **Les Lettres de mon Moulin** (*From* Alphonse Daudet).

Méprisant les raffinements techniques et mettant le film au service de son tempérament d'auteur théâtral, PAGNOL a eu le mérite de maintenir, en 1930-1940, un courant réaliste, s'appuyant sur les traditions de sa petite patrie, la Provence, et décrivant avec vérité et pittoresque les milieux petits bourgeois, notamment les commerçants. Il est membre de l'Académie Française.

Jean PAINLEVÉ (Réalisateur). — Né le 20 novembre 1902 à Paris. Fils du mathématicien et homme politique Paul PAINLEVÉ, plusieurs fois Président du Conseil, docteur en médecine. 1930, Fondateur de l'Institut du Cinéma Scientifique. 1940-1944, milite dans les organisations de Résistance. Directeur général du Cinéma sitôt après la Libération (1944-1945). Président de la Fédération Française des Ciné-Clubs (1946-1956). Jean PAINLEVÉ est l'un des plus grands documentaristes scientifiques mondiaux. Principaux films (courts métrages), 1928 : **La Pieuvre; Les Oursins; La Daphnie.** — 1929 : **Reviviscence d'un Chien.** — 1930 : **Le Bernard l'Hermite; Les Crevettes.** — 1934 : **L'Hippocampe.** — 1937 : **Voyage au Pays de la 4e Dimension; Voyage dans le Ciel.** — 1939-1945 : **Solutions Françaises.** — 1945 : **Le Vampire.** — 1946 : **Assassin d'Eau Douce.** — 1947 : **L'Œuvre Scientifique de Pasteur** (en col. avec Rouvier). — 1948 : **Écriture de la Danse.** — 1953 : **Les Oursins** (en couleurs).

D'une grande rigueur scientifique, les films de PAINLEVÉ révélant les mœurs des petits animaux, possèdent aussi une réelle valeur poétique. Il a été l'un des premiers en France à rythmer ses documentaires sur une partition musicale, fournie avant 1940 par Maurice Jaubert, plus tard par le meilleur jazz américain.

Charles PATHÉ (Industriel). — Né en 1863 à Chevry-Cossigny (Seine-et-Marne); mort le 26 décembre 1957 à Monte-Carlo (principauté de Monaco). Fils d'Alsaciens nés à Altkirch, établis en 1865 charcutiers à Vincennes. Après une enfance laborieuse et son service militaire (5 ans), Charles PATHÉ s'embarque le 28 juin 1889 pour Buenos Aires, ne fait pas fortune en Argentine, et revient en France dans le courant de 1891. S'établit marchand de vins, se marie (octobre 1893) et devient petit employé chez un avoué. Achète fin août 1894 un phonographe Edison, qu'il va montrer à partir du 9 septembre dans diverses foires de la Brie. Y gagne assez d'argent pour s'établir, en janvier 1895, revendeur de phonographes achetés à Londres. En juin 1895, s'associe à Henri Joly pour construire des Kinétoscopes (appareils à vision de films) et rompt avec lui fin 1895. Avril 1896 : commence à vendre des projecteurs « Eknetographes » et à réaliser lui-même quelques films, dont **L'Arrivée du Train de Vincennes.** S'associe à ses frères, Émile, Jacques et Théophile, pour fonder, au capital de 32 000 francs, la Société *Pathé Frères,* qui porte surtout ses efforts sur le phonographe. Grivolas, représentant le groupe financier, Neyret apporte une commandite d'un million et fonde avec les PATHÉ, en décembre 1898, la *Compagnie Générale des phonographes, cinématographes et appareils de précision.* En 1901, la branche phonographe, très prospère, est confiée à Émile PATHÉ, et Charles développe avec Zecca la production des films, construisant des studios à Vincennes (1902). La vente des films prospérant très rapidement, PATHÉ ouvre des bureaux, puis des succursales, en 1903 à Londres; 1904, février Moscou, août New York et Bruxelles; 1905, mars Berlin, juillet Vienne, décembre St-Pétersbourg; 1906, janvier Amsterdam, février Barcelone, mai Milan, juillet Londres et Odessa; 1907, mars Rostov-sur-le-Don et Kiew, juin Budapest et Calcutta, juillet Varsovie, août Singapour; en 1908, les usines de Vincennes occupent 1 500 ouvriers, peuvent tirer 100 000 mètres de films par jour et la succursale de New York, tirant 20 000 mètres par jour, réalise un chiffre d'affaires annuel de 9 millions (contre 10 en France, où les studios de Vincennes et Montreuil réalisent ensemble 500 films par an). En 1907, PATHÉ cesse de vendre ses films en France, pour établir des agences de location. Pour l'exercice 1907-1908, la firme, alors au capital de 5 millions, réalise un bénéfice d'environ 24 millions (8,5 portés au bilan, plus 15,350 d'amortissements) et vend aux États-Unis deux fois plus de films que toutes les firmes américaines réunies. En 1908, PATHÉ forme aux États-Unis, avec la Biograph, Edison, etc., le « trust Edison », ouvre une série de salles PATHÉ en France, et commence à édifier une usine de pellicules vierges à Vincennes, qui fonctionnera pleinement après 1910, tandis qu'il commandite les usines Continsouza pour la fabrication des projecteurs, caméras, etc.

Ayant ainsi développé son industrie horizontalement et verticalement, il a créé un trust mondial dominant presque partout l'industrie du film, et créant des laboratoires, studios, circuits de salles, etc., en Belgique, Italie, États-Unis, Grande-Bretagne, Allemagne, Russie, etc. A la veille de 1914, la firme occupe en France 5 000 personnes, 1 500 autres formant les cadres des succursales étrangères. Charles PATHÉ a établi des usines pour le coloriage des films au pochoir (Pathécolor) et fondé le premier hebdomadaire d'actualités en France (1910), puis en Angleterre, Allemagne, Russie, États-Unis. Il a quitté en août 1913 le trust Edison.

La guerre de 1914 désorganisant les entreprises françaises, PATHÉ séjourne aux États-Unis (fin 1914), et y donne une grande extension à Pathé-Exchange. Cette succursale américaine est l'objet de ses principaux efforts en 1914-1917. En 1918, après avoir enjoint les auteurs de films de s'adapter au goût américain, il crée *Pathé Cinéma*, et décide d'abandonner, sauf quelques exceptions, la production, pour se consacrer à la pellicule vierge, à la location et à l'exploitation des salles, et au format réduit (Pathé Baby, 1922; Pathé Rural, 1927). En même temps, 1918-1925, il procède à la liquidation de ses filiales à l'étranger (*F.A.J.* de Rome, *Litteraria* de Berlin, *Pathé-Exchange* de New York, *Pathé Ltd* de Londres, etc.), abandonne après un violent conflit le *Pathé Consortium* fondé en 1920 (production, distribution, exploitation), et vend en 1926 ses usines de pellicule vierge à Kodak. En 1929, *Pathé Cinéma* est vendu à un groupe financier représenté par la *Banque Bauer et Marchal*. La firme, dirigée par Natan, entre en conflit avec Charles PATHÉ, qui démissionne en mai 1930 et se retire sur la Côte d'Azur où il mourra vingt ans plus tard, après avoir assisté, de loin, à la retentissante faillite (17 février 1936) de la Société Pathé-Natan.

« Je n'ai pas inventé le cinéma, a-t-il écrit, mais je l'ai industrialisé. Avant « PATHÉ Frères » le cinéma offrait surtout l'intérêt d'un problème résolu. Avec nous, il fut appelé à devenir une activité formidable, intéressant à son sort des centaines de millions d'êtres humains, et brassant des milliards de francs par année. » *Si, après avoir édifié par la lutte et les batailles un fabuleux empire mondial, le « Napoléon du cinéma » le démembra lui-même, après 1918, ce fut certes parce que l'âge venant il voulut réaliser une part de ses capitaux, mais surtout parce que ses commanditaires de la haute finance préférèrent encaisser de formidables bénéfices par la liquidation de ses entreprises, plutôt que d'entrer en conflit avec leurs rivaux américains. Ils purent alors devenir les maîtres du marché mondial en imitant les méthodes établies par ce grand capitaine d'industrie, dont plusieurs dizaines de sociétés continuent, à travers le monde, de porter le nom.*

François PÉRIER (Acteur). Pseudonyme de F. PILU. — Né le 10 novembre 1919 à Paris. Débute au cinéma pendant la guerre, notamment dans **Lettres d'Amour** (1942,

Autant-Lara). — 1945 : **Sylvie et le Fantôme** (Autant-Lara). — 1946 : **Un Revenant** (Christian Jaque). — 1947 : **Le Silence est d'Or** (René Clair). — 1948 : **La Vie en Rose** (J. Faurez). — 1950 : **Orphée** (Jean Cocteau); **La Souricière** (Calef). — 1954 : **Cadet Rousselle** (Hunebelle). — 1955 : **Les Évadés** (Le Chanois). — 1956 : **Gervaise** (Clément). — 1957 : **Les Nuits de Cabiria** (Fellini, en Italie). — 1959 : **Bobosse** (Étienne Périer). — 1960 : **Le Testament d'Orphée** (Cocteau).

Révélé après la guerre comme « jeune premier », cet acteur intelligent a pu ensuite s'affirmer dans de solides compositions.

Georges **PÉRINAL** (Opérateur). — Né en 1897, en France. Opérateur en 1925 de courts métrages réalisés par Jean Grémillon, dont il est ainsi le collaborateur pour, 1927 : **Maldone**. — 1928 : **Gardiens de Phares**. — 1930 : **Dainah la Métisse**. Avec René Clair, 1930 : **Sous les Toits de Paris**. — 1931 : **Le Million**. — 1932 : **A nous la Liberté**. — 1933 : **Quatorze Juillet**. Appelé en Angleterre par Alexandre Korda pour, 1934 : **The Private Life of Henry VIII**. — 1935 : **Things to Come**. — 1937 : **Rembrandt**. — 1940 : **The Four Feathers**. S'est fixé en Grande-Bretagne, où il a photographié notamment, 1944 : **Life and Death of Colonel Blimp** (Powell et Pressburger). — 1947 : **Nicolas Nickleby** (Cavalcanti). — 1949 : **The Fallen Idol** (Carol Reed). — 1956 : **A King in New York** (Charles Chaplin).

PÉRINAL est un des meilleurs opérateurs mondiaux. Formé par Grémillon et René Clair, il s'est distingué par son grand sens plastique et sa culture picturale. Il est devenu après 1944 un spécialiste de la couleur. Le cinéma français a beaucoup perdu quand il s'est établi à Londres en 1933, et où il n'a pas toujours photographié des films à sa mesure.

Léonce **PERRET**. — Né le 13 mai 1880 à Niort. Mort à Niort en 1935. D'abord musicien, puis comédien au Vaudeville, à l'Odéon et au Théâtre Michel de Saint-Pétersbourg. En 1907, réalise et interprète à Berlin, pour Mᵐᵉ Grassi, directrice de la succursale Gaumont, 9 films dont **Warrnen**; **Le Petit Grenadier**; **Le Bon Juge**; **Le Lys d'Or**; **La Fiancée du Batelier**.

Devient metteur en scène à Paris, chez Gaumont. — 1908 : **Le Fils du Charpentier**; **Le Petit Soldat**; **Le Miroir Magique**; **Le Voile des Nymphes**; **La Bague**; **La Redingote**; **Noël d'Artistes**. — 1909-1911 : **Le Lys d'Or**; **Pauvres Gosses**; **La Princesse d'Ys**; **Le Bon Samaritain**; **André Chénier**; **La Légende de Daphné**; **La Lettre au Petit Jésus**; **La Couronne de Roses**; **Le Roi de Thulé**; **Molière**; **La Colonne**; **Les Douze Travaux d'Hercule**; **Estelle**; **L'Étendard**; **Le Don du Cœur**; **L'Ermite**; **Première Idylle**; **Rival de Chérubin**; **La Petite Béarnaise**; **L'Ame du Violon**; **La Lumière et l'Amour**; **Par l'Amour**; **Le Collier de Mimi Pinson**. — 1912 : **Le Mystère des Roches de Kador**; **Main de Fer**; **La Dentelière**; **La Rançon du Bonheur**; **L'Honneur et l'Argent**; **Histoire d'un Valet de Chambre**; **Le Coq en Pâte**; **Eugène Amoureux**; **Cupidon aux Manœuvres**; **Le Geste**; **La Bonne Hôtesse**; **Les Chrysanthèmes Rouges**; **Les Blouses Blanches**. — 1913-1914, série des *Léonce* (qu'il interprète lui-même avec Yvette Andreyor ou Suzanne Grandais), plusieurs dizaines de films dont : **Le Homard**; **Un Nuage passe**; **Les Épingles**; **Les Bretelles**; etc. — 1913-1914 : **L'Heure du Rêve**; **Le Roman d'un Mousse**; **L'Étendard**; **L'Ange de la Maison**; **L'Enfant de Paris**; **L'Esclave de Phidias**; **La Force de l'Argent**. — 1914-1915 : **La Voix de la Patrie**; **Mort au Champ d'Honneur**; **Françaises, veillez!**; **Le Héros de l'Yser**; **Les Poilus de la Revanche**; **Une Page de Gloire**; **L'Angélus de la Victoire**; **Léonce aime les Belges**; **L'X Noir**; **L'Énigme de la Rivière**. — 1915-1916 : **Aimer, Pleurer, Mourir**; **Le Roi de la Montagne**; **Le Mystère de l'Ombre**; **Dernier Amour**; **L'Imprévu**; **Le Devoir**; **La Fiancée du Diable**. — 1916-1918 (aux U.S.A.): **Let's not Forget** (N'oublions Jamais); **Lafayette we come** (Lafayette nous voilà); **Stars of Glory** (Étoiles de Gloire); **Folle d'Amour**; **La Rescapée du Lusitania**; **L'Étreinte du Passé**; **Artiste**; **Moderne Salomé**; **Une Page de Gloire**; **Million Dollar Dollies** (*Int.* les Dolly Sister). — 1919 : **La Treizième Chaise**. — 1920 : **L'Empire du Diamant**. En France,

1921 : **Le Démon de la Haine.** — 1922 : **L'Écuyère.** — 1923 : **Kœnigsmark.** — 1925 : **Madame Sans Gêne** (*Int.* Gloria Swanson, Ch. de Rochefort). — 1926 : **La Femme Nue.** — 1928 : **Morgane la Sirène.** — 1929 : **Orchidée Danseuse; La Possession; Quand nous étions deux.** — 1933 : **Sapho.** — 1934 : **Les Précieuses Ridicules.**

Fort vulgaire comme acteur et dans les scénarios qu'il imaginait ou choisissait, Léonce PERRET sut, en 1910-1914, mener ses récits cinématographiques avec un grand raffinement dans le montage et dans les images, où il usa des contre-jours, de la lumière artificielle, des mouvements d'appareil, etc., avec une richesse de syntaxe surpassant (pour l'époque) D.W. Griffith.

Gérard PHILIPE. — Né le 4 décembre 1922 à Cannes. Mort à Paris le 25 novembre 1959.

Débute au théâtre en 1942, au cinéma en 1943, avec **Les Petites du Quai aux Fleurs** (Marc Allégret). Puis, 1945 : **Le Pays sans Étoiles** (Lacombe). — 1946 : **L'Idiot** (Lampin, *from* Dostoïevski). — 1947 : **Le Diable au Corps** (Autant-Lara). — 1948 : **La Chartreuse de Parme** (Christian-Jaque). — 1949 : **Tous les Chemins mènent à Rome** (Jean Boyer); **Une si Jolie Petite Plage** (Yves Allégret). — 1950 : **La Beauté du Diable** (René Clair); **La Ronde** (Max Ophüls). — 1951 : **Juliette ou la Clé des Songes** (Carné). — 1952 : **Fanfan la Tulipe** (Christian-Jaque); **Les Belles de Nuit** (René Clair). — 1953 : **Les Orgueilleux** (Yves Allégret). — 1954 : **Les Amants de la Villa Borghèse** (en Italie, Gianni Franciolini); **Monsieur Ripois** (René Clément); **Si Versailles m'était conté** (Guitry); **Le Rouge et le Noir** (Autant-Lara). — 1955 : **Les Grandes Manœuvres** (René Clair). — 1956 : **La Meilleure Part** (Yves Allégret); **Les Aventures de Till l'Espiègle** (également *R.*). — 1957 : **Pot Bouille** (Duvivier). — 1958 : **Montparnasse 19** (Jacques Becker); **Le Joueur** (Autant-Lara). — 1959 : **Les Liaisons Dangereuses** (Vadim). — 1960 : **La Fièvre monte à El Pao** (Bunuel, au Mexique).

Le plus grand comédien français de l'après-guerre, au cinéma comme au théâtre, où il fut avec Jean Vilar l'animateur et le metteur en scène du Théâtre National Populaire. Connu dans le monde entier, pour ses créations dans Le Diable au Corps, Fanfan la Tulipe, Les Grandes Manœuvres, etc., Gérard PHILIPE élabora durant sa trop brève mais éclatante carrière un personnage séduisant et romantique, plein de profondeur, de complexité et d'humanité. Il sut aussi bien dépouiller son jeu (La Meilleure Part) que le raffiner à l'extrême, notamment dans Monsieur Ripois, caractère d'une grande complexité dans sa veulerie. Sa mort prématurée a été une perte considérable pour le cinéma français.

Léon POIRIER (Réalisateur). — Né en 1884. A ainsi décrit ses débuts pour Louis Delluc (Cinéa, 23 septembre 1921) : « Né dans une famille où les arts furent toujours à l'honneur, et qu'illustra Berthe Morizot, fut après de brillantes études jeté dans la lutte pour la vie. Il devint successivement marchand d'objets d'art, directeur d'une revue *La Moisson*, souffleur, habilleur, administrateur du *Théâtre de la Tour Eiffel*, secrétaire au *Musée Grévin*, caissier au *Théâtre Moderne*. enfin secrétaire général du *Gymnase*. » Il collabora à la construction et au lancement du *Théâtre des Champs-Élysées*, dont une salle, la *Comédie*, est en 1913-1914, le *Théâtre Léon Poirier*. Réalise en 1913-1914, pour Gaumont : **Ces Demoiselles Perrottin; Cadette; Monsieur Charlemagne; L'Amour Passe; Le Jugement des Pierres; Le Trèfle d'Argent; Le Nid,** etc. Officier pendant toute la guerre, est engagé après sa démobilisation par Gaumont pour y diriger la série d'art *Pax*.

R. 1919 : **Ames d'Orient;** (*Ph.* Specht, *Int.* Tallier, André Nox). **Le Penseur** (*Ph.* Specht, *Int.* Tallier, Nox, Berthe, Madys). — 1920 : **Narayana** (*Int.* Marga, Van Daele). — 1921 : **L'Ombre Déchirée** (*Ph.* Letort, *Int.* Suzanne Després, Madys, Myrga, Roger Karl). — 1921 : **Le Coffret de Jade.** — 1922 : **Jocelyn** (*From* Lamartine, *Int.* Tallier, Myrga, Pierre Blanchar, Roger Karl, etc.). — 1923 : **Geneviève** (*From* Lamartine, *Int.* Myrga, Dolly Daires, Tommy

Bourdel); **L'Affaire du Courrier de Lyon.** — 1924 : **La Brière.** — 1926 : **Croisière Noire** (doc. long métrage). — 1927 : **Amours Exotiques** (doc.). — 1928 : **Verdun Vision d'Histoire.** — 1930 : **Caïn** (à Madagascar). — 1931 : **Verdun Souvenirs d'Histoire** (version sonore). — 1932 : **La Folle Nuit; Chouchou Poids Plume.** — 1933 : **La Voie Sans Disque.** — 1936 : **L'Appel du Silence.** — 1937 : **Sœurs d'Armes.** — 1940 : **Brazza.** — 1943 : **Jannou.** — 1947 : **La Route Inconnue.**

Après avoir démontré un goût maladroit pour la recherche dans Le Penseur, *Léon POIRIER s'officialisa avec les beaux paysages de* Jocelyn *et montra de la sensibilité dans* La Brière. *Tenté ensuite par le documentaire, il révéla une Afrique exotique et pittoresque avec* La Croisière Noire *réalisé pour la publicité des Automobiles Citroën. Son* Verdun *contint ensuite un montage d'anciennes actualités. En* 1935-1940, *il est l'historiographe des gloires de l'Empire colonial* (Le Père de Foucauld, Savorgnan de Brazza). *L'ensemble de son œuvre, soignée et bien photographiée, est représentative du cinéma officiel sous la Troisième République.*

Henri POUCTAL. — Né à La Ferté-sous-Jouarre, vers 1856. Mort à Paris le 3 février 1922 Acteur sur diverses scènes de Paris, notamment à l'*Ambigu*. Aurait été l'assistant de Calmettes et Le Bargy pour *L'Assassinat du Duc de Guise*. Est engagé en 1911 par le Film d'Art par Gavault, peu avant la cession de la Société à Charles Delac. Premier film, 1911 : **Vitellius,** avec l'acteur comique Polin; **Werther** (*Int.* Duc et Brûlé); **Camille Desmoulins** (avec Mme Lara, MM. Leitner, Dehelly, Degeorges); **Madame Sans Gêne** (*Int.* Réjane.) — 1912 : **La Dame aux Camélias** (*Int.* Sarah Bernhardt et Paul Capellani). En 1913, remplace Calmettes à la direction du Film d'Art. Dirige ou supervise **La Petite Fifi; Claudine Fille d'Auberge; Les Deux Mères; Les Aventures du Chevalier de Faublas; Colette; Un Sauvetage; L'Ambassadrice; Les Trois Mousquetaires; Le Roman d'un Spahi; Sous le Masque; Le Dindon; La Mère Coupable.** — 1914 : **Papillon dit Lyonnais le Juste; Le Légionnaire; La Rose Rouge; Un Fil à la Patte; Dans la Rafale; Monsieur Chasse; La Haine; L'Heure Tragique; L'Alibi; L'Amour; Un Chouan.** — 1915 : **L'Infirmière** (*Sc.* Abel Gance); **Dette de Haine; La Fille du Boche; Alsace** (*Int.* Réjane). — 1916 : **L'Affaire du Grand Théâtre; Chantecoq ou Cœur de Française; La Flambée; Volonté.** — 1917-1918 : **Monte-Cristo** (*From* Alexandre Dumas, *Ph.* Guérin, *Int.* Léon Mathot, Nelly Cormon, Madeleine Lyrisse Marc Gérard, Gaston Modot, etc.). — 1918 : **Le Dieu du Hasard.** 1919 : **Travail** (*From* Zola, *Ph.* Guérin, *Int.* Huguette Duflos, Mathot, Raphaël Duflos). — 1920 : **Gigolette.** — 1921 : **Le Crime du Bouif** (*From* La Fourchardière, *Int.* Tramel). — 1922 : **La Résurrection du Bouif.**

Louis Delluc, caractérisait ainsi Pouctal à la nouvelle de sa mort subite, alors qu'il dirigeait La Résurrection du Bouif *aux studios Pathé (* Cinéa, 10 *février* 1922): « *Il fut en somme un des meilleurs metteurs en scène français il y a dix ans. L'évolution vertigineuse de l'Art muet dérouta parfois sa conscience et sa tranquille assiduité laborieuse. Du moins* Monte-Cristo *et* Travail *représentent-ils de méritoires tentatives, où le goût, l'activité et la prudence françaises avaient une belle part.* » *Ce furent deux films à épisodes, et* Travail, *tourné dans les usines métallurgiques du Creusot, fut empreint de socialisme humanitaire, alors qu'au début de la guerre, POUCTAL avait été le principal auteur de films* « *patriotiques* ». *Il eut le mérite de donner ses premières chances à Abel Gance.*

Francis POULENC (Musicien). — Né le 7 janvier 1899 à Paris. Membre du Groupe des Six, avec Honegger, Milhaud, Durey, Germaine Taillefer et Georges Auric. S'intéressa un peu au cinéma, et donna des partitions hors de pair à des films qui ne les valurent pas. 1942 : **La Duchesse de Langeais** (Baroncelli). — 1943 : **Le Voyageur sans Bagage** (Anouilh); **Ce Siècle a Cinquante Ans** (Denise Tual, *Co.Mus.* Honegger). — 1952 : **Le Voyage en Amérique** (Henri Lavorel).

Albert PRÉJEAN (Acteur). — Né le 27 octobre 1898 à Paris. D'abord chanteur et acrobate de café-concert. Se voit confier en 1924 son premier grand rôle, dans **Paris qui Dort**, par René Clair, pour qui il interprétera ensuite, 1925 : **Le Voyage Imaginaire**. — 1927 : **Un Chapeau de Paille d'Italie**. — 1930 : **Sous les Toits de Paris**. Devenu grande vedette, grâce au succès mondial de ce film, il interprétera entre 1930 et 1945 une quarantaine de films, presque tous médiocres. A, d'autre part, été l'interprète de Jacques Feyder, 1928 : **Les Nouveaux Messieurs**. — 1931 : version française de **Dreigroschenoper** (d'après Bert Brecht, (G.W. Pabst). — 1947 : **Les Frères Bouquinquant** (Louis Daquin).

Plein de verve et d'entrain, dans une note populaire, PRÉJEAN est surtout à retenir pour son interprétation d'un chanteur des rues dans Sous les Toits de Paris, *d'un syndicaliste devenu ministre dans* Les Nouveaux Messieurs, *et d'un chef de bandits dans* L'Opéra de Quat' Sous.

Micheline PRESLE (Actrice). Pseudonyme de Micheline **CHASSAGNE**. — Née le 22 août 1922 à Paris. Élève de Raymond Rouleau. Débute au cinéma comme figurante en 1938. Interprète une quarantaine de films, notamment : 1942, **La Nuit Fantastique** (Marcel L'Herbier). — 1944 : **Falbalas** (Jacques Becker). — 1945 : **Boule de Suif** (*From* Maupassant, Christian Jaque). — 1947 : **Le Diable au Corps** (Claude Autant-Lara). — 1954 : **L'Amour d'une Femme** (Jean Grémillon). — 1959 : **Une Fille pour l'Été** (Molinaro). — 1960 : **Les Grandes Personnes** (Jean Valère).

Parvenue au sommet de son art avec sa très émouvante interprétation du Diable au Corps, *Micheline PRESLE a été engagée pour cinq ans à Hollywood, où on ne lui confia que des petits rôles dans des films médiocres. Revenue en France, en 1953, cette excellente actrice dut attendre plusieurs années pour commencer une seconde carrière, avec la Nouvelle Vague.*

Jacques PRÉVERT (Scénariste). — Né le 4 février 1900 à Paris. Appartient en 1924-1929 au Groupe Surréaliste. Publie à partir de 1930 des poèmes qui lui valurent une énorme popularité parmi la jeunesse en 1945-1950. 1931 : fondateur avec J.-P. Le Chanois du groupe *Octobre*. Écrit pour ce groupe, 1932 : **L'Affaire est dans le Sac**, court métrage comique (Pierre Prévert). Collabore avec Claude Autant-Lara pour, 1933 : **Ciboulette** (Jean Renoir). — 1935 : **Le Crime de M. Lange**. — 1936 : **Une Partie de Campagne** et surtout avec Marcel Carné pour, 1936 : **Jenny**. — 1937 : **Drôle de Drame**. — 1938 : **Quai des Brumes**. — 1939 : **Le Jour se lève**. — 1942 : **Les Visiteurs du Soir** (en *Co.* avec Pierre Laroche). — 1945 : **Les Enfants du Paradis**. — 1947 : **Les Portes de la Nuit**. — 1948 : **La Fleur de l'Age** (inachevé).

A également écrit des dialogues ou scénarios pour Grémillon, 1939-1940 : **Remorques**. — 1942 : en *Co.* avec Laroche, **Lumière d'Été**; Paul Grimault (dessins animés), **Le Petit Soldat**, **La Bergère et le Ramoneur**. — 1946-1950 : son frère Pierre Prévert (né le 25 mai 1906) pour, 1943 : **Adieu Léonard** et 1946 : **Voyage Surprise**; et enfin André Cayatte, **Les Amants de Vérone** : 1948. A presque cessé d'écrire des scénarios depuis 1946.

Jacques PRÉVERT a beaucoup apporté, entre 1935 et 1945 au cinéma français et parti-culièrement à Marcel Carné, par sa verve poétique, son humour, sa truculence, ses idées généreuses et révoltées. Il a fort bien exprimé durant cette période troublée les différents états d'esprit d'une certaine couche d'intellectuels, attirés par le Front Populaire et la Résis-tance.

Pierre PRÉVERT. — Né le 26 mai 1906 à Paris. Projectionniste, employé de publicité, acteur, assistant de Cavalcanti et Renoir. Réalise, 1932 : **L'Affaire est dans le Sac** (*Int.* J.-P. Dreyfus, Duhamel, J. et P. Prévert, etc. — 1935 : *Co.R.* avec Jacques Becker du **Commissaire est bon Enfant**. — 1943 : **Adieu Léonard** (*Int.* Charles Trénet). — 1946 : **Voyage**

LE DIABLE AU CORPS (*Autant-Lara,* 1948). Gérard Philipe, le plus grand comédien du cinéma français, fut un adolescent meurtri par la guerre dans ce film, le meilleur d'Autant-Lara.

JOUR DE FÊTE (1949). *Jacques Tati* s'affirma dans son premier film comme le plus parfait comique français depuis Max Linder.

FARREBIQUE (1946) et LA BATAILLE DU RAIL (1946). Tentatives d'un néo-réalisme français. *Georges Rouquier* dans « Farrebique » allia dans sa description paysanne l'exactitude au lyrisme. *René Clément* débuta avec « La Bataille du Rail » par un semi-documentaire qui retraça l'épopée des cheminots dans la Résistance.

Surprise (*Int.* Martine Carol, Maurice Baquet, Sinoel, etc.). — 1960 : **Paris, la Belle** (court métrage doc.).

Avec la collaboration de son frère Jacques, qui fut toujours son scénariste, Pierre PRÉVERT apporta beaucoup au comique français, mais l'incompréhension des producteurs ne lui permit pas de développer complètement ses réussites et ses recherches.

Étienne **RAÏK** (Animateur). — Né le 14 juillet 1904. Peintre et décorateur, collaborateur en 1935-1940 de l'animateur Alexeieff. Réalisateur de films de publicité, 1947 : **Jeu d'Éclipse; Bon Vent Mauvais Vent.** — 1948 : **Clef du Bonheur.** — 1950 : **Wyler's Parade; La Perle.** — 1951 : **Flaminaire,** etc.

Animant les objets, pour leur faire danser des ballets, Étienne RAÏK a dû malheureusement consacrer son singulier talent aux seuls très courts métrages publicitaires (90 secondes en moyenne).

RAIMU Jules (Acteur). Pseudonyme de J. MURAIRE. — Né le 17 décembre 1883 à Toulon (Var), mort le 20 septembre 1946 à Neuilly. Après 1900, acteur et chanteur de café-concert dans le Midi de la France, puis à Paris. Après une carrière obscure, est classé comme grand acteur par sa création au théâtre du *Marius* de Marcel Pagnol (1928). Interprète ce rôle au cinéma (1931) puis, 1931 : **Mam'zelle Nitouche** (Marc Allégret). — 1932 : **Les Gaietés de l'Escadron** (Tourneur); **Fanny.** — 1936 : **César** (Pagnol); **Le Roi.** — 1937 : **Un Carnet de Bal; L'Étrange M. Victor.** — 1938 : **La Femme du Boulanger** (Pagnol). — 1940 : **Un Tel Père et Fils; La Fille du Puisatier.** — 1946 : **L'Homme au Chapeau Rond** (d'après *L'Eternel Mari* de Dostoïevski, dernier film, Pierre Billon).

Personnalité puissante, inséparable des personnages qu'il a créés pour Marcel Pagnol, RAIMU a été un des meilleurs acteurs de caractère du cinéma français entre 1930 et 1945. Formé par les théâtres populaires, son rare métier lui vaudra d'être admis, peu avant sa mort, à la Comédie-Française, pour y interpréter Le Malade Imaginaire *et* Le Bourgeois Gentilhomme, *de Molière.*

Serge REGGIANI (Acteur). — Né le 2 mai 1922 à Reggio Emilia (Italie); en France depuis 1926. D'abord ouvrier et divers métiers, puis figurant de théâtre. Débute au cinéma grâce à Louis Daquin : **Le Voyageur de la Toussaint,** 1942. Interprète notamment, 1946 : **Les Portes de la Nuit** (Marcel Carné). — 1948 : **Manon** (Clouzot). — 1949 : **Les Amants de Vérone** (Cayatte). — 1950 : **La Ronde** (Ophüls). — 1952 : **Casque d'Or** (Becker). — 1958 : **Les Misérables** (Le Chanois). — 1959 : **Marie-Octobre** (Duvivier). — 1961 : **La Grande Pagaille** (Comencini, en Italie).

Acteur de caractère, REGGIANI a interprété les mauvais garçons, mais aussi les personnages d'ouvriers ou de révolutionnaires avec beaucoup de métier, de présence, de sincérité et d'accent.

Madeleine RENAUD (Actrice). — Née le 21 février 1903. — 1934 : **La Maternelle** (Benoît-Lévy). — 1934 : **Maria Chapdelaine** (Duvivier). — 1937 : **Hélène** (Benoît-Lévy). — 1938 : **L'Étrange M. Victor** (Grémillon). — 1939-1941 : **Remorques** (Grémillon). — 1942 : **Lumière d'Été** (Grémillon). — 1943 : **Le Ciel est à Vous** (Grémillon). — 1952 : **Le Plaisir** (Ophüls).

Ayant surtout consacré son grand talent au théâtre, Madeleine RENAUD apporta beaucoup aux quelques films qu'elle interpréta. Ses meilleures créations : La Maternelle, Lumière d'Été *et* Le Ciel est à Vous.

Claude RENOIR (Opérateur). — Né à Paris le 4 décembre 1914. Fils de Pierre Renoir. Débute comme opérateur en 1934, dans un des meilleurs films de son oncle Jean Renoir : **Toni.** — 1936 : **Une Partie de Campagne.** — 1946 : **Le Père Tranquille** (René Clément). — 1949 : **Rendez-vous de Juillet** (Jacques Becker). — 1950 : **Prélude à la Gloire.** — 1951 : aux Indes : **Le Fleuve** (Jean Renoir). — 1951 : **Monsieur Fabre** (Diamant-Berger). — 1952, en Italie : **Le Carosse d'Or** (Jean Renoir). — 1955 : **Éléna et les Hommes** (Jean Renoir). — 1956 : **Le Mystère Picasso** (H.-G. Clouzot). — 1957 : **Les Sorcières de Salem** (Raymond Rouleau). — 1958 : **Les Tricheurs** (Marcel Carné); **Une Vie** (Alexandre Astruc).

Digne de la grande lignée d'artistes qui est la sienne, Claude RENOIR est un photographe hors de pair, surtout dans les films en couleurs.

Jean RENOIR (Réalisateur). — Né le 15 septembre 1894 à Paris. Fils du peintre Auguste Renoir. Officier d'aviation pendant la guerre de 1914, blessé et prisonnier en Allemagne. 1919-1923 : céramiste. Devient ensuite réalisateur, d'abord producteur de ses propres films, 1924 : **La Fille de l'Eau** (*Ph.* Bachelet, *Sc.* Lestringuez, *Int.* Catherine Hessling). — 1926 : **Nana** (*Sc.* Lestringuez, *from* Zola, *déc.* et *cost.* Claude Autant-Lara, *Ph.* Bachelet et Corwin, *Int.* Catherine Hessling, Jean Angelo, Werner Krauss, Waleska Gert, etc.). — 1927 : **Charleston** (court métrage, *Ph.* Corwin, Bachelet, René Moreau, *Int.* Johnny Higgins, C. Hessling); **Marquita** (*Sc.* Lestringuez, *Ph.* Bachelet, *Int.* Jean Angelo, M.-L. Iribe, H. Debain). — 1928 : **La Petite Marchande d'Allumettes** (*Ph.* Bachelet, *Déc.* Eric Aaes, *Int.* C. Hessling, Jean Storm, Rabinovitch); **Tire au Flanc** (*From* Mouzy-Éon, *Déc.* Eric Aaes, *Ph.* Bachelet, *Int.* Georges Pomies, Michel Simon, Oudart, J.-S. Strom, Jeanne Hebling). — 1929 : **Le Tournoi dans la Cité** (*From* Dupuy Mazuel, *Ph.* Desfassiaux et Lucien, *Int.* Aldo Nadi, Jackie Monnier, etc.); **Le Bled** (*Ph.* Lucien et Morizet, *Sc.* Dupuy Mazuel et Jaegerschmidt, *Int.* Jackie Monnier, Rivero, Arquillères, etc.).

En 1929, Jean Renoir et Catherine Hessling interprètent deux films de Cavalcanti : **Le Petit Chaperon Rouge** et **La P'tite Lily.** — 1931 : **On purge Bébé** (*From* Feydeau, *Int.* Michel Simon, Marg. Pierry, etc.; **La Chienne** (*From* Lafouchardière, *Ph.* Sparkhull et Roger Hubert, *Déc.* Sognamillo, *Int.* Michel Simon, Janie Marèze, G. Flament). — 1932 : **La Nuit du Carrefour** (*From* Simenon, *Ph.* Lucien et Asselin, *Int.* Pierre Renoir, Winna Windfried, G. Terof, Dignimont, Jean Gehret, Michel Duran, Dalban, etc.); **Boudu Sauvé des Eaux** (*From* Fauchois, *Déc.* Laurent et Castanier, *Ph.* Lucien et Asselin, *Int.* Michel Simon, Ch. Granval, Marcelle Haina, Jean Dasté). — 1933 : **Chotard & Cie** (*From* Roger Ferdinand, *Int.* Charpin, Pomiès, etc.). — 1934 : **Madame Bovary** (*From* Flaubert, *Ph.* Bachelet, *Déc.* Lourié, *Int.* Valentine Tessier, Pierre Renoir, Max Dearly, Alice Tissot, Fernand Fabre). — 1935 : **Toni** (*Sc.* J.-R. et Carl Einstein, *Ph.* Claude Renoir, *Int.* Jenny Helia, Celia Montalvan, Andrex, Delmont, Blavette, Dalban, Bozzi, Kovatchevitch). — 1936 : **Le Crime de M. Lange** (*Sc.* Prévert, Renoir, Castanier, *Déc.* Castanier et Gys, *Mus.* Jean Wiener, *Int.* René Lefèvre, Jules Berry, Florelle, Nadia Sibirskaia, Sylvia Bataille, Henri Guisol, Maurice Baquet, Marcel Levesque, Odette Talazac, Marcel Duhamel, Jean Dasté, J. Brunius); **La Vie est à Nous** (*Sc.* J.-R. et Pierre Unik, *Int.* Brunius, Modot, Madeleine Sologne, Julien Bertheau, Nadia Sibirskaia, Henri Cartier, Dalban, Blavette, Eddy Debray, Gaston Modot, etc.); **Les Bas Fonds** (*Sc.* Compannez et Spaak, *from* Gorki, *Déc.* Lourié et Laurent, *Ph.* Bachelet, *Int.* Jean Gabin, Louis Jouvet, Suzy Prim, Sokolof, Le Vigan, Junie Astor, Gélin, Gabriello). — 1936 : **Une Partie de Campagne** (*From* Maupassant, non terminé, présenté en 1946 dans un montage de Marguerite Renoir; *Ph.* Claude Renoir, Bourgoin, Eli Lotar, *Int.* Sylvia Bataille, J.B. Brunius, Jeanne Marken, Gabriello). — 1937 : **La Grande Illusion** (*Sc.* Ch. Spaak, *Ph.* Claude Renoir et Christian Matras, *Déc.* Lourié, *Mus.* Kosma, *Int.* Jean Gabin, Von Stroheim, Pierre Fresnay, Dita Parlo, Dalio, Carette, Modot, Dasté). — 1938 : **La Marseillaise** (*Sc.* J.-R. Koch, N. Martel-Dreyfus, *Mus.* Kosma et Sauveplane, *Déc.* Barsacq et Wakevitch, *Ph.* Bourgoin, Alain Douarinou,

Int. Pierre Renoir, Lise Delamare, Jouvet, Clariond, Jean Aymé, Irène Joachim, Andrex, Ardisson, Nadia Sibirskaia, Jaque Catelain, Delmont, Modot, G. Péclet, Carette, etc.). — 1938 : **La Bête Humaine** (*From* Zola, *Ph.* Cl. Renoir, Curt Courant, *Déc.* Lourié, *Mus.* Kosma, *Int.* Jean Gabin, Ledoux, Simone Simon, Carette, Blanchette Brunoy, Jean Renoir). — 1939 : **La Règle du Jeu** (*Ph.* Bachelet, *Déc.* Lourié et Max Douy, *Mus.* Désormière et Kosma, *Int.* Dalio, Carette, Modot, Mila Parély, Paulette Dubost, Nora Gregor, Toutain, Jean Renoir, P. Magnier, E. Debray, O. Talazac, Lise Elina, etc. — En 1939-1940 : **La Tosca** (non terminé; en Italie). Aux États-Unis, 1941 : **Swamp Water.** — 1943 : **This Land is Mine.** — 1944 : **Salute to France.** — 1945 : **The Southerner.** — 1946 : **The Diary of a Chambermaid.** — 1947 : **The Woman on the Beach.** — 1952 (en Inde) : **The River.** — 1953 : **Le Carosse d'Or** (à Rome, *from* Mérimée, *Ph.* Claude Renoir, *Déc.* Mario Chiari, *Int.* Anna Magnani, Duncan, Lamont, O. Spadaro, P. Campbell, N. Fiorelli). En France, 1935 : **French-Cancan** (*Ph.* Michel Kelber, *Mus.* Van Parys, *Déc.* Max Douy, *Int.* Jean Gabin, Françoise Arnoul, Maria Félix, Caussimont, Dalban, Modot, Parédès, Valentine Tessier, Gabaroche, Édith Piaf, Patachou, etc.). — 1956 : **Éléna et les Hommes** (*Déc.* Jean André, *Ph.* Cl. Renoir, *Mus.* Kosma, *Int.* Ingrid Bergman, Jean Marais, Mel Ferrer, Jean Richard, Juliette Gréco, Pierre Bertin, Castagnier, Duvallès, Elina Labourdette, etc.). — 1959 : **Le Déjeuner sur l'Herbe.** — 1961 : **Le Testament du Docteur Cordelier.**

Aux débuts de Jean RENOIR, les grandes réussites (Nana, La Chienne, La Petite Marchande d'Allumettes, etc.) alternent avec des films aux sujets acceptés, parfois médiocres (Le Tournoi dans la Cité, Chotard & Cie). Après 1934 et Toni, précurseur du néo-réalisme, le grand réalisateur atteint le sommet de son art, à l'époque du Front Populaire, où plusieurs de ses films sont directement liés. Ses œuvres constituent alors un tableau de la France sous la IIIe République, dans la tradition de Maupassant et Zola (qui sont adaptés par lui). Après l'échec de son extraordinaire Règle du Jeu et l'occupation de son pays par les armées allemandes, RENOIR s'établit aux États-Unis, où son tempérament profondément français a du mal à s'épanouir. De cette période de dix années, il faut surtout retenir The Southener. Revenu sur le « vieux continent » puis en France, ses films n'ont pas égalé ses grandes réussites des années 1930, mais contiennent d'admirables réussites, notamment dans l'emploi de la couleur. Jean RENOIR, le seul Français dont une œuvre, La grande Illusion, figura dans les referendums internationaux : des « plus beaux films du monde » est un des plus grands cinéastes vivant en 1960.

Pierre RENOIR (Acteur). — Né le 21 mars 1885 à Paris. Mort à Paris le 11 mars 1952. Fils du peintre Auguste Renoir. Premier prix de tragédie au Conservatoire en 1907. Acteur sur plusieurs scènes des Boulevards, appartient, de 1928 à sa mort, à la troupe de Louis Jouvet.

Interprète pour son frère cadet, Jean Renoir, 1932 : **La Nuit du Carrefour.** — 1934 : **Madame Bovary.** — 1937 : **La Marseillaise.** Pour Duvivier, 1935 : **La Bandera.** Pour Marcel Carné, 1945 : **Les Enfants du Paradis,** et une quarantaine de films sans grande valeur.

Grand tragédien, Pierre RENOIR a été particulièrement remarquable à l'écran, dans les rôles de Charles Bovary et de Louis XVI (dans La Marseillaise).

Alain RESNAIS (Réalisateur). — Né le 3 juin 1922 à Vannes (Bretagne). Élève de l'IDHEC en 1944-1946. Assistant monteur de Nicole Vedrès pour, 1947 : **Paris 1900.** Réalise d'abord des courts métrages sur l'art, 1948 : **Van Gogh.** — 1949 : **Guernica.** — 1951 : **Gauguin.** — 1954 : **Les Statues meurent aussi** (interdit par la censure). — 1956 : **Nuit et Brouillard.** — 1957 : **Toute la Mémoire du Monde.** — 1958 : **Le Chant du Styrène.** 1959 : **Hiroshima mon Amour,** premier long métrage (*Sc.* Marguerite Duras, *Ph.* Sacha Vierny et Takahashi Micchio, *Mus.* Giovanni Fusco et Georges Delerue, *Déc.* Esaka, Mayo,

Petri, *Int.* Emmannuelle Riva et Eiji Okada). — 1961 : **L'Année Dernière à Marienbad** (*Sc.* Robbe Grillet).

Les meilleurs courts métrages d'Alain RESNAIS avaient eu pour sujet la guerre civile espagnole (Guernica, *d'après l'œuvre de Pablo Picasso*), *protesté contre le racisme* (Les Statues meurent aussi), *rappelé les crimes du nazisme* (Nuit et Brouillard). *Son premier long métrage,* Hiroshima mon Amour *a été la suite logique de ces œuvres, et une protestation déchirante contre la guerre et l'horreur atomique. Ce film bouleversant a marqué une date dans l'histoire du cinéma français (et mondial) autant par la sincérité de l'auteur, que par la perfection de l'œuvre, fondée surtout sur le montage, dans les sons, les bruits, les paroles, la musique, les silences, comme dans des images en elle-mêmes disparates pour certaines séquences, mais transfigurées par la rigueur de leur choix, de leur durée et de leur rythme.*

Émile REYNAUD (Inventeur et Animateur). — Né le 8 décembre 1844 à Montreuil, près de Paris, mort à Paris le 8 janvier 1918. Fils d'un graveur en médailles et d'une institutrice, Émile REYNAUD invente successivement, 1876 : le *Praxinoscope* (appareil de dessins animés à vision directe). — 1878 : le *Praxinoscope théâtre* et enfin en 1889, le *Théâtre optique,* avec lequel il donnera, de 1892 à 1900, plusieurs milliers de représentations au *Musée Grévin.* Après avoir créé un cinéma en relief (1903) qui restera sans utilisation pratique, REYNAUD tombe dans une profonde misère et meurt dans un hospice.

Films, 1891 : **Un Bon Bock; Clown et ses Chiens.** — 1892 : **Pauvre Pierrot.** — 1894 : **Autour d'une Cabine; Rêve au coin du Feu.** — 1896 : **Guillaume Tell; Le Premier Cigare.**

Cet artisan de génie, grand inventeur, était aussi un artiste, et il a créé, avant le cinéma, le spectacle des dessins animés (programme durant une demi-heure environ), composant et coloriant à la main plusieurs centaines d'images, créant les techniques qui deviendront celle du dessin animé. Son chef-d'œuvre, Autour d'une Cabine, *est extraordinaire par la vérité de ses personnages, leurs types et l'exactitude de leurs mouvements. REYNAUD utilisait dès 1889 la couleur et (rudimentairement) le relief et le son.*

PRINCE-RIGADIN (Comique). Pseudonyme de Charles SEIGNEUR PETITDE-MANGE. — Né en 187?. Mort le 18 juillet 1933 à Paris. Prix de comédie au Conservatoire en 1896, connaît après 1900 une grande vogue sur les Boulevards, notamment par ses créations aux *Variétés* des pièces de de Flers et Caillavet *(Le Roi, Miquette et sa Mère,* etc.). Est engagé pour la S.C.A.G.L. Pathé, et interprète, 1908 : **L'Armoire Normande; Un Monsieur qui suit les Femmes,** sous la direction d'Alfred Capellani. Après ses succès à l'écran, entreprend, dirigé par Georges Monca, la série des *Rigadin* qu'il poursuit jusqu'à 1914, d'abord à raison d'un film par semaine. — 1910 : **Rigadin Amoureux d'une Étoile; Le Nègre Blanc; R. Fier d'être Témoin; R. va dans le Grand Monde; R. a un Sosie; R. a l'Œil Fascinateur; Mésaventures d'un Huissier.** — 1911 : **Élixir de Jouvence; Amoureux de sa Voisine; Héritage Manqué; R. Tzigane; Le Truc de R.; R. a perdu son Monocle; R. Cousin du Ministre; R. ne sortira pas; Héritage de l'Oncle de R.; R. Cambrioleur; R. Pharmacien; R. Détective,** etc. — 1912 : **R. Poète; R. se marie; R. Garçon de Banque; R. Nègre malgré lui; R. Explorateur; R. Rosière; R. Domestique; R. Rat d'Hôtel; R. Peintre Cubiste; R. Ténor,** etc. — 1913 : **R. Président de la République; R. veut faire du Cinéma; R. Napoléon,** etc.; **Le Bon Juge; Monsieur le Directeur; Le Fils à Papa; Ferdinand le Noceur; Le Coup de Fouet; Le Roi Koko,** etc. — 1914 : **R. Cendrillon; R. Candidat Député; R. Mauvais Ouvrier; R. Tireur Manqué; Bébé; La Femme à Papa; Les 30 Millions de Gladiator.** Pendant la guerre, notamment, 1917 : **Le Périscope de R.; Forfait Dur.** — 1920, pour Monca : **Les Femmes Collantes; Chouquette et son As.** — 1921 : **Le Meurtrier de Théodore.** — 1928 : **Embrassez-moi** (Robert Péguy et des Rieux). — 1930 : **Le Tampon du Capiston.** — 1931 : **Partir** (Tourneur).

Si André Deeds fut le créateur du comique mécanique, aussi appelé « comique idiot »,
RIGADIN fut le champion du comique niais. Servi par son physique : nez épaté, yeux ahuris,
dents longues, il prodigua la bêtise plutôt que la drôlerie, dans une série de films devenus
maintenant languissants, mais qui eurent avant 1914 presque autant de succès internationaux
que Max Linder. RIGADIN fut célèbre comme Moritz *en Allemagne,* Whiffles *en Angleterre,*
Tartufino *en Italie,* Sallustino *en Espagne, le* Prince Rigadin *en Moyen-Orient, etc.*

Carlo-RIM (Scénariste et Réalisateur). Pseudonyme de Jean-Marius RICHARD. —
Né le 19 décembre 1905 à Nîmes (Gard). Journaliste et dessinateur. Devient scénariste,
1934 : **Justin de Marseille** (Tourneur). — 1936 : **Le Mort en Fuite** (*Co.Sc.* Le Gouriadec,
R. Berthomieu, scénario repris par René Clair, 1937, dans *Break The News*). — 1948 :
L'Armoire Volante (*Sc.* et *R., Int.* Fernandel). — 1952, *R.* et *Sc.* : **La Maison Bonnadieu.** —
1954 : **Virgile.** — 1955 : **Escalier de Service.** — 1956 : **Les Truands.** — 1957 : **Le Joli**
Monde. — 1958 : **Le Petit Prof.**
Président de la Fédération Internationale des Auteurs de films, Carlo-RIM, devenu
réalisateur depuis 1948, a cherché à donner des films comiaues de qualité. Sa meilleure
réussite fut L'Armoire Volante.

Viviane ROMANCE. Pseudonyme de Pauline ORTMANS. — Née le 4 juillet 1912
à Roubaix (Nord). D'abord ouvrière dans la couture. Élue Miss Paris 1930, figuration
au théâtre et au cinéma. Music-hall. Premier petit rôle, 1933 : **Ciboulette** (Autant-Lara). —
1935 : **La Bandera** (Duvivier). — 1936 : **La Belle Équipe** (Duvivier); **Mademoiselle Docteur**
(Pabst). — 1937 : **Le Puritain** (Jef Musso). — 1938 : **L'Étrange M. Victor** (Grémillon);
Le Joueur (Lamprecht). — 1939 : **L'Esclave Blanche** (Sorkin et Pabst). — 1941 : **La Vénus**
Aveugle (Gance). — 1942-1944 : **Carmen** (Christian-Jaque). — 1946 : **L'Affaire du Collier**
de la Reine (L'Herbier). — 1952 : **Au Cœur de la Casbah** (Pierre Cardinal).
Servie par son physique et sa réelle personnalité, Viviane ROMANCE, imposée par son
succès dans La Belle Équipe, *fut un des personnages importants du cinéma français de 1935-*
1945, incarnant le plus souvent la femme fatale bonne fille.

Françoise ROSAY (Actrice). Pseudonyme de F. de NALÈCHE. — Née à Paris le
19 avril 1891. Formée au théâtre par André Antoine, épouse en 1914 Jacques Feyder.
Interprète pour lui, 1922 : **Crainquebille.** — 1925 : **Gribiche.** — 1930, à Hollywood : **Si**
l'Empereur savait çà. — 1934 : **Le Grand Jeu; Pension Mimosas.** — 1935 : **La Kermesse**
Héroïque. — 1938 : **Les Gens du Voyage.** — 1941, en Suisse : **Une Femme disparaît.** A
interprété en outre une cinquantaine de films, notamment pour Marcel Carné, 1936 :
Jenny. — 1937 : **Drôle de Drame.** Pour Claude Autant-Lara : **L'Auberge Rouge** (1951). —
Le Joueur (1958). — **Le Bois des Amants** (1960).
Pleine d'autorité et de talent, a donné ses meilleures créations dans Pension Mimosas,
La Kermesse Héroïque *et* L'Auberge Rouge.

Jean ROUCH. — Né le 31 mai 1917 à Paris. Explorateur et ethnographe. Utilise le
film pour ses travaux en Afrique. Nombreux courts métrages dont, 1947 : **Au Pays des**
Magies Noires. — 1948 : **La Danse des Possédés.** — 1949 : **Circoncision.** — 1950-1953 :
divers courts métrages réunis ensuite dans, 1955 : **Les Fils de l'Eau.** — 1959 : **Moi un Noir**
(prix Delluc). — 1960 : **Jaguar.** — 1961 : **La Pyramide Humaine; Chronique d'un Été.**
Une des plus fortes personnalités du cinéma français en 1961, cet ethnographe devenu
un cinéaste de grande classe applique dans ses films une conception du Cinéma Vérité
dérivée de PZIGA VERTON.

Raymond ROULEAU (Acteur). — Né le 4 juin 1904 à Bruxelles. Acteur et animateur de divers théâtres d'avant-garde, *Le Marais* (Bruxelles), *Théâtre d'Alfred Jarry* d'Antonin Artaud. Saisons au *Théâtre Daunou* et à *l'Œuvre*. A fondé un Cours d'Art dramatique. A interprété au cinéma, 1930 : **Une Idylle à la Plage** (Storck en Belgique). — 1932 : *R.* et *Int.* **Suzanne.** — 1933 : *R.* et *Int.* **Une Vie Perdue.** — 1936 : *R.* et *Int.* **Rose.** — 1938 : **L'Affaire Lafarge** (Chenal). — 1938 : **Le Drame de Shanghaï** (Pabst). — 1941 : **L'Assassinat du Père Noël** (Christian-Jaque). — 1942 : **Mam'zelle Bonaparte** (Tourneur); **Dernier Atout** (Becker). — 1944-1945 : **Falbalas** (Becker). — 1946 : *R.* et *Int.* **Le Couple Idéal** (*Co.R.* Bernard-Rolland). — 1952 : **Massacre en Dentelles** (Hunebelle). — 1957 : *R.* et *Int.* **Les Sorcières de Salem** (*Int.* Yves Montand, Simone Signoret, Mylène Demongeot, etc.).

Forte personnalité du théâtre contemporain français, ROULEAU n'a pas été sans doute assez employé au cinéma, pour lequel il avait grand goût, et dont il forma de nombreux jeunes interprètes.

Georges ROUQUIER (Réalisateur). — Né le 23 juin 1909 à Lunel (Hérault), ouvrier linotypiste. Réalise en 1929, comme amateur : **Vendanges.** Devient documentariste après 1940, dirigeant les courts métrages, 1942 : **Le Tonnelier.** — 1943 : **Le Charron.** — 1946 : **Farrebique** (long métrage). — 1949 : **Le Chaudronnier.** Puis met en scène, 1953 : **Sang et Lumière** et 1957 : **S.O.S. Noronha,** ainsi que le long métrage documentaire, 1954 : **Lourdes et ses Miracles.**

Avec Farrebique, ROUQUIER avait décrit avec vérité et lyrisme la vie quotidienne des paysans français, dans les montagnes du Languedoc dont il était originaire. Il se plaça ainsi au tout premier rang des cinéastes français. Mais n'ayant pas eu la possibilité de réaliser d'autres longs métrages, sans acteurs professionnels, consacrés aux ouvriers et à diverses couches sociales françaises, il a dû se résigner à mettre en scène des sujets médiocres.

Eugène SCHUFTAN (Directeur de la Photographie). — Né à Breslau (Allemagne). D'abord *Ph.* en Allemagne. — 1923, met au point notamment « L'effet Schuftan » (emploi de décors en maquette ou peints sur glace, se rattachant à des éléments construits et réels) qu'il emploie notamment dans, 1926 : **Métropolis** (Fritz Lang). S'établit en France avec l'arrivée au pouvoir d'Hitler. Y photographie notamment, 1932 : **L'Atlantide** (G.W. Pabst). — 1936 : **Mademoiselle Docteur** (Pabst). — 1937 : **Drôle de Drame** (Carné). — 1938 : **Quai des Brumes** (Carné). — 1939 : **Sans Lendemain** (Ophüls). — 1940, aux U.S.A. — 1952 : **La P. Respectueuse** (Pagliero). — 1953 : **Le Rideau Cramoisi** (Astruc). — 1959 : **La Tête contre les Murs** (Franju). — 1960 : **Les Yeux sans Visage** (Franju).

Un des grands opérateurs mondiaux à diriger la photographie de plusieurs excellents films français.

Vincent SCOTTO (Compositeur). — Né en 1876 à Marseille. Mort à Paris le 15 novembre 1952. Auteur de chansons de café-concert, à qui l'on dut dès avant 1914, les fameux succès : *Ma Tonkinoise* et *Sous les Ponts de Paris*. Écrit la partition d'une cinquantaine de films en 1934-1952, dont, 1935 : **Merlusse** (Pagnol). — 1936 : **L'Homme du Jour** (Duvivier). — 1937 : **Pépé le Moko** (Duvivier). — 1938 : **Naples au Baiser de Feu** (Carmine Gallone). — 1940 : **La Fille du Puisatier** (Pagnol). — 1945 : **Naïs** (Pagnol). — 1950 : **Ce Siècle a 50 Ans** (Denise Tual). — 1951 : **L'Étrange Madame X** (Grémillon); **Minne, l'Ingénue Libertine** (Jacqueline Audry).

*Issu de la meilleure tradition du café-concert marseillais, SCOTTO fut un spécialiste des airs populaires entraînants, et tint comme acteur d'occasion, un rôle excellent dans **Joffroi** (1934) de son ami Marcel Pagnol.*

Gabriel SIGNORET. — Né à Marseille le 15 novembre 1878, mort le 16 mars 1937 à Paris. Premier Prix du Conservatoire en 1899, appartient pendant de longues années au *Théâtre Antoine*, où il crée plus de vingt pièces, puis dans la troupe de Réjane, à la *Porte-Saint-Martin*, etc. Vient au cinéma par le Film d'Art, interprétant pour Calmettes, 1910 : **Rival de son Père** (Don Carlos) et **L'Usurpateur.** Puis chez Pathé, 1912-1914, pour René Leprince et Zecca : **La Comtesse Noire, Plus fort que la Haine, La Lutte pour la Vie, Le Vieux Cabotin**, le **Noël du Vagabond.** Pour Morlhon : **L'Ambitieuse, L'Usurier, Britannicus.** — 1915-1918, pour Mercanton et Hervil : **Mères Françaises, Le Torrent, Bouclette.** — 1917 : **Le Roi de la Mer** (Baroncelli); **La Cigarette** (Germaine Dulac); — 1919 : **Le Secret de Lone Star** (Baroncelli); — 1920 : **Le Silence** (Louis Delluc); — 1921 : **Prométhée Banquier** (L'Herbier); **Le Rêve** (Baroncelli); **Pour Don Carlos** (Musidora); — 1922 : **Le Père Goriot** (Baroncelli). Paraît ensuite rarement à l'écran, où il revient avec le parlant, interprétant notamment pour Marcel L'Herbier, 1935 : **Veille d'Armes** et 1936 : **Les Hommes Nouveaux.**

Formé par André Antoine, Gabriel SIGNORET fut à l'époque de l'art muet un interprète fin et distingué. Sa meilleure composition fut sans doute, en 1922, Le Père Goriot.

Simone SIGNORET (Actrice). Pseudonyme de Simone KAMINKER (choisi en l'honneur de G. Signoret). — Née le 25 mars 1921 à Wiesbaden (Allemagne). A épousé Yves Montand en 1950. 1941-1944, petits rôles au cinéma, puis, 1945 : **Les Démons de l'Aube** (Yves Allégret). — 1946 : **Macadam** (Feyder et Blistène). — 1949 : **La Ronde** (Ophüls). — 1952 : **Casque d'Or** (Becker). — 1954 : **Thérèse Raquin** (Carné). — 1955 : **Les Diaboliques** (Clouzot). — 1956 : **Les Sorcières de Salem** (Raymond Rouleau). — 1957 : **La Mort en ce Jardin** (Bunuel). — 1958 : **Room at the Top** (en Grande-Bretagne). — 1960 : **Adua et ses Compagnes** (en Italie, Pietrangeli). — 1961 : **Les Mauvais Coups** (Leterrier).

Simone SIGNORET a réalisé de très attachantes compositions, notamment dans Thérèse Raquin *et* Casque d'Or, *et s'est affirmée comme l'une des meilleures actrices internationales, après une difficile période de transition, notamment avec* Room in the top *et* Les Mauvais Coups.

Michel SIMON (Acteur). — Né le 9 avril 1895 à Genève (Suisse). Boxeur, photographe, camelot, danseur, music-hall. — 1918-1924 : troupe théâtrale Pitoeff. Au cinéma, interprète : **Feu Mathias Pascal** (L'Herbier). — 1928 : **La Passion de Jeanne d'Arc** (Dreyer). — **Tire au Flanc** (Renoir). — 1931 : **Jean de la Lune** (Jean Choux); **La Chienne** (Renoir). — 1932 : **Boudu sauvé des Eaux** (Renoir). — 1934 : **L'Atalante** (Vigo). — **Lac aux Dames** (Marc Allégret); 1936 : **Sous les Yeux d'Occident** (Marc Allégret); **Le Mort en Fuite** (Berthomieu). — 1937 : **Drôle de Drame** (Carné). — 1938 : **Les Disparus de St-Agil** (Christian-Jaque); **Quai des Brumes** (Carné). — 1939 : **Le Dernier Tournant** (Chenal); **La Fin du Jour** (Duvivier). — 1940 : **La Comédie du Bonheur** (L'Herbier). — 1941 : en Italie, **La Tosca** (Koch). — 1945 : **Boule de Suif** (Christian-Jaque). — 1950 : **La Beauté du Diable** (René Clair). — 1950 : **La Poison** (Guitry). — 1953 : **La Vie d'un Honnête Homme** (Guitry). — 1957 : **Les Trois font la Paire** (Guitry). — 1960 : **Austerlitz** (Gance).

Il est peu d'acteurs du cinéma français à qui s'applique mieux l'épithète imaginée par Cocteau : « monstre sacré ». Sa cocasse personnalité, son extraordinaire faciès, sa diction, son prodigieux métier lui ont fait crever l'écran » même dans des films médiocres. Il est peu de grands réalisateurs français dont il n'ait été l'interprète intelligent et personnel entre 1925 et 1960.

Simone SIMON (Actrice). — Née le 23 avril 1914 à Marseille. Dessinatrice de modes, puis figurante. — 1931, **Mam'zelle Nitouche** (Allégret). — 1934 : **Lac aux Dames** (Allégret).

— 1935 : **Les Beaux Jours** (Allégret). Aux Etats-Unis en 1936. — 1945 : interprète pourtant en 1938, pour Jean Renoir, **La Bête Humaine**. De retour en Europe après la guerre, 1951 : **Olivia** (Jacqueline Audry); **La Ronde** (Ophüls). — 1952 : **Le Plaisir** (Ophüls).

Elle imposa, peu après 1930, par son minois chiffonné et son léger zézaiement, un type féminin qui eut certaines analogies avec celui que créa, vingt ans plus tard, Brigitte Bardot. Un contrat avec Hollywood entrava la carrière d'une femme enfant, remarquable Séverine dans La Bête Humaine.

Charles SPAAK. — Né le 25 avril 1903, à Bruxelles. 1928, s'établit en France comme secrétaire de Jacques Feyder, dont il devient le scénariste. A écrit pour lui, 1928 : **Les Nouveaux Messieurs.** — 1934 : **Le Grand Jeu; Pension Mimosas.** — 1935 : **La Kermesse Héroïque.** Pour Duvivier, 1935 : **La Bandera.** — 1936 : **La Belle Equipe.** — 1939 : **La Fin du Jour.** — 1940 : **Un Tel Père et Fils** (en col. avec Marcel Achard). — 1946 : **Panique.** Pour Jean Renoir, 1936 : **Les Bas-Fonds** (*From* Gorki). — 1937 : **La Grande Illusion.** Pour Jean Grémillon, 1936 : **La Petite Lise; Gueule d'Amour.** — 1937 : **L'Étrange M. Victor.** — 1943 : **Le Ciel est à Vous.** Pour Marcel Carné, 1953 : **Thérèse Raquin.** Pour Louis Daquin, 1945 : **Patrie.** Pour Christian-Jaque, 1941 : **L'Assassinat du Père Noël;** 1948 : **D'Homme à Homme.** — 1952 : **Adorables Créatures.** Pour André Cayatte, 1950 : **Justice est Faite .** — 1952 : **Nous sommes Tous des Assassins.** — 1953 : **Avant le Déluge.** — 1955 : **Le Dossier Noir.** — 1958-1959 : **Normandie-Niemen** (Jean Dréville, *Co. Sc.* Elsa Triolet). Il est à l'origine du scénario des **Tricheurs** (1958, Marcel Carné).

Charles SPAAK est le scénariste qui a le mieux contribué, avec Jacques Prévert, à la renaissance du cinéma français des années 1930, mais plus malléable que lui, il s'est davantage adapté aux personnalités des divers réalisateurs, attachant son nom aux meilleurs films de Feyder (La Kermesse Héroïque, Pension Mimosas), *de Duvivier* (La Belle Equipe) *et de Jean Renoir* (La Grande Illusion). *Il a collaboré à une soixantaine de films. Il semble avoir été le principal auteur des quatre films qu'il a écrit en 1952-1955 pour André Cayatte.*

Ladislas STAREVITCH (Animateur). — Né le 6 août 1892 à Moscou (Russie). Est de 1911-1917 animateur et réalisateur à Moscou, puis émigrant en France, après y avoir été *Ph.* se spécialise dans les courts métrages de marionnettes. — 1923 : **Les Grenouilles qui demandent un Roi; La Petite Chanteuse des Rues; La Voix du Rossignol.** — 1924 : **Dans les Griffes de l'Araignée.** — 1942 : **Le Rat de Ville et le Rat des Champs; La Cigale et la Fourmi** (*Co.R.* Agaroff). — 1928 : **Amour Noir et Amour Blanc;** 1930-1935 : **La Reine des Papillons; Le Lion et le Moucheron; Le Mariage de Babylas.** — 1939 : **Le Roman de Renard** (long métrage). — 1949 : **Zanzabèle à Paris.** — 1950 : **Fleur de Fougère.**

Grand spécialiste des marionnettes, STARÉVITCH a su persévérer dans ce genre durant une période où il paraissait à jamais déclassé par la suprématie des dessins animés. Bien qu'il ait été desservi par un style trop chargé et une utilisation imparfaite des éclairages, cet animateur a beaucoup apporté au cinéma français. Quoi qu'il n'ait pas formé de disciples, on peut penser que sa personnalité aura tôt ou tard une influence sur l'évolution internationale de l'animation. Il a réalisé au total une cinquantaine de courts métrages dans son studio miniature de Fontenay-sous-Bois.

Erich von STROHEIM (Pseudonyme de STROHEIM sans von). Acteur et réalisateur. — Né le 22 septembre 1885 à Vienne (Autriche). Mort à Maurepas (Seine-et-Oise) le 12 mai 1957.

Ancien lieutenant dans l'Armée Autrichienne, ce fils d'une riche famille viennoise émigre en 1909 aux U.S.A., y fait tous les métiers, y devient en 1914 figurant, puis acteur

et assistant de D.W. Griffith. Réalise plusieurs chefs-d'œuvre du cinéma mondial avec :
1921 : **Foolish Wives** (Folies de femmes); — 1923 : **Greed** (Les Rapaces). — 1927 : **The
Wedding March** (Symphonie Nuptiale et Mariage de prince). — 1928 : **Queen Kelly**.
Obligé de redevenir acteur, il s'établit en France en 1936-1940, où il interprète : 1936 :
Marthe Richard (Raymond Bernard). — 1937 : **La Grande Illusion** (Jean Renoir); **Alibi**
(Pierre Chenal); **Mademoiselle Docteur** (G.W. Pabst). — 1938 : **L'Affaire Lafarge** (Pierre
Chenal); **Les Pirates du Rail** (Christian-Jaque); **Les Disparus de St-Agil** (Christian-Jaque);
Ultimatum (F. Ozep). — 1939 : **Rappel Immédiat** (Léon Mathot); **Derrière la Façade**
(Lacombe et Mirande); **Pièges** (Siodmak); **Menaces** (Gréville); — 1940 : **Tempête** (Bernard-
Deschamp); **Macao** (Christian-Jaque); **Paris-New York** (Lacombe). Stroheim, après avoir
voulu s'engager dans l'Armée Française, repart au début de 1940 aux États-Unis. Retour
en France au début de 1946. Il y interprète : 1946 : **La Foire aux chimères** (Pierre Chenal);
On ne meurt pas comme ça (Jean Boyer). — 1947 : **La Danse de Mort** (Marcel Cravenne). —
1948 : **Le Signal Rouge** (Ernest Neubach). — 1949 : **Portrait d'un Assassin** (Bernard Roland).
— 1950 : Aux U.S.A. **Sunset Boulevard** (Billy-Wilder). — 1952 : **Minuit quai de Bercy**
(Christian Stengel); — 1953 : **Alerte au Sud** (Jean Devraivre); **L'Envers du Paradis** (Gréville).
— 1954 : **Série Noire** (Pierre Foucaud). — 1955 : **La Madone des Sleepings** (Diamant-
Berger).
*L'un des plus grands cinéastes mondiaux a choisi de finir sa vie en France, où il était
respecté et admiré. Il y participa à plusieurs douzaines de films, souvent médiocres ou ridicules,
mais où il apporta l'incomparable présence de son personnage. Il fut, avec Charles Spaak et
Jean Renoir, un des auteurs de* La Grande Illusion, *où il donna l'une de ses plus belles créations
Il faut aussi mentionner sa participation à* Danse de Mort, *d'autant plus qu'il fut un de ses
scénaristes. Malheureusement il ne put redevenir réalisateur en France, et vit échouer les divers
projets qu'il avait formés, notamment* La Dame Blanche (1939).

Armand TALLIER (Acteur et Directeur de salle). — Né en août 1887 à Marseille. Mort à
Paris le 1er mars 1958. Débute au théâtre de Belleville, puis participe aux tournées de la
Comédie-Française. Puis à *L'Athénée* et en 1913 au *Vieux Colombier*. En 1911-1914, inter-
prète La **Camargo** (Pouctal); **Son passé** (Fescourt); **L'Heure du Rêve** (Léonce Perret);
L'Aventure de la Petite Duchesse (Poirier). Mobilisé en 1914, réformé après blessure, interprète, 1917 : **Les Travailleurs de la Mer** (André Antoine); **Mater Dolorosa** (Abel Gance);
Ames d'Orient (Poirier). — 1920 : **Le Penseur** (Poirier). — 1922, **Jocelyn**. — 1925 : **La
Chaussée des Géants** (Jean Durand). Armand Tallier cesse d'être acteur pour fonder avec
l'actrice Myrga *Le Studio des Ursulines* qu'il dirigera et animera jusqu'à sa mort. Son ouverture, au Quartier Latin, en janvier 1926, avec la **Rue sans joie** de Pabst, fut un événement
considérable, et qui influença beaucoup l'évolution du cinéma français. *Les Ursulines*
devinrent alors et restèrent la principale tribune de l'Avant-Garde.

Jacques TATI (Acteur comique et Réalisateur). Pseudonyme de J. TATISCHEFF. —
Né le 9 octobre 1908 près de Paris. Encadreur, champion sportif, puis après 1933 acteur
de music-hall. 1931-1946, rôles de figuration au cinéma. Réalise et interprète : 1947 :
L'École des Facteurs (moyen métrage comique). — 1948 : **Jour de Fête.** — 1953 : **Les Vacances
de M. Hulot.** — 1958 : **Mon oncle.** — 1961 : Spectacle de l'**Olympia** Music-Hall.
*Jacques TATI est le plus grand comique du cinéma français avec Max Linder. Auteur et
réalisateur très exigeant avec lui-même, il consacra de longues années pour la préparation et
la production de ses films, satire vive et profonde de la petite bourgeoisie et de certains « mode
de vie » présentés comme moderne.*

Jean TEDESCO. — Né le 23 mars 1895 à Londres. Mort en 1958 à Paris. Reprend en
1923 la revue *Cinéa* fondée par Louis Delluc, et la dirige sous le titre *Cinéa-Ciné pour tous*

jusqu'à sa disparition, vers 1930. Fonde en octobre 1924 la première salle spécialisée de Paris. *Le Vieux Colombier* dans le théâtre jusque-là dirigé par Jacques COPEAU. Le cinéma fonctionne jusqu'en 1934. En 1928, Jean TEDESCO produit : **La Petite Marchande d'Allumettes** (Jean Renoir). Il dirige de 1932 à 1958 de nombreux courts métrages et deux longs métrages. 1948 : **Mort ou Vif.** — 1951 : **Napoléon Bonaparte.** Vice-Président de la Cinémathèque française, dont il a été un fondateur.

Précédant Armand Tallier et Les Ursulines, *Jean TEDESCO fut le premier à ouvrir en octobre 1924 une « salle spécialisée »,* Le Vieux Colombier, *la première en France consacrée au cinéma comme Art.*

Armand THIRARD (Directeur de la Photographie). — Né le 25 octobre 1899 à Mantes (Seine-et-Oise). D'abord acteur puis régisseur. *Ph.* 1930 : **David Golder** (Duvivier). — 1932 : **Poil de Carotte** (Duvivier). — 1938 : **Hôtel du Nord** (Carné). — 1939-42 : **Remorques** (Grémillon). — 1941 : **L'Assassinat du Père Noël** (Christian-Jaque). — 1942 : **La Symphonie Fantastique** (Christian-Jaque). — 1943 : **L'Assassin Habite au 21** (Clouzot). — 1946 : **La Symphonie Pastorale** (Delannoy). — 1947 : **Quai des Orfèvres** (Clouzot); **Le Silence est d'Or** (René Clair). — 1949 : **Manon** (Clouzot). — 1952 : **Belles de Nuit** (René Clair). — 1953 : **Le Salaire de la Peur** (Clouzot). — 1954 : **Les Diaboliques** (Clouzot. — 1956 : **Si tous les Gars du Monde** (Clouzot). — 1956 : **Et Dieu créa la Femme** (Vadim). — 1957 : **Sait-on jamais** (Vadim). — 1958 : **Les Bijoutiers du Clair de Lune** (Vadim). — 1959 : **Le Vent se lève** (Ciampi); **Babette s'en va-t-en Guerre** (Christian-Jaque). — 1960 : **Les Régates de San Francisco** (Autant-Lara).

Armand THIRARD est un opérateur pénétré des grandes traditions picturales, de l'impressionnisme français notamment, qui a su aussi bien jouer du noir et blanc (Quai des Orfèvres) *que de la couleur comme élément dramatique et parfois insolite* (Sait-on jamais?)

Maurice TOURNEUR (Réalisateur). Pseudonyme de M. THOMAS. — Né et mort à Paris (2 février 1878-août 1961). Au théâtre, décorateur, metteur en scène, acteur, régisseur d'André Antoine (1903-1909). Débute au cinéma en 1910, comme acteur, puis réalisateur à l'*Éclair*. Y dirige, en 1913-1914 : **Rouletabille; Le Mystère de la Chambre jaune; Le Parfum de la Dame en noir; Le professeur Goudron et le docteur Plume; Le dernier Pardon; Sœurette.** A la veille de la guerre, part pour les États-Unis remplacer Étienne Arnaud à la tête de la succursale américaine d'*Éclair.* Y dirige entre 1914 et 1926 une soixantaine de films pour divers producteurs dont : 1914 : **Mother.** — 1915 : **Alias Jimmy Valentine.** — 1916 : **Trilby, The Whip,** (La Casaque verte.) — 1917 : **Pride of the Clan** (Fille d'Écosse) et **Une Pauvre Petite Riche,** avec Mary Pickford. — 1918 : **L'Oiseau Bleu** *(from* Maeterlink); **Maisons de Poupées** *(From* Ibsen); **Prunella.** — 1919 : **Woman** (L'Éternelle tentatrice); **Une Victoire** *(From* J. Conrad). — 1920 : **The White Circle** et **L'Ile au Trésor** *(From* R.L. Stevenson). — 1921 : **L'Appât** (The Bait.) — 1922 : **Le dernier des Mohicans** *(From* Fenimore Cooper). — 1923 : **Calvaire d'Apôtre** (d'après The Christian, d'Hal Caine). — 1924 : **L'Ile des Vaisseaux perdus.** — 1925 : **Aloma.** — 1926 : **L'Ile Mystérieuse.** De retour en France, y réalise : 1928 : **L'Équipage.** — 1930 : **Accusée levez-vous.** — 1931 : **Partir; Maison de Danses.** — 1932 : **Au nom de la Loi; Les Gaietés de l'Escadron.** — 1934 : **Kœnigsmark; Les deux Orphelines.** — 1935 : **Justin de Marseille.** — 1936 : **Samson; Avec le sourire.** — 1938 : **Le Patriote; Katia.** — 1939-40 : **Volpone.** — 1942 : **Mam'zelle Bonaparte.** — 1943 : **La main du Diable.** — 1948 : **Après l'Amour.** — 1949 : **Impasse des Deux-Anges.**

« Le cinéma n'est pas plus un art que la presse à imprimer ou l'alphabet. C'est un moyen différent d'exprimer la pensée humaine, avec des images au lieu de mots et avec une brutalité qu'aucun mode d'expression ne possède. Certains « flashes » sont aussi violents qu'un coup de poing entre les deux yeux. »

Celui qui exprimait ces pensées en 1922, était alors considéré en Amérique comme l'égal ou presque de Thomas Isné et D.W. Griffith. Il avait apporté à Hollywood des raffinements dans le décor et la mise en scène, venus de son maître André Antoine, de Jacques Copeau, de Max Reinhardt, de Stanislawski et des autres maîtres du théâtre européen de 1900-1914. Il exerça ainsi une assez profonde influence sur certains réalisateurs américains de 1920-1930, notamment Rex Ingram et Clarence Brown. De retour en France, Tourneur a réalisé des films où il a prouvé ses qualités de technicien, mais sans faire accomplir après 1930 de grands progrès à l'art du film.

Alexandre TRAUNER. — Né le 3 septembre 1906 à Budapest (Hongrie). Artiste peintre. S'établit à Paris en 1930. Devient l'assistant de Meerson pour les films de René Clair et Feyder. Architecte décorateur de, 1932 : **L'Affaire est dans le sac** (Pierre Prévert); de Marc Allégret, 1938 pour : **Entrée des Artistes** et 1937 : **Gribouille**; d'Orson Welles pour **Othello.** Et surtout de Marcel Carné 1937 pour : **Drôle de Drame.** — 1938 : **Quai des Brumes.** — 1939 : **Le jour se lève.** — 1942 : **Les visiteurs du soir.** — 1945 : **Les Enfants du paradis.** — 1947 : **Les Portes de la nuit.** — 1949 : **La Marie du Port.** — 1951 : **Juliette ou la Clef des songes.**

TRAUNER a continué dans le cinéma français les traditions réalistes de son maître Meerson, et son art de décorateur lui a valu une renommée internationale.

Roger VADIM. Pseudonyme de R. V. Plemniakov. — Né le 26 janvier 1928 à Paris. 1944-1947, acteur puis assistant de Marc Allégret; journaliste à *Paris-Match,* T.V., scénarios. 1956 : **Et Dieu créa la Femme** (*Ph.* Thirard, *Déc.* Jean André, *Int.* Brigitte Bardot, Curd Jurgens, Chris. Marquand, Trintignant). — 1957 : **Sait-on jamais?** (*Ph.* Thirard, *Déc.* Jean André, *Int.* Françoise Arnoul, Chris. Marquand, Robert Hossein, Otto Hasse). — 1958 : **Les Bijoutiers du Clair de Lune** (*Ph.* Thirard, *Int.* Brigitte Bardot). — 1959 : **Les Liaisons dangereuses** (*From* Choderlos de Laclos, *Sc.* R.V., Claude Brûlé, Roger Vailland, *Ph.* Marcel Grignon, *Déc.* Robert Guischamd, *Int.* Jeanne Moreau, Gérard Philipe, Annette Vadim, Trintignant). — 1960 : **Et mourir de plaisir** (en Italie). — 1961 : **La Bride sur le Cou.**

VADIM s'est brillamment imposé, internationalement, par son premier film et « l'invention » de Brigitte Bardot, alors sa femme. La sincérité et l'originalité de Dieu créa la femme s'alliait à un souci de la commercialité et à des concessions certaines au goût des producteurs. Plus tard, durant la carrière de ce brillant réalisateur, les concessions ont augmenté et la sincérité est devenue moins évidente.

Charles VANEL (Acteur). — Né le 21 août 1892 à Rennes. Acteur au théâtre en 1908-1920, notamment avec Firmin Gémier. A interprété plus de cent films entre 1912 et 1960, notamment :
1920 : **Miarka la Fille à l'Ourse** (Poirier). — 1922 : **La Maison du Mystère** (Volkov). — 1924 : **Pêcheurs d'Islande** (Baroncelli). — 1932 : **Au nom de la loi** (Tourneur). — 1934 : **Les Misérables** (Raymond Bernard); **Le Grand Jeu** (Feyder). — 1936 : **La Belle Équipe** (Duvivier); **Michel Strogoff** (Baroncelli). — 1939 : **La Loi du Nord** (Feyder). — 1943 : **Le ciel est à vous** (Grémillon). — 1952 : **Le Salaire de la Peur** (Clouzot); — 1955 : **Les Diaboliques** (Clouzot). — 1956 : **La mort en ce jardin** (Bunuel).
Un des meilleurs acteurs du cinéma français, spécialiste des rôles tragiques.

VAN PARYS (Musicien). — Né le 7 juin 1906 à Paris. Compositeur de plusieurs opérettes et de nombreuses chansons. A composé depuis 1930 la partition d'une centaine de films, longs et courts métrages, notamment : 1931 : **Le Million** (René Clair). — 1934 :

234 LE CINÉMA FRANÇAIS

Jeunesse (Lacombe). — 1947 : **Le silence est d'or** (René Clair). — 1951 : **Fanfan la Tulipe** (Christian-Jaque); **Casque d'or** (Becker). — 1952 : **Belles de Nuit** (Clair). — 1953 : **Avant le Déluge** (Cayatte). — 1954 : **Papa, Maman, la Bonne et Moi** (Le Chanois). — 1955 : **Les Grandes Manœuvres** (René Clair).
Musicien habile, et un peu facile, a composé ses meilleures partitions pour René Clair.

Gaston VELLE (Réalisateur). — Prestidigitateur et spécialiste des films à trucs réalisés pour Pathé : 1903 : **Le Chapeau magique; Le Paravent Mystérieux; Métamorphoses du Roi de Pique.** — 1904 : **La Valise de Barnum; Japonai série; La Fée aux Fleurs; Les Dénicheurs d'oiseaux; Un Drame dans les Airs; Le Garde Fantôme; Le Théâtre du Petit Bob; Les Dévaliseurs Nocturnes; Les Cartes Transparentes.** — 1905 : **La Valse au Plafond; La Ruche Merveilleuse; Rêve à la lune; Les Invisibles; L'Antre Infernal; Drame en Mer.** — 1906 : **La Poule aux Œufs d'or; Le Tour du Monde d'un policier; La Peine du Talion; Les Victimes de la Foudre; L'Écrin du Rajah; Voyage autour d'une Étoile.** — Engagé en juillet 1906 par la Cinéa, y recommence **Le Voyage autour d'une Étoile** à Rome. De retour en France : 1907-1908, dirige des féeries chez Pathé. — 1910 : **Au temps des Pharaons; La Rose d'or; Le Charme des Fleurs; Le Marchand d'Images.** — 1911 : **FAFALARIFLA ou la flûte magique,** etc. Paraît avoir abandonné le cinéma après 1914.

Jean VIGO (Réalisateur). Né et mort à Paris (26 avril 1905-5 octobre 1934). Fils d'Almereyda, directeur du *Bonnet Rouge,* mort en prison, où il était détenu, en 1918, pour activités « défaitistes ». Études en province, puis à Paris 1926-1927. Tuberculeux. Séjour à Font-Romeu. S'établit en 1929 à Nice. 1929-1930 : **A propos de Nice** (moyen métrage, *Ph.* Boris Kaufman). — 1931 : **Taris Roi de l'Eau,** court métrage documentaire. — 1933 : **Zéro de Conduite** *(Sc.* J.V. et Goldblast, *Mus.* Jaubert, *Ph.* B. Kaufman, *Int.* Jean Dasté, le nain Delphin, Larrivé, Gonzague, Frick, etc... (film interdit par la censure, de 1933 à 1945). — 1934 : **L'Atalante** (édité, avec coupures, sous le titre **Le Chaland qui passe,** *Sc.* Jean Guinée, Chavance, *Mus.* Jaubert, *Ph.* B. Kaufman, *Int.* Michel Simon, Jean Dasté, Dita Parlo, Gilles Margaritis).
Son premier film, A propos de Nice, *documentaire social et satirique avait été influencé par Dziga Vertov, dont le frère de Dziga Vertov, Boris, B. Kaufman, était l'opérateur de VIGO.* Zéro de Conduite *fut pour une large part, dans son style lyrique et réaliste, le journal de son enfance malheureuse.* L'Atalante *fut son chef-d'œuvre, malgré les mutilations qu'il subit. Mais Jean VIGO, l'un des plus grands cinéastes de l'histoire du cinéma français mourut, tué par une leucémie, avant d'avoir pu pleinement donner la mesure de son génie singulier.*

René WHEELER (Scénariste et Réalisateur). — Né le 8 février 1912 à Paris. D'abord collaborateur de Noël-Noël, écrit avec lui les scénarios de : 1938 : **L'innocent.** — 1943-45 : **La Cage aux Rossignols** (Dréville); puis 1947 : **La Vie en Rose** (Jean Faurez). — 1949 : **Jour de Fête** (*R.* et *Co. Sc.* Jacques Tati). — 1950 : **Premières armes** (également R.). 1951 : **Fanfan la Tulipe** (*Soc. Sc.* René Fallet et Jeanson, *R.* Christian-Jaque). — 1953-54 : **L'Amour d'une Femme** (*R.* Jean Grémillon). — 1954 : **Châteaux en Espagne** (également *R.*). — 1955 : **Du Rififi chez les Hommes** (Jules Dassin). — 1956 : **Till l'Espiègle** (Gérard Philipe), *Co. Sc.* Barjavel). — 1960 : **Vers l'Extase** (également R.).
René WHEELER est un des meilleurs scénaristes de l'après-guerre. Son nom est attaché à des réussites comme Jour de Fête, L'Amour d'une Femme, Fanfan la Tulipe, Du Rififi chez les Hommes, *et il a réalisé avec* Premières Armes *un excellent journal de son enfance.*

Jean WIENER (Compositeur). — Né le 19 mars 1896 à Paris. Célèbre comme pianiste en 1920-1930, en duo avec Doucet (Jazz à deux pianos). Depuis 1931, compositeur d'une centaine de films, de longs et courts métrages, notamment : 1934 : **Les Affaires Publiques** (Bresson). — 1935 : **La Bandera** (Duvivier); **Le Crime de M. Lange** (Jean Renoir); **Les Bas-Fonds** (d'après Gorki, Jean Renoir). — 1947 : **Les frères Bouquinquant** (Louis Daquin). — 1948 : **Le Point du Jour** (Daquin). — 1950 : **Maître après Dieu** (Daquin); 1953 : **Touchez pas au Grisbi** (Jacques Becker). — 1960 : **Pantalaskas** (Paviot).

Venu de l'avant-garde musicale, WIENER, un des meilleurs compositeurs français, à l'art aigu et charmant, a beaucoup apporté aux mises en scène, comme aux courts métrages auxquels il collabora.

Ferdinand ZECCA (Réalisateur et Producteur). — Né et mort à Paris (1864-1947). D'abord acteur de café-concert; pour Gaumont, **Les mésaventures d'une tête de veau** et peut-être **Les Dangers de l'Alcoolisme.** — 1900 : pour Pathé, **Le Muet Mélomane** (parlant). — 1901 : **L'Enfant prodigue**; **Ali Baba**; **Les sept châteaux du Diable**; **Histoire d'un crime**; **Le Coucher de la Mariée**; **La conquête de l'air**; **Comment Fabien devint architecte**; **Par le trou de la serrure**; **La loupe de grand-mère**; **Quo Vadis**; **Discussion politique**. — 1902 : **Catastrophe de la Martinique**; **Les victimes de l'alcoolisme**; **La poule merveilleuse**; **Ali Baba et les 40 voleurs**; **Baignade impossible**; **La fille de bains indiscrète**; **Une Idylle sous un tunnel**; **Tempête dans une chambre à coucher** (*Co. R.* Nonguet) **La Passion**. — 1903 : **La Belle au Bois Dormant**; **Le Chat Botté**; **Samson et Dalila**; **La Passion** (suite). — 1904 : **La Grève.** — 1905 : **L'Incendiaire**; **10 Femmes pour un mari**; **Rêve à la Lune**; **Au Pays Noir**; **Les petits vagabonds**; **Vendetta**; **Toto gâte-sauce**; **Ce qu'on voit de la Bastille**. — 1908 : **L'affaire Dreyfus** (Zecca, directeur général des studios Pathé, a pour les films de 1901 été acteur, scénariste, décorateur. Plus tard il est surtout un directeur de production). 1910 (*Cor.* Andréani), **Messaline**. — 1912-1914 : **Scènes de la Vie cruelle** (série) avec *Co* R. Leprince); **La Comtesse noire**; **Plus fort que la Haine**; **La leçon du Gouffre**; **L'Escarpolette tragique**; **Le Roi de l'air**; **Le Calvaire**; **La lutte pour la vie**; **Le Calvaire d'une Reine**; **Le Vieux Cabotin**; **La Pipe d'opium**; **La fièvre de l'or**; **La Danse Héroïque**; **Les Larmes du pardon...**, etc.

Pendant la guerre est envoyé par Pathé aux États-Unis comme « super viseur » de *Pathé Exchange.* De retour en France, 1920-1927, dirige le département format réduit du Pathé-Baby.

Ferdinand ZECCA n'entendit nullement être un artiste, mais un commerçant. Attentif à la demande du public populaire, il développa plusieurs genres cinématographiques (notamment le comique) et s'oriente parfois vers les sujets « sociaux », réformistes. Sous sa direction, la production Pathé devint la première du monde, et exerça une très large influence internationale.

CHRONOLOGIE
DES FILMS FRANÇAIS
(1892-1960)

Nous donnons ci-après, année par année, depuis les origines, les titres des principaux films français. La date retenue est en principe celle de la « sortie » (et non de la présentation privée).

Depuis 1919 jusqu'à 1960, nous avons donné le nombre de films français, année par année.

Pour les années 1919-1930, ces statistiques sont incertaines. Les chiffres publiés par les revues de l'époque peuvent concerner soit la production de l'année, soit les premières, soit les sorties, soit les visas de censure, mais aucune indication n'était en général donnée sur la méthode de leur calcul. On considérera donc surtout ces chiffres comme des ordres de grandeur. Après 1935, les statistiques établies avec plus de soin nous ont permis de préciser la nature des chiffres avancés.

A partir du cinéma parlant (1930) et jusqu'en 1960, nous avons donné la totalité des films de long métrage édités en France, en adoptant la date de leur « sortie » à Paris pour fixer leur année.

Pour la période 1930-1940, notre filmographie comporte certainement des lacunes ou erreurs de dates, notre principale source ayant été des collections (incomplètes) de Pour Vous, Cinémonde *et la* Cinématographie française.

Pour les années 1947-1961, nous avons pu savoir avec précision la « date de sortie » à Paris, grâce aux index de la Cinématographie française, *qui ont été notre seule et inestimable source. Dans ces listes annuelles, nous avons distingué par la typographie les films les plus importants.*

1892

Demeny : Vive la France! Je vous aime (disques de phonoscope). — **Émile Reynaud** : Un bon bock, Clown et ses chiens, Pauvre Pierrot (Pantomimes lumineuses, DA).

1894

Louis Lumière : Sortie des Usines. — Émile Reynaud : Autour d'une cabine, Un rêve au coin du feu (Pantomimes lumineuses, DA).

1895

Auguste Lumière : Les Brûleurs d'herbes. — Louis Lumière : Querelle de bébés, Arrivée d'un train en gare de La Ciotat, Démolition d'un mur, Partie d'écarté, Assiettes tournantes, Ateliers de La Ciotat, Aquarium, Autruches, Arrivée d'une voiture, Barque sortant du port, Baignade en mer, Déjeuner du chat, Forgerons, Lancement d'un navire, Maréchal-ferrant, Premiers pas de bébé, Partie d'écarté, Déjeuner de bébé, Pompiers (sortie de la pompe, mise en batterie, attaque du feu, sauvetage). Querelle enfantine, Récréation à la Martinière, Repas en famille, Arroseur et arrosé, Chapeaux à transformation, Charcuterie mécanique, Course en sacs, Photographe, Débarquement du Congrès de photographie à Neuville-sur-Saône, Conversation entre M. Janssen et Lagrange, Le faux cul-de-jatte.

1896

Ducom et Floury : La Biche au bois (inséré dans spectacle du Châtelet). — Henri Joly : Le Bain de la Parisienne. — Société Gaumont : Sortie des usines Panhard-Levassor, Revue du 14 juillet, Arrivée du Président de la République. — Lear : Le coucher de la mariée —. Mesguisch : 39 vues prises aux États-Unis (New York, Boston, Chicago, Washington, Le Niagara). — Georges Méliès : 71 films. Une partie de cartes, Séance de prestidigitation, Une nuit terrible, Dessinateur express, Le Tzar à Paris, Escamotage d'une dame, Le Manoir du diable. — Charles Pathé : Arrivée du train de Vincennes. — Perrigot et Doublier : Le couronnement du Tzar Nicolas II à Moscou (6 vues). — Promio : Bataille de femmes, Vues de Venise (Travelling), Les bains de Diane à Milan. — Société Pathé : L'arrivée du Tzar à Paris, La dame Malgache, Les maçons à l'ouvrage, Laveuse au pré, Une dispute. — Pirou : Le Tzar à Paris. — Reynaud : Le premier cigare.

1897

Société Gaumont : Charmeuse de serpents, Le Fardier. — Georges Hatot : La Passion (dite de Horitz), Faust, Les dernières cartouches, Assassinat du Duc de Guise, Assassinat de Robespierre. — Lear : La Passion, Le lecteur distrait, Cocher endormi, Idylle au bord de la Marne, Toto aéronaute, L'ordonnance. — Georges Méliès : 50 films, Paulus chantant, La guerre en Grèce (maquettes), Les dernières cartouches, Entre Calais et Douvres, La Cigale et la Fourmi, Le cabinet de Méphistophélès, L'auberge ensorcelée, En cabinet

---

(1) Entre 1896, où commence l'essor de la production, et jusqu'à la guerre de 1914, les metteurs en scène restent en règle générale anonyme, leur nom ne figurant ni dans les films, ni dans leur publicité.

A l'exception de Georges Méliès (auteur de tous les films édités par la *Star Film*), on ne trouve donc que de rares indications dans les catalogues ou revues corporatives éditées durant cette période. Nos attributions à divers réalisateurs (tels Zecca, Feuillade, Perret, Heuzé, Nonguet, Calmettes, etc.) peuvent être d'autant plus hypothétiques que, de longues années plus tard, les collaborateurs ou même les auteurs de ces films ont pu voir leur mémoire les trahir. Mais si imparfaite qu'elle soit, cette chronologie 1896-1914 pourra rendre service aux chercheurs.

JOURNAL D'UN CURÉ DE CAMPAGNE (1950) et UN CONDAMNÉ A MORT S'EST ÉCHAPPÉ (1956). Rigueur de *Robert Bresson*. Depuis ses débuts, il n'a cessé d'apurer son art, qu'il ait adapté Bernanos dans « Journal d'un curé de campagne » ou reconstitué un exploit de la Résistance, avec des acteurs non professionnels.

LA BELLE ET LA BÊTE (1946). *Jean Cocteau,* individualité en marge des grands courants, réalisa (ici avec Mila Parély) un ballet féerique.

MANON (1949). *H.-G. Clouzot,* abordant la description sociale dans ce film (avec Gabrielle Dorziat), y fut moins heureux que dans le suspense policier.

particulier, Le Tub, Faust et Marguerite, Magie diabolique. — **Société Pathé Frères :** Le Déshabillé du modèle, Exécution capitale à Berlin, Le pompier et la servante, Saint Antoine de Padoue.

1898

Alice Guy ou Lear (pour Gaumont) : La passion. — **Georges Hatot :** Barbe-Bleue, Jeanne d'Arc, Pierrot et le fantôme. — **Lear :** Pèlerinage en Palestine. — **Georges Méliès :** 31 films : Le Cuirassé Maine, Pygmalion et Galatée, Damnation de Faust, Guillaume Tell, La lune à un mètre, La caverne maudite (surimpression), L'homme de têtes (caches et fonds noirs), Tentation de saint Antoine. Le coucher de la mariée. — **Société Pathé :** Cambriolage sur les toits.

1899

Auguste Baron : Films parlants : Les vieilles chansons de France (avec Mlle Duval), Trewey présentant ses ombres chinoises. — **Georges Méliès :** 43 films : Le diable au couvent, Le Christ marchant sur les eaux, l'affaire Dreyfus, Cendrillon, L'homme Protée, Panorama de la Seine, Miracle du Brahmine, Vengeance de Gâte-Sauce, Mésaventures d'un explorateur. — **Société Pathé :** L'affaire Dreyfus, Les dernières cartouches, La Belle et la Bête, Borgia s'amuse, Réveil du Chrysis, Naissance de Vénus, Coucher d'Yvette et Pierreuse. —

1900

Ferdinand Zecca (pour Gaumont) : Les méfaits d'une tête de veau, Les dangers de l'alcool; (pour Pathé) : Le muet mélomane.

Henri Joly : Lolotte (film parlant). — **Grimoin Sanson :** Spectacles du Cinéorama : (Voyages en ballon à travers l'Europe et l'Afrique). — **Alice Guy :** La petite magicienne. — Au Bal de Flore, Les Fredaines de Pierrette, La fée aux choux. — **Clément Maurice :** Phono Cinéma Théâtre de l'Exposition : L'enfant prodigue (Félicia Mallet). — Hamlet (Sarah Bernhardt), Cyrano de Bergerac (Coquelin), La boiteuse du régiment (Polin), Little Tich, Footit et Chocolat. — **Georges Méliès :** 36 films : Vues de l'exposition, L'homme orchestre (caches multiples), Jeanne d'Arc, Les 7 péchés capitaux, Le rêve du Radjah, Le livre magique, Le songe de l'avare, Rêve de Noël, Coppélia, Déshabillage impossible, L'homme aux cent trucs, Congrès des Nations en Chine, La chrysalide et le papillon d'or. — **Mesguisch :** Le *Phonorama* à l'Exposition de 1900. — **Lucien Nonguet :** La guerre du Transvaal, Les événements de Chine. — **Zecca :** Le muet mélomane (parlant).

1901

Alice Guy : Folies Marquise, Frivolités, Hussards et grisettes. — **Georges Méliès :** 27 films : Le Petit Chaperon rouge, Barbe-Bleue, L'homme à la tête de caoutchouc, Excelsior, La Danseuse miniature. — **Ferdinand Zecca :** Quo Vadis, L'enfant prodigue, Histoire d'un crime, Ali-Baba, Les 7 châteaux du Diable, La conquête de l'air.

1902

Alice Guy : Sage-femme de première classe, En cabinet particulier, Le pommier. — **Georges Méliès :** 13 films : L'Éruption du Mont Pelé, Catastrophe du ballon Pax, Le voyage dans la lune, L'homme mouche, Le sacre d'Edouard VII, Gulliver, Robinson

Crusoé, La femme volante. — **Lucien Nonguet** : La Passion (*Co.R.* et *Pn.* Zecca, 25 premières scènes), Vie d'un joueur, L'enfant prodigue. — **Ferdinand Zecca** : La Passion
(*Co.R.* Nonguet), Les victimes de l'alcoolisme, La poule merveilleuse, Catastrophe de la
Martinique, Ali-Baba et les 40 voleurs, Baignade impossible, Tempête dans une chambre
à coucher.

1903

Alice Guy : La fiancée ensorcelée, Le voleur sacrilège. — **Georges Méliès** (29 films) : Cake
walk infernal, Le mélomane, Le chaudron infernal, La Damnation de Faust, L'enchanteur
Alcofribas, La lanterne magique, Le royaume des fées. — **Gaston Velle** : Métamorphose
du roi de pique, Le chapeau magique, Le paravent mystérieux. — **Ferdinand Zecca et Lucien
Nonguet** : La Passion (suite), Don Quichotte, Le chat botté, Guillaume Tell, Massacre de
la famille royale de Serbie, Napoléon Bonaparte.

1904

Alice Guy : Le Courrier de Lyon, Les petits coupeurs de bois vert, Paris la nuit, Volé
par les bohémiens, Le crime de la rue du Temple. — **Lorant Heilbronn** : Roman d'amour,
(*Co.R.* Nonguet) le règne de Louis XIV, Christophe Colomb. — **Georges Méliès** (37 films) :
Benvenuto Cellini, Faust, Le Barbier de Séville, Voyage à travers l'impossible, Le Juif
errant, Le merveilleux éventail vivant, Mésaventure de Bois-sans-soif, Les costumes animés,
La cascade de feu. — **Lucien Nonguet** : Le chat botté, La guerre russo-japonaise, Assassinat
du ministre Plehve, Peau d'Ane, Joseph vendu par ses frères. — **Gaston Velle** : La valise
de Barnum, La ruche merveilleuse, Le théâtre du petit Bob, La fée aux fleurs. — **Ferdinand
Zecca** : La grève.

1905

Lucien Gasnier : Première sortie d'un collégien (Max Linder). — **Alice Guy** : Une noce
au lac Saint-Fargeau, La Esmeralda (*Co.R.* Denizot), Robert Macaire. — **André Heuzé** :
Le voleur de bicyclette, La course des sergents de ville, Toto gâte-sauce. — **Georges Méliès** :
(22 films) : L'ange de Noël, Les cartes vivantes, Le peintre Barbouillard, Le palais des
mille et une nuits, La tour de Londres, Le voyage automobile Paris-Monte-Carlo en deux
heures, Le rêve de Rip. — **Lucien Nonguet** : (*Pr.* Zecca) La Saint-Barthélemy, Les troubles
de St-Pétersbourg, Le petit poucet, La révolution en Russie. — **Gaston Velle** : La ruche
merveilleuse, Rêve à la lune (*Co. R. Int.* Zecca), Drame dans les airs. — **Ferdinand Zecca** :
Au pays noir, Dix femmes pour un mari, Les petits vagabonds, Ce qu'on voit de la Bastille.

1906

Capellani : La peine du talion, Aladin. — **Segundo de Chomon** : La liquéfaction des
corps durs, La légende du fantôme, Les ombres animées. — **André Deed** : Début des
Boireau. — **Alice Guy** : La fée printemps, Vie du Christ, (*Co.R. Jasset*) films parlants.
— **André Heuzé** : La course à la perruque, Les chiens contrebandiers, L'âge du cœur, La loi
du pardon, Les dessous de Paris, A Biribi, etc. — **Louis Feuillade** : Vengeance corse (premier
film). — **Victorin Jasset** : Rêves d'un fumeur d'opium. — **Lépine** : Le fils du diable. J'ai
perdu mon lorgnon. — **Georges Méliès** (17 films) : Jack le ramoneur, Le Professeur Do Mi
Sol Do, Les affiches en goguette, Les incendiaires, Bulles de savon animées, Les 400 farces
du diable, La fée Carabosse, Robert Macaire et Bertrand, La cornue infernale. — **Gaston
Velle** : L'écrin du Rajah, Le tour du monde d'un policier, Voyage autour d'une étoile, La
poule aux œufs d'or.

1907

A. **Capellani** : Don Juan, La Vestale, Cendrillon, Le pied de mouton, Samson. — **Michel Carré** : L'enfant prodigue. — **Segundo de Chomon** : La maison hantée, Le Chevalier mystère, Voyage dans la planète Jupiter. — **Louis Feuillade** : Le cul de jatte emballé, Un facteur trop ferré, Le thé chez la concierge, Le récit d'un colonel, Le billet de banque, Le tic, Vive le sabotage, etc. — **André Heuzé** : La Lutte pour la vie, Boireau déménage, etc. — **Max Linder** : Les débuts d'un patineur (R. Gasnier). Le pendu, etc. — **Georges Méliès** (19 films) : 200 000 lieues sous les mers, Le tunnel sous la manche, Éclipse de soleil en pleine lune, Hamlet.

1908

Gérard Bourgeois : Un drame sous Richelieu, Le conscrit de 1909. — **Calmettes** (Co.R. Le Bargy) : L'Assassinat du Duc de Guise et Le retour d'Ulysse. — **Émile Cohl** : La course aux potirons, Fantasmagorie, Le cauchemar de Fantoche. — **Al. Capellani** : Le chat botté, Peau d'Ane, Jeanne d'Arc, L'homme aux gants blancs. — **Segundo de Chomon** : Les jouets vivants, Sculpteur moderne, La table magique, Cauchemar et doux rêve. — **Jean Durand** : Trop crédule, Belle-maman bat les records. — **Louis Feuillade** : Journée d'un non-gréviste, La ceinture électrique, Le coup de vent, etc. — **Victorin Jasset** : Nick Carter (9 épisodes), Riffle Bill. — **Max Linder** : Max aéronaute, Une conquête, etc. — **Georges Méliès** (47 films) : La civilisation à travers les âges, L'avare, Lulli, Le raid Paris-New York en automobile, Au pays des jouets, Le génie des cloches. — **Léonce Perret** : Le fils du charpentier, Le petit soldat, Noël d'artistes, etc. — **Ferdinand Zecca** : L'affaire Dreyfus.

1909

Gérard Bourgeois : Les enfants d'Édouard. — **Calmettes** : Le secret de Myrtho, Le Bois sacré, Le retour d'Ulysse, Macbeth, Le Tosca, Un duel sous Richelieu. — **Capellani** : L'Assommoir, Le Corso tragique, Le Roi s'amuse, Un Monsieur qui suit les dames, L'Assassinat du Duc d'Enghien. — **Albert Carré** : Le Bal noir, Fleur de pavé, Sœur Angélique, La laide. — **Jean Durand** : Frédéric le grand, Aventures d'un cow-boy à Paris, Pendaison à Jefferson-City. — **Segundo de Chomon** : Le Roi des Aulnes, Liquéfaction des corps durs. — **Émile Cohl** : Les Beaux-Arts de Jocko, La lampe qui file, Les joyeux microbes, Le Baron de Crac, L'éventail animé. — **Louis Feuillade** : C'est papa qui prend la purge, Judith et Holopherne, La légende des phares, Le Huguenot, La fille du cantonnier. — **Victorin Jasset** : Morgan le pirate, Mestral le contrebandier, Les Dragonnades sous Louis XIV. — **Max Linder** : Une conquête, Mariage américain, etc. — **Georges Méliès** : Hydrothérapie fantastique, Les illusions fantaisistes. — **Léonce Perret** : Pauvres gosses, André Chénier, Daphné, etc.

1910

Andreani (et Zecca) : Messaline (et Fagot), Faust, Le marchand d'images. — **Roméo Bosetti** : Série des Calino. — **Gérard Bourgeois** : Dans la tourmente. — **Calmettes** : L'épi, Le luthier de Crémone, Rival de son père (Don Carlos), La reddition d'Huningue. — **Alb. Capellani** : Les deux orphelines, L'évadé des Tuileries. — **Albert Carré** : L'amour et le temps, Le four à chaux, — **Émile Cohl** : Le binettoscope, Le peintre néo-impressionniste, Le tout petit Faust, Les Beaux-Arts mystérieux. — **Jean Durand** : Série des Calino. — **Feuillade** : Le festin de Balthazar, Les sept péchés capitaux, Le Potier, 1814. La fille de Jephte, Le Roi de Thulé, Esther, Chef-lieu de Canton, Série des Bébé. — **Victorin Jasset** : Nick Carter acrobate, La Cage, Hérodiade. — **Max Linder** : En bombe, Max fait du ski, Mon chien rapporte, etc. — **Georges Méliès** : Le papillon fantastique, Le secret du docteur. — **Georges Monca** : La grève des forgerons, Le secret du vol, etc. — **Léonce Perret** : Le Roi de Thulé, Molière, Estelle, etc.

1911

Andreani : Le siège de Calais, Le sacrifice d'Abraham, Moïse sauvé des eaux, Le devoir et l'honneur. — **Roméo Bosetti** : série des Little Moritz. — **Gérard Bourgeois** : Les victimes de l'alcool, Roman d'une pauvre fille (*Co.R.* Garbagni), La jacquerie, Latude (*Co.R.* Fagot), Cœur de bohémienne, Une aventure de Van Dyck. Cadoudal, La rivale de Richelieu, Le démon du jeu. — **Calmettes** : Camille Desmoulins, Madame Sans-Gêne. — **Alb. Capellani** : La Tour de Nesles, N.-D. de Paris, Le courrier de Lyon. — **Albert Carré** : L'homme de peine, La louve, Le Mémorial de Ste-Hélène. — **Denola** : Le roman d'un jeune homme pauvre. — **Jean Durand** : Série des Zigoto. — **Émile Cohl** : Rien n'est impossible à l'homme, Mésaventures de Jobard. — **Feuillade** : Aux lions les Chrétiens, Série La vie telle qu'elle est, Les vipères, Le Roi Lear au village, Le poison, Le Trust, Les souris blanches, En grève, La tare, Le Bas de laine, Série des Bébés. — **André Heuzé** : Les Aventures de Lagardère. — **Victorin Jasset** : La fin de Don Juan, Zigomar, Le mystère du lit blanc. — **Gambard** : Little Moritz et le papillon, L.M. est trop petit, etc. — **Max Linder** : Max hypnotise, Max et le quinquina, Voisin voisine, etc. — **Georges Méliès** : Hallucinations du Baron de Munchhausen. — **Georges Monca** : Boubouroche, etc. — **Léonce Perret** — La petite Béarnaise, L'âme du violon, Par l'amour, etc.

1912

Andreani : Absalon, La mort de Saül, Le fils de Charles Quint. — **Gérard Bourgeois** : La conquête du bonheur. — **Calmettes** : L'usurpateur, La Grande Marnière. — **Capellani** : Les Misérables. — **Albert Carré** : La femme métamorphosée en chatte. — **Denola** : La porteuse de pain, La voleuse d'enfants, Les mystères de Paris, Le ruisseau. — **Henri Fescourt** : Méthode du Pr. Neura, Le bonheur perdu, Le regard, etc.

Jean Durand : Série des Onésime, Onésime horloger, Onésime l'amour vous appelle, Cent dollars, Mort ou vif, La prairie en feu, Le railway de la mort, La course à l'amour, Au pays des lions. — **Louis Feuillade** : Tant que vous serez heureux, La vie et la mort, Les braves gens, Le nain, La hantise, L'oubliette, Le mort vivant, le proscrit, L'homme de proie, La course aux millions, Série des Bouts de Zan. — **Victorin Jasset** : Au pays des ténèbres, Un cri dans la nuit, La terre, Le saboteur, Zigomar contre Nick Carter, Une campagne de presse.

Max Linder : Oh les femmes! Idylle à la ferme, Série des Max. — **Georges Méliès** : A la conquête du pôle, Cendrillon (2ᵉ version). — **Georges Monca** : Le petit Chose, Le lys dans la montagne, Série des Rigadin. — **Léonce Perret** : Mystère des Roches de Kador, Main de fer, L'honneur et l'argent, etc. — **Zecca et Le Prince** : La Comtesse noire, Plus fort que la haine, etc.

1913

Andreani : Esther, La fille de Jephté, Joseph fils de Jacob, La reine de Saba, Rebecca. — **D'Auchy** : Grande sœur, Fille d'amiral, La petite Bagatelle (*Int.* Suzanne Grandais). — **Gérard Bourgeois** : La conquête du bonheur, Les Apaches. — **Caillard** : 30 ans ou la vie d'un joueur, Éternel amour, Sa Majesté l'argent, — **Calmettes** : Ferragus.

Alb. Capellani : Patrie, Germinal. — **Albert Carré** : L'œuvre de Jacques Serval, Le solitaire.

Denola : Les pauvres de Paris, L'enfant de la folle, Les enfants perdus dans la forêt, Jeanne la Maudite. — Henri Fescourt : La mort sur Paris, Cubiste par amour, La marquise de Trevenec. etc. — Jean Durand : Le collier vivant, Série des Onésime. — Louis Feuillade : Le revenant, Erreur tragique, La rose blanche, L'angoisse, Un drame au pays basque, L'affranchi, Le secret du forçat, Série des Bouts de Zan, Série La vie drôle : l'Illustre Machefer Machefer; l'Hôtel de la gare, etc. Fantomas, Juve contre Fantomas, Le mort qui tue.

André Heuze : De fil en aiguille. — Victorin Jasset : Balao, Zigomar, Peau d'Anguille, Protéa (I). — Max Linder : Max et l'inauguration de la statue, Max toréador, etc. — Georges Méliès : Le Chevalier des Neiges, Le voyage de la famille Bourrichon, — Georges Monca : Série des Rigadin, Le feu vengeur, Sans famille, etc. — Camille de Morlhon : Don Quichotte, La broyeuse de cœurs. La fleuriste de Toneso, etc.

Léonce Perret : L'enfant de Paris, Série des Léonce. — Léon Poirier : Cadette, Monsieur Charlemagne, L'amour passe, etc. — Henri Pouctal : Aventures de Faublas, Les Trois Mousquetaires, La petite Fifi, etc. — Maurice Tourneur : Le mystère de la chambre jaune, Le parfum de la Dame en noir. — Zecca et Leprince : Le Roi de l'Air, L'escarpolette tragique, Le roi du gouffre.

1914

Andreani : Les enfants d'Édouard, L'homme qui assassina. — Gérard Bourgeois : L'aventurier, Le serment de Dolores, Protea (II). — Caillard : La Maison du Baigneur, Le réveil. — Albert Cappellani : Quatre-vingt-treize (édité en 1920). — Denola : Rocambole (épisodes). — Jean Durand : Le jugement du Fauve, Série des Onésime.

Henri Fescourt : Fille de Prince, Les trois ombres. — Louis Feuillade : Fantomas contre Fantomas, Le faux magistrat, La vie drôle, Le Jocond, Le gendarme est sans pitié, Le furoncle, etc. Série des Bouts de Zan. — Max Linder : Max Pédicure, Max décoré, Le 2 Août 1914, etc. — Camille de Morlhon : Une brute humaine, Effluves funestes.

Léonce Perret : Le roman d'un mousse, L'étendard, Série des Léonce. — Léon Poirier : Le Nid, Le Trèfle d'argent, Le jugement des Pierres, etc. — Pouctal : Papillon dit Lyonnais le juste, Dans la rafale, L'heure tragique, etc. — Maurice Tourneur : Le dernier pardon, Sœurette. — Zecca et Le Prince : La lutte pour la vie, La danse héroïque.

1915

Gérard Bourgeois : La Maison du Passeur, Protéa (III). — Louis Feuillade : Les Vampires (premiers épisodes). — Henri Fescourt : La Menace. — Feyder : Femmes de tête, têtes de femmes.

Abel Gance : La Folie du docteur Tube (resté inédit), L'énigme de dix heures, La fleur des ruines, L'héroïsme de Paddy. — Mercanton : Jeanne Doré. — Max Linder : Max et la main qui étreint, Max entre deux feux. — Pouctal : L'infirmière, Dette de haine, La fille du boche, Alsace. — Léonce Perret : Le Roi de la montagne, Les mystères de l'ombre, Le dernier amour, La voix de la Patrie, Mort au champ d'honneur, Le héros de l'Yser.

1916

André Antoine : Les Frères Corses. — Gérard Bourgeois : Le Capitaine noir. — Baroncelli La Nouvelle Antigone, La faute de Pierre Vaisy. — Germaine Dulac : Sœurs ennemies.

Feuillade : Les Vampires *(suite)*. — **Feyder** : Le pied qui étreint, L'instinct est maître. — **Abel Gance** : Fioritures, Le fou de la falaise, Ce que les flots racontent, Les gaz mortels, Le périscope, Le droit à la vie. — **Heuzé et Diamant-Berger** : Paris pendant la guerre. — **Léonce Perret** : La fiancée du diable, Le mystère de l'ombre, etc. — **Pouctal** : Chantecoq, La flambée, Volonté. — **Camille de Morlhon** : Le secret de Geneviève, Effluves funestes.

1917

André Antoine : Le coupable. — **Raymond Bernard et Feyder** : Le ravin sans fond. — **Baroncelli** : Une vengeance, Le roi de la mer. — **Feuillade** : Judex, La déserteuse, Le passé de Monique. — **Jacques Feyder** : Les vieilles femmes de l'hospice, L'homme de compagnie.

Abel Gance : Mater Dolorosa, La zone de mort, Barberousse. — **André Heuzé** : Debout les morts, Ils y viennent tous au cinéma (*Co.R.* Diamant-Berger). — **Georges Lacroix** : Les écrits restent. — **Mercanton et Hervil** : Mères françaises, Oh! le baiser. — **Camille de Morlhon** : Maryse, L'orage.

Henri Pouctal : Monte-Cristo (premiers épisodes). — **Henri Roussel** : Un homme passe.

1918

André Antoine : Les travailleurs de la mer. — **Baroncelli** : Le retour aux champs, Le scandale, Champi-Tortu. — **Germaine Dulac** : Ames de fous. — **Feuillade** : Vendémiaire, La nouvelle mission de Judex. — **Jacques Feyder** : Le ravin sans fond (*Co.R.* Bernard), L'homme de compagnie.

Abel Gance : La dixième symphonie. — **Georges Lacroix** : Haines. — **L'Herbier** : Phantasmes. — **Musidora** : Vicenta. — **Mercanton et Hervil** : Le torrent, Bouclette. — **Camille de Morlhon** : Simone, Expiation.

Henri Pouctal : Monte-Cristo (derniers épisodes). — **Henry Roussel** : L'âme du bronze.

1919 (208 moyens et longs métrages français)

Raymond Bernard : Le petit café. — **Jacques de Baroncelli** : Ramuntcho. — **Gérard Bourgeois** : Le fils de la nuit. — **Germaine Dulac** : La cigarette, La fête espagnole. — **Jean Durand** : Série des Serpentin.

Jacques Feyder : La faute d'orthographe, — **Abel Gance** : J'accuse. — **Lesomptier et Burguet** : La sultane de l'amour, Un roman d'amour et d'aventures. — **Marcel L'Herbier** : Rose France. — **Camille de Morlhon** : L'ibis bleu. — **Poirier** : Ames d'Orient, Le Penseur. — **Pouctal** : Travail.

1920 (une centaine de films ?)

André Antoine : Mademoiselle de la Seiglière. — **Raymond Bernard** : Le secret de Rosette Lambert. — **Gérard Bourgeois** : Les mystères du Ciel. — **Louis Delluc** : Le silence, Fumée noire. — **Louis Feuillade** : Les deux gamines, Barabbas. — **Fescourt** : Mathias Sandorff. — **Marcel L'Herbier** : Le Carnaval des vérités, L'homme du large. — **Mercanton** : Miarka la fille à l'ours. — **Camille de Morlhon** : Fabienne, fille du peuple. — **Poirier** : Narayana. — **Pouctal** : Gigolette.

1921 (106 films présentés ?)

André Antoine : La terre. — **Baroncelli** : Le Père Goriot, Le rêve. — **Burguet** : L'essor. — **Pierre Caron** : L'homme qui vendit son âme au diable. — **Diamant-Berger** : Les Trois Mousquetaires.

Louis Delluc : Fièvre. — **Germaine Dulac** : La mort du soleil, La belle dame sans merci. — **Feuillade** : Parisette. — **Feyder** : L'Atlantide. — **Fescourt** : La nuit du 13.

Henry Roussel : Visages voilés, âmes closes. — **Henry Krauss** : Les Trois Masques. — **Le Prince** : L'Empereur des pauvres (épisodes). — **Marcel L'Herbier** : Eldorado, Villa Destin. — **Luitz-Morat** : La terre du diable, Cinq gentlemen maudits. — **Musidora et Jacques Lasseyne** : Pour Don Carlos. — **Camille de Morlhon** : Une fleur dans les ruines.

Léon Poirier : Le coffret de jade, L'ombre déchirée. — **Gaby Sorère et Loïe Fuller** : Le lys de la vie. — **Pouctal** : Le crime du Bouif. — **Protazanov** : Pour une nuit d'amour. — **Tourjansky** : Les mille et une nuits. — **Volkoff** : L'ordonnance.

1922 (130 films présentés ?)

André Antoine : L'Arlésienne. — **Baroncelli** : Roger la Honte. — **Raymond Bernard** : Triplepatte. — **Burget** : Les mystères de Paris. — **Gérard Bourgeois** : Faust (en relief).

Louis Delluc : La femme de nulle part. — **Diamant-Berger** : Vingt ans après, Le mauvais garçon. — **Jean Durand** : Marie chez les fauves. — **Germaine Dulac** : La mort du soleil. — **Jean Epstein** : Pasteur. — **Fescourt** : Rouletabille. — **Louis Feuillade** : L'orpheline.

Kirsanof : L'ironie du destin. — **Marcel L'Herbier** : Prométhée banquier. — **René Hervil** : Le crime de Lord Arthur Saville. — **Georges Lacroix** : La vie d'une femme. — **Luitz-Morat** : La terre du diable. — **Mariaud** : Tristan et Yseult.

Léon Poirier : Jocelyn. — **Tourjansky** : La nuit du carnaval. — **Volkoff** : La maison du mystère (épisodes).

1923 (68 films)

Abrams : La Voyante (Sarah Bernhardt). — **Baroncelli** : Nêne, La légende de Sœur Béatrix. — **Boudrioz** : L'âtre. — **Gérard Bourgeois** : La dette de sang. — **Pierre Caron** : La Mare au Diable.

Germaine Dulac : La souriante Madame Beudet. — **Jean Epstein** : Cœur fidèle, L'auberge rouge. — **Feyder** : Crainquebille. — **Fescourt** : Mandrin. — **Feuillade** : Vindicta, Le gamin de Paris.

Gance : La roue. — **Henry-Roussel** : Violettes Impériales. — **L'Herbier** : Don Juan et Faust. — **Machin** : Bêtes comme des hommes. — **Mosjoukine et Volkoff** : Le Brasier ardent. — **Léon Poirier** : Geneviève, L'affaire du courrier de Lyon. — **Léonce Perret** : Kœnigsmark. — **Violet** : La Bataille, Les hommes nouveaux.

1924 (73 films)

Autant-Lara : Faits-divers. — **Andreani** : L'autre aile. — **Jacques de Baroncelli** : Pêcheurs d'Islande. — **Gérard Bourgeois** : Terreur. — **Raymond Bernard** : Le miracle des loups.

Jaque Catelain : La galerie des monstres. — **René Clair** : Paris qui dort, Entr'acte. — **Duvivier et Lepage** : La machine à refaire la vie. — **Delluc** : L'inondation. — **Germaine Dulac** : Le diable dans la ville.

Jean Epstein : La Belle Nivernaise, La montagne infidèle, Lion des Mogols. — **Fescourt** : Les grands.

Feuillade : L'orphelin de Paris. — **Fernand Léger** : Ballet mécanique. — **L'Herbier** : L'inhumaine. — **Luitz-Morat** : La cité foudroyée.

Poirier : La Brière. — **Renoir** : La fille de l'eau. — **Henry Roussel** : Violettes Impériales. — **Sylver** : L'horloge. — **Tourjansky** : Ce cochon de Morin. — **Volkoff** : Kean ou Désordre et Génie.

1925 (55 films)

Jacques de Baroncelli : Veille d'armes, Le réveil. — **Cavalcanti** : Le train sans yeux. — **René Clair** : Le fantôme du Moulin Rouge.

Germaine Dulac : La folie des vaillants, Ames d'artistes. — **Duvivier** : Poil de Carotte. — **Jean Epstein** : Le double amour, L'Affiche, Robert Macaire. — **Feuillade et Champreux** : Le stigmate. — **Fescourt** : Les Misérables. — **Feyder** : Visages d'enfants.

L'Herbier : Feu Mathias Pascal. — **Machin et Wulschleger** : Le cœur des gueux. — **Marodon** : Salammbô. — **Perret** : Madame Sans-Gêne. — **Gaston Ravel** : Jocasse. — **Henry Roussel** : Destinée.

1926 (74 films)

Jacques de Baroncelli : Nitchevo. — **Jean Choux** : La terre qui meurt. — **Cavalcanti** : Rien que les heures. — **René Clair** : Le voyage imaginaire. — **Germaine Dulac** : La folie des vaillants. — **Donatien** : Mon curé chez les riches. — **Duvivier** : L'homme à l'hispano.

Jean Epstein : Mauprat. — **Jacques Feyder** : Gribiche, Carmen. — **Kirsanoff** : Ménil-montant. — **L'Herbier** : Le vertige.

Perret : La femme nue. — **Poirier** : La Croisière noire. — **Jean Renoir** : Nana. — **Tourjansky** : Michel Strogoff.

1927 (94 films)

Marc Allégret : Voyage au Congo. — **Benoît-Lévy et Marie Epstein** : Ames d'enfants. — **Raymond Bernard** : Joueur d'échecs. — **Jacques de Baroncelli** : Feu! Nitchevo.

Cavalcanti : En rade, Yvette. — **René Clair** : La Proie du vent. — **Diamant-Berger** : Éducation de Prince. — **Dieudonné** : Une vie sans joie (Catherine). — **Germaine Dulac** : Invitation au voyage. — **Jean Epstein** : La glace à trois faces, Six et demi Onze.

Abel Gance : Napoléon. — **Rex Ingram** : Mare Nostrum. — **Kirsanoff** : Destins, Sables. — **Jean Keim** : André Cornélis. — **Le Prince** : Princesse Masha.

Mario Nalpas : La fin de Monte-Carlo. — **Jean Renoir** : Charleston, Marquita. — **Starevitch** *(An)* : Le Rat de ville et le Rat des champs, La Cigale et la Fourmi. — **Volkoff** : Casanova.

1928 (52 films)

Autant-Lara : Construire un feu. — **Baroncelli** : Duel. — **Cavalcanti** : Le train sans yeux, La P'tite Lily. — **René Clair** : Un chapeau de paille d'Italie. — **Chomette** : Le chauffeur de Mademoiselle. — **Germaine Dulac** : Antoinette Sabrier.

Carl Dreyer : La passion de Jeanne d'Arc. — **Jean Epstein** : Six et demi Onze, La chute de la Maison Usher. — **Jacques Feyder** : Thérèse Raquin (en Allemagne). — **Gleyze** : La Madone des sleepings.— **Gastyne** : Mon cœur au ralenti, La merveilleuse vie de Jeanne d'Arc, — **Jean Grémillon** : Maldone.

L'Herbier : Le diable au cœur (L'ex-voto). — **Léonce Perret** : La danseuse Orchidée. — **Léon Poirier** : Verdun, vision d'histoire, Amours exotiques. — **Jean Renoir** : Tire au flanc. — **Maurice Tourneur** : L'Équipage. — **Marcel Vandal** : L'eau du Nil (sonore).

1929 (94 films)

Berthomieu : Pas si bête, Ces dames aux chapeaux verts. — **Baroncelli** : La Tentation. — **Raymond Bernard** : Tarakhanova.

Luis Bunuel : Un chien andalou. — **René Clair** : Les deux timides. — **Marcel Carné** : Nogent, Eldorado du dimanche. — **Cavalcanti** : Le Capitaine Fracasse, Le petit chaperon rouge. — **Jean Durand** : Une femme rêvée.

Jacques Feyder : Les Nouveaux Messieurs. — **Jean Epstein** : Finis Terrae, Sa tête. — **Henri Fescourt** : Monte-Cristo. — **Grémillon** : Gardiens de phares. — **André Hugon** : Les Trois Masques (premier 100 % parlant français).

Lacombe : La zone *(doc.)*. — **L'Herbier** : L'argent. — **Léon Poirier** : Verdun, vision d'histoire. — **Gaston Ravel** : Le collier de la Reine. — **Jean Renoir** : Le tournoi dans la cité, Le Bled, La petite marchande d'allumettes. — **Volkoff** : Schéhérazade.

1930 (94 films)

Alexandrov : *Romance Sentimentale* (C.M.). — **A.P. Antoine** et **R. Lugeon** : Chez les mangeurs d'hommes *(doc.)* — **A.P. Antoine** et **Manfred Noah** (All.): Mon cœur incognito. — **René Barberis** : Un trou dans la mur (en 14 versions). — **Baroncelli** : L'Arlésienne, La Tentation. — **Benoît-Lévy** et **Marie Epstein** : Maternité. — **Behrendt** : Mon Béguin. — **Berthomieu** : Rapacité, Le crime de Sylvestre Bonnard. — **Jean Bertin** : L'Appel du Large. — **Bertin** et **Tinchant** : La Vocation. — **Jean Boyer** et **W. Thiele** (All.) : *Le chemin du Paradis*.

Marcel Carné : Nogent Eldorado du Dimanche (C.M.). — **Cavalcanti** : Toute sa vie. — **Chaumet** et **Chaumet-Gentil** : Le Cameroun *(doc.)*. — **Jean Choux** : La Servante. — **René Clair** : *Sous les Toits de Paris.* — **Pierre Colombier** : Chiqué, Je t'adore, mais pourquoi? *Le Roi des Resquilleurs.* — **Deslaw** : Montparnasse (C.M.). — **Diamant-Berger** : Tu m'oublieras, Paris la nuit. — **Jean Dreville** : Physiopolis. — **Donatien** : Pogrom. — **Germaine Dulac** et **W. Thiele** (All.) : Valse d'Amour. — **G. Dulac** : Thème et Variations (C.M.). — **Dupont** : Les Deux Mondes. — **Duvivier** : Maman Colibri, Au bonheur des Dames. — **Dupont** (G.-B.) : Deux Mondes.

Jean Epstein : Sa tête. — **Fescourt** : La maison de la Flèche. — **Feyder** (E.-U.) : Le baiser; Le spectre vert. — **Florey** : La route est belle, L'Amour chante. — **Gaigneron** : Sylvia l'Enchantée. — **Genina** : Prix de beauté. — **Jean Gourguet** : L'Escale. — **Grémillon** : *La*

Petite Lise. — **Jean Hemard** : Cendrillon de Paris. — **Hervil** : La douceur d'aimer. — **Hugon** : La Tendresse Lévy et Cie.

René Jayet : Une femme a passé. — **Joannon** : Adieu les copains. — **Jean Kemm** et **Dupont** (G.-B.) : Atlantis. — **Eichberg** (G.-B.) : Haitang. — **Le Hénaf** et **Mazeline** : Frivolité — **Georges Lion** : L'appel de la chair. — **Roger Lion** : Eau, gaz, amour à tous les étages, (M.M.), Marius à Paris. — **L'Herbier** : Nuits de Prince, L'Enfant de l'Amour. — **Jean de Limur** : Mon gosse de père.

Al. Machin : Robinson junior. — **Marten** (T.S.) : La jungle d'une grande ville. — **Mathot** : Le refuge. — **M. et Liabel** : L'instinct. — **Lucien Mayrargue** : Illusions. — **Mercanton** : La lettre. — **M. et Hervil** : Mystère de la villa rose. — **Léo Mitler** (All.) : Derrière la rampe, Le roi de Paris. — **Modot** : La torture par l'espérance (M.M.). — **Antoine Mourre** : Ça, c'est Paris.

G. Pallu : La merveilleuse vie de Bernadette Soubirous. — **Pérojo** (Esp.) : La bodega. — **Léonce Perret** : Quand nous étions deux. — **Léon Poirier** : Caïn. — **De Rochefort** : Le secret du Docteur. — **Richelli et Cassagne** : La dernière Berceuse. — **Henry Roussel** et **Carl Froelich** : *La Nuit est à Nous*. — **Alex Ryder** : Le défenseur. — **Sandberg** : Capitaine Jaune. — **Shoukens** (Belg.) : La famille Kleppens.

Tourjansky (All.) : Manolesco, prince des Sleepings. — **Tourneur** : Accusé levez-vous. — **Charles Vanel** : Dans la nuit. — **Jean Vigo** : *A propos de Nice* (M.M. doc.). — **Robert Wiene** (All.) : Le Procureur Hallers.

Les indications : (All.), (E.-U.), (Bel.), (Esp.), (Ital.), (T.S.), indiquent que le film a été réalisé dans ces pays. Dans le cas de l'Allemagne, s'il y a deux metteurs en scène, le Français n'est généralement que le directeur des acteurs dans la version parlant notre langue, et l'Allemand le véritable réalisateur.

1931 (139 films)

Marc Allégret : *Mam'zelle Nitouche*. — **A.P. Antoine** : La folle aventure. — **A.P. Antoine** et **Carl Froelich** (All.) : Mon cœur incognito. — **Barberis** : Romance à l'inconnue. — **Baroncelli** : Le Rêve. — **Benoît-Lévy et Marie Epstein** : Le cœur de Paris; Jimmy. — **Hans Berendt** (All.): Gloria. — **R. Bernard** : Faubourg Montmartre. — **Berthomieu** : Coquecigrole; Gagne ta vie; Mon ami Victor. — **Mario Bonnard** : Fra Diavolo. — **Boudrioz** : L'Anglais tel qu'on le parle.

Roger Capellani : Quand te tues-tu? — **Casembroot** : Laurette ou le cachet rouge. — **Cavalcanti** : A mi-chemin du ciel; Les vacances du diable. — **Jean Choux** : *Jean de la Lune*; Un chien qui rapporte; Amours viennoises. — **Chaumel** : Symphonie exotique. — **René Clair** : Le Million; A nous la liberté. — **Clouzot** : La terreur des Batignolles. — **Colombier et Pujol** : Le Roi du Cirque. — **Colombier** : La nuit défendue.

Diamant-Berger : Tout s'arrange; Sola; Paris la nuit. — **Dinni** : Les vagabonds magnifiques. — **Duvivier** : Les 5 gentlemen maudits; David Golder. — **Elias** : Blanc comme neige. — **Fejos et Claude Heyman** : L'Amour à l'Américaine. — **Fescourt** (Suède) : Serments. — **Florey et Allégret** : Le Blanc et le Noir. — **Gallone** : Un soir de rafle; Le chant du marin; (All.) La ville qui chante; Ma cousine de Varsovie. — **Gastyne** : La bête errante. — **Gance** : *La fin du Monde*. — **Génina** : Paris-béguin. — **René Ginet** : Nord 70.22. — **Gleize** : La Chanson des Nations. — **Goupillères** : Échec et Mat; Le poignard malais. — **Grémillon** : La métisse. — **E. T. Greville** : Le Train des suicidés. — **Karl Grune** (All.) : La Maison; Jane de Rio. — **René Goissart** : Tu seras Duchesse; La chance; Un homme en habit.

Jean Hémard : La fortune; Mondanités. — Hervil : Azaïs. — Hugon : Le Marchand de sable. — Rex Ingram : Baroud . — Jaegerschmidt : Virages. — J. Kemm : Le Juif Polonais. — Alex. Korda : Marius; Rive gauche. — Lachman : Mistigri; Le monsieur de Minuit. Lemoine et Elias : Blanc comme neige. — Jean de Limur : Circulez. — L'Herbier : Le Parfum de la Dame en Noir; La femme d'une nuit. — Roger Lion : Allô! Allô!; Le lit conjugal Y en a pas deux comme Angélique. — Jean Marny : Baleydier. — Rudolf Mathé et Bertin : Le costaud des P.T.T. — Joé May : Sa Majesté l'Amour. — Mayrargues et Robert Virnay : Un monsieur qui suit les femmes.

Adelqui Millar : Le rebelle. — Léo Mitler : Les nuits de Port-Saïd. — Monca : La chanson du lin. — Pallu : Anatole. — R. Péguy et Schmidt : Sa Majesté l'Amour. — L. Perret : Après l'Amour. — Poirier : Verdun, vision d'histoire (version sonorisée). — G. Ravel : l'Etrangère. — Renoir : On purge bébé; La chienne. — Roudes : Le maître de sa vie. — Henry Roussel : L'Atout cœur. — Alex Ryder : Un soir au front; La ronde des heures. — Reinhold Schunzel : Le petit écart. — Siodmak et Chomette : Autour d'une enquête. — Tavano : Deux fois vingt ans.

J. Taride : Prisonnier de mon cœur. — Thiele (All.) : Durand contre Durand; Le bal. — Thiele et Pottier (All.) : Dactylo. — Jack Tourneur : Tout ça ne vaut pas l'amour. — Maurice Tourneur : Partir; Maison de danses. — Tourjansky : Le chanteur inconnu; L'Aiglon. — Del Torre : Le disparu de l'ascenseur; Les Surprises du cinéma. — Wulschleger : En bordée; La prison en folie. — William Wyler (U.S.) : Papa sans le savoir.

1932

(137 films distribués + 29 versions françaises réalisées à l'étranger)

Marc Allégret : La petite chocolatière; Fanny. — Karl Anton : Le cordon bleu; Une petite femme dans le train; Monsieur Albert; Maquillage. — Montys Banks (G.-B.) : L'amour et la veine. — Baroncelli : Le dernier choc. — Raymond Bernard : Les croix de bois. — Bernard-Deschamp : Le rosier de Madame Husson. — Berthomieu : Baranco Ltd. — R. Bibal : Amour, amour; Chouchou poids plume. — Billon et Lamac (All.) : La chauve-souris; Kiki; Une nuit au paradis. — Boudrioz : Vacances. — Brunius, Lotar, Vitrac : Voyage aux Cyclades (M.M. doc.).

Cammage : Les gaîtés de l'escadron. — Roger Capellani : Avec l'assurance; Côte d'azur. — Champreux : Haut les mains; Allô Mademoiselle. — Colombier : Chanson d'une nuit. — Christian-Jaque : Le bidon d'or. — Albert de Courville : Sous le casque de cuir. — Paul Czinner : Ariane jeune fille russe; Mélo. — Diamant-Berger et D.B. Maurice : La bonne aventure; L'enfant du miracle; Les trois mousquetaires; Clair de lune. — G. Dini : La voix qui meurt. — Daumery (All.) : Le cas du docteur Brenner. — Donatien : Mon curé chez les riches. — Jean Dréville : Pomme d'amour. — Carl Dreyer : Vampyr ou l'étrange aventure de David Grey. — Duvivier : Allô Berlin, ici Paris; Poil de Carotte. — Marcel Dumont : L'affaire de la rue de Lourcines.

Marquis de la Falaise (E-U.) : Le fils de l'autre. — Féjos : Fantômas. — Forrester : Criminel. — Joe Francys : Léon Tout Court. — Fescourt : Service de Nuit. — Gallone (Hongrie) : Un fils d'Amérique; Le roi des palaces. — Gance : Mater Dolorosa. — Gastyne : Claudia la dompteuse; La bête errante. — Génina (All.) : La femme en homme. — Gréville : Six cancans. — Grémillon : Pour un sou d'amour. — Guarino Claurny : La complice. — René Guissart : La chance; Tu seras Duchesse; Ne sois pas jalouse; Coiffeur pour dames; Mon cœur balance; Le fils improvisé; La perle; Passionnément.

Jean Hémard : Aux urnes citoyens. — René Hervil : Les Vignes du Seigneur; Nicole et sa vertu. — Hinriche et Paul Martin (All.) : Le vainqueur. — Hugon : Le marchand de sable; La croix du sud; Si tu veux; Galeries Lévy et Cie; Maurin des Maures. — Abel Jacquin : Photos. — Jaquelux : Le Picador. — Joannon : Il a été perdu une mariée. — Jean Kemm : Le coffret de laque. — Lacombe : Un coup de téléphone; Ce cochon de Morin; Panpan (M.M.) — Lachmann : La couturière de Lunéville. — Lamac (T.S.) : Faut-il les marier? — Litvak : Cœur de lilas. — Mathot : Embrassez-moi. — Marguenat : Miche; Les bleus de l'amour. — Ch. Matras : Au fil de l'eau (M.M. doc.). — Joe May : Paris Méditerranée. — D. Maurice : Ma tante d'Honfleur. — Léo Mitler : Une nuit à l'hôtel . — René Moreau : Peaux noires (doc.). — Mercanton : Il est charmant; Cognasse. — Neufeld et Ellis (All.) : Une jeune fille et un million. — Ozep (All.) : Les frères Karamazov.

Pabst : L'Atlantide. — Pagnol et Roger Lion : Direct au cœur. — L. Perret et Pierre Caron (All.) : Grains de beauté. — Péguy : Durand sénateur (M.M.). — Plaisetty : Chair ardente. — J.-P. Paulin : La femme nue. — Poirier : La folle nuit. — Poligny (All.) : Rivaux de la Piste; Vous serez ma femme; Les as du turf. — Ravel et Tony Le Kain : M. de Pourceaugnac. — Renoir : La nuit du carrefour. — Roubaud : Danton. — Raymond Rouleau et Joannon : Suzanne. — Roudes : Le carillon de la liberté; Le gamin de Paris. — Hosca et Pellenc : Rocambole. — Ryder : L'âne de Buridan. — Schuntzel (All.) : La belle aventure.

Schwartz : La petite de Montparnasse. — Selpin : Conduisez-moi Madame. — Siodmak (All.) : Quick. — Strichevski : Sergent X. — Tarride : Le chien jaune. — Tavano : Le billet de logement — Tourneur : Les gaîtés de l'Escadron; Au nom de la loi. — Thiele et Daven (All.) : La fille et le garçon. — Tourjansky : Hôtel des étudiants. — Titayna : Tu m'enverras des cartes postales (doc.). — Tzipine : Il y a erreur. — Vaucorbeil : Ma femme homme d'affaires. — Pierre Weill : Mardi-gras. — Wyler (E.-U.) : Papa sans le savoir. — Wulshleger : Champion du régiment. — Weisbach et Marguerite Viel : Occupe-toi d'Amélie.

1933 (143 films distribués + 32 versions)

K. Anton : Le chasseur de chez Maxim's; La poule; Un soir de réveillon; Les surprises du sleeping. — Ch. Archimbaud : Quatre de l'Aviation. — Autant-Lara : Ciboulette. — Baroncelli : Gitanes. — Beaudoin et Chemel (T.S.) : Professeur Cupidon. — Beaujon : Plaisir de Paris. — Benoît-Lévy et Marie Epstein : La Maternelle. — J.-C. Bernard : Trois films sur Paris. — Curt Berhardt (All.) : Le tunnel. — Ludwig Berger (All.) : La guerre des valses. — Berthomieu : Mademoiselle Josette ma femme; Les ailes brisées. — Mario Bonnard : Trois hommes en habit; Ève cherche un père.

Cammage : La fille du régiment. — Casembroot : Dernière nuit. — Cavalcanti : Le mari garçon. — Pierre Chenal : Martyre de l'obèse. — Chomette : Prenez garde à la peinture. — Champreux et Caurier : Touchez du bois. — René Clair : Quatorze juillet. — Clouzot et Hartl (All.) : Caprice de princesse. — Pierre Colombier : Théodore et Cie.

Jacques Darmont : La margoton du bataillon. — Decoin (All.) : Les requins du pétrole; Les bleus du ciel. — Delannoy : Paris-Deauville. — Diamant-Berger : Milady. — Duvivier : Le petit roi; La tête d'un homme. — Jean Epstein : L'or des mers; L'homme à l'hispano. — Ellis : Champignol malgré lui. — Pax Esway : Le jugement de minuit.

Henri Fabert : La merveilleuse tragédie de Lourdes. — Paul Fejos (Hongrie) : Marie légende hongroise. — Jack Forrester : Quelqu'un a tué. — Candera : D'amour et d'eau fraîche. — Georges Gauthier : Bagne d'enfants. — Firmin Gémier : Le simoun. — Kurt Gerron Une femme au volant. — Jean Godard : Pour un soir. — René Guissart : Je te confie ma femme; Mon chapeau; Ah! Quelle garce!; Le père prématuré.

Hartl (All.) : I. F. 1 ne répond plus. — Hervil : Mannequins. — Hollander (All.) : Moi et l'Impératrice. — Houssin : Plein aux As. — Hugon : Boubouroche; La paix chez soi; Les 28 jours de Clairette; L'illustre Maurin. — Albert Jacquin et Pallu : Les deux Monsieur de Madame. — Joannon : 600 000 francs par mois. — Janson et Bernard Derosne (All.) : Son Altesse Impériale. — Jouvet et Goupillères : Knock.

Jean Kemm : Les surprises du divorce; Miss Helyett. — J. et J. Bourlon : Le barbier de Séville. — Alex Korda : *La dame de chez Maxim's.* — Lamac et Billon : Baby; La fille du régiment. — Lacombe : La femme invisible. — Fritz Lang (et René Sti) (All.) : *Le testament du docteur Mabuse.* — Lachman : La belle marinière. — L'Herbier : L'Épervier. — Limur : Paprika. — Roger Lion : Le coucher de la mariée. — Litvak : Cette vieille canaille.

Jean Mamy : Le chemin du bonheur — Léon Mathot : Nu comme un ver .— P. Mesnier : Adhémar Lampist. — Marguenat : La robe rouge .— Joannes Meyer (All.) : Adieu beaux jours. — Mitler : La voix sans visage. — Moncas : La roche aux mouettes. — Natanson : La fusée. — Yvan Noé et Marc Didier : Ame de clown. — Ozep : Mirages de Paris. — Pabst (et Jean de Limur) : Don Quichotte. — Pabst (et Sokkin) : De haut en bas. — Pagnol : Topaze, *Joffroi,* Le gendre de M. Poirier. — J.-P. Paulin : Pas besoin d'argent; l' Abbé Constantin. — Poligny (All.) : L'Étoile de Valence. — Péguy : Au pays du soleil. — Léonce Perret : Il était une fois. — Pujol : Tout pour rien. — Poirier : La voie sans disque.

Renoir : Chotard et Cie. — Richebé : L'agonie des Aigles. — Roudes : Roger la Honte; L'assommoir; Un coup de mistral. — Constant Rémy et Machard : Son autre amour. — Rozier : N'épouse pas ta fille. — Jean de Size : La forge. — Steinhoff (All.) : Madame ne veut pas d'enfant; Un peu d'amour. — Severac : Les rigolos; Le crime du chemin rouge.

Eric Schmidt : Les deux canards. — Siodmak : Le sexe faible. — Sorkin : Cette nuit-là. — Jean Tarride : Étienne. — Tourjansky : L'ordonnance. — Jack Tourneur ; Toto; Pour être aimée. — Maurice Tourneur : Les deux orphelines; Le voleur. — Trivas : Dans les rues. — Vaucorbeil : Une idée folle. — Valray : L'homme à la barbiche. — Vigo : *Zéro de conduite* (interdit jusqu'en 1945). — Volkoff : La mille et deuxième nuit. — Wulschleger : Bach millionnaire; L'enfant de ma sœur. — Weill : Le béguin de la garnison.

1934 (126 films distribués + 24 versions)

Alexeieff : *Nuit sur le Mont-Chauve* (DA). — Marc Allégret : *Lac aux Dames*; Zouzou; Sans famille; L'hôtel du libre échange. — Karl Anton : Un fil à la patte; La cinquième empreinte. — R. Barberis : Casanova. — Baroncelli : Crainquebille; Cessez le feu; Chansons de Paris. — Bartosch : *L'idée* (DA). — Raymond Bernard : *Les Misérables*; Tartarin de Tarascon. — J.-C. Bernard : Terre soumise (*doc.*). — Curt Bernhardt : L'or dans la rue. — Berthomieu : L'Aristo; N'aimer que toi; La femme idéale. — Billon : Le Fakir du grand hôtel; La maison dans la dune. — Bolvary (All.) : Toi que j'adore. — Mario Bonnard (Ital.) : Le masque qui tombe. — Charles Brun : Léopold le bien-aimé.

Roger Capellani : Feu Toupinel; Voici Montmartre. — Cammage : Une nuit de folies. — Cavalcanti : Coralie et Cie. — Pierre Caron et Montys Banks : Votre sourire. — Chaumel et Chaumel-Gentil : Symphonie magique. — Jean Choux : L'Ange gardien; Le greluchon délicat. — Champreux : Judex 34. — René Clair : *Le dernier Milliardaire.* — Pierre Colombier : Charlemagne; Ces messieurs de la Santé; Une femme chipée.

René Dallières : Le calvaire de Cimiez. — Daroy : Cartouche. — Decoin : Toboggan. — Maurice et Henri Diamant-Berger : Ces messieurs de la santé. — Jean Dréville : Trois pour cent; Un homme en or. — Duvivier : Le Paquebot Tenacity; Maria Chapdelaine. — Jean Epstein : La châtelaine du Liban.

Farkas : La bataille. — **Fejos** (Hongrie) : Gardez le sourire. — **Feyder** : *Le grand jeu*; **Jack**. — **Forrester** : Quelqu'un a tué. — **Louis Gasnier** : Fedora; Iris perdue et retrouvée. — **Gance** : Le maître de forges; Poliche. — **Gance et Fernand Rivers** : La dame aux camélias. — **Gallone** : Mon cœur t'appelle. — **Gandera** : Le secret d'une nuit. — **Gastyne** : Rothschild. — **Firmin Gémier**, supervisant **Gaveau** et **Serval** : Mireille. — **R.-G. Grand** : Une rencontre. — **Gerron** : Incognito. — **Guerlais et Mario Fort** : Pêcheurs d'Islande. — **René Guissart** : Dédé; L'école des contribuables; Primerose; Le Prince de Minuit.

André Hugon : Chourinette; Famille Nombreuse; Bouboule 1ᵉʳ, roi des nègres. — **René Hervil** : Train de nuit. — **Joannon** : On a trouvé une femme nue . — **Kirsanoff** : *Rapt*. **Lacombe** : *Jeunesse*. — **Fritz Lang** : *Liliom*. — **Lamprecht** (All.) : Un jour viendra. — **Lamac et de Limur** (All.) : L'amour en cage. — **L'Herbier** : Le scandale; L'aventurier. — **De Limur** : L'auberge du petit dragon; (All.) L'amour en cage; Voyage imprévu; Mariage à responsabilité limitée. — **Roger Lion** : Trois balles dans la peau.

D. Maurice : Miquette et sa mère. — **Machard et Constant Rémy** : Son autre amour. — **Marguenat** : Le Prince Jean; La flambée. — **Ch. Moulin et Eric Schmidt** : Vive la compagnie! — **Max Ophüls** : On a volé un homme. — **Ozep** : Amok. — **Pagnol** : Angèle. — **Pallu** : Le drame de Lourdes ou la Vierge au Rocher. — **Léonce Perret** : Sapho. — **Poligny et Hartl** (All.) : L'or. — **Richard Potier** : Si j'étais le patron. — **Robert Péguy** : Marseille mes amours.

Ravel et Tony Lekain : Fanatisme. — **Renoir** : *Madame Bovary*. — **Richebé** : Minuit place Pigalle; J'ai une idée. — **Robinson** (All.) : Tambour battant. — **Marc Rosa** : L'appel de la nuit. — **Roudes** : La maison du mystère; Flofloche; Le petit Jacques. — **Henry Roussel** : Arlette et ses papas. — **Jean Sacha** : La grande expérience (*doc*.). — **Salvagui** : Autour d'une évasion. — **André Sauvage et Léon Poirier** : La croisière jaune. — **Eric Schmidt** : Les deux canards. — **Reinold Schuntzel** (All.) : Georges et Georgette; La jeune fille d'une nuit. — **Siodmak** : La crise est finie. — **André Sti** : La porteuse de pain; Le bossu. — **Strijewski** : Anaconda (*semi-doc*).

Jean Tarride : Le voyage de M. Perrichon; *Ademaï aviateur*. — **Tourjansky** : Volga en flammes. — **Tourjansky et Marret** : Jeanne. — **Jack Tourneur** : Les filles de la concierge. — **Maurice Tourneur** : Obsession. — **Toulout** : La reine de Biarritz. — **Ucicky et Chomette** (All.) : Au bout du monde; La nuit de mai.

Louis Valray : Belle de nuit. — **Vaucorbeil** : La garnison amoureuse; Une fois dans la vie; Mam'zelle Spahi. — **Jean Vigo** : *Le Chaland qui passe (l'Atalante.)* — **Marguerite Viel** : La banque Nemo. — **Volkoff** : L'Enfant du carnaval. — **Wilder** : Mauvaise graine. — **Wulschleger** : Le train de 8 h 47; Sidonie Panache; Chabichou. — **Zelnik et Gleize** : C'était un musicien.

1935 (115 films distribués + 20 versions)

Marcel Achard : Folies-Bergère. — **Marc Allégret** : *Les beaux jours*. — **Karl Anton** : Madame Sans-Gêne; Arènes joyeuses. — **Serge Arola** : La vie de château. — **Baroncelli** : Le roi de la Camargue. — **Charles Barrois** : Aux portes de Paris. — **Benoît-Lévy et Marie Epstein** : Itto. — **Bernard Derosne** : La fille de Mᵐᵉ Angot. — **Raymond Bernard** : Amants et voleurs. — **Berthomieu** : Jim la Houlette, roi des voleurs. — **Billon** : Deuxième bureau; Bourrasque. — **Blondeau** : Paris mes amours. — **Boudrioz** : L'homme à l'oreille cassée; Le grillon du foyer. — **Bolvary** (All.) : Stradivarius. — **Mario Bonnard** (Ital.) : La marche nuptiale.

Cammage : Un soir de bombe; La mariée du régiment; La caserne en folie. — **Pierre Caron** : Juanita. — **Pierre Chenal** : *Crime et châtiment*. — **Jean Choux** : Maternité. —

Christian-Jaque : Compartiment de dames seules; Sacrée Léonce; La sonnette d'alarme; Sous la griffe; La famille Pont-Biquet. — **P. Colombier** : L'École des cocottes. — **J.-Yves de la Cour** : Vocation (M.).

Jack Daroy : Vogue mon cœur. — **Decoin** (All.) : J'aime toutes les femmes. — **Dreville** : Touche à tout. — **Duvivier** : Golgotha; La Bandera. — **Ducis** : Le cavalier Lafleur; Lune de miel. — **Germaine Dulac** : Le cinéma au service de l'histoire *(doc.)*. — **Richard Eichberg** (All.) : Le contrôleur des wagons-lits; Quadrille d'amour. — **Jean Epstein** : Chanson d'Armor (M.M. parlant breton). — **Jean d'Esme** : La grande Caravane *(doc.)*.

Farkas : Variétés. — **Feyder** : *Pension Mimosa*; *La Kermesse Héroïque*. — **Jack Forrester et Marc Didier** : Le billet de mille; Paris Camargue. — **Fried et Echberg** : Chansons d'amour. — **Abel Gance** : Jérôme Perreau; Napoléon Bonaparte (version sonore); Lucrèce Borgia. — **Genina** : Nous ne sommes pas des enfants. — **Georgesco** : L'heureuse aventure. — **Grémillon** (All.) : Valse royale. — **Gréville** : Princesse Tamtam; Remous; Marchand d'amour. — **Guissart** : Parlez-moi d'amour; Bourrachon. — **Guissart et Schiller** : Le vertige. — **Karl Grune** (All.) : Le sultan rouge. — **S. Guitry** : Pasteur.

André Hugon : Gaspard de Besse; Carte forcée; Gangster malgré lui; Moïse et Salomon parfumeurs. — **Jacques Houssin** (Ital.), **Odette Hochbaum et Ploquin** (All.) : Cavalerie légère. — **René Jayet** : Roi de la couture. — **Jaquelux** : Pierrot mon ami. — **Joannon** : Quelle drôle de gosse!

Lacombe : Les époux scandaleux. — **Lamprecht** (All.) : Barcarolle. — **L. et R. Lebon** (All.) : Un homme de trop à bord. — **L'Herbier** : Le bonheur; Veille d'armes; La route impériale; Le vertige. — **Jean de Limur** : La petite sauvage; La rosière des Halles. — **Litvak** : L'équipage. — **Marguenat** : Adhémaï au Moyen Age; Le monde où l'on s'ennuie. — **Mathot** : Comte obligado; La Mascotte. — **Monca et Keroul** : Une nuit de noces. — **Neufeld et J. Boyer** : Antona romance hongroise. — **Max Nosseck** : Le roi des Champs-Élysées.

Max Ophuls : Divine. — **Rich Oswald** (All.) : Jeunesse, à toi le monde. — **Painlevé** : *L'hippocampe*. — **Pagnol** : Cigalon; Merlusse. — **Poligny** : Retour de paradis; Un de la montagne. — **R. Pottier** : Un oiseau rare; Fanfare d'amour. — **Léonce Perret** : Les précieuses ridicules. — **Pujol** : La caserne en folie; Et moi j'te dis qu'elle t'a fait de l'œil.

Jean Renoir : *Toni*. — **Fernand Rivers** : Le chemineau. — **Alfred Rode** : Juanita. — **Roudes** : Le chant de l'amour. — **Robinson** (All.) : Le secret des Vorontzeff. — **R. et Jean Boyer** : Les époux célibataires. — **F. Rosca** : Coqueluche de ces dames. — **Henry Roussel** : Vogue mon cœur. — **H.-R. et Jean Vallée** : Jeunes filles à marier. — **Willy Rozier** : Pluie d'Or.

Selpin (All.) : Le domino vert. — **Severac** : Le mystère Imberger. — **Jean Stelli** : Jeunesse d'abord. — **Jean Sti** : Ferdinand le noceur; Le bébé de l'escadron; Que la vie était belle. — **Tavano** : Son excellence. — **Tourjansky** : Les yeux noirs. — **M. Tourneur** : Kœnigsmark; Justin de Marseille.

Valentin et Self Nutzel : Les Dieux s'amusent. — **Ladislas Vajda** : Haut comme trois pommes. — **Pierre Weill** : Le train d'amour; L'école des vierges. — **Wulschleger** : Bout de chou; Debout là-dedans; Le médecin malgré lui.

1936 (116 films distribués + 25 versions)

Marc Allégret : *Sous les yeux d'Occident*; Les amants terribles; Aventures de Paris. — **Baroncelli** : Nitchevo; **B. et Richard Eichberg** (All. Bulg.) : Michel Strogoff. — **Raymond**

Bernard : Anne-Marie. — **Michel Bernheim** : Le roman d'un Spahi — **Bernard Deschamp** : La marmaille. — **Berthomieu** : L'amant de Mme Vidal; La flamme; Le mort en fuite — **Robert Bidal** : Les grands. — **Billon** : L'argent; Au service du Tzar.

Cammage : La petite dame du wagon-lit; Les maris de ma femme; Prête-moi ta femme. — **Canonge** : L'empreinte rouge; L'inspecteur Grey; Le secret de l'Émeraude. — **Marcel Carné** : Jenny. — **Pierre Caron** : Marinella; Notre-Dame d'Amour; Les demi-vierges; La tentation. — **Roger Capellani** : Le mari rêvé. — **Casembroot** : L'assassin est parmi vous. — **Maurice Cloche** : Terre d'Amour. — **Pierre Chenal** : Les mutinés de l'Elseneur. — **Christian-Jaque** : L'école des journalistes; Un de la légion; Rigolboche; Monsieur Personne. — **C.-J. et Pierre Madeux** : On ne roule pas Antoinette. — **Pierre Colombier** : La marraine de Charley; Une gueule en or; Le Roi; Le Club des aristocrates.

Daroy et Deslaw : La guerre des gosses. — **Deval et Kruger** : Club de femmes. — **Dréville** : Les petites alliées. — **Ducis** : Au son des guitares. — **Duvivier** : *La belle équipe* (TS); Le Golem. — **Epstein** : Cœur de gueux. — **Farras** : Port-Arthur. — **Forrester** : Les gaîtés de la Finance.

Abel Gance : *Un grand amour de Beethoven.* — **Genina** : La gondole aux chimères. — **Gleize** : Une poule sur un mur. — **Granowski** : Tarass Boulba. — **Grémillon** (All.) : Pattes de mouches. — **R. Guissart** : Une fille à papa; Toi c'est moi; Ménilmontant. — **S. Guitry** : *Le roman d'un tricheur;* Mon père avait raison; Le Nouveau Testament.

Claude Heymann : Les jumeaux de Brighton. — **Hervil** : Les deux gamines. — **Hugon** : Romarin; Les mariages de Mlle Lévy; Le faiseur. — **Victor Janson** : Carmen blonde. — **Jaquelux** : Le malade imaginaire. — **Marc Joly et Marcel Gras** : Aux jardins de Murcie. — **Joannon** : Train de plaisir; Quand minuit sonnera. — **Walter Kapps** : Les gaîtés du palace. — **Jean Kemm et J-L. Bouquet** : La loupiote. — **Kirsanoff** : Visages de France (M.M.); (et **Vuillermoz**) : Cinéphonies.

Lacombe : La route heureuse (All.); Le cœur dispose. — **L'Herbier** : La porte du large; Les hommes nouveaux. — **Le Hénaff** : Joli monde. — **Litvak** : *Mayerling.* — **De Limur** : Les garçons; La brigade en jupons (TS) ; Le coup de trois. — **Mathot** : Les loups entre eux. — **Mirande** : Sept hommes; Messieurs les ronds-de-cuir; Baccara. — **Moguy** : Le mioche. — **Max Neufeld** (TS) : Valse éternelle. — **Yvan Noé** : Mademoiselle Mozart; Mes tantes et moi.

Max Ophüls : *La tendre ennemie.* — **Olivier** : L'esclave blanc. — **Pagnol** : Topaze; *César.* — **Poirier** : L'appel du silence. — **Pottier** : 27, rue de la Paix; Disque 413. — **Pujol** : Bach détective; (All.) Passé à vendre.

Renoir : *Le crime de M. Lange; La vie est à nous.* — **R. Richebé** : Le secret de polichinelle. — **Rivers** : Bichon. — **Roudes** : Enfants de Paris. — **Raymond Rouleau** : Rose. — **Willy Rozier** : Maria de la Nuit. — **Séverac** : Les réprouvés. — **Siodmak** : La vie parisienne; Mister Flow. — **S. et Mirande** : Le grand refrain. — **Sti** : Moutonnet.

Tourjansky (All.) : Le puits en flammes. — **Maurice Tourneur** : Samson. — **Jean Vallée** : La terre qui meurt. — **Vermorel** : Jeunes filles de Paris. — **Pierre Weill** : La madone de l'Atlantique. — **Wulschleger** : Debout là-dedans; Tout va très bien, Madame la Marquise.

1937 (111 films distribués + 8 versions)

Marc Allégret : Gribouille; La dame de Malacca. — **Baroncelli** : Feu! — **Raymond Bernard** : Le coupable; Marthe Richard. — **Benoît-Lévy** : *La mort du cygne.* — **Berthomieu** : Le porte-veine; La chaste Suzanne. — **Pierre Billon** : La bataille silencieuse; Courrier Sud. — **Jean Boyer** : Prends la route.

CASQUE D'OR (1952) et ANTOINE ET ANTOINETTE (1948). *Jacques Becker,* peintre de la réalité, poursuivit avec son tempérament personnel les enseignements de son maître Jean Renoir dans ses meilleurs films tels qu'« Antoine et Antoinette » (avec Annette Poivre) ou « Casque d'Or » (avec Simone Signoret), plein de splendeur plastique.

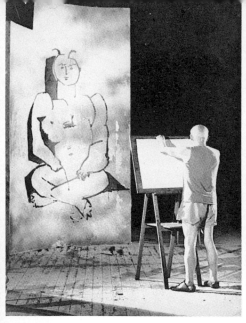

LE MYSTÈRE PICASSO (1957). Ici *Clouzot* explora le mécanisme de la création artistique.

LOLA MONTÈS (1956) avec Martine Carol. *Max Ophüls* y créa un monde onirique et baroque.

ET DIEU CRÉA LA FEMME (1956). *Vadim* imposa internationalement Brigitte Bardot par ce film.

Cammage : Mon député et sa femme; Une femme qui se partage. — Canonge : A minuit le sept; Boulot aviateur. — Marcel Carné : *Drôle de drame*. — Pierre Caron : Blanchette; La Fessée. — Chamborant et M. Bernheim : Police mondaine. — Pierre Chenal : Alibi; (Ital.) : L'homme de nulle part. — Jean Choux : Une femme sans importance; Miarka la fille à l'Ours. — Cloche : Ces dames aux chapeaux verts. — Christian-Jaque : Les dégourdis de la 11e; *François Ier*; A Venise une nuit; La maison d'en face. — Marcel Cohen (Cravenne): Un déjeuner de soleil. — Pierre Colombier : Ignace; Les rois du sport; Club des aventuriers.

Daniel Norman : La belle de Montparnasse. — Decoin : Abus de confiance. — Diamant-Berger : Arsène Lupin Détective. — Dréville : Maman Colibri; Troïka sur la piste blanche. — Duvivier : *Pépé le Moko*; L'homme du jour; *Un carnet de bal*. — Feher (G.-B.) : La symphonie des brigands. — Gandera : Tamara la complaisante. — Gastyne : La reine des resquilleuses. — Génina : Naples au baiser de feu. — Goupillères : La dame de Vittel. — Gréville : Capitaine Tzigane. — Grémillon : *Gueule d'amour*. — Sacha Guitry : Désiré; Faisons un rêve; Le mot de Cambronne; *Les perles de la Couronne*.

Cl. Heymann : L'île des veuves. — Jacques Houssini : Rendez-vous Champs-Élysées. — André Hugon : Monsieur Begonia; Serati le Terrible. — René Jayet (Belg.) : Passeur d'hommes. — Joannon : L'homme sans cœur; Le chanteur de minuit. — Kapps : Pantins d'amour. — Kemm et Bouquet : La Pocharde. — Kirsanoff : Franco de port. — Klein : Ma petite marquise.

Le Hénaff : Euskadi, et *films en relief* Louis Lumière. — Lehman (et Autant-Lara) : L'affaire du courrier de Lyon. — Marcel L'Herbier : Nuits de feu; La citadelle du silence; Forfaiture. — Mathot : L'homme à abattre; Aloha; L'ange du foyer. — Maudru : La troisième enquête de Gray. — Monca et Keroul : Le choc en retour. — Mirande : A nous deux, Madame la Vie; Mannequins de Paris. — Georges Neveux (All.) : L'appel de la vie. — Ozep : La dame de pique. — Ophüls : Yoshiwara. — Pagnol : Regain. — Pallat : La fille de la Madelon. — Pabst : Mademoiselle Docteur. — Pallu : La rose effeuillée. — Poligny : La chanson du souvenir. — J-P. Paulin : La danseuse rouge. — Boris Peskine : Sur les routes d'acier. — Poirier : Sœurs d'armes. — Poligny : La chanson du souvenir; Claudine à l'école (All.). — Pujol : Trois artilleurs au pensionnat; La griffe du hasard.

Jean Renoir : Les Bas-Fonds; *La grande Illusion*. — R. Richebé : L'habit vert. — Rivers : Boissière; Fauteuil 47; La concierge revient de suite. — Roudes : La tour de Nesles. — Raymond Rouleau : Le messager. — Willy Rozier : Les anges noirs; Les hommes de proie. — Siodmak : Le chemin de Rio; Cargaison blanche. — Simons : Le mystère du 421. — Tourjansky : Le mensonge de Nina Petrovna. — Wulschleger : Le cantinier de la coloniale.

1938 (122 films distribués + 12 versions)

Marc Allégret : Orage; *Entrée des artistes*. — Barberis : Ramuntcho. — Baroncelli : La belle étoile; S.O.S. Sahara. — Raymond Bernard : J'étais une aventurière. — Bernard-Deschamp ; Monsieur Coccinelle. — Bernard Roland : La vie des artistes. — Ludwig Berger : Trois valses. — Marcel Bernheim : L'ange que j'ai vendu. — Berthomieu : Le train pour Venise; Les nouveaux riches. — Kurt Bernhardt : Carrefour. — Billon : La piste du Sud. — Jean Boyer : Ma sœur de lait; La chaleur du sein; Mon curé chez les riches·

Cammage : L'innocent; Une de la cavalerie. — Canonge : Un soir à Marseille; Gosse de riche. — Carné : *Quai des brumes;* Hôtel du Nord. — Pierre Caron : Le monsieur de cinq heures; Les femmes collantes; L'accroche-cœur; La route enchantée. — Chenal : L'affaire Lafarge; La maison du Maltais. — Chomette : Êtes-vous jalouse? — Jean Choux : La glu; Paix sur le Rhin. — Christian-Jaque : *Les disparus de St-Agil;* Ernest le rebelle; Les pirates du rail. — **Marcel Cohen** (Cravenne) Un déjeuner de soleil. — **Pierre Colombier :** Le Dompteur.

Daniel Normand : Si tu reviens; Prince de mon cœur. — **Jack Darroy** (Suisse). La bataille ou le mariage de Verenc. — **Decoin :** Retour à l'aube. — **Dréville :** Les nuits blanches de St-Pétersbourg; Le joueur d'échecs. — **Diamant-Berger :** La vierge folle. — **J. Dreyfus** (Le Chanois) : Le temps des cerises. — **J.P. Ducis :** Un fichu métier. — **Esway et Carlo Rim :** Hercule. — **Epstein :** La femme du bout du monde; Les bâtisseurs *(doc.)*.

Fescourt : Bar du Sud. — **Feyder :** Les gens du voyage. — **Gandera :** Le Paradis de Satan. — **Abel Gance :** *J'accuse;* Le voleur de femmes. — **Grémillon :** *L'étrange M. Victor.* — **S. Guitry :** Quadrille; Remontons les Champs-Élysées. — **Jacques Houssin :** Les deux combinards. — **André Hugon :** La rue sans joie; Héros de la Marne. — **Joris Ivens :** *Terre d'Espagne (doc.* version fr. Jean Renoir). — **Joannon :** Alerte en Méditerranée. — **Kirsanoff :** L'avion de minuit; La plus belle fille du monde. — **M. Lehmann (et Autant-Lara) :** Le ruisseau. — **Le Somptier :** Le film de l'exposition. — **L'Herbier :** Nuits de Prince; La tragédie impériale; (All.) : Adrienne Lecouvreur. — **Loubignac :** Sommes-nous défendus ? — **Jean Masson :** Secrets de Paris *(doc.).* — **Mathot :** Le révolté. — **Moguy :** *Prison sans barreaux.* — **Musso :** *Le puritain.* — **Ophuls :** Le Roman de Werther. — **Richard Oswald :** Tempête sur l'Asie. — **Ozep :** Tarakanowa; Gibraltar. — **Pabst :** Le drame de Shanghaï.

Pagnol : Le Schpountz; *La femme du boulanger.* — **J.-P. Paulin :** Les filles du Rhône. — **Péguy :** Monsieur Breloque a disparu. — **Poligny :** Claudine à l'école. — **Pujol :** Titin des Martigues; Trois artilleurs en vadrouille; Les rois de la flotte; Un de la Cannebière; Tricoche et Cacolet.

Jean Renoir : *La bête humaine; La Marseillaise.* — **R. Richebé :** Prison de femmes. — **Rivers :** Quatre heures du matin. — **Alex Ryder :** Mirages. — **Schoukens** (Belg.) : Mon père et mon papa. — **Séverac :** Firmin de St. Pataclet. — **Siodmak :** Mollinard. — **Stengel :** Je chante. — **Stelli :** Durand bijoutier. — **Maurice Tourneur :** Le patriote; Katia. — **Vaucorbeil :** L'escadrille de la chance. — **Robert Wiene :** Ultimatum. — **Wulschleger :** Gargousse.

1939 (75 films distribués + 6 versions)

J.R. Bay : Accord final. — **René Barberis :** Coups de feu. — **Raymond Bernard :** Les otages. — **Kurt Bernhardt :** Carrefour. — **Berthomieu :** L'inconnue de Monte-Carlo; Eusèbe Député. — **Jean Boyer :** Circonstances atténuantes; Noix de coco.

Cammage : Les cinq sous de Lavarède; Le chasseur de chez Maxim's. — **Maurice Cam :** Métropolitain. — **Canonge :** Capitaine Benoît; Thérèse Martin. — **Carné :** *Le jour se lève.* — **Pierre Caron :** Mon oncle et mon curé. — **Chenal :** Le dernier tournant. — **Chotin :** Trois artilleurs à l'Opéra. — **Christian-Jaque :** L'enfer des anges; Raphaël Le Tatoué. — **Cloche :** Nord Atlantique.

J. Daroy : Vidocq. — **Diamant-Berger :** Tourbillon de Paris. — **Marc Didier :** Un moulin dans le soleil. — **Dréville :** Son oncle de Normandie. — **Ducis :** Le plancher des vaches. — **Duvivier :** *La fin du jour.* — **Jean d'Esme :** Sentinelles de l'Empire; La grande inconnue. — **Charles d'Épinay :** Yamilé sous les cèdres. — **Fescourt :** Vous seule que j'aime. — **Haufler** (Suisse) : L'or dans la montagne. — **Jacques Houssin :** Le prince Bouboule; Feux de Joie.

Gance : Luise. — **Gandera et Bidal :** Double crime sur la ligne Maginot. — **Gleize :** Le récif de corail. — **Guitry :** Ils étaient neuf célibataires. — **André Hugon :** Moulin rouge. — **Jayet et Bidal :** Deuxième bureau contre Kommandantur (Terre d'Angoisse). — **Walter Kapps :** Cas de conscience. — **Michel Kelber :** Frères corses. — **Lamax :** Place de la Concorde.

Lehmann et Autant-Lara : Fric-frac. — **Le Henaff** : Fort Dolorès. — **Georgette Le Toureur** : Visions d'Afrique. — **L'Herbier** : La brigade sauvage; *Entente cordiale.* — **Jean de Limur** : La petite peste. — **Litvak** : Nuits de bal.

Mathot : Rappel immédiat; Le bois sacré. — **Marsoudet** : Le paradis des voleurs. — **Charles Méré et Paul Schiller** : Serge Panine. — **Mesnier** : Son oncle de Normandie. — **Mirande et Lacombe** : Derrière la façade. — **Moguy** : *Le déserteur* (Je t'attendrai). — **Jef Musso** : Dernière jeunesse.

Yvan Noé : L'étrange nuit de Noël; Le château des quatre obèses. — **Claude Orval** : Nadia femme traquée. — **Pabst** : Jeunes filles en détresse. — **Pabst et Sorkin** : L'esclave blanche. — **Pallu** : Une gosse en or. — **Paulin** : Trois de Saint-Cyr. — **Poligny** : Le veau gras. — **Péguy** : Grand-père. — **Pujol** : Ma tante dictateur; Les gangsters du château d'If.

Renoir : *La règle du jeu.* — **Richebé** : La tradition de minuit. — **Rivers** : L'embuscade; Berlingot et compagnie. — **Gaston Roudes** : Une main a frappé. — **Séverac** : La boutique aux illusions. — **Simons** : Le fraudeur. — **Siodmak** : Pièges. — **Stengel** : La famille Duraton. — **Vaucorbeil** : L'escadrille de la chance.

1940

(38 films distribués (dont 8 après l'occupation) + 2 versions)

D'Aguiar : *Narcisse.* — **J. de Baroncelli** : Fausse alerte (A Paris un soir); L'Homme du Niger. — **Jacques Becker** : *L'Or du Cristobal.* — **J. Benoît-Lévy** : Feu de paille. — **Raymond Bernard** : Cavalcade d'amour. — **Bernard-Deschamp** : Tempête. — **Jean Choux** : Le Café du Port. — **Jean Boyer** : Miquette et sa Mère ; Sérénade.

Maurice Cammage : Monsieur Hector. — **Maurice de Canonge** : Vive la Nation (Les Trois Tambours). — **Pierre Caron** : Chantons quand même! Bécassine. — **Jean Choux** : Angelica. — **Christian-Jaque** : Le grand Élan. — **Émile Couzinet** : L'intrigante. — **Daniel-Norman** : Marseille mes amours. — **Henri Decoin** : *Battement de cœur.* — **Delannoy** : Le diamant noir. — **Marc Didier** : Sidi-Brahim. — **Jean Dréville** : Le Président Hautecœur. — **J.-P. Ducis** : Le plancher des vaches. — **Duvivier** : *La Charrette Fantôme.*

Alexandre Esway : L'homme qui cherchait la vérité. — **Pierre Fresnay** : Le Duel. — **Abel Gance** : *Le Paradis perdu.* — **Edmond T. Gréville** : Menaces.

Lacombe : Elles étaient douze femmes. — **Lacombe et René Lefèvre** : Les Musiciens du ciel. — **Lacombe et C. Heyman** : Paris-New York. — **Marcilly et O.P. Gilbert** : Courrier d'Asie. — **Léon Mathot** : Le collier de chanvre. — **Pierre Maudru et Gragnon** : Grey contre X. — **Missir, Challe, Mejat, Barrois** : La France est un Empire *(doc.).*

Aimée Navarre et Zwobada : Frères d'Afrique. — **Yvan Noé** : Ceux du ciel. — **Max Ophüls** : *Sans lendemain;* De Mayerling à Sarajevo. — **Marcel Pagnol** : *La Fille du Puisatier* (1). — **Marcel Paul** : Les surprises de la radio. — **J.-P. Paulin** : Le chemin de l'honneur. — **Léo Poirier** : Brazza.

Reinert et Alf. Rode : Le Danube bleu. — **Georges Rony** : De Lénine à Hitler *(doc.).* — **Willy Rozier** : Espoirs. — **Siodmak** : Pièges. — **Alb. Valentin** : L'Entraîneuse; L'Héritier des Montdésir. — **Jean-Jacques Valjean** : Après Mein Kampf, Mes Crimes.

---

(1) *La Fille du Puisatier*, de Pagnol, est le seul film entrepris après la prise de Paris (13 juin 1940) et présenté la même année.

1941 (41 films distribués)

Marc Allégret : Parade de Sept Nuits. — **J. de Baroncelli** : Le Pavillon brûle; Ce n'est pas moi. — **Kurt Bernhardt** : La nuit de décembre. — **Berthomieu** : La neige sur les pas. — **Pierre Billon** : Le Soleil a toujours raison. — **Jean Boyer** : Romance de Paris; L'Acrobate Chèque au porteur.

Maurice Cammage : Monsieur Hector; Une vie de chien. — **Pierre Caron** : Ne bougez plus! — **Christian-Jaque** : L'Assassinat du Père Noël; Premier bal. — **Maurice Cloche** : Sixième étage. — **J. Constant** : Campement 13.

Daniel-Norman : Mamouret, ou Le briseur de chaînes. — **Louis Daquin** : *Nous, les gosses.* — **Henri Decoin** : Premier rendez-vous. — **J.-P. Ducis** : L'étrange Suzy.

Abel Gance : La Vénus aveugle. — **Gleize** : Le Club des soupirants. — **Jean Grémillon** : *Remorques* (R. 1939). — **Edmond T. Gréville** : Une femme dans la nuit. — **André Hugon** : Chambre 13; Trois Argentins à Montmartre. — **René Jayet** : Ici l'on pêche.

Lacombe : Le dernier des six; Montmartre-sur-Seine. — **Leboursier** : Les Petits Riens. — **Marcel L'Herbier** : Histoire de rire. — **Jean de Marguenat** : Les Jours Heureux. — **Léon Mathot** : Froment Jeune et Risler Aîné. — **Paul Mesnier** : Le Valet Maître. — **Yvan Noé** : Les Hommes sans peur; Saturnin; Six petites filles en blanc.

Richard Pottier : Le monde tremblera, ou La révolte des vivants. — **R. Richebé** : Madame Sans-Gêne. — **Starevitch** : *Roman de Renart* (Poupées animées; R. 1939). — **Jean Stelli** : Pour le maillot jaune. — **Maurice Tourneur** : *Volpone* (R. 1939); Péchés de jeunesse.

1942 (72 films distribués + 2 versions)

Marc Allégret : L'Arlésienne. — **Yves Allégret** : Les Deux Timides. — **Claude Autant-Lara** : *Le Mariage de Chiffon; Lettres d'amour.*

J. de Baroncelli : La Duchesse de Langeais; Soyez les bienvenus . — **Jacques Becker** : *Dernier atout.* — **A. Berthomieu** : Promesses à l'inconnue; Dédé de Montmartre; La croisée des chemins. — **Jean Boyer** : Boléro; A vos ordres, Madame; Le Prince Charmant.

Marcel Carné : *Les Visiteurs du soir.* — **Pierre Caron** : Pension Jonas. — **J. de Casembroot** : L'Ange gardien. — **Christian Chamborant** : Signé Illisible. — **Jean Choux** : La femme perdue. — **Christian-Jaque** : *La Symphonie Fantastique.* — **Maurice Cloche** : Feu sacré. — **H.-G. Clouzot** : L'Assassin habite au 21. — **Émile Couzinet** : Andorra ou les hommes d'airain.

Fernandel et Carlo Rim : Simplet. — **J.-P. Feydeau et Le Hénaff** : L'Amant de Bornéo. — **Jacques Feyder** : *La Piste du Nord* (La loi du Nord). — **Gandera** : Finance noire. — **Gleize** : L'appel du Bled. — **Jean Gourguet** : Le Moussaillon. — **Sacha Guitry et Le Hénaff** : Le destin fabuleux de Désirée Clary. — **André Hugon** : Chambre 13. — **Léon Joannon** : Caprices. — **Walter Kapps** : Vie privée.

Georges Lacombe : Le journal tombe à cinq heures; Monsieur la Souris. — **René Lefèvre et Claude Renoir** : opéra Musette. — **Marcel L'Herbier** : La Comédie du Bonheur (R. 1939); *La nuit fantastique.* — **Jean de Limur** : L'Age d'or; L'homme qui joue avec le feu.

Léon Mathot : Cartacalha; Forte tête. — **J.-P. Paulin** : Cap au large. — **R. Péguy** : La dernière aventure. — **Richard Pottier** : Mademoiselle Swing; Huit hommes dans un château; Défense d'aimer.

Roger Richebé : Romance à trois. — Bernard Roland : Le grand combat. — Willy Rozier : Mélodie pour toi. — Jean Stelli : Le Voile bleu. — Maurice Tourneur : Mam'zelle Bonaparte. — Roland Tual : *Le lit à colonnes.*

Albert Valentin : La Maison des sept jeunes filles. — Robert Vernay : La femme que j'ai le plus aimée. — Zwobada : Croisières sidérales.

1943 (81 films distribués)

Autant-Lara : *Douce.* — Barberis : La Chèvre d'or. — Baroncelli : Les Mystères de Paris. — Becker : *Goupi-Mains rouges.* — Berthomieu : Le secret de Mme Clapain. — Pierre Billon : L'inévitable M. Dubois. — Pierre Blanchar : Un seul amour; Secrets. — Jean Boyer : La bonne étoile. — Bresson : *Les anges du péché.*

Cayatte : Au bonheur des dames; Pierre et Jean. — Chaumel-Gentil : Sortilège exotique *(doc.).* — Jean Choux : Port d'attache. — Christian-Jaque : Voyage sans espoir. — Clouzot : *Le corbeau.* — Couzinet : Le brigand bien-aimé. — Louis Cuny : Mermoz.

Daquin : Le Voyageur de la Toussaint; Madame et le mort. — Daniel Norman : Ne le criez pas sur les toits. — Decoin : L'Homme de Londres; Je suis avec toi. — Dréville : Tornavara; Les Roquevillard. — Fernandel : Adrien. — Fescourt : Retour de flamme. — Grimault : *Les Passagers de la Grande Ourse;* Le marchand de notes; L'épouvantail (D.A.). — Sacha Guitry : Donne-moi tes yeux. — Abel Gance : Le Capitaine Fracasse. — Gourguet : Malaria. — Grémillon : Lumière d'été.

De Hérain : Monsieur des Lourdines. — Jacques Houssin : Feu Nicolas. — André Hugon : Le chant de l'exilé. — René Jayet : 25 ans de bonheur. — Joannon : Le camion blanc; Lucrèce.

Lacombe : Le Colonel Chabert. — Le Hénaff : Des jeunes filles dans la nuit. — L'Herbier : L'honorable Catherine; Terre de feu (R. 1938). — Lucot : Rodin *(doc.).* — Marguenat : La grande Marnière. — Mathot : L'homme sans nom. — Mesnier : Patricia; Fou d'amour. — Yvan Noé : La Cavalcade des heures.

J.-P. Paulin : L'homme qui vendit son âme au diable. — Robert Péguy : Les Ailes blanches; Un coup de feu dans la nuit. — Poligny : Le Baron fantôme. — Poirier-Joannon-Pottier : Picpus; La ferme aux loups; Mon amour est près de toi. — Pierre Prévert : *Adieu Léonard.*

Guillaume Radot : Le loup des Malveneur. — Roger Richebé : Domino. — Bernard Roland : Le soleil de minuit. — Willy Rozier : L'Auberge de l'Abîme. — Séverac : Ceux du rivage. — Stelli : La valse blanche.

Maurice Tourneur : La main du diable; Le val d'enfer. — Valentin : *Marie-Martine,* A la belle frégate. — Vaucorbeil : Mademoiselle Béatrice. — Vernay : Le Comte de Monte-Cristo (2 époques); Arlette et l'amour. — Zwobada : Une étoile au soleil.

1944 (22 films distribués + 5 versions)

Marc Allégret : Les Petites du Quai aux Fleurs. — Jean Anouilh : Le voyageur sans bagages. — André Berthomieu : L'ange de la nuit. — Pierre Billon : Vautrin. — Maurice Cam : L'île d'amour. — M. de Cammage : Un chapeau de paille d'Italie.

Daniel-Norman : L'aventure est au coin de la rue. — Louis Daquin : *Premier de cordée.* —

Jean Faurez : *Service de nuit.* — **Maurice Gleize** : Graine au vent. — **Gilles Grangier** : Adémaï, bandit d'honneur. — **Jean Grémillon** : *Le ciel est à vous.* — **Sacha Guitry** : La Malibran.

André Hugon : La Sévillane. — **Walter Kapps** : Mahlia la Métisse. — **Le Hénaff** : Coup de tête. — **Jean de Marguenat** : Béatrice devant le désir. — **Arthur Porchet** : L'Oasis dans la tourmente.

Guillaume Radot : Le bal des passants. — **Fernand Rivers** : La Rabouilleuse. — **Bernard Roland** : La collection Ménard. — **Jean Stelli** : L'enfant de l'amour. — **Jean Tarride** : Le mort ne reçoit plus. — **Maurice Tourneur** : Cécile est morte. — **Roland Tual** : Bonsoir Mesdames, bonsoir Messieurs. — **Albert Valentin** : La vie de plaisir. — **Robert Vernay** : Le Père Goriot.

Comité de Libération du cinéma : *La libération de Paris* (doc.).

1945 (58 films)

Marc Allégret : Félicie Nanteuil (R. 1943); La Belle Aventure. — **Yves Allégret** : La boîte aux rêves. — **J. de Baroncelli** : Marie la Misère. — **Jacques Becker** : *Falbalas.* — **Berthomieu** : J'ai 17 ans; Peloton d'exécution. — **Pierre Billon** : Mademoiselle X. — **Jean Boyer** : Sérénade. — **Robert Bresson** : *Les Dames du Bois de Boulogne.*

Henri Calef : Millionnaire; L'extravagante Mission. — **Maurice Cam** : Bifur 3. — **Canonge** : Dernier Métro. — **Marcel Carné** : *Les Enfants du Paradis.* — **René Chanas** : Jugement dernier. — **Christian-Jaque** : *Carmen* (R. 1943); *Sortilèges; Boule de suif.* — **Yves Ciampi** : Les Compagnons de la Gloire *(doc.).* — **Maurice Cloche** : 24 heures de perm; L'invité de la onzième heure.

Delannoy : La part de l'ombre. — **Dréville** : Les Cadets de l'Océan (R. 1942); La Ferme du Pendu; *La Cage aux rossignols.* — **Duvivier** : *Un Tel père et fils* (R. 1940). — **Faurez** : La Fille aux yeux gris. — **Grangier** : Le Cavalier noir. — **Gehret** : La vie d'un autre.

Houssin : Le Merle blanc. — **P. de Herain** : Paméla. — **Joannon** : Documents secrets. **Kirsanoff** : Quartier sans soleil (R. 1939). — **Lacombe** : Florence est folle. — **Le Hénaff** : Le Mystère Saint-Val. — **L'Herbier** : La vie de bohème. — **Limur** : La grande meute.

Mahé : Blandine. — **Malraux** : *L'Espoir* (R. 1939). — **Mathot** : La route du bagne. — **Pagnol et Leboursier** : Naïs. — **J-P. Paulin** : Echec au roy. — **Serge de Poligny** : La fiancée des ténèbres. — **Richard Pottier** : Le roi des Resquilleurs; Les caves du Majestic.

Guillaume Radot : Les frontières de la liberté. — **Christian Stengel** : Seul dans la nuit. — **Jean Vigo** : *Zéro de conduite* (interdit par la censure depuis 1933). — **Zwobada** : Farandole; François Villon.

1946 (94 films distribués)

Marc Allégret : Lunegarde; Pétrus; La belle aventure. — **Yves Allégret** : *Les démons de l'aube.* — **Jacqueline Audry** : Les malheurs de Sophie. — **Autant-Lara** : *Sylvie et le Fantôme.* — **Baroncelli** : La rose de la mer; Tant que je vivrai. — **Raymond Bernard** : Un ami viendra ce soir; Adieu chérie. — **Berthomieu** : Gringalet; Deuxième bureau. — **Pierre Billon** : L'homme au chapeau rond. — **Blistène** : Étoile sans lumière. — **Blondy** : Fils de France.

Calef : Jéricho. — **Maurice Cam** : Au pays des cigales; on demande un ménage. —

Cammage : L'ennemi sans visage. — M. de Canonge : Mission spéciale; Réseau clandestin. — Marcel Carné : *Les portes de la nuit*. — Cartier-Bresson : *Le retour (doc.)*. — André Cayatte : Le dernier sou; Sérénade aux nuages; Roger la Honte; La revanche de Roger la Honte. — Pierre Chenal : La Foire aux chimères. — André Chotin : Les clandestins. — Jean Choux : L'ange que tu m'as donné. — Christian-Jaque : Un revenant. — René Clément : *La bataille du rail;* Le Père tranquille. — Maurice Cloche : Jeux de femmes. — Cocteau et Clément : *La Belle et la Bête*. — Louis Cuny : Étrange destin.

Dagan : L'ennemi sans visage. — Daniel-Norman : 120, rue de la Gare; Monsieur Grégoire s'évade. — Daquin : *Patrie*. — Pierre Dard : Impasse. — R. Daroy : Raboliot. — Decoin : La fille du diable. — Delacroix : L'assassin n'est pas coupable. — Delannoy : *La Symphonie pastorale*. — Andrée Feix : Il suffit d'une fois. — Feyder et Blistène : Macadam.

Gasnier-Reymond : Le Père Serge. — Gourguet : Son dernier rôle. — Gilles Grangier : Trente et quarante; Leçon de conduite; Histoire de chanter. — Jean Grémillon : *Le 6 juin à l'aube (doc.)*. — E-T. Gréville : Dorothée cherche l'amour. — André Hugon : L'affaire du grand hôtel. — Jayet : Le cabaret du grand large.

Lacombe : Le pays sans étoiles; Martin Roumagnac. — Georges Lampin : L'idiot. — Leboursier : L'assassin était trop familier. — Le Chanois : Messieurs Ludovic. — Le Hénaff : Christine se marie; Les gueux au Paradis. — Marcel L'Herbier : L'affaire du collier de la Reine; Au petit bonheur. — Lotar : Aubervilliers *(doc.)*.

Jean de Marguenat : Madame et son flirt; Le Guardian. — Mathot : Nuits d'alerte. — Jeff Musso : Vive la liberté! — Yvan Noé : La femme coupée en morceaux. — Richard Pottier : Destins; L'insaisissable Frédéric.

Émile Reinert : Tombé du ciel. — Jean Renoir : *Une partie de campagne* (R. 1936). — Roger Richebé : Les J 3. — Rivers : Cyrano de Bergerac. — Bernard Roland : Nous ne sommes pas mariés. — B. Roland et Raymond Rouleau : Le couple idéal. — Georges Rouquier : *Farrebique*.

Sauvageon : Tant que je vivrai. — Jean Stelli : Mensonges; La tentation de Barbizon. — Robert Vernay : Le Capitan.

1947 (107 films distribués)

Raoul André : Le village en colère. — Autant-Lara : *Le diable au corps*. — Jacques Becker : *Antoine et Antoinette*. — Berthomieu : Pas si bête; Amour, délices et orgues; Carré de valets. — Bidal : Le fugitif; L'homme traqué. — Jean Boyer : Aventures de Casanova.

Calef : Les Chouans; La maison sous la mer. — Canonge : Un flic. — Casembroot : Tierce à cœur. — Cayatte : Le chanteur inconnu. — Chamborant : Rouletabille joue et gagne. — Chanas : La taverne du poisson couronné. — Chotin : Fausse identité. — René Clair : *Le silence est d'or*. — René Clément : *Les Maudits*. — Clouzot : *Quai des Orfèvres*. — Maurice Cloche : Cœur de coq; Monsieur Vincent; Pas un mot à la Reine Mère. — Couzinet : Hyménée. — Louis Cuny : Le beau voyage; La femme en rouge.

R-P. Dagan : Désarroi. — Daniel-Norman : Les trois cousines. — Louis Daquin : *Les Frères Bouquinquant*. — Jacques Daroy : Les dames de Haut-le-Bois; L'Inspecteur Sergil; Rumeurs. — Decoin : Les Amants du pont Saint-Jean; Non coupable. — Delannoy : Les jeux sont faits. — Dréville : Copie conforme. — Duvivier : Panique.

Esway : Les Bataillons du ciel. — Faurez : Contre-Enquête. — Andrée Feix : Capitaine Blomet. — Gaspard-Huit : Coïncidences. — Gehret : Café du cadran. — Gilbert Gil : Brigade criminelle. — **Gleize** : Le bateau à soupe. — **Grangier** : Danger de mort; Aventures de Cabassou; Rendez-vous à Paris. — E.-T. **Gréville** : Le Diable souffle; Pour une nuit d'amour.

Hennion : Ploum-ploum tralala. — **P. de Herain** : L'amour autour de la maison. — **J. Houssin** : Le secret du Florida. — **Henry Jacques** : L'arche de Noé. — **Jayet** : L'homme de la nuit. — **Walter Kapps** : Plume la poule. — **Labro** : Les gosses mènent l'enquête. — **Lacombe** : Les Condamnés. — **Carl Lamac** : La colère des Dieux. — **Raymond Lamy** : Miroir. — **Lévitte et Joffé** : Six heures à perdre.

Léon Mathot : La dernière chevauchée. — **Marc Maurette** : Le dernier refuge. — **Paul Mesnier** : La kermesse rouge. — **Léopold Moguy** : Bethsabée. — **Théophile Pathé** : Les beaux jours du Roi Murat. — J.-P. **Paulin** : Le château de la dernière chance; La nuit de Sybille. — **S. de Poligny** : Torrents. — **Richard Pottier** : Vertiges. — **Pierre Prévert** : *Voyage-Surprise.*

Jean Sacha : Fantômas. — **J. Séverac** : Nuits sans fin. — **J. Stelli** : La cabane aux souvenirs. — **Christian Stengel** : Le village perdu; Rêves d'amour. — **Vaucorbeil** : Le mariage de Ramuntcho. — **Vicky Yvernel** : Le charcutier de Machonville.

1948 (84 films distribués)

Aboulker : Les aventures des Pieds Nickelés. — **Raoul André** : Le fiacre numéro 13 (Ital.); L'assassin était à l'écoute. — **Yves Allégret** : *Dédée d'Anvers.* — **Baroncelli** : Rocambole (Ital.). — **Berthomieu** : Blanc comme neige; L'ombre. — **Billon et Cocteau** : Ruy Blas. — **Jean Boyer** : Mademoiselle s'amuse.

Calef : Bagarres. — **Canonge** : Erreur judiciaire. — **Cayatte** : Le dessous des cartes. — **André Cerf** : Si jeunesse savait. — **Chamborant** : Rouletabille contre la Dame de pique. — **Chanas** : La Carcasse et le Tord-Cou; Le Colonel Durand. — **Chenal** : Clochemerle. — **Christian-Jaque** : *La Chartreuse de Parme* (Ital.); D'homme à homme. — **Cocteau** : L'aigle à deux têtes. — **Couzinet** : Colomba.

Daniel-Norman : La femme que j'ai assassinée; Si ça peut vous faire plaisir; Le Diamant de cent sous. — **Decoin** : Les amoureux sont seuls au monde. — **Devaivre** : La dame d'onze heures. — **Dréville et Titus Vibé-Muller** : *La bataille de l'eau lourde* (Nor.).

Esway : L'Idole. — **Faurez** : La vie en rose. — **Freeland** : Neuf garçons et une fille. — **Gasnier-Reymond** : Le Cavalier de Croix Mort. — **Grangier** : La femme sans passé; Par la fenêtre. — **Sacha Guitry** : Le diable boiteux; Le comédien.

Robert Hennion : Les souvenirs ne sont pas à vendre; Dix de der. — **P. de Herain** : Le mannequin assassiné. — **André Hunebelle** : Métier de fou. — **René Jayet** : Bichon; Mandrin.

Labro : Trois garçons, une fille. — **Lacombe** : Les condamnés. — **Charles Lamac** : Une nuit à Tabarin. — **Lampin** : Éternel conflit. — **Le Chanois** : Au cœur de l'orage (*doc.*). — **Roger Leenhardt** : *Les dernières vacances.* — **Maurice Lehman** : Une jeune fille savait. — **Loubignac** : Le Barbier de Séville; Le voleur se porte bien.

Jacques Manuel : Une grande fille toute simple. — **Marguenat** : Toute la famille était là. — **Mathot** : Le dolmen tragique. — **Jean Mineur** : Troisième cheminée à droite. — **Montazel** : Croisière pour l'inconnue. — **Yvan Noé** : Un mort sans importance. — **Claude Orval** : Triple enquête.

J.-P. Paulin : La voix du rêve; La nuit merveilleuse. — **Georges Peclet** : La grande volière. — **Richard Pottier** : La nuit blanche; L'aventure commence demain. — **Guillaume Radot** :

HIROSHIMA MON AMOUR (1959) avec Emmanuèle Riva. Le renouvellement apporté par la Nouvelle Vague contribua à imposer *Alain Resnais* par un authentique chef-d'œuvre.

LES AMANTS (1958) révélèrent les talents de Jeanne Moreau et du jeune réalisateur *Louis Malle*.

UNE VIE (1958) avec Maria Schell. *Alexandre Astruc* s'y montre le précurseur de la Nouvelle Vague.

LE BEAU SERGE (1958) avec Brialy et Blain. *Claude Chabrol* débuta par ce film.

A BOUT DE SOUFFLE (1960) avec Belmondo et Jean Seberg. *Jean-Luc Godard* débuta par son haletant et personnel « A bout de souffle ».

Le destin excécrable de Guillemette Babin. — **Georges Regnier** : Les paysans noirs (Famoro le tyran). — **Roger Richebé** : La grande Maguet. — **Fernand Rivers** : Le Maître de forges. — **Alfred Rode** : Cargaison clandestine.

Jean Sacha : Carrefour du crime. — **Jacques Séverac** : La Renégate; Halte, Police! — **Jean Stelli** : Route sans issue. — **Christian Stengel** : Figure de proue. — **Tavano** : L'impeccable Henri. — **Maurice Tourneur** : Après l'amour; Impasse des Deux-Anges. — **Jean Tedesco** : Mort ou vif.

Albert Valentin : Le secret de Monte-Cristo. — **Nicole Védrès** : *Paris* 1900. — **Roger Verdier** : Parade du rire. — **Robert Vernay** : Émile i'Africain; Raselgua, Fort de la solitude. — **Zwobada** : *La Septième porte* (Maroc).

1949
(97 films distribués, dont 3 CoPr à plus de 50 %)

Marcel Achard : Jean de la Lune. — **Henri Aisner** : Le mystère de la Chambre jaune. — **Yves Allégret** : *Une si jolie petite plage.* — **Jacqueline Audry** : Gigi. — **Autant-Lara** : *Occupe-toi d'Amélie.* — **Becker** : Rendez-vous de juillet. — **Berthomieu** : Le bal des pompiers; La femme nue; Le cœur sur la main. — **Roger Blanc** : Scandale aux Champs-Élysées. — **Blistène** : Rapide de nuit; Le sorcier du ciel. — **Jean Boyer** : Une femme par jour; Tous les chemins mènent à Rome (Ital.).

Henri Calef : Eaux troubles. — **Maurice Cam** : Drame au Vél' d'Hiv'. — **Georges Campaux** : Ronde de nuit. — **Canonge** : Jeunes conscrits; Dernière heure! Édition spéciale! — **Cayatte** : *Les Amants de Vérone.* — **Cayatte, Clouzot, Dreville, Lampin** : Retour à la vie. — **André Cerf** : La veuve et l'innocent. — **René Chanas** : L'escadron blanc. — **Chaperot** : La renaissance du rail. — **Clouzot** : *Manon.* — **Cocteau** : *Les parents terribles.* — **Louis Cuny** : Tous les deux.

R. Dallier : Mademoiselle de La Ferté. — **Daniel-Norman** : L'Ange rouge. — **Daquin** : Le parfum de la dame en noir; *Le point du jour.* — **J. Daroy** : Le droit à l'enfant; La passagère; Sergil et le dictateur. — **Devaivre** : La ferme des sept péchés. — **Decoin** : Au grand balcon; Entre onze heures et minuit. — **Delannoy** : Aux yeux du souvenir; Le secret de Mayerling. — **Diamant-Berger** : La Maternelle. — **Dréville et Noël-Noël** : Les casse-pieds. — **Duvivier** : Au royaume des cieux.

Faurez : Histoires extraordinaires. — **Jean Gehret** : Tabusse. — **Gourguet** : Les orphelins de Saint-Waast. — **Grangier** : Jo la Romance. — **Grémillon** : *Pattes blanches.* — **Sacha Guitry** : Les deux colombes. — **P. de Herain** : Marlène. — **J. Houssin** : Vient de paraître. — **Hunebelle** : Mission à Tanger.

Jayet : Ma tante d'Honfleur. — **Labro** : L'héroïque Monsieur Boniface. — **Lampin** : La Parade des pilotes perdus. — **B. de Latour et P. Billon** : Duguesclin. — **Jean Laviron** : Virevent. — **Le Chanois** : *École Buissonnière.* — **Le Hénaff** : Scandale. — **Marcel L'Herbier** : La Révoltée. — **Loubignac** : Piège à hommes. — **Lucot** : Les Dieux du dimanche.

Maurette et Lou Bounin : Alice au pays des merveilles (poupées animées). — **Mathot** : L'homme aux mains d'argile. — **J.-P. Melville** : Le silence de la mer. — **Neubach** : On demande un assassin; Le signal rouge. — **Pagnol** : La Belle Meunière. — **J.-P. Paulin** : L'inconnue numéro 13. — **Léon Poirier** : La route inconnue. — **Richard Pottier** : Bary; Deux amours; Interdit au public.

Guillaume Radot : La louve. — **Reinert** : Fandango; Ainsi finit la nuit. — **R. Richebé** :

Monseigneur. — Carlo Rim : L'armoire volante. — Fernand Rivers : Ces dames aux chapeaux verts. — Bernard Roland : Portrait d'un assassin. — Willy Rozier : 56, rue Pigalle.

Gilbert Sauvageon : Bal Cupidon. — Séverac : La vie est un rêve. — Charles Spaak : Le mystère Barton. — Jean Stelli : Cinq tulipes rouges; La cité de l'Espérance; Le dernier amour. — Fred Surville : Manouche.

Jacques Tati : Jour de fête. — Tavano : Les vagabonds du rêve. — A. Valentin : L'échafaud peut attendre. — Vernay : Fantomas contre Fantomas. — Jean Wall : Bonheur en location. — Zwobada : *Noces de sable* (Maroc).

1950 (104 films distribués, dont 2 CoPr.)

Aboulker : La Dame de chez Maxim's; Le trésor des Pieds Nickelés. — Marcel Achard : La Valse de Paris. — Marc Allégret : Maria Chapdelaine. — Yves Allégret : Manèges. — Jacqueline Audry : Minne, l'ingénue libertine.

Ludwig Berger : Ballerina. — Raymond Bernard : Maya. — Berthomieu : La petite chocolatière. — Berthomieu et Jean Prat : Pigalle-Saint-Germain-des-Prés. — Pierre Billon : Agnès de rien; Chéri; Au revoir, M. Grock. — Roger Blanc : Sacrifice de mère. — Jean Boyer : La valse brillante; Le rosier de Mme Husson; Nous irons à Paris.

Calef : La souricière. — Cam : Tête blonde. — Canonge : L'homme de la Jamaïque. — Marcel Carné : La Marie du port. — Castanier : L'homme qui revient de loin. — Cayatte : Justice est faite. — Christian-Jaque : Singoalla (Suède); Souvenirs perdus. — Ciampi : Suzanne et les brigands; Un certain Monsieur. — René Clair : *La beauté du diable.* — René Clément : Le château de verre. — Cloche : La porteuse de pain. — Cocteau : *Orphée.* — Colline : Adhémaï au poteau frontière.

Daroy : La maison du printemps. — Decoin : Trois télégrammes. — Delacroix : Ils ont vingt ans. — Delannoy : Dieu a besoin des hommes. — Devaivre : Vendetta en Camargue. — Deval : L'invité du mardi. — Dhéry : La patronne; Les Branquignols. — Dulud : Banco de Princes.

Gheret : Le crime des justes; Orage d'été. — Gibaud : La rue sans loi. — Gleize : Et moi j'te dis qu'elle t'a fait de l'œil. — Gourguet : Zone frontière. — Grangier : L'homme de joie; Amédée; Amour et Compagnie; Au petit zouave; Les femmes sont folles. — Guitry : Tu m'as sauvé la vie; Le trésor de Cantenac.

André Haguet : Fusillé à l'aube. — Hennion : L'Atomique M. Placido. — Hunebelle : Millionnaires d'un jour; Méfiez-vous des blondes. — Jean Image : Janot l'Intrépide (DA). — Jayet : Les aventuriers de l'air; Une nuit de noces. — Jeanson : Lady Paname. — Joivet : La peau d'un homme. — Joannon : Le 84 prend des vacances. — Kirsanoff : Fait-divers à Paris.

Labro : Le tampon du Capiston. — Lacombe : Prélude à la gloire. — Lampin : Les anciens de Saint-Loup. — Leboursier : Le Furet; Menaces de mort. — Le Chanois : La Belle que voilà. — Lepage : L'extravagante Théodora; Les maîtres-nageurs; Mon ami le cambrioleur. — L'Herbier : Les derniers jours de Pompéi (Italie). — Loubignac : Le gang des tractions arrière; Le martyr de Bougival. — Marguenat : L'auberge du péché. — Jean Marin : Autant en emporte l'histoire *(doc.).* — Mathot : La danseuse de Marrakech. — Jacques Manuel : Julie de Carneilhan. — Melville : Les enfants terribles. — Mère : La nuit s'achève. — Montazel : Pas de week-end pour notre amour.

Ophüls : *La ronde.* — Pagliero : *Un homme marche dans la ville.* — Paulin : Voyage à trois. — Péclet : Le grand cirque. — Poligny : La soif des hommes. — Richard Pottier :

Casimir; Meurtres. — **Guillaume Radot** : Cartouche. — **Reinert** : Quai de Grenelle; Rendez-vous avec la chance. — **Willy Rozier** : L'épave. — **F. Rivers** : Tire-au-flanc. — **Alex Ryder** : La ronde des heures. — **Sauvajon** : Le Roi; Ma Pomme; Mon ami Sainfoin. — **Stelli** : Envoi de fleurs; On n'aime qu'une fois. — **Stengel** : Rome-Express. — **René Sti** : Nous avons tous fait la même chose.

Tavano : Ève et le serpent. — **Denise Tual** : Ce siècle a 50 ans. — **Vandenberghe et Lacroix** : On ne triche pas avec la vie. — Nicole Vedrès : La vie commence demain *(doc.)*. — **Vernay** : Pas de vacances pour le Bon Dieu; Véronique. — **Villiers** : Hans le Marin. — **René Wheeler** : Premières armes. — E. **Wieser** : Les amours de Blanche-Neige (Autriche).

1951 (106 films distribués, dont 9 CoPr.)

Accursi et Bardonnet : Çà, c'est du cinéma! — **Marc Allégret** : Les miracles n'ont lieu qu'une fois (Italie). — **Anouilh** : Deux sous de violette. — **Raoul André** : Une fille à croquer. — **Jacqueline Audry** : Olivia. — **Autant-Lara** : *L'auberge rouge.*

Ralph Baum : Nuits de Paris. — **Raymond Bernard** : Cap de l'Espérance. — **Becker** : Édouard et Caroline. — **Berthomieu** : Chacun son tour; Le roi des camelots; M^(lle) Josette ma femme. — **Blistène** : Bibi-Fricotin. — **Jean Boyer** : Garou-Garou; La passe-muraille. — **Bresson** : *Journal d'un curé de campagne.* — **Hervé Bromberger** : Identité judiciaire.

Calef : Ombres et Lumière; La passante. — **Cam** : Bouquet de joie. — **Campaux** : Bel amour. — **Canonge** : Les deux gamines. — **Marcel Carné** : Juliette ou la Clef des songes. — **André Cerf** : Le mariage de M^(lle) Beulemans. — **Christian-Jaque** : Barbe-Bleue. — **Ciampi** : Un grand patron. — **Cloche** : Né de père inconnu. — **Colbert** : Je n'ai que toi au monde. — **Combret et Claude Orval** : Musique en tête. — **Cuny** : Demain nous divorçons. — **Couzinet** : Le don d'Adèle.

Daniel-Norman : Dakota 308; Cœur-sur-Mer. — **Daquin** : Maître après Dieu. — **Daroy** : Porte d'Orient. — **Decoin** : Le désir et l'amour; Clara de Montargis. — **Delannoy** : Le garçon sauvage. — **Devaivre** : L'inconnue de Montréal. — **Dhéry** : Richard Cœur de Lion. — **Diamant-Berger** : Monsieur Fabre. — **Duvivier** : Sous le ciel de Paris.

Gautherin : Au fil des ondes. — **Gleize** : Le passage de Vénus. — **Gomez** : Le clochard millionnaire. — **Gourguet** : Trafic sur les dunes. — **Grangier** : Amant de paille; Les Petites Cardinal; Le plus joli péché du monde. — **Grémillon** : L'étrange Madame X. — **Sacha Guitry** : Le Poison; Deburau. — **Guitry et Fernandel** : Adhémar ou le jouet de la fatalité. — **Albert Guyot** : L'enfant des neiges.

Ralf Habib : Rue des Saussaies. — **Claude Heymann** : La belle image; Victor. — **Hunebelle** : Ma femme est formidable. — **René Jayet** : Moumou; Chéri de sa concierge. — **Joannon** : Atoll K.

Labro : Pas de vacances pour M. le Maire; Boniface, somnambule. — **Lacombe** : La nuit est mon royaume. — **Lampin** : Passion. — **Laviron** : Descendez, on vous demande. — **Leboursier** : La vie est un jeu. — **Le Chanois** : *Sans laisser d'adresse.* — **Lefranc** : Knoch. — **Lepage** : Dupont-Barbès; Et ta sœur! — **Loubignac** : Piédalu à Paris.

Montazel : Paris chante toujours! — **Maurette et Bill Marshall** : La Taverne de la Nouvelle-Orléans (Prod. U.S.). — **Noël-Noël** : La vie chantée. — **Pagnol** : Topaze. — **Pagliero** : Les amants de Bras-Mort; La Rose rouge. — **Pasquali** : Les joyeux pèlerins. — J-P. **Paulin** : Folie douce. — **Richard Peclet** : Casabianca. — **Richard Pottier** : Caroline chérie.

Roger Richebé : Gibier de potence. — Carlo Rim : La Maison Bonnadieu. — Fernand Rivers : Les mains sales. — Alf-Rode : Boîte de nuit. — Willy Rozier : Le bagnard. — Henri Schneider : La grande vie.— Raymond Segard : Avalanche. — Jean Stelli : Mamy; Sérénade au bourreau; Maria du bout de monde. — Stengel : Pas de pitié pour les femmes; La plus belle fille du monde.

Tavano : Coq en pâte. — Frank Tuhtle : La traquée. — Vernay : Andalousie. — Jean Wall : Bille de clown. — Zwobada : Capitaine Ardant.

1952 (100 films distribués, dont 12 CoPr.)

Aboulker : Les femmes sont des anges. — Alden-Delos : L'Agonie des Aigles. — Marc Allégret : Avec André Gide *(doc.)*; La demoiselle et son revenant. — Yves Allégret : La jeune folle; Nez-de-cuir.

Cl. Barma : Le dindon. — A. Barsacq : Le rideau rouge. — Jacques Becker : Casque d'or. — Raymond Bernard : Le jugement de Dieu. — Berthomieu : Allô, je t'aime; Jamais deux sans trois. — Bibal : Les deux « Monsieur » de Madame.— Blistène : Cet âge est sans pitié. — J. Boyer : Cent francs par seconde; Coiffeur pour dames; Le trou normand. — Hervé Bromberger : Seul dans Paris.

M. Cam : Une fille dans le soleil. — Canonge : L'amour est toujours l'amour; Au pays du soleil. — Campaux : Grand gala. — Cariven : L'amour n'est pas un péché. — Pierre Cardinal : Au cœur de la Casbah. — Casembrot : Jocelyn. — Cayatte : *Nous sommes tous des assassins.* — André Cerf : Le crime du bouif. — Chanas : Seul au monde. — Christian-Jaque : *Fanfan-la-Tulipe*; Adorables créatures. — Ciampi : Le plus heureux des hommes. — René Clair : Belles de nuit. — René Clément : *Jeux interdits.* — Cloche : Domenica; Rayé des vivants. — G. Combret : La pocharde; Tambour battant. — Couzinet : Trois vieilles filles en folies; Ce coquin d'Anatole; Buridan héros de la Tour de Nesle. — Marcel Cravenne: Dans la vie tout s'arrange.

J. Daroy : Sergil chez les filles. — Decoin : La vérité sur Bébé Donge. — Delannoy : La minute de vérité. — Diamant-Berger : Mon curé chez les riches. — Dréville : La fille au fouet. — Luciano Emmer : Paris est toujours Paris.

Marcel Garan : L'athlète aux mains nues. — Marcel Gibaud : La vie de Jésus. — Max Glass : Le chemin de Damas. — Jean Gourguet : Le secret d'une mère; Un enfant dans la tourmente. — Gilles Grangier : L'amour, Madame; Douze heures de bonheur. — Habib : La forêt de l'Adieu. — A. Haguet : Procès au Vatican; Il est minuit, docteur Schweitzer. — Claude Heymann : Adieu, Paris. — Hugon : Les quatre sergents de La Rochelle. — Hunebelle : Monsieur Taxi; Massacre en dentelles.

Joannon : Drôle de noce. — Max Joly : Éternel espoir. — L.V. Kisch : Opération Magali. — Labro : Leguignon lampiste. — G. Lacourt : Le costaud des Batignolles. — Lampin : La maison dans la dune. — Le Chanois : Agence matrimoniale. — Lefranc : Elle et moi; L'homme de ma vie. — Legrand : Un jour avec vous. — Lepage : Rires de Paris. — Loubignac : Foyer perdu. — Pierre Louis : La danseuse nue.

Rudi Maté : Le gantelet vert (Fr. Américain). — Paul Mesnier : Poil de carotte. — André Michel : Trois femmes. — Ophüls : Le plaisir. — Claude Orval et Combret : Duel à Dakar. — Pagliero : La P. respectueuse. — Jack Pinoteau : Ils étaient cinq. — Serge de Poligny : Alger-Le Cap. — Richard Pottier : Violettes impériales; Rendez-vous à Grenade. — Roger Richebé : La fugue de M. Perle. — Georges Rony : La tour de Babel *(doc.)*. — Sauvajon : Tapage nocturne. — Stelli : Une fille sur la route.

Jean Vallée : Surprises d'une nuit de noces. — **Vermorel** : Les conquérants solitaires. — **R. Vernay** : Ils sont dans les vignes. — **Henri Verneuil** : La table aux crevés; Le fruit défendu; Brelan d'as.

1953 (95 films distribués, dont 28 CoPr.)

Marc Allégret : Julietta. — **Yves Allégret** : *Les orgueilleux.* — **Raoul André** : Une nuit à Megève. — **Alexandre Astruc** : *Le rideau cramoisi.* — **Jacqueline Audry** : La caraque blonde. — **Autant-Lara** : Le Bon Dieu sans confession.

Maurice Barry et Maurice Clavel : Minna de Vanghel. — **Ralph Baum** : Plaisirs de Paris. — **Becker** : Rue de l'Estrapade. — **Raymond Bernard** : La Belle de Cadix; La Dame aux Camélias. — **Berthomieu** : Le portrait de son père; Belle mentalité. — **Bibal** : Le petit Jacques. — **Bernard Borderie** : La Môme vert-de-gris. — **Jean Boyer** : Femmes de Paris.

Calef : Les amours finissent à l'aube. — **Canonge** : Boum sur Paris. — **Carné** : *Thérèse Raquin.* — **Chanas** : Je suis un mouchard. — **Christian-Jaque** : Lucrèce Borgia. — **Ciampi** : L'esclave. — **Cloche** : Moineaux de Paris. — **Clouzot** : *Le salaire de la peur.* — **Couzinet** : La famille Cucuroux; Quand te tues-tu?; Le Curé de St-Amour. — **Cuny** : Plume au vent.

Daniel Norman : Son dernier Noël. — **Daroy** : Monsieur Scrupule, gangster; Le club des quatre cents coups. — **Decoin** : Dortoir des grandes; Les amants de Tolède (Ital. Esp.). — **Delannoy** : La route Napoléon. — **Devaivre** : Alerte au Sud; Un caprice de Caroline chérie. — **Diamant-Berger** : Le chasseur de chez Maxim's. — **Dréville** : Horizons sans fin.

Gast et Moisy : Autant en emporte le gang. — **Daniel Gélin** : Les dents longues. — **Gourguet** : La fille perdue; Maternité clandestine. — **Grangier** : La Vierge du Rhin. — **E.-T. Gréville** : L'envers du Paradis. — **Grimault** : La bergère et le ramoneur (DA). — **Sacha Guitry** : Je l'ai été trois fois; La vie d'un honnête homme. — **Ralf Habib** : Compagnes de la nuit. — **Hunebelle** : Les Trois Mousquetaires; Mon mari est merveilleux.

Marcel Ichac : Victoire sur l'Anapurna *(doc.).* — **Jean Image** : Bonjour, Paris (DA). — **Kirsanoff** : Le témoin de minuit. — **Jaffé** : Gamins de Paris. — **Joffé** : Lettre ouverte.

Labro et Simonelli : La route du bonheur. — **Lacombe** : Leur dernière nuit. — **G. Lacour** : Mon frangin du Sénégal. — **Lalande** : Le sorcier blanc. — **Lampin** : Suivez cet homme. — **Laviron** : Légère et court vêtue; Au diable la vertu. — **Lavoral** : C'est arrivé à Paris. — **Lefranc** : Capitaine pantoufle; L'île aux femmes nues. — **Licot** : Le chemin de la drogue. — **Loubignac** : Piédalu député. — **Pierre Louis** : Mandat d'amener; Soyez les bienvenus.

Mathot : Mon gosse de père. — **Melville** : Quand tu liras cette lettre. — **Moguy** : Les enfants de l'amour. — **Yvan Noé** : Les vacances finissent demain. — **Ophüls** : Madame de... — **Claude Orval** : Les détectives du dimanche.

Pagnol : Manon des sources; Carnaval. — **Prouteau** : La vie passionnée de Clemenceau. — **Jean Renoir** : Le carosse d'or (It.). — **Roger Richebé** : Les amants de minuit. — **Rode** : Tourbillon. — **Carlo Rim** : Virgile.

Jean Sacha : Cet homme est dangereux. — **Stelli** : La nuit est à nous; Un trésor de femme. — **Ch. Stengel** : Minuit quai de Bercy. — **Tati** : *Les vacances de M. Hulot.* — **Solange Térac** : Kœnigsmark. — **Jean Vallée** : Étrange amazone. — **Vernay** : Quitte ou double. — **Verneuil** : Le boulanger de Valorgue.

1954 (75 films distribués, dont 22 CoPr.)

Alden-Delos : Sidi-bel-Abbès. — **Yves Allégret** : Mam'zelle Nitouche. — **Raoul André** : Les clandestines; Marchandes d'Illusions. — **Jacqueline Audry** : Huis clos. — **Autant-Lara** : *Le Rouge et le Noir; Le blé en herbe.*

Jacques Becker : *Touchez pas au grisbi;* Ali-Baba. — **Berthomieu** : Scènes de ménage; L'œil en coulisses. — **R. Blanc** : Minuit, Champs-Élysées. — **Blistène** : Le feu dans la peau. — **Borderie** : Les femmes s'en balancent. — **Charles Brabant** : Zoé. — **Bromberger** : Les fruits sauvages.

Cadéac : Quai des blondes. — **Calef** : Le secret d'Hélène Marimont. — **Carbonneaux** : Les corsaires du Bois de Boulogne. — **Carné** : *L'air de Paris.* — **Cayatte** : *Avant le déluge.* — **Chanas** : La patrouille des sables. — **Christian-Jaque** : Madame Dubarry. — **Ciampi** : Le guérisseur. — **Clément** : *Monsieur Ripois* (G.-B.). — **Cloche** : Nuits Andalouses. — **Combret** : La Castiglione; Raspoutine. — **Couzinet** : Le congrès des Belles-Mères; Trois jours de bringue à Paris.

Daniel-Norman : Tourments. — **Darène** : Le chevalier de la nuit. — **Decoin** : Les intrigantes. — **Dekobra** : La rafle est pour ce soir. — **Delannoy** : Obsession. — **Delannoy, Habib, Decoin, Franciolini** : Secrets d'alcôve. — **Dréville** : La reine Margot. — **Duvivier** : L'affaire Maurizius.

Gourguet : La cage aux souris. — **Grangier** : Faites-moi confiance; Poisson d'avril. — **Grémillon** : *L'amour d'une femme.* — **Sacha Guitry** : *Si Versailles m'était conté.* — **Habib** : Crainquebille; La rage au corps. — **Haguet** : Par ordre du tzar (All.). — **Herwig** : Passion de femme. — **Heymann** : Anatole chéri (R. 1951). — **Hunebelle** : Cadet Rousselle.

Joannon : Le défroqué. — **Jolivet** : 18 heures d'escale. — **Josipovici** : La chair et le diable. — **Labro** : Leguignon guérisseur; J'y suis, j'y reste. — **Laviron** : Votre dévoué Blake; Soirs de Paris. — **Le Chanois** : *Papa, Maman, la Bonne et Moi.* — **Loubignac** : Ah! les belles bacchantes!; Ma petite folie.

Pierre Méré : Crime au concert Mayol. — **R. de Nesle** : Après vous, Duchesse. — **Pagliero, Delannoy, Christian-Jaque** : Destinées. — **Pagnol** : Lettres de mon moulin. — **Péclet** : Thabor. — **Pottier** : Les révoltés du Lomanach.

Radvanyi : L'étrange désir de M. Bard. — **Yves Robert** : Les femmes ne pensent qu'à ça. — **Rode** : C'est la vie parisienne. — **Rouquier** : Sangs et Lumière. — **Jean Sacha** : Une balle suffit. — **Saslavsky** : La neige était sale. — **Siodmak** : Le grand jeu. — **Stelli** : Les amoureux de Marianne. — **Stengel** : Mourez! nous ferons le reste.

Verneuil : Le mouton à cinq pattes; L'ennemi public numéro 1. — **Whegler** : Châteaux en Espagne.

1955 (95 films distribués, dont 19 CoPr.)

Marc Allégret : Futures vedettes; L'amant de Lady Chatterley. — **Yves Allégret** : Oasis. — **Raoul André** : Cherchez la femme; Les indiscrètes; Les pépées font la loi; Une fille épatante. — **Alexandre Astruc** : *Les mauvaises rencontres.*

Raymond Bernard : Les fruits de l'été. — **Berland** : Pas de coup dur pour Johnny. — **John Berry** : Je suis un sentimental; Ça va barder. — **Berthomieu** : Quatre jours à Paris; Les deux font la paire. — **Bibal** : Tournant dangereux. — **Blistène** : Gueule d'ange. — **Jean Boyer** : La Madelon. — **Hervé Bromberger** : Nagana.

Canonge : Interdit de séjour. — **Cardinal** : Fontaine d'un jour. — **Cayatte** : Le dossier noir. — **Pierre Chevalier** : Les impures. — **Christian-Jaque** : Nana. — **Ciampi** : *Les héros sont fatigués.* — **René Clair** : *Les grandes manœuvres.* — **Cloche** : Un missionnaire. — **Clouzot** : Les diaboliques.

Darène : Les chiffonniers d'Emmaüs. — Dassin : *Du rififi chez les hommes.* — Decoin : L'affaire des poisons; Bonnes à tuer; Razzia sur la schnouf. — Delannoy : Chiens perdus sans colliers. — Devaivre : La fille de Caroline chérie. — Diamant-Berger : La Madone des sleepings. — Dréville : Escale à Orly. — J. Dupont : Crévecœur. — Duvivier : Marianne de ma jeunesse.

P. Foucaud : Série noire. — P. Franchi : Nuits de Montmartre. — Gaisseau : La forêt sacrée. — Gance : La tour de Nesle. — Gaspard-Huit : Sophie et le crime. — Gaveau : Boulevard du crime. — Pierre Gout : Tout chante autour de moi. — Gourguet : Les premiers outrages. — Grangier : Gas-oil; Le printemps, l'automne et l'amour. — Sacha Guitry : Napoléon.

Habib : Les hommes en blanc. — Hunebelle : L'impossible M. Pipelet. — Joffé : Les Hussards. — Jolivet : Gil Blas de Santillanne. — Josipovici : L'inspecteur connaît la musique. — Walter Kapps : Mademoiselle de Paris. — Kirsanoff : Le crâneur.

Labro : On déménage le colonel. — La Patellière : Les Aristocrates. — Le Chanois : *Les Évadés;* Le village magique. — Lefranc : Le fil à la patte; Chantage. — Lepage : Pas de souris dans le bizness. — Pierre Méré : Impasse des vertus. — Mousselle : Le pain vivant.

Ophüls : *Lola Montès.* — Pagliero : Chéri Bibi. — Pergament : Monsieur la Caille. — R. Pottier : La Belle Otéro. — Jean Renoir : *French-Cancan.* — Carlo Rim : Escalier de service. — Georges Rollin : Zig et Puce sauvent Nénette. — Al. Rode : La môme Pigalle. — Rouquier : *Lourdes et ses miracles (doc.).* — W. Rozier : A toi de jouer, Callaghan.

J. Sacha : La soupe à la grimace. — G. Sandoz : Opération Tonnerre. — Séverac : Le couteau sur la gorge. — Stengel : Casse-cou Mademoiselle. — Preston Sturges : Les cahiers du Major Thompson.

Vernay : Le Comte de Monte-Cristo; Sur le banc; Ces sacrées vacances; La rue des bouches peintes. — Verneuil : Les amants du Tage. — Vicas : Double destin.

1956 (116 films distribués, dont 26 CoPr.)

Marc Allégret : En effeuillant la Marguerite. — Yves Allégret : *La meilleure part.* — Raoul André : Les pépées au service secret. — Jacqueline Audry : Mitsou. — Autant-Lara : Marguerite de la Nuit; *La traversée de Paris.*

John Berry : Don Juan. — Berthomieu : Les Duraton; La joyeuse prison. — Roger Blanc : L'aventurière des Champs-Élysées. — Jean Boyer : La terreur de ces dames; Le couturier de ces dames. — Boisrond : C'est arrivé à Aden; Cette sacrée gamine; Lorsque l'enfant paraît. — Brabant : Les possédées. — Bresson : *Un condamné à mort s'est échappé.* — Bunuel : La mort en ce jardin; Cela s'appelle l'aurore.

Canonge : Trois de la Cannebière. — Carbonneaux : Courte tête. — Carné : Le pays d'où je viens. — P. Chevalier : L'auberge fleurie; Vous pigez? — Christian-Jaque : *Si tous les gars du monde.* — René Clément : *Gervaise.* — Cloche : Adorables démons; Quand vient l'amour. — Clouzot : *Le mystère Picasso (doc.).* — Stany Cordier : Maigret mène l'enquête. — Couzinet : Mon curé champion du régiment; Quai des illusions.

René Darène : Goubbiah (Yougoslavie). — Delannoy : Notre-Dame de Paris; Marie-Antoinette. — Diamant-Berger : Mon curé chez les pauvres. — Duvivier : Voici le temps des assassins. — Pierre Foucaud : Mémoire d'un flic.

Abel Gance : *Magirama.* — Gaspard-Huit : La mariée est trop belle; Paris-coquin. —

René Gaveau : Zaza; Les insoumises. — Jean Gourguet : Les promesses dangereuses. — Gilles Grangier : Le sang à la tête. — Gréville : Je plaide non coupable.

Habib : Club de femmes; La loi des rues. — Haguet : Milord l'Arsouille. — Hossein : Pardonnez nos offenses; Les salauds vont en enfer. — Hunebelle : Mannequins de Paris; Treize à table. — Joannon : Le secret de sœur Angèle; L'homme aux clefs d'or. — Joffé : Les assassins du dimanche. — Josipovici : Pitié pour les vamps.

Kirsanoff : Miss Catastrophe; Ce soir les jupons volent. — Labro : Le colonel est de la revue; Villa Sans-Souci. — Lacombe : La lumière d'en face. — Lamorisse : Le ballon rouge. — Lampin : Rencontre à Paris; Crime et châtiment. — La Patellière : Le salaire du péché. — Le Chanois : Papa, Maman, ma Femme et Moi. — Lefranc : Fernand cow-boy; La bande à papa. — Loubignac : Coup dur chez les mous.

Melville : Bob le flambeur. — Mesnier : Bébés à gogo. — André Michel : La sorcière. — Roger Pierre et J.-M. Thibault : La vie est belle. — Richard Pottier : La châtelaine du Liban; Le chanteur de Mexico.

Jean Renoir : Éléna et les hommes. — Richebé : Élisa. — Carlo Rim : Les truands. — André Roy : Alerte aux Canaries. — J.-C. Roy et G. Jaffé : L'éveil de l'amour. — Claude Sautet : Bonjour sourire. — Stelli : Alerte au 2e Bureau; Baratin; La foire aux femmes.

Tourane : Une fée pas comme les autres. — Aloysius Vachet, Vandenberghe, Quignon : Les mains liées. — Vadim : Et Dieu créa la femme. — Agnès Varda : La pointe-courte. — Vermorel : La plus belle des vies. — Vernay : Les lumières du soir; Les carottes sont cuites. — Verneuil : Paris-Palace-Hôtel; Des gens sans importance. — Orson Welles : Monsieur Arkadine.

1957 (115 films distribués, dont 34 CoPr.)

Yves Allégret : Méfiez-vous, fillettes; Quand la femme s'en mêle. — Raoul André : La polka des menottes; L'homme et l'enfant. — Jacqueline Audry : C'est la faute d'Adam; La garçonne.

Raymond Bailly : L'étrange M. Stève. — Jean Bastia : Nous autres à Champignol. — Ralf Baum : Bonsoir Paris, bonsoir l'amour. — Becker : Arsène Lupin : — Bernard-Aubert : Patrouille de choc. — Berthomieu : A la Jamaïque; Cinq millions comptant. — Raymond Bernard : Le 7e Commandement. — Bibal : Une gosse sensass. — Billon : Jusqu'au dernier. — Blistène : Sylviane de mes nuits. — Boisrond : Une parisienne. — Boissol : La peau de l'ours. — Borderie : Tahiti ou la joie de vivre. — Jean Boyer : Le chômeur de Clochemerle; Mademoiselle et son gang; Sénéchal le Magnifique.

Cam : L'amour descend du ciel. — Camus : Mort en fraude. — Canonge : Arènes joyeuses; Police judiciaire; Trois de la Marine. — Cayatte : Œil pour œil. — Pierre Chevalier : Fernand clochard. — Christian-Jaque : Nathalie. — Ciampi : Typhon sur Nagasaki (Japon). — René Clair : Porte des Lilas. — Cloche : Marchand de filles. — Cordier : Paris-Music-Hall. — Clouzot : Les espions. — Cuny : Bonjour, Toubib.

Patrice Dally : Le grand bluff. — Daquin : Bel-Ami (R. 1954). — Dassin : Celui qui doit mourir. — Delbez : A pied, à cheval, en voiture. — Decoin : Tous peuvent me tuer; Folies-Bergère; Le feu aux poudres. — Diamant-Berger : C'est arrivé à 36 chandelles. — Dréville : Les suspects. — Duvivier : Pot-Bouille; L'homme à l'imperméable.

Paul Flon : Bistro du coin. — P. Foucaud : Mademoiselle Strip-Tease. — Gaspard-Huit : Les lavandières du Portugal. — Gourguet : Isabelle a peur des hommes. — Pierre

Gout : Sahara d'aujourd'hui. — Grangier : Trois jours à vivre; Le rouge est mis; Reproduction interdite. — Sacha Guitry : Assassins et voleurs. — Guitry et Duhour : Les trois font la paire.

Habib : Escapade. — Haguet : Le rail. — Hunebelle : Casino de Paris. — Joffé : Les fanatiques. — Kapps : Paris clandestin. — Kast : Un amour de poche. — Labro : Action immédiate. — La Patellière : Les œufs de l'autruche; Retour de manivelle. — Lepage : C'est une fille de Paname. — Le Chanois : Le cas du docteur Laurent. — Lucot : Rendez-vous à Melbourne *(doc.)*.

Mesnier : Une nuit aux Baléares. — Moguy : Donnez-moi ma chance. — Péclet : Du sang sur le chapiteau. — Pedrazzini et Lapierre : En liberté sur les routes d'U.R.S.S. *(doc.)*. — Pergament : L'irrésistible Catherine. — Pinoteau : Le triporteur; L'ami de la famille. — Roland Quignon : Ah! quelle équipe!

Nicolas Ray : *Amère victoire* (G.-B., Afrique). — Regamey : Honoré de Marseille. — Richebé : Que les hommes sont bêtes. — Raymond Rouleau : Les sorcières de Salem (RDA). — Rouquier : S.O.S. Noronha. — Mick Roussel : Le désir mène les hommes. — Jean Sacha : OSS 117 n'est pas mort. — Tony Saytor : Filous et Cie. — Saslavsky : Les louves. — Stelli : Deuxième Bureau contre inconnu. — Stengel : Vacances explosives.

Vadim : *Sait-on jamais?* — Vaucorbeil : Les étoiles ne meurent jamais. — R. Vernay : Fumées blondes; Un coin tranquille; Nuits blanches et rouges à lèvres. — Henri Verneuil : Une manche et la belle. — Victor Vicas : Je reviendrai à Kandara.

1958 (99 films distribués, dont 24 CoPr.)

Agostini : Le naïf aux 40 enfants. — Marc Allégret : Un drôle de dimanche; Sois belle et tais-toi. — Yves Allégret : La fille de Hambourg. — Raoul André : Clara et les méchants. — Astruc : Une vie. — Jacqueline Audry : L'école des cocottes. — Autant-Lara : Le joueur; *En cas de malheur.*

Jean Bastia : Les aventuriers du Mékong. — Becker : *Montparnasse 19.* — Raymond Bernard : Le septième ciel. — John Berry : Tamango. — Berthomieu : En légitime défense; Sacrée jeunesse. — Claude Boissol : Chaque jour a son secret. — Jean Boyer : Nina; Les vignes du seigneur. — Borderie : Le gorille vous salue bien; Ces dames préfèrent le mambo. — Charles Brabant : Le piège. — Hervé Bromberger : La bonne tisane.

Calef : Les violents. — Caro Canaille : Si le roi savait ça (Ital.). — Carbonneaux : Le temps des œufs durs. — Carné : *Les tricheurs.* — Cayatte : Le miroir à deux faces. — Maurice Cazeneuve : Cette nuit-là. — P. Chenal : Jeux dangereux; Rafles sur la ville. — Pierre Chevalier : En bordée. — Christian-Jaque : La loi, c'est la loi. — Cloche : Prison de femmes. — Couzinet : Trois marins en bordée.

Patrice Dally : Incognito. — Roger Darène : Mimi-Pinson; La Bigorne Caporal de France. — Decoin : Charmants garçons; La chatte. — René Delacroix : Le tombeur. — Delannoy : Maigret tend un piège. — Maurice Delbez : Et ta sœur? — Dréville : A pied, à cheval et en spoutnik. — Clément Duhour : La vie à deux.

Gaspard-Huit : Christine. — Charles Gérard et Richard Déville : Une balle dans le canon. — Gourguet : La P... sentimentale. — Grangier : Le désordre et la nuit; Échec au porteur. — Gréville : Quand sonnera minuit. — Habib : Le passager clandestin. — Hunebelle : Taxi, roulotte et corrida; Les femmes sont marrantes. — Joannon : Le désert de Pigalle. — René Jollivet : Un certain M. Jo.

Lampin : La tour prend garde (R.Y.S.). — **Lacombe** : Cargaison blanche; Mon coquin de père. — **La Patellière** : Les grandes familles; Thérèse Étienne. — **Lautner** : La môme aux boutons. — **Le Chanois** : Les Misérables. — **Guy Lefranc** : Suivez-moi, jeune homme; La moucharde.

Louis Malle : *Ascenseur pour l'échafaud*; *Les Amants*. — **Chris Marker** : *Lettre de Sibérie (doc.)*. — **Ménégoz** : *Derrière la grande muraille (doc.)*. — **Jean Meyer** : Le bourgeois gentilhomme. — **André Michel** : Sans famille. — **Molinard** : Le dos au mur; Un témoin dans la ville.

Roger Pigaut : Le cerf-volant du bout du monde (P. Chine). — **G. Peclet** : Les gaîtés de l'Escadrille. — **Jack Pinoteau** : Chérie, fais-moi peur. — **Richard Pottier** : Sérénade au Texas; Tabarin. — **Maurice Regamey** : Cigarettes, whisky, petites pépées. — **Carlo Rim** : Le petit Prof'. — **Alf. Rode** : La fille de feu. — **Yves Robert** : Ni vu ni connu. — **Willy Rozier** : Un homme se penche sur son passé.

Saslavsky : Premier Mai. — **Jean Stelli** : Meurtre au Deuxième Bureau. — **Tati** : *Mon oncle*. — **Jean-Marc Thibault** : Vivent les vacances. — **Vadim** : Les bijoutiers du clair de lune. — **H. Verneuil** : Maxime. — **Rob. Vernay** : Madame et son auto. — **François Villiers** : L'eau vive. — **Voltchek** : Liberté surveillée.

1959 (107 films distribués, dont 35 CoPr.)

Marc Allégret : Les affreux. — **Yves Allégret** : L'ambitieuse (R. Australie). — **Raoul André** : Secret professionnel. — **Autant-Lara** : La jument verte.

Jean Baratier : Goha. — **Jean Bastia** : Le gendarme de Champignol. — **Claude Barma** : Croquemitoufle. — **Bernard-Aubert** : Les tripes au soleil; Match contre la mort. — **Blistène** : Les amants de demain. — **B. Borderie** : La valse du Gorille; Délit de fuite. — **Boisrond** : Le chemin des écoliers; Faibles femmes; Voulez-vous danser avec moi. — **Claude Boissol** : Julie la Rousse. — **Jean Boyer** : Le confident de ces dames; L'increvable. — **Ch. Brabant** : Les naufrageurs. — **H. Bromberger** : Asphalte. — **R. Bresson** : *Pickpocket*.

Marcel Camus : *Orfeu Negro* (R. Brésil). — **Pierre Chevalier** : La marraine de Charley; Soupe au lait; Le Sicilien. — **Christian-Jaque** : Babette s'en va-t-en guerre. — **Claude Chabrol** : *Le Beau Serge; Les cousins*; A double tour. — **Maurice Cloche** : Bal de nuit; Filles de la nuit (Ital. RFA); Le fric.

Roger Dallier : Tant d'amour perdu. — **R. Darène** : Houla-Houla. — **Dassin** : La loi (Ital.). — **Decoin** : Nathalie agent secret; Pourquoi viens-tu si tard? — **Delannoy** : Guinguette; Maigret et l'affaire St-Fiacre. — **Diamant-Berger** : Messieurs les Ronds-de-cuir. — **Jacques Dupont et Pierre Schœnendœrffer** : La passe du diable. — **Duhour** : Vous n'avez rien à déclarer? — **Duvivier** : Marie-Octobre; La femme et le pantin.

Georges Franju : *La tête contre les murs*. — **Louis Félix** : Chaleurs d'été. — **Michel Gast** : J'irai cracher sur vos tombes. — **François Gir** : Mon pote le Gitan. — **Yvan Govar** : Y'en a marre. — **Gréville** : L'île du bout du monde. — **Grospierre** : Le travail c'est la liberté.

Marcel Hanoun : Une simple histoire. — **Robert Hossein** : La nuit des espions; Toi le venin. — **Hunebelle** : Arrêtez le massacre; Le Bossu. — **Al. Joffe** : Du rififi chez les femmes.

Labro : Le fauve est lâché. — **Laviron** : Les motards. — **La Patellière** : Rue des Prairies. — **Jean Lefèvre** : Minute papillon. — **Mastrocinque** : Brèves amours (Ital.). — **Melville** :

Deux hommes dans Manhattan. — **Victor Mérenda** : Sursis pour un vivant. — **Jean Meyer** : Le mariage de Figaro. — **Mocky** : Les dragueurs. — **Jean Mitry** : Énigme aux Folies-Bergère.

Pasquier, Corsky, Lesage, Arnoux : Les quatre du Moana. — **Étienne Périer** : Bobosse. — **Jean Renoir** : *Le déjeuner sur l'herbe.* — **Radvanyi** : 12 heures d'horloge (All.). — **Alain Resnais** : *Hiroshima mon amour.* — **Yves Robert** : Signé Arsène Lupin. — **Bernard Roland** : La nuit des traqués. — **Jean Rouch** : *Moi, un noir.*

Saslavsky : Ce corps tant désiré. — **Tony Saytor** : Ça n'arrive qu'aux vivants. — **Pierre Schœnendœffer** : Pêcheurs d'Islande; Ramuntcho. — **Stoloff** : Passeport pour le monde. — **F. Truffaut** : *Les 400 coups.* — **Tazieff** : Le rendez-vous du Diable *(doc.).*

Vadim : Les liaisons dangereuses (1960). — **Jean Valère** : La Sentence. — **Vernay** : Drôles de phénomènes. — **H. Verneuil** : Le grand chef; La vache et le prisonnier. — **François Villiers** : La verte moisson.

1960 (119 films distribués, dont 42 CoPr.)

Agostini : Tu es Pierre *(doc.).* — **Alexandresco et Torrent** : Les années folles *(doc.).* — **Von Ambesser** : La Belle et l'Empereur (All.). — **Jacqueline Audry** : Le secret du Chevalier d'Éon. — **Autant-Lara** : Le bois des amants; Les Régates de San Francisco.

Jean Bastia : Certains l'aiment froide. — **Becker** : Le trou. — **Benedek** : Recours en grâce. — **Berthomieu** : Préméditation. — **Boissol** : Les trois etc. du Colonel. — **Bernard Borderie** : Le Sergent X.; Le Caïd. — **J. Bourdon** : Les lionceaux. — **Bourguignon** : Le conte des quatre sourires. — **Maurice Boutel** : Bussiness; Interpol contre X. — **Hervé Bromberger** : Les loups dans la bergerie. — **De Broca** : Les jeux de l'amour. — **Peter Brook** : Moderato Cantabile. — **Bruckberger et Agostini** : Dialogues des Carmélites. — **Bunuel** : La Fièvre monte à El Pao (Mexique).

Marcel Carné : *Terrain vague.* — **Cayatte** : *Le passage du Rhin.* — **Chabrol** : Les bonnes femmes. — **Pierre Chevalier** : Le mouton. — **Michel Clément** : Le bal des espions. — **René Clément** : Plein soleil (Ital.), — **Cloche** : Touchez pas aux blondes. — **Clouzot** : *La vérité.* — **Cocteau** : *Le Testament d'Orphée.* — **J.G. Cornu** : L'homme à femmes.

Daquin : La Rabouilleuse (Les arrivistes - R.D.A.). — **Frédéric Dard** : Une gueule comme la mienne. — **Decoin** : Tendre et violente Élisabeth; La chatte sort ses griffes. — **Decoin, Delannoy, Boisrond, R. Clair, H. Verneuil, Christian-Jaque, Le Chanois** : La Française et l'amour. — **Delannoy** : Le baron de l'Écluse. — **Doniol-Valcroze** : L'eau à la bouche. — **Jacques Dupont** : Les distractions. — **Dudrumet** : La corde raide.

J. Faurez : Quai du Point du Jour. — **Franiu** : *Les yeux sans visage.* — **Serge Friedman** : Les magiciennes. — **Abel Gance** : *Austerlitz.* — **Jean Giono** : Crésus. — **Jean Giraud** : Les pique-assiette. — **Gourguet** : Les frangines. — **Grangier** : Les vieux de la vieille.

Habib : Au voleur! — **Haguet** : Colère froide. — **Hanoun** : Le huitième jour. — **Hossein** : Les scélérats. — **Hunebelle** : Le capitan. — **Ichac** : Les Étoiles de Midi *(doc.).* — **Joffé** : Fortunat. — **René Jolivet** : Les mordus. — **Walter Kapps** : Amour, autocar et boîtes de nuit. — **Pierre Kast** : *Le bel âge.* — **Kautner** : Sans tambour ni trompette (All.).

Labro : Les canailles. — **Lamoureux** : La brune que voilà. — **Lamorisse** : *Voyage en ballon.* — **Laviron** : Les Héritiers. — **G. Lautner** : Marche ou crève (Belg.). — **Lisbona** : Le panier à crabes. — **Louis Malle** : *Zazie dans le métro.* — **Méranda** : La nuit des suspects. — **Ménégoz** : La millième fenêtre. — **Mesnier** : Le septième jour de Saint-Malo. — **Molinaro** : Une fille pour l'été. — **Mocky** : Un couple.

Nahum : Le Saint mène la danse. — **Gérard Oury** : La main chaude. — **Paviot** : *Pantalaskas.* — **Etienne Périer** : Meurtre en 45 tours. — **Jack Pinoteau** : Robinson et le triporteur. — **Maurice Regamey** : A pleines mains. — **Reichenbach** : L'Amérique insolite (*doc.*).

Christian de Saint-Maurice : Suspense au Deuxième Bureau. — **Claude Sautet** : Classe tous risques. — **Siodmak** : Katia. — **Séverac** : Le pain des Jules. — **Sechan** : L'ours. — **Vadim** : Et mourir de plaisir. — **H. Verneuil** : L'affaire d'une nuit. — **R. Vernay** : Monsieur Suzuki; Tête folle. — **François Villiers** : Pierrot la tendresse. — **René Wheeler** : Vers l'extase.

INDEX ALPHABÉTIQUE DES TITRES DE FILMS (¹)

A

A bout de souffle : 136.
Ademaï aviateur : 65.
Adieu Léonard : 113.
A double tour : 136.
Adrienne Lecouvreur : 82.
Affaire Dreyfus (L') (1899) : 10.
Affaire est dans le sac (L') : 61, 77, 112.
Affaire Lafarge (L') : 83.
Afrique 51 : 126.
Age d'Or (L') : 39, 40, 43.
Aigle à deux têtes (L') : 106.
Air pur : 82.
Air de Paris (L') : 111.
A la conquête du Pôle (1912) : 8.
Ali-Baba : 117.
Alibi : 83.
Altitude 3.200 : 83.
Alouette et la Mésange (L') : 21.
Amants (Les) : 136.
Amants de Bras Mort (Les) : 117.
Amants de Vérone (Les) : 115.
Amants de Tolède (Les) : 115.
Amérique insolite (L') : 137.
Ames de Fous : 21.
Ames d'Orient : 21.
Ami Fritz (L') : 82.
Amour d'une femme (L') : 121.
André Masson ou les quatre saisons : 128.
Angèle : 65-66, 71, 84, 85.
Anges du Péché (Les) : 94.
Année dernière à Marienbad : (L') 135.
Anne-Marie : 83.
A nous la Liberté! : 58, 66.
A nous les Gosses! : 97-98.
Antoine et Antoinette : 110.
Appel du Silence (L') : 82.
A propos de Nice : 42.
A quoi rêvent les jeunes films ? : 37.
Argent (L') : 33.
Arlésienne (L') : 33.
Arlésienne (L') : 82.
Armoire volante (L') : 113.
Arrivée du Train en gare (L') : 6.
Arroseur arrosé (L') : 6.
Arsenal : 104.
Arsène Lupin : 117.

Ascenseur pour l'échafaud : 136.
Assassinat du duc de Guise (1908) : 13.
Assassinat du père Noël (L') : 90.
Assassin d'eau douce : 126.
Assommoir (L') : 11.
Atalante (L') : 59, 71.
Atlantide (L') : 47, 48, 68.
Auberge Rouge (L') (Epstein) : 29.
Auberge Rouge (L') (Autant-Lara) : 119.
Aubervilliers : 127.
Au cœur de l'orage : 120.
Au delà des grilles : 118.
Au Pays Noir : 11.
Austerlitz : 130.
Autour d'une cabine : 5, 121.
Avant le déluge : 114, 115.
Avion de Minuit (L') : 83.

B

Balao : 16.
Balzac : 127.
Ballet mécanique : 35, 42.
Ballon rouge : 125.
Bandera (La) : 70.
Barbe-Bleue (1901) : 8.
Barbe-Bleue : 119.
Barbe-Bleue : 123.
Barberousse : 22.
Baron Fantôme (Le) : 94.
Barrage contre le Pacifique : 131.
Bas-Fonds (Les) : 73, 80.
Bataille (La) (Farkas) : 84.
Bataille de l'Eau lourde (La) : 104.
Bataille du Rail (La) : 103-104, 105, 129.
Bataillons du Ciel : 104.
Beau Serge (Le) : 135.
Beauté du Diable (La) : **115-116.**
Beaux Jours (Les) : 83.
Bébé : 15.
Bel Age (Le) : 136.
Bel Ami : 88, 131.
Belles de Nuit : 116.
Belle Equipe (La) : 71, **72-73.**
Belle et la Bête (La) : 106.
Belle Nivernaise (La) : 30.
Bercail (Le) : 26.

(1) Les films étrangers sont en *italique*.

Bergère et le Ramoneur (La) : 123.
Bête Humaine (La) : 80.
Bijoutiers du Clair de Lune (Les) : 132.
Bim : 127.
Bled (Le) : 63.
Blé en herbe (Le) : 119.
Bonheur (Le) : 82.
Bonnes Femmes (Les) : 136.
Bouclette : 21.
Boudu sauvé des eaux : 63.
Boule de Suif : 105.
Bout de Zan : 15.
Brasier ardent (Le) : 46.
Brazza : 82.
Brière (La) : 45.

C

Cabinet du docteur Caligari (Le) : 25, 27, 68.
Cabiria : 47.
Café du Cadran (Le) : 109.
Caïn : 45.
Calino (Série des) : 16.
Carmen : 48.
Carnet de Bal : 76, 87.
Carnet de Plongée : 126.
Caroline chérie : 115.
Carrosse d'Or (Le) : 119.
Casanova : 46.
Cas du Dr Laurent (Le) : 131.
Casque d'Or : 117.
Casse-Pieds (Les) : 112.
Cavalcade d'amour : 83.
Cela s'appelle l'Aurore : 121.
Cendrillon (1899) : 8.
Ce que les flots racontent : 22.
Chanson du Rail (La) : 28, 29.
Chantecoq : 19.
Chanteur de Jazz (Le) : 52.
Chardon du Baragan (Les) : 131.
Charleston : 41.
Charlot cubiste : 133.
Charlot fait une cure : 51.
Charmes de l'Existence (Les) : 128.
Charron (Le) : 109.
Chartreuse de Parme (La) : 108.
Château de Verre (Le) : 118.
Châteaux de la Loire (Les) : 132.
Chéri-Bibi : 117.
Chevaliers de la Table Ronde (Les) : 93.
Chien andalou (Un) : 38-39, 40.
Choix le plus simple (Le) : 127.
Chienne (La) : 63, 80.
Chotard et Compagnie : 63.
Chronique d'un été : 134.
Chute de la Maison Usher (La) : 31.
Ciboulette : 83.

Ciel est à vous (Le) : 99.
Circoncision (La) : 126.
Citadelle du Silence (La) : 82.
Citizen Kane : 26, 44.
City Streets : 78.
Clandestins (Les) : 104.
Clown et ses chiens : 5.
Cœur de Française : 19.
Cœur fidèle : 29, 30.
Coffret de Jade (Le) : 21.
Colette : 127.
Come back Africa : 134.
Commune (La) : 127.
Composition en bleu : 41.
Contes de Perrault : 8.
Coquille et le Clergyman (La) : 38.
Corbeau (Le) : 99-100.
Coupable (Le) : 21.
Coupable (Le) : 83.
Couronnement du roi Edouard VII (1902) : 10.
Couronnement du Tsar Nicolas II : 7.
Cousins (Les) : 135.
Crainquebille : 47, 48, 49, 69.
Crime des Justes (Le) : 109.
Crime de M. Lange (Le) : 71-72, 73, 80, 110.
Crin Blanc : 127.
Croisière Noire (La) : 41, 53.
Cuirassé Potemkine (Le) : 41, 53.

D

Dame aux Camélias (La) : 14.
Dame de chez Maxim's (La) : 67.
Dame de Pique (La) : 84.
Dames du Bois de Boulogne (Les) : 95.
Damnation de Faust (La) (1903) : 8.
Danse des Possédés (La) : 126.
David Golder : 70.
Dédé d'Anvers : 112.
Déjeuner de Bébé (Le) : 6.
Déjeuner sur l'Herbe (Le) : 129.
Démolition d'un Mur (La) : 6.
Dernier Atout (Le) : 97.
Dernier des Hommes (Le) : 32, 68.
Dernier des Six (Le) : 90.
Dernières vacances : 109.
Dernier Milliardaire (Le) : 58, 71.
Dernier Tournant (Le) : 83.
Désastres de la Guerre (Les) : 128.
Description d'un Combat : 135.
Désiré : 84.
Deux Gamines (Les) : 36.
Deux Timides (Les) : 51.
Diable au cœur (Le) : 33.
Diable au corps (Le) : 107-108, 119.
Dictateur (Le) : 58.
Dieu a besoin des Hommes : 108.

Dieu créa la Femme : 132.
Disparus de Saint-Agil (Les) : 85.
Disque 357 : 41.
Dixième Symphonie (La) : 22.
Docteur Gar-el-Hama : 17.
Dolorosa : 85.
Don Juan et Faust : 27.
Don Quichotte : 11 (Méliès), 67, 83 (Pabst).
Dossier noir (Le) : 115.
Douce : 94.
Drame de Shangaï (Le) : 83.
Drôle de drame : 77.
Duchesse de Langeais (La) : 91.
Du côté de la côte : 132.
Du Rififi chez les Hommes : 118.

E

Eau à la bouche (L') : 137.
Eau du Nil (L') : 52.
Ecole buissonnière (L') : 120.
Ecrits restent (Les) : 20.
Edouard et Caroline : 110.
Eldorado : 26, 27, 29, 32.
Emak Bakia : 40.
En cas de malheur : 131.
Enclos (L') : 135.
Enfants du Paradis (Les) : 50, **95-96**, 105.
Enfer des Anges (L') : 85.
En passant par la Lorraine : 136.
Entente cordiale : 82.
Entr'acte : **36-37**, 38, 50, 51.
Entrée des artistes : 83.
Epaves : 126.
Epouvantail (L') : 123.
Equipage (L') : 84.
Escalier de Service (L') (Hintertreppe) : 25.
Espions (Les) : 116.
Espoir : 85.
Eternel Retour (L') : 91, 93.
Etoile de mer (L') : 40.
Etoiles du Midi (Les) : 126.
Etrange M. Victor (L') : 85.
Evadés de l'An 4000 (Les) : 90.
Explosion du cuirassé Maine (L') (1898) : 10.

F

Falbalas : 97.
Fanfan la Tulipe : 119.
Fanny : 64.
Fantoches : 122.
Fantômas (Série des): **16-17**, 36.
Fantôme à vendre (The Ghost goes west) : 59.
Fantôme du Moulin Rouge (Le) : 50.
Farrebique : 42, 109.

Fée Carabosse (La) (1906) : 8.
Femme de Nulle part (La) : 25, 26.
Femme du Boulanger (La) : 85.
Fête espagnole (La) : 25, 30.
Feu : 82.
Feu Mathias Pascal : 33, 40.
Fièvre : 25, 27, 29.
Fille de l'eau (La) : 41.
Fille du Puisatier (La) : 109.
Fils de l'Eau (Les) : 133.
Fleur de l'Age (La) : 106.
Fleur des Ruines : 22.
Forfaiture (The Cheat) : 19.
Forfaiture (Marcel L'Herbier) : 82.
Fou de la Falaise (Le) : 22.
Fin du Jour (La) : 76.
France immortelle (La) : 87.
Franco de port : 83.
French Cancan : 125.
Frères Bouquinquant (Les) : 110.
Fric Frac : 83.

G

Gardien de phare : 62.
Gaz mortels (Les) : 22.
Gendre de M. Poirier (Le) : 65.
Gens du voyage (Les) : 79.
Géo le Mystérieux : 21.
Germinal : 11.
Gervaise : 131.
Gitanos et Papillons : 124.
Glace à trois faces (La) : 31.
Godelureaux (Les) : 136.
Goémons : 127.
Goha le Simple : 134.
Golem (Le) : 77.
Goupi mains rouges : 97.
Grande Illusion (La) : **73-74**, 80.
Grande Pêche (La) : 127.
Grandes Manœuvres : 130.
Grand Jeu (Le) : 48, 68, 69, 70, 71, 77.
Grève (La) : 11.
Gribiche : 48.
Gribouille (Marc Allégret) : 183.
Groenland : 126.
Guernica : 128.
Guerre en dentelles (La) : 128.
Guerre gréco-turque (La) (1899) : 10.
Gueule d'amour : 85.
Guillaume Tell : 11.

H

Haut en Bas (De) : 83.
Héléna et les Hommes : 129.
Hélène : 83.

Héroïsme de Paddy (L') : 22.
Héros sont fatigués (Les) : 120.
Hiroshima mon amour : 125, **134-135.**
Histoire d'un Crime (1902) : 11.
Histoire d'un Poisson rouge : 127.
Homme du Large (L') : 26, 29.
Homme du Niger (L') : 82.
Hommes nouveaux (Les) : 82.
Homunculus : 17.
Horizons : 127.
Hôtel des Invalides : 127, 136.
Hôtel du Nord : 78.

I

Idiot (L') : 108.
Image (L') : 48, 49, 69, 122.
Incendiaires (Les) (1902) : 10.
Inconnus dans la Maison (Les) : 90.
Inhumaine (L') : 28, 30.
Inondation (L') : 31.
Intolérance : 25, 29, 116.
Invisibles (Les) : 17.
Itto : 83.

J

J'accuse : 22, 82.
Jaguar : 134.
Jean de la Lune : 61.
Jenny : 77.
Jéricho : 104.
Jérôme Perrau : 82.
Jeunes filles en détresse : 84.
Jeunesse : 61.
Jeux interdits : **118-119.**
Jocelyn : 45.
Joconde (La) : 128.
Jofroy : 65.
Joueur d'échecs (Le) : 45.
Jour de fête : 113.
Journal d'un curé de campagne : 121, 128.
Judex : 19.
Juif Süss (Le) : 89
Jument verte (La) : 131.
Juliette ou la Clef des Songes : 117.
Justice est faite : 115.

K

Karakoram : 126.
Kean : 46.
Kermesse héroïque (La) : 48, **74-75,** 79, 96, 105.

L

Lac aux dames : 61, 83.
Ledoux, l'architecte maudit : 128.
Lettre de Sibérie : 135.
Lettres d'Amour : 94.
Lettres de mon moulin : 109.
Liaisons dangereuses (Les) : 133.
Lieutenant Daring : 17.
Liliom : 67.
Lion des Mongols (Le) : 46.
Loi du Nord (La) : 48, 79.
Lola Montès : 118.
Lucrèce Borgia (Abel Gauce) : 82.
Lumière d'été : 98, 99.
Lys brisé (Le) : 24, 26.
Lys de la vie (Le) : 36.

M

Macao ou l'Enfer du jeu : 93.
Madame Bovary : 63.
Madame de ..... : 118.
Madame Sans-Gêne : 14.
Mademoiselle docteur : 84.
Maillol : 128.
Maison des Images (La) : 128.
Maison du Maltais (La) : 83.
Maître après Dieu : 111.
Maître de Forges (Le) : 82.
Maîtres fous (Les) : 133.
Maldonne : 62.
Mam'zelle Nitouche : 61.
Manèges : 112.
Manon : 111.
Manon des Sources (La) : 109.
Marchand de notes (Le) : 123.
Marche des Machines : 42.
Marguerite de la Nuit : 119.
Mariage de Chiffon (Le) : 94.
Marie du Port (La) : 117.
Marines (Les) : 137.
Marius : 64.
Marseillaise (La) : **75-76.**
Masque d'horreur (Le) : 22.
Massacre des Innocents (Le) : 104.
Mater dolorosa : 22, 82.
Maternelle (La) : 70, 83.
Maudits (Les) : 105.
Mauriac : 127.
Mauvaises rencontres (Les) : 121.
Max toréador : 15.
Max victime du Quinquina : 15.
Mayerling : 84.
Meilleure Part (La) : 117, 120.
Ménilmontant : 62.
Mensonge de Nina Pétrovna (Le) : 84.
Mère (La) : 41.

Mer et les Hommes (La) : 127.
Mères françaises : 21.
Merlusse : 65.
Miarka, la fille à l'Ourse : 21.
Millième fenêtre (La) : 137.
Million (Le) : 50, 57, 72, 81, 107.
Mioche (Le) : 83.
Miquette et sa mère : 107.
Miracle des Loups (Le) : 45.
Miracles n'arrivent qu'une fois (Les) : 117.
Miroir à deux faces : 130.
Misérables (Les) (Fescourt) : 45.
Misérables (Les) (Raymond Bernard) : 82.
Misérables (Les) (Le Chanois) : 131.
Mister Flow : 84.
Mistons (Les) : 128.
Moi, un Noir : **133-134**.
Monde du Silence (Le) : 125.
Mon Oncle : 130.
Monsieur Ripois : 120.
Montparnasse : 129.
Moranbong : 134.
Mort du Cygne (La) : 83.
Mort du Soleil (La) : 30.
Mort en ce jardin (La) : 121.
Mort en fraude : 133.
Morte-Saison des amours : 136.
Mutinés d'Elseneur (Les) : 83.
Mystère de la Chambre Jaune : 82.
Mystère Picasso (Le) : 125, 128.
Mystères de New York : 19, 44.
Mystères de Paris (Les) : 14.

N

Naissance du Cinéma : 127.
Naissance d une Nation : 24.
Napoléon : **31-33**, 82.
Nat Pinkerton (Série des) : 16.
Nêne : 44.
Nick Carter (Série des) : 16.
Niok le petit Eléphant : 127.
Nitchevo : 82.
Noces de Sable : 111.
Nogent, Eldorado du dimanche : 42.
Notre-Dame de Paris : 14.
Nous sommes tous des assassins : 115.
Nouveaux Messieurs (Les) : 48, 49, 50, 68.
Nouvelle Mission de Judex (La) : 19.
Nuit de la Saint-Sylvestre : 31, 68.
Nuit du Carrefour (La) : 71.
Nuit et Brouillard : 128.
Nuit électrique (La) : 42.
Nuit fantastique (La) : 92
Nuit sur le Mont Chauve : 123.
Nuits de Chicago (Les) : 78.
Nuits de feu : 82.
Nursery Rimes : 8.
Nais 105.

O

Occupe toi d'Amélie : 107.
Odd Man out : 76.
Œil pour œil : 130.
Œdipe : 93.
Olympia : 68.
Oncle Krüger (L') : 89.
Onésime (Série des) : 16.
On n'enterre pas le dimanche : 137.
On purge Bébé : 63.
Opéra de Quat'Sous (L') : 55, 77, 84.
Opéra Mouffe : 132.
Opus IV : 41.
Orage : 83.
Ordet : 53.
Orfeu Negro : 125, 133.
Orphée : 106.
Orgueilleux (Les) : 117.
Otages : 83.
Os Bandeirantes : 133.

P

Pantalaskas : 137.
Papa, Maman, la Bonne et Moi : 120.
Paradis perdu (Le) : 82.
Parents terribles (Les) : 106.
Paris 1900 : 130.
Parisette : 36.
Paris qui dort : 37.
Parnasse : 42.
Partie de campagne (La) : 129.
Partie d'écarté (La) : 6.
Passage du Rhin (Le) : 130.
Passagers de la Grande Ourse (Les) : 123.
Passion de Jeanne d'Arc (La) (Carl Dreyer) : 52-53.
Passion de N.-S. J.-C. (Hatot) : 7.
Passion de N.-S. J.-C. (Zecca) : 11.
Pasteur : 29.
Patrouille de choc : 137.
Pattes blanches : 108.
Paysans noirs (Les) : 126.
Pays sans étoiles (Le) : 108.
Pauvre Pierrot : 5.
Pêcheurs d'Islande : 44.
Pension Mimosas : 48, 69, 74, 77.
Pépé le Moko : 76, 78.
Père Goriot (Le) : 44, 82.
Père Tranquille (Le) : 104.
Perils of Pauline : 17, 19.
Perles de la Couronne (Les) : 84.
Petit Chaperon rouge (Le) (1901) : 8.
Petit Chaperon rouge (Le) (Cavalcanti) : 41.
Petite Lise (La) : 62, 85.
P'tite Lilie (La) : 40.

Petite Marchande d'allumettes (La) : 41, 63 (Renoir).
Petit Soldat (Le) : 123, 136.
Phantasmes : 26.
Pickpocket : 129.
Plaisir (Le) : 118.
Pleins feux sur l'Assassin : 137.
Plein soleil : 131.
Plus belle Fille du monde (La) : 83.
Poil de Carotte : 70.
Point du jour (Le) : 110.
Pointe courte (La) : 132.
Pontcarral : 93.
Porte des Lilas : 130.
Porte du Ciel (La) : 82.
Portes de la Nuit (Les) : 105.
Premier de Cordée : 98.
Premières armes : 120.
Premier rendez-vous : 90.
Prison sans barreaux : 83.
Prix de la Liberté (Le) : 108.
Proie du vent (La) : 50.
Proie pour l'Ombre : 133.
Proscrits (Les) : 80.
Protéa (Série des) : 16.
Puritain (Le) : 86.
P..... respectueuse (La) : 117.
Pyramide humaine (La) : 134.

Q

Quadrille : 84.
Quai des Brumes : **77-78,** 118.
Quai des Orfèvres : 111.
Quartier sans Soleil : 83.
Quatorze Juillet : 58.
Quatre Cents Coups (Les) : 125, 135.
Quatre Cents Coups du Diable (Les) (1906) : 8.
Quelle joie de vivre! : 131.
Quo Vadis : 47.

R

Rabouilleuse (La) : 131.
Ramuntcho : 44.
Rail (Le) (Scherben) : 25.
Rapt : 62, 83.
Reflets de Lumière et de Vitesse : 37.
Regain : 84.
Régates de San Francisco (Les) : 131.
Règle du Jeu (La) : **80-82,** 86, 94.
Reine Elisabeth (La) : 14, 21.
Relâche : 36.
Remorques : 85.
Rendez-vous de juillet : 136.

Retour à la raison (Le) : 35.
Rêve au coin du feu : 5.
Rêve de Noël (Le) : 8, 10.
Rien que des heures : 40.
Rideau cramoisi (Le) : 121.
River (The) (Jean Renoir) : 129.
Rocambole : 16.
Roi Pausole (Le) : 67.
Roman d'un jeune homme pauvre (Le) : 82.
Roman d'un Tricheur (Le) : 84.
Roméo et Juliette : 93.
Rome Ville ouverte : 103.
Ronde (La) : 118.
Rose France : 26.
Rose et le Réséda (La) : 127.
Roue (La) : **28-29,** 32.
Rouge et le Noir (Le) : 119.
Route est belle (La) : 52.
Royaume des Fées (Le) (1903) : 8.
Rue de l'Estrapade : 110.
Ruée vers l'or (La) : 58.
Rue sans nom (La) : 62.
Ruisseau (Le) : 83.
Ruy Blas : 106.

S

Salaire de la Peur (Le) : 116.
Samson : 11.
Sang des Bêtes (Le) : 136.
Sang du poète (Le) : 39, 43, 106.
Sangs et Lumière : 121.
Sans laisser d'adresse : 120.
Scandale (Le) : 82.
Scherben (Lupu Pick) : 27.
Seine a rencontré Paris (La) : 127.
Sens de la Mort (Le) : 36.
Silence (Le) : 26.
Silence est d'or (Le) : **106-107.**
Si tous les gars du monde : 130.
Six et demi, onze : 31.
6 juin à l'Aube : 104.
Sœurs d'armes : 82.
Sœurs ennemies : 21.
Sortie des Usines (La) : 6.
Sortie du Port (La) : 6.
S.O.S. Sahara : 82.
Souriante Mme Beudet (La) : 30.
Sous les toits de Paris : 55, 65, 119.
Sous les yeux d'Occident : 83.
Spectre vert (Le) : 68.
Statues meurent aussi (Les) : 128.
Sultane de l'Amour (La) : 21.
Sylvie et le fantôme : 107.
Symphonie d'une grande ville : 41, 68.
Symphonie fantastique (La) : 90.
Symphonie pastorale (La) : 108.

T

Tabusse : 109.
Temps modernes (Les) : 58.
Terrain vague : 130.
Terre (La) : 20.
Terre sans pain : 42.
Testament d'Orphée (Le) : 130.
Tête contre les Murs (La) : 137.
Thème et Variations : 41.
Thérèse Raquin (Jacques Feyder) : 49, 80.
Thérèse Raquin (Marcel Carné) : 117.
Tigris : 17.
Tirez sur le Pianiste : 135.
Toni : 63, 70, 71, 73, 104.
Tonnelier (Le) : 109.
Torrent (Le) : 21.
Touchez pas au grisbi : 117.
Tour (La) : 50.
Tour au large : 40, 62.
Tournoi dans la Cité : 63.
Tragédie impériale : 82.
Travail : 20.
Travail c'est la Liberté (Le) : 137.
Travailleurs de la Mer (Les) : 20.
Traversée de Paris (La) : 131.
Tricheurs (Les) : 130, 136.
Trois Femmes : 120.
Trois masques (Les) : 52.
Trois Mousquetaires (Les) (Diamant-Berger) : 44.
Trois sultanes (Les) : 21.
Trou (Le) : 129.
Trouble in Paradise : 84.

U

Ultimatum : 84.
Ultus : 17.
Un ami viendra ce soir : 104.
Un bon bock : 5.
Un chapeau de paille d'Italie : **50-51**, 57, 107.
Un condamné à mort s'est échappé : 129.
Un Drame au château d'Acre : 22.
Une aussi longue absence : 137.
Une si jolie petite plage : 112.
Une Vie : 133.
Un grand amour de Beethoven : 82.
Un homme marche dans la ville : 112.
Un jour se lève : **78-79**, 86, 92.
Un Tel Père et Fils : 87.

Un grand Patron : 120.
Un Voyage à travers l'Impossible (1904) : 8.

V

Vacances de M. Hulot (Les) : 130.
Vagabond bien-aimé (Le) : 84.
Vampire (Le) : 126.
Vampires (Les) : 19, 20, 36.
Vampyr (Dreyer) : 53.
Van Gogh : 128.
Veille d'armes : 82.
Vendanges : 42.
Vénus Victrix : 21.
Verdun, vision d'histoire : 45.
Vérité (La) : 117.
Victimes de l'Alcool (Les) (1901) : 11.
Victoire sur l'Anapurna : 126.
Vie de N.-S. J.-C. (Jasset) : 16.
Vie est à nous (La) : 75.
20.000 lieues sous les mers (1907) : 8, 10.
Violettes impériales : 45.
Vie commence demain (La) : 110.
Visages d'enfants : 48, 49.
Visiteurs du soir (Les) : **91-92**, 93, 96.
Vivent les Dockers : 127.
Voleur de Bicyclette : 120.
Voleur de Paratonnerres (Le) : 123.
Voyage au Congo : 45.
Voyage d'Abdallah : 126.
Voyage dans la Lune (1902) : 8.
Voyage de M. Perrichon (Le) : 65.
Voyage en ballon : 127.
Voyage imaginaire : 41, 50.
Voyage surprise (Le) : 113.

Y

Yeux sans visage : 137.

Z

Za la Mort : 17.
Zazie dans le Métro : 136.
Zéro de Conduite : 50.
Zigomar : 16.
Zola : 127.
Zone (La) : 42.
Zone de la Mort (La) : 22.

INDEX ALPHABÉTIQUE

(NOMS PROPRES, THÉATRES, FIRMES, EXPRESSIONS, etc)

A

ACHARD (Marcel) : 54, 61, 83, 87.
AISNER (Henri) : 127.
ALAIN (Marcel) : 16, 17.
ALEKAN (Henri) : 105.
ALERME : 74.
ALEXANDER (Suzanne) : 44.
ALEXEIEFF : 122, 123.
ALLÉGRET (Marc) :45, 61, 64, 83.
ALLÉGRET (Yves) : 112, 117.
ANDERSEN : 41.
ANGELO (Jean) : 62.
ANOUILH (Jean) : 109.
ANTOINE (André) : 20, 21, 28, 33.
APOLLINAIRE (Guillaume) : 20, 77.
ARAGON (Louis) : 20, 37, 75, 127.
ARCADY : 124.
ARLETTY : **78-79**, 96.
ARNAUD (Georges) : 116.
ARNOUX (Alexandre) : 62.
ARTAUD (Antonin) : 38.
ASHELBÉ (le détective) : 76, 112.
ASTRUC (Alexandre) : 115, 121, 133.
AUDRY (Colette) : 104.
AUMONT (Jean-Pierre) : 61.
AURENCHE (Jean) : 94, 107, 108, 118, 119, 131.
AUTANT-LARA (Claude) : 27, 61, 83, 94, 103, 106, **107-108**, 115, 118, 119, 131.

B

Ballets russes : 20.
Ballets suédois : 36, 37.
BALZAC : 26, 29, 44, 70, 91, 96, 131, 138.
BARATIER : 128, 133, 134.
BARBEY D'AUREVILLY : 121.
BARBUSSE (Henri) : 22.
BARDÈCHE et BRASILLACH : 71, 72.
BARDOT (Brigitte) : 131, 132, 133.
BARONCELLI (Jacques de) : 20, 21, 44, 82, 91.
BARON JOLY : 53.
BARRAULT (Jean-Louis) : 83, 86, 90, 95.
BARTOSCH : 122.
BATAILLE (Henri) : 20.

BAUER et MARCHAL (banque) : 53.
BAUM (Vicky) : 83, 118.
BAUR (Harry) : 62, 70, 76, 82.
BAZIN (André) : 135.
BAZIN (Hervé) : 137.
BEAUMARCHAIS : 81.
BEAUMONT (comte de) : 37.
BECKER (Jacques) : 89, 97, 103, 106, 110, 115, 116, 129, 133.
BÉDIER (Charles) : 93.
BELL (Marie) : 69.
BELLON (Loleh) : 127.
BELLON (Yannick) : 127.
BELMONDO (J.-P.) : 136.
BENOIT (Pierre) : 47.
BENOIT-LÉVY (Jean) : 70, 83.
BÉRARD (Christian) : 106.
BERGSON (Henri) : 22.
BERLIOZ (Hector) : 90.
BERNANOS (Georges) : 128.
BERNARD (Raymond) : 45, 82.
BERNARD (Tristan) : 45.
BERNARD (Paul) : 95, 98.
BERNHARDT (Sarah) : 14, 21.
BERNHARDT (Kurt) : 84.
BERNSTEIN (Henry) : 26, 83.
BERRY (Jules) : **78-79**, 92.
BERTRAND (René) : 122, 123.
BEUCLER (André) : 85.
BILLON (Pierre) : 106.
BLANCHAR (Pierre) : 62, 76.
BLUM (Léon) : 101, 102.
B.N.C.I. (banque) : 67.
BOIREAU (Deed) : 12.
BONAPARTE : 31, 32, 33.
BONNARDOT (J.-C.) : 133, 134.
BORLIN (Jean) : 37.
BOST (Pierre) : 94, 107, 108, 118, 119, 131.
BOULANGER (Général) : 129.
BOURGET (Paul) : 80.
BOVY (Berthe) : 13.
BOYER (Charles) : 83, 84.
BOYER (François) : 118.
BRASSEUR (Pierre) : 77, 98.
BRESSON (Robert) : **94-95**, 103, 121, **128-129**.
BRETON (André) : 20, 37, 39.
BRIAND (Aristide) : 45.
BUNUEL (Luis) : **38-40**, 42, 43, 61, 121.

BURGUET : 21.
BYRNES : 101, 103.

C

CAIN (James) : 83.
CALEF : 104.
CALLOT : 128.
CALMETTES (André) : 13.
CAMUS (Albert) : 125, 132, 133.
CANUDO : 34.
CAPELLANI (Albert) : 12, 14, 23.
CAPA : 61.
CARCO (Francis) : 77.
CARLYLE : 60.
CARNÉ (Marcel) : 42, 43, 47, 61, 68, 69, 77-79, 80, 82, 90, 92, **95-96,** 97, 98, 103, 105, 106, 115, 116, 130, 133.
CARPENTIER (ingénieur) : 6.
CASARÈS (Maria) : 95, 96, 108.
CATELAIN (Jacques) : 27.
CAVALCANTI (Alberto) : 28, 40, 41, 54, 61, 125.
Cavalière Elsa (roman) : 28.
CAYATTE (André) : 115, 130.
CHABROL : 132, 135.
CHAMSON (André) : 109.
CHAPLIN (Charles) : 15, 19, 20, 24, 29, 36, 51, 58, 59, 130.
CHARLOT : 15.
CHARPIN : 64.
CHAVANCE (René) : 92, **99-100.**
CHEVALIER (Maurice) : 107.
CHENAL (Pierre) : 62, 83.
CHRESTIEN DE TROYES : 93.
CHIAPPE (Jean) : 66.
CHOMETTE (René) (René Clair) : 36.
CHOMETTE (Henri) : 38.
CHOPIN : 41.
CHOUX (Jean) : 61.
CHRISTIAN-JAQUE : 85, 90, 104, 108, 116, 119, 130.
CIAMPI (Yves) : 120.
Cinéa : 24.
Cinéma de France : 91.
Cinématographe (Louis Lumière) : 5, 6, 7, 8.
Ciné-Club : 34.
Ciné-Liberté : 75.
Cinérama : 32.
Ciné-Romans : 44.
CLAIR (René) : 16, **36-37,** 38, 41, **50-52,** 55, 57-59, 60, 61, 62, 65, 66, 72, 77, 82, 89, 98, **106-107,** 112, 115, 116, 130, 133.
CLAUDEL (Paul) : 20, 26.
CLÉMENT (René) : **103-104,** 105, **118-119,** 131.
CLOUZOT (H.-G.) : 90, **99-100,** 106, 112, 115, 116, 128.

COCTEAU (Jean) : 39, 93, 94, 95, 106, 111, 130.
Cœur à Barbe : 35, 37.
COHL (Emile) : 122.
COLETTE : 119.
Colisée (cinéma du) : 20.
COLPI (Henri) : 137.
Comité de Libération du Cinéma : 100.
CONFUCIUS : 22.
Congrès de la Société française de Photographie (1900) : 6.
Continental (la société allemande) : 88, 100.
COPPÉE (François) : 21.
COUSTEAU (Commandant) : 126.
Crédit industriel et commercial : 53.
Cretinetti (Deed) : 12.
CUNY (Alain) : 92.
CURIE (Pierre) : 30.

D

DABIT (Eugène) : 78.
DAGMAR (Berthe) : 16.
DANTON : 32.
DAQUIN (Louis) : 89, 97, 105, 106, **110-111,** 131.
DARRIEUX (Danièle) : 84, 119.
DASSIN (Jules) : 118.
DASTÉ (Jean) : 59.
DAUDET (Alphonse) : 30.
DÉA (Marie) : 92.
DEBUSSY : 41.
Decla (firme Eclair) : 18.
DECOIN (Henry) : 90, 115.
Décor du Cinéma : 20.
DEED (André) : 12, 14.
DEGAS : 33, 97, 111.
DELANNOY (Jean) : 93, 108.
DELARUE-MARDRUS (Lucie) : 33.
DELLUC (Louis) : 20, 22, 23, **24-26,** 27, 29, 30, 31, 34, 35, 46, 50, 56, 60, 68.
DEMAZIS (Orane) : 64, 65.
DEMENY : 5.
DENOLA : 16.
DENIZOT : 23.
DERRIEN (Marcelle) : 107.
DESFONTAINES : 14.
DESLAW : 42.
DESNOS (Robert) : 40.
DIAMANT-BERGER : 44.
DIDEROT : 95, 138.
DIETRICH (Marlène) : 79.
DISNEY (Walt) : 122, 123.
DONAT (Robert) : 79.
DONIOL-VALCROSE : 135, 137.
DOSTOIEVSKY : 108, 129.
DOUY (Max) : 119.
DOVJENKO : 104.

DRACH (Michel) : 137.
DRÉVILLE (Jean) : 104.
DREYER (Carl) : 14, 52-53.
DUCHAMP (Marcel), : 37, 40.
DUDLEY MURPHY : 35.
Dufayel (Grands Magasins) : 17.
DUFLOS (Huguette) : 13.
DULAC (Germaine) : 20, 21, 24, 25, 30-31, 38, 41, 61.
DULLIN (Charles) : 62.
DUMAS père (Alexandre) : 46, 119.
DURAND (Jean) : 16, 36, 37, 136.
DUVIVIER (Julien) : 69, 70, 72, 73, 76, 85, 87, 89, 93, 99.

E

Eclair (firme) : 16, 17.
Ecole de Vincennes : 12.
Ecole impressionniste : 24-34, 35, 44.
Ecran français (L') : 102.
EDISON : 7.
EISENSTEIN : 41, 55.
ELUARD (Paul) : 20, 37, 39, 128.
EMMER : 128.
Empereur du Crime (roman) : 16.
EPSTEIN (Jean) : 24, 29-30, 31, 33, 46, 61.
ERMOLIEFF : 46.
EURIPIDE : 28.
Exposition universelle 1889 : 5.

F

FABIANI : 127.
FAIRBANKS (Douglas) : 29, 119.
FALCONETTI : 52.
FALLET (René) : 119.
FARKAS : 84.
FAUCHOIS (René) : 63.
FÉRAUDY (Jacques de) : 47.
FERNANDEL : 65, 76.
FESCOURT (Henri) : 45.
FEUILLADE (Louis) : 15, 16-17, 19, 22, 24, 30, 36, 38, 45, 47, 51, 55, 77, 117.
FEYDEAU (Georges) : 107.
FEYDER (Jacques) : 46-50, 62, 68, 69, 74-75, 77, 79, 80, 82, 90, 98, 103.
Film d'Art (société *Le*) : 13-14, 21, 24, 47.
FISCHINGER : 41.
FLAHERTY : 43, 109.
FLAUBERT (Gustave) : 49.
FLERS (de) et de CROISSET : 49.
FLERS (de) et de CAILLAVET : 107.
FLORELLE : 55.
FORST (Willy) : 88.
FRANCE (Anatole) : 47, 48.
FRANCIS (Eve) : 26, 27.

FRANCO (Général) : 70.
FRANJU (Georges) : 127, 128, 132, 136.
FRONDAIE (Pierre) : 70.
FRESNAY (Pierre) : 64, 73.

G

GABIN (Jean) : 70, 73, 76, 77-79, 80, 85, 90, 118, 131.
GABLE (Clark) : 60.
GANCE (Abel) : 20, 21-22, 24, 28-29, 30, 31-33, 46, 82, 130.
GARAT (Henri) : 60.
GARBO (Greta) : 60, 68.
GARDNER (Sullivan) : 25.
GASNIER (Louis) : 12, 17.
GATTI (Armand) : 134.
Gaumont : 15, 16, 17, 19, 45, 53.
Gaumont-British : 18, 66.
Gaumont-Aubert-Franco-Films : 53, 56, 66.
GENINA : 51.
GEHRET (René) : 109.
GERT (Valenska) : 62.
GIDE (André) : 45, 108.
GIONO (Jean) : 65, 84-85.
GIRAUDOUX (Jean) : 88, 91, 94.
GODART (Jean-Luc) : 128, 132, 135, 136.
GŒBBELS (Dr) : 58, 75, 88, 89, 90-91, 100.
GORDON CRAIG : 35.
GORKI (Maxime) : 73.
GOYA : 42, 128.
GRANOWSKI : 67.
GRASS : 128.
GRÉMILLON (Jean) : 40, 43, 62, 85, 89, 98, 103, 104, 108, 121, 128.
GREVEN : 90, 91.
Gribouille (Deed) : 12, 14.
GRIERSON (John) : 41, 125.
GRIFFITH (D.-W.) : 11, 14, 22, 24, 28, 29, 47, 116.
GRIMAULT (Paul) : 121, 122, 123.
GROSPIERRE : 137.
GRUEL (Henri) : 124, 128.
GUITRY (Sacha) : 84.
GUY (Alice) : 16.

H

HAMMAN (Joé) : 16.
HART (W.-S.) : 25, 29.
HARTOG (Jean de) : 111.
HATOT (Georges) : 7, 12.
HELM (Brigitte) : 33.
HÉRACLITE : 22.
HERRAND (Marcel) : 96.
HERVIL : 20, 21, 26.
HESSLING (Catherine) : 40, 62.

HEUZÉ (André) : 12.
HITCHCOCK : 111, 116, 132, 136.
HITLER : 89, 90, 92.
HONEGGER (Arthur) : 28, 122.
HUBERT (Roger) : 96.
HUGO (Victor) : 22, 28, 29, 45, 106, 138.

I

ICHAC (Marcel) : 126.
INCE (Thomas) : 19, 20, 22, 24, 25, 29.
ISTRATI (Panaït) : 131.
IVENS (Joris) : 127.

J

JACOB (Max) : 20, 77.
JASSET (Victorin) : 16, 17, 30, 47, 55, 77.
JAUBERT : 58, 123.
JEANSON (Henri) : 76, 83, 105, 119.
JOUVET (Louis) : 73, 74, 76, 87.
JOYEUX (Odette) : 94.
JURGENS (Curd) : 120, 132.

K

KAMENKA (Alexandre) : 46, 51.
Kammerspiel : 31, 53.
KAST (Pierre) : 128, 136.
KANDINSKI : 43.
KRAUSS (Henry) : 23.
KRAUSS (Verner) : 62.
Kinétoscope Edison : 6.
KIRSANOV (Dimitri) : 62, 83.
KOLINE (Nicolas) : 46.
KORDA (Alexandre) : 54, 59, 64, 67, 79.
KOVANKO (Nathalie) : 46.

L

LABICHE (Ernest) : 50.
LACOMBE (Georges) : 41, 43, 61, 90, 108.
LACROIX (Georges) : 20, 22, 23.
LADOUMÈGUE : 43.
LAFFITTE (financier) : 13.
LA FOUCHARDIÈRE : 63.
LAMARTINE : 45.
LAMBERT (Albert) : 13.
LAMORISSE (Albert) : 127.
LAMPIN (Georges) : 108.
LANG (Fritz) : 63, 67.
LAO TSEU : 22.
LAROCHE (Pierre) : 92, 98.
LAURENT (Jacqueline) : 79.
LAUSTE : 53.

LAVEDAN (Henri) : 13.
LE BARGY : 13.
LEBLANC (Georgette) : 28.
LE CHANOIS : 120, 130.
LECLERC (Ginette) : 83, 85.
LEENHARDT (Roger) : 109, 121, 127.
LEDOUX (Fernand) : 97.
LEFEBVRE (René) : 61, 72.
LÉGER (Fernand) : 20, 28, 35, 123.
LEHMANN (Maurice) : 83.
LÉPINE : 12.
LEROUX (Gaston) : 16.
LE SOMPTIER : 20, 21.
LÉVY (Jean-Benoît) : 29.
LÉVY (Raoul) : 132.
L'HERBIER (Marcel) : 21, 24, 26-28, 31, 32, 33, 40, 61, 82, 92, 94.
LINDER (Max) : 12, 14-15, 16, 24.
LISSENKO (Nathalie) : 46.
LITVAK (Anatole) : 84.
LODS (Jean) : 43, 128.
LOGAN (Josua) : 64.
Loi d'Aide : 114, 126.
LOÏE FULLER : 36.
LOTAR (Elie) : 127.
LOTI (Pierre) : 44.
LOUIS XVI : 75.
LOW (miss Rachael) : 17.
LUBITSCH : 61, 84.
LUCHAIRE (Corinne) : 83.
LUMIÈRE (Auguste) : 6.
LUMIÈRE (Louis) : 5-11, 24.
LUPU PICK : 31.

M

MAC LAREN (Norman) : 122.
MAC ORLAN (Pierre) : 28, 77.
MAETERLINCK (Maurice) : 26, 28.
MAFFEI (Claire) : 110.
MALLE (Louis) : 126, 132, 136.
MALLET-STEVENS : 28.
MALRAUX (André) : 86.
MAMOULIAN (Rouben) : 78.
MANET (Edgar) : 33, 111.
MAN RAY : 35, 37, 40.
MARAIS (Jean) : 93, 106.
MAREY (Jules) : 5, 7.
MARÈZE (Junie) : 63.
MARGO LION : 55.
MARKER (Chris) : 128, 132, 133, 135.
Marseillaise (La) : 32.
MARSHALL (Plan) : 102.
MASEREEL : 122.
Matin (Le) : 44.
MATRAS : 62.
MAUPASSANT : 31, 69, 105, 118, 120, 133.
MAUPI : 64.

MAURICE (Clément) : 7.
MAX (de) : 22.
MAYER (Carl) : 25, 31, 68.
MEERSON (Lazare) : 50, 55, 69, 74.
MÉLIÈS (Georges) : 6-12, 17, 24, 41, 47, 51, 84, 107, 138.
MELLER (Raquel) : 48.
MENEGOZ (Robert) : 127, 137.
MERCANTON : 14, 20, 21, 23, 26, 28.
Mercure de France : 34.
MICHEL (André) : 120, 127.
MILHAUD (Darius) : 28.
MILLE (Cécil B de) : 22.
Mille et Une Nuits (Les) : 21.
MILTON : 60.
MODIGLIANI : 129.
MODOT (Gaston) : 16.
MOGUY (Léonide) : 83.
MOHOLLY NAGY : 37.
MOLIÈRE : 107.
MONCA (Georges) : 12, 15.
MONDRIAN : 37.
MONET (Claude) : 27.
MONTAND (Yves) : 105, 120.
MORAND (Paul) : 67.
MORENO (Marguerite) : 94.
MORGAN (Michèle) : 77, 83, 85, 87, 90.
MORIZOT (Berthe) : 21.
MOSJOUKINE (Ivan) : 46.
MOUSSINAC (Léon) : 25, 26, 29, 34, 49, 51, 75.
MOUSSORGSKI : 123.
MULLER (Titus Vibe) : 104.
MURAT (Jean) : 74.
MURNAU : 32, 78.
Musée Grévin (1892) : 5.
MUSIDORA : 20.
MUSSET : 132.
MUSSOT (Jef) : 86.
MYRIAM : 109.

N

NAPOLÉON : 32.
NAZIMOVA : 29.
NATHAN (Bernard) : 53, 66.
NOAILLES (vicomte de) : 43.
NOEL-NOEL : 65, 104, 112.
NONGUET (Lucien) : 12.

O

OBEY (André) : 30.
O'FLAHERTY (Liam) : 86.
OLIVIER (Laurence) : 92.
OPHÜLS (Max) : 118.

ORAZZI : 47.
OZEP : 84.

P

PABST : 55, 67, 83.
Pacific 231 (Honegger) : 29.
PAGE (Louis) : 98, 99.
PAGLIERO (Marcel) : 112, 117.
PAGNOL (Marcel) : 54, 64-66, 70, 76, 84-85, 109.
PAINLEVÉ (Jean) : 43, 89, 122, 123, 126.
PAOLI : 32.
Paramount : 54, 56, 60, 65.
Paris-Match : 132.
PASTEUR : 30.
Paris-Midi : 20.
PATHÉ (Charles) : 10, 13, 23, 53, 107.
Pathé-Exchange : 18.
Pathé Frères : 10-11, 14, 16, 17, 19, 53, 66.
Pathé-Nathan-Cinéromans : 53, 56, 66.
Pathé-Journal : 66.
PAUL (William) : 7, 11.
PAVIOT (Paul) : 127, 137.
PEARL WHITE : 17, 20.
PÉRIER (François) : 107, 131.
PÉRINAL : 40, 62.
PÉROCHON (Ernest) : 44.
PERRET (Léonce) : 23.
PERRIGOT et DOUBLIER : 7.
PÉTAIN (Maréchal) : 88.
PHILIPE (Gérard) : 107-108, 112, 116, 117, 119-120, 130.
Photogénie mécanique : 40.
PICABIA (Francis) : 36, 37.
PICASSO (Pablo) : 20, 36, 43, 77, 128.
PIGAULT (Robert) : 94, 110.
PIRANDELLO (Luigi) : 33.
PLAISETTY (René) : 23.
POIRIER (Léon) : 20, 21, 44, 45, 82.
POLIGNY (Serge de) : 94.
POMMER (Erich) : 67.
PONSON du TERRAIL : 16.
POTTIER (Richard) : 115.
POZNER (Wladimir) : 110.
POUCTAL : 20, 22.
POUDOVKINE : 41, 55.
PRÉJEAN (Albert) : 55.
PRESLE (Micheline) : 107-108.
PRÉVERT (Jacques) : 61, 69, 71-72, 71-19, 85, 92, 95-96, 98, 105, 106, 115, 120, 123.
PRÉVERT (Pierre) : 61, 112, 120.
PRÉVOST (Jean) : 110.
PRINCE : 12, 15.
PROMIO : 7.
Propagandastaffel : 88, 91.
PROTOZANOV : 36, 46.

Q

QUEFFELEC : 108.
QUENEAU (Raymond) : 135.

R

RADIGUET (Raymond) : 107.
RAIMU : 64, 65, 76, 83, 85, 87, 90.
RAIK (Etienne) : 123.
RANDOLF HEARST (W.) : 44.
RAY (Charles) : 29.
REED (Carol) : 76.
RÉGENT (Roger) : 91.
REGGIANI (Serge) : 117.
RÉGNIER (G.), : 126.
REICHENBACH : 137.
RÉJANE : 14, 21.
REMBRANDT : 22.
RENARD (Jules) : 70 .
RENAUD (Madeleine) : 61, 98, 99.
RENOIR (Auguste) : 33, 72, 97.
RENOIR (Jean) : 40, 41, 47, 62-64, 65, 69, 70, 71-74, 75-76, 77, 80-82, 89, 94, 97, 98, 110, 111, 120, 127, 129.
RESNAIS (Alain) : 109, 125, 128, 132, 133, 134-135, 137.
REYNAUD (Emile) : 5, 121-122.
RICHEPIN (Jean) : 21.
RICHTER (Hans) : 35.
Rigadin (Prince) : 12, 15, 19.
RIM (Carlo) : 113.
ROBBE-GRILLET : 135.
ROBISON : 27.
ROGOSIN : 134.
ROLF DE MARÉ : 36.
ROMANCE (Viviane) : 86.
ROMAINS (Jules) : 48.
ROSAY (Françoise) : 68, 69, 74-75, 76, 77, 90.
ROSSELLINI : 70, 103.
ROUCH (Jean) : 126, 128, 132, 133-134.
Rougon-Macquart (Les) : 16.
ROUQUIER (Georges) : 42, 43, 61, 106, 109.
ROUSSEAU (J.-J.) : 138.
ROUSSEL (Henri) : 45.
RUDE : 32.
RUTTMANN (Walter) : 35, 41.

S

SAINT-SAENS (Camille) : 13.
SALOU (Louis) : 95.
SALVADOR DALI : 38.
SANDORF (baronne) : 33.
SARDOU (Victorien) : 105.
SARTRE (J.-P.) : 117.

SATIE (Eric) : 37.
SAZIE (Léon) : 16.
SCHEHADÉ (Georges) : 134.
SCHELL (Maria) : 131.
SCHNITZLER (Arthur) : 118.
SÉCHAN : 127.
SEEBERG (Jean) : 136.
SELAVY (Rrose) : 40.
SENNETT (Mack): 16, 19, 36, 40, 77, 113, 136.
SEVRY (André) : 41.
SICA (Vittorio de) : 70.
SIGNORET (Simone) : 117.
SIGURD (Jacques) : 112.
SIMENON (Georges) : 71, 90.
SIMON (Michel) : 59, 61, 63, 77, 116.
SIMON (Simone) : 61.
SJOSTROM : 80.
SKLADANOWSKI : 7.
SMITH (G.-A.) : 11.
SOCRATE : 22.
Soirées à Paris : 37.
SOLOGNE (Madeleine) : 93.
SOUPAULT (Philippe) : 20.
SOUVESTRE (Pierre) : 16, 17.
SPAAK (Charles) : 62, 68-75, 85, 87, 99, 114, 115.
SPINOZA : 22.
SPIRI-MERCANTON (Victoria) : 127.
STAREVITCH : 46.
Star Film : 8.
STENDHAL : 108, 119, 132.
STERNBERG : 78.
STROHEIM (Erich von) : 62, 68, 73.
Studio des Ursulines : 34.
Studio 28 : 34.
SUE (Eugène) : 96.
SYLVAIN : 52.

T

TATI (Jacques) : 112-113, 130.
TEMPLE (Shirley) : 60.
Théâtre des Champs-Elysées : 21.
Théâtre Libre : 20, 33.
Théâtre National Populaire : 132.
Théâtre optique (Emile Raynaud) : 5.
Théâtre Robert Houdin : 6, 8, 92.
THIRARD : 111.
TISSOT (James) : 16.
Tobis (groupe) : 54, 55, 58, 66, 75, 88.
TOLAND (Gregg) : 80.
TOULOUSE-LAUTREC : 111.
TOURJANSKI : 46, 84.
TOURNEUR (Maurice) : 23, 84.
TRNKA : 123.
TRUFFAUT (François) : 125, 128, 132, 135.
TZARA (Tristan) : 37.

V

VADIM : 132.
VAILLANT-COUTURIER : 75.
VALLÈS (Jules) : 120.
VALENTIN (Albert) : 99.
VAN DAESBURG : 37.
VANEL (Charles) : 69, 99.
VARDA (Agnès) : 133, 135.
VÉDRÈS (Nicole) : 106, **109-110**, 130.
VELLE (Gaston) : 12.
VERCINGÉTORIX : 22.
VERNE (Jules) : 8.
VERTOV (Dziga) : 41, 42.
VÉRY (Pierre) : 85, 97.
VITRIX (Claudia) : 44.
VIDAL (Jean) : 127.
Vieux-Colombier (Le) : 34.
VIGO (Jean) : 42, 43, **59-60**, 61, 66.
VIKKING EGGELING : 35.
VINICIUS DE MORAES : 133.
VOGEL : 127.
VOLKOV : 46.
VOLTAIRE : 138.

W

WAGNER (Richard) : 93.
WELLES (Orson) : 26, 40.
WELLS (H.-G.) : 8.
Western (groupe) : 54.
WHEELER (René) : 119, 120.
WIENE (Robert) : 84.
WILLIAMSON : 11.
WILM (Pierre-Richard) : 69.

Z

ZAVATTINI : 118.
ZECCA (Ferdinand) : **10-11**, 30, 47, 55.
ZIMMER (Bernard) : 74, 93.
ZOLA (Emile) : 11, 16, 20 28, 33, 48, 49, 62, 69, 72, 80, 117, 131, 138.
ZWOBODA (André) : 111.

TABLE DES MATIÈRES

CHAPITRES	PAGES
I. — LES PIONNIERS (Lumière, Méliès, Zecca, 1890-1908)	5
II. — FILMS D'ART, COMIQUES ET SÉRIALS POLICIERS (1908-1914)	13
III. — LE CINÉMA FRANÇAIS PENDANT LA GUERRE (1914-1919)	19
IV. — L'ÉCOLE IMPRESSIONNISTE (1920-1927)	24
V. — L'AVANT-GARDE (1923-1933)	35
VI. — JACQUES FEYDER, RENÉ CLAIR, ET LE PASSAGE DU MUET AU PARLANT (1920-1931)	44
VII. — LE CINÉMA FRANÇAIS S'ENFONCE DANS LA CRISE (1930-1935)	57
VIII. — RENAISSANCE DU CINÉMA FRANÇAIS (Feyder, Renoir, Duvivier, Carné, 1934-1940)	68
IX. — LE CINÉMA FRANÇAIS PENDANT L'OCCUPATION	87
X. — L'APRÈS-GUERRE (1945-1950)	101
XI. — PÉRIODE DE STABILITÉ (1950-1956)	114
XII. — VERS UNE « NOUVELLE VAGUE » (1957-1961)	125
L'ÉVOLUTION ÉCONOMIQUE. Exploitation	139
LEXIQUE DU CINÉMA FRANÇAIS. Deux cents cinéastes	147
CHRONOLOGIE DES FILMS FRANÇAIS (1892-1960)	237
INDEX ALPHABÉTIQUE	275

L'impression de ce livre
a été réalisée sur les presses
des Imprimeries Aubin
à Poitiers/Ligugé

pour les Éditions Flammarion

Achevé d'imprimer le 28 août 1981
N° d'édition, 9489 — N° d'impression, L 13854
Dépôt légal, 1er trimestre 1962

Imprimé en France